TRAITÉ

DE

L'ACTION PUBLIQUE

ET DE

L'ACTION CIVILE

EN MATIÈRE CRIMINELLE.

TRAITÉ

DE

L'ACTION PUBLIQUE

ET DE

L'ACTION CIVILE

EN MATIÈRE CRIMINELLE,

PAR M. MANGIN,

ANCIEN CONSEILLER A LA COUR DE CASSATION.

TOME SECOND.

PARIS,

NÈVE, LIBRAIRE DE LA COUR DE CASSATION,

AU PALAIS DE JUSTICE, N° 9.

—

1837.

TRAITÉ

DE

L'ACTION PUBLIQUE

ET DE

L'ACTION CIVILE.

SUITE DU CHAPITRE III.

SECTION II.

*Des causes qui proviennent de la qualité des personnes
inculpées.*

241. J'ai dit, en parlant de l'étendue de l'action publique et de l'action civile, que la loi n'avait pu reconnaître à aucun des membres de la société la faculté de commettre impunément les actions qu'elle a défendues ; que tous les Français sont égaux devant la loi, quels que soient leurs titres et leurs rangs, et qu'ainsi l'action publique s'étend à toutes personnes indistinctement; ce principe n'est susceptible d'aucune contradiction.

Mais, à côté de ce principe, il en est un autre non moins conservateur de l'ordre public; c'est celui qui oblige le gouvernement à veiller à ce que les pouvoirs n'envahissent pas les uns sur les autres,

et à faire respecter les institutions politiques, en
ne permettant pas que les hauts fonctionnaires
demeurent exposés à des poursuites irréfléchies.
Ce n'est point soustraire certaines classes de personnes à l'action des lois, que de soumettre l'exercice de cette action à un examen préalable qui ga-
rantisse qu'elle ne sera pas abusive, qu'elle n'ap-
portera aucune perturbation dans l'état. Tout le
monde comprendra que le gouvernement passerait dans les mains des tribunaux, si les tribunaux
avaient le droit de citer devant eux les ministres
du roi à raison de leurs actes; que l'autorité administrative pourrait être opprimée par l'autorité
judiciaire; que les attributions de la première seraient exposées à être envahies par la seconde;
que des pouvoirs que la constitution a voulu sé-
parer seraient bientôt confondus, si les administrateurs pouvaient, malgré le gouvernement,
être traduits en justice; que la représentation nationale serait moins indépendante et moins res-
pectée, si les députés pouvaient être arrachés à
leurs fonctions, et livrés à des poursuites sans
l'intervention de la chambre.

Des garanties sont nécessaires aux fonctionnaires publics de certaines classes; elles sont réellement conservatrices de l'ordre; elles maintiennent
l'équilibre dans les pouvoirs de l'état; elles con-
tribuent à les faire respecter; elles protégent les
personnes; mais, c'est uniquement à raison de
leurs fonctions. Si quelques écrivains ont réclamé
contre ces garanties, c'est qu'ils n'ont pas réfléchi

que leur suppression investirait l'autorité judiciaire d'un pouvoir plus considérable que celui
des anciens parlemens ; si ceux-ci tenaient, de l'article 209 de l'ordonnance de 1629, le droit de
connaître des violences exercées contre les sujets
du roi par les commandans militaires ; si ce droit
s'était étendu aux malversations commises par les
intendans des provinces, créés postérieurement,
le roi veillait néanmoins sur ses agens ; toutes les
fois qu'il le jugeait à propos, il évoquait à son
conseil les procédures dirigées contre eux, et, par
ces évocations de propre mouvement, dont les
formes furent réglées par l'article 14 des lettres-
patentes du 22 octobre 1648, il décidait s'il statuerait lui-même, ou si l'affaire resterait soumise
aux tribunaux. D'ailleurs la juridiction des parlemens, en ces matières, n'avait rien de choquant,
parce qu'ils réunissaient, avec le pouvoir judiciaire, une grande partie du pouvoir administratif. Aujourd'hui ces pouvoirs sont séparés ; leur
indépendance réciproque a été le vœu constant
des constitutions qui se sont succédé depuis
1789; il faut bien que cette séparation soit garantie.

Le principe qui s'oppose à ce que les fonctionnaires de l'ordre administratif soient traduits devant
les tribunaux sans l'autorisation du gouvernement,
pour des faits relatifs à leurs fonctions, est donc tout
à la fois utile et constitutionnel. Mais l'exécution
de ce principe est-elle, dans l'état actuel de la législation et de la jurisprudence, renfermée dans

de justes limites? pour en juger, il faut constater cet état.

242. L'assemblée constituante sépara le pouvoir administratif du pouvoir judiciaire, et, pour affermir cette séparation, elle prescrivit (1) que les officiers municipaux ne pourraient être mis en jugement, pour des *délits administratifs*, sans une autorisation préalable des administrateurs du département. Elle décida ensuite (2) que les administrateurs des départemens ne seraient traduits devant les tribunaux criminels, pour des faits relatifs à leurs fonctions, que par des décrets du corps législatif; et cette disposition fut rendue commune aux ministres du roi (3) par son décret du 24 août 1790, art. 7; elle défendit aux juges, sous peine de forfaiture, de citer devant eux les administrateurs, pour raison de leurs fonctions.

Ces dispositions législatives, maintenues par des lois postérieures, étaient les seules qui donnassent des garanties aux fonctionnaires publics, lorsque parut la constitution du 25 frimaire an 8. Elle porte (4), art. 69 : « Les fonctions de membres » soit du sénat, soit du corps législatif, soit du » tribunat; celles des consuls et des conseillers d'é-» tat, ne donnent lieu à aucune responsabilité,

_____

(1) Décret du 14 décembre 1789, art. 61. — (2) Constitution de 1791, t. III, chap. 4, sect. 2, art. 8. — (3) *Ibid.*, chap. 2, sect. 4, art. 8. — (4) Tit. 6, De la responsabilité des fonctionnaires publics.

Art. 70. » *Les délits personnels* emportant peine
» afflictive ou infamante, commis par un mem-
» bre, soit du sénat, soit du tribunat, soit du corps
» législatif, soit du CONSEIL D'ÉTAT, seront pour-
» suivis devant les tribunaux ordinaires, *après*
» *qu'une délibération du corps auquel le prévenu ap-*
» *partient a autorisé cette poursuite.*

Art. 71. » LES MINISTRES prévenus *de délits pri-*
» *vés* emportant peine afflictive ou infamante,
» sont considérés comme membres du conseil
» d'état. »

Les articles 72 et 73 règlent la responsabilité
des ministres et le mode de leur mise en jugement.

Enfin l'art. 75 dispose que « LES AGENS DU GOU-
» VERNEMENT, autres que les ministres, ne peuvent
» être poursuivis, *pour des faits* RELATIFS A LEURS
» FONCTIONS, qu'en vertu d'une décision du con-
» seil d'état : en ce cas, la poursuite a lieu devant
» les tribunaux ordinaires. »

On a agité la question de savoir si cet art. 75
avait été abrogé par la charte de 1814. Le conseil
d'état et la cour de cassation ont décidé qu'il n'a-
vait pas été abrogé ; la jurisprudence est bien fixée
sur ce point.

En effet, la charte ne contient pas, comme la
constitution de l'an 8, un titre qui soit relatif à la
responsabilité des fonctionnaires publics; on ne
peut pas supposer qu'elle ait voulu abroger, sans
la remplacer par d'autres dispositions, la législation qui l'a précédée sur cette matière. Les arti-

cés sur la responsabilité des ministres, sur les
garanties qu'elle accorde aux pairs et aux députés, remplacent certainement ce que le titre 6 de
la constitution de l'an 8 contient à ce sujet; mais
les autres dispositions de ce titre, qui ne sont point
incompatibles avec elle, ont continué de subsister.

La charte de 1814 porte, art. 55 : « La cham-
» bre des députés a le droit d'accuser les minis-
» tres et de les traduire devant la chambre des
» pairs, qui a seule celui de les juger. »

L'acte de réformation du 7 août 1830 a conservé cet article; mais il a abrogé l'article 56,
ainsi conçu : « Ils (les ministres) ne peuvent être
» accusés que pour fait de trahison ou de concus-
» sion. Des lois particulières spécifieront cette na-
» ture de délits, et en détermineront la poursuite. »
Les lois promises par cet article n'ont pas encore
été faites.

La charte de 1814, art. 34, contient la disposition suivante, qui forme l'art. 29ᵉ de l'acte de réformation : « aucun pair ne peut être arrêté que
» de l'autorité de la chambre, et jugé que par elle
» en matière criminelle. »

L'art. 52 (1) dispose : « Aucun membre de la
» chambre des députés ne peut, pendant la durée
» de la session, être poursuivi, ni arrêté, en ma-
» tière criminelle, sauf le cas de flagrant délit,
» qu'après que la chambre a permis sa poursuite.

_____

(1) 44ᵉ de l'acte de réformation.

L'art. 121 du Code pénal porte : « Seront, comme
» coupables de forfaiture , punis de la dégrada-
» tion civique, tout officier de police judiciaire ,
» tous procureurs généraux ou du roi, tous sub-
» stituts , tous juges, qui auront provoqué, donné
» ou signé un jugement, une ordonnance ou un
» mandat tendant à la poursuite personnelle ou
» accusation , soit d'un ministre , soit d'un mem-
» bre de la chambre des pairs , de la chambre des
» députés , ou du conseil d'état, sans les autori-
» sations prescrites par les lois de l'état ; ou qui,
» hors les cas de flagrant délit ou de clameur pu-
» blique , auront, sans les mêmes autorisations,
» donné ou signé l'ordre ou le mandat de saisir
» ou arrêter un ou plusieurs ministres , ou mem-
» bres de la chambre des pairs , de la chambre des
» députés ou du conseil d'état.

L'art. 127 du même Code déclare coupables de
forfaiture , et punit de la dégradation civique , les
fonctionnaires de l'ordre judiciaire qui , « ayant
» permis ou ordonné de citer des administrateurs,
» pour raison de l'exercice de leurs fonctions , au-
» raient persisté dans l'exécution de leurs juge-
» mens ou ordonnances, nonobstant l'annulation
» qui en aurait été prononcée, ou le conflit qui
» leur aurait été notifié ».

Enfin , les articles 128 et 129 sont ainsi conçus :
Art. 128. « Les juges qui, sur la revendication for-
» mellement faite par l'autorité administrative
» d'une affaire portée devant eux , auront néan-
» moins procédé au jugement, avant la décision

» de l'autorité supérieure, seront punis chacun
» d'une amende de 16 fr. au moins et de 150 fr. au
» plus. Les officiers du ministère public qui au-
» ront fait des réquisitions ou donné des conclu-
» sions pour ledit jugement, seront punis de la
» même peine.

Art. 129. » La peine sera une amende de 100 fr.
» au moins et de 500 fr. au plus contre chacun
» des juges qui, après une réclamation légale des
» parties intéressées, ou de l'autorité administra-
» tive, auront, sans autorisation du gouverne-
» ment, rendu des ordonnances, ou décerné des
» mandats contre ses agens ou préposés prévenus
» de crimes ou délits commis dans l'exercice de
» leurs fonctions. La même peine sera appliquée
» aux officiers du ministère public ou de police
» qui auront requis lesdites ordonnances ou man-
» dats. »

Tel est le texte des lois qui règlent la matière
dont je m'occupe. Il en résulte qu'il faut distinguer deux sortes de personnes qui ne peuvent
être mises en jugement, qu'autant que la poursuite a été autorisée : les unes jouissent de cette
garantie à raison de leurs fonctions; ce sont les
ministres, les conseillers d'état, les pairs de
France et les membres de la chambre des députés; les autres ne peuvent réclamer pour elles
personnellement aucune garantie; elle n'est accordée qu'aux actes, qu'aux faits qui émanent de
leurs fonctions; ce sont les agens du gouvernement.

Je m'occuperai successivement de ces deux classes; je parlerai ensuite de la marche à suivre pour obtenir l'autorisation de mettre en jugement ceux des fonctionnaires pour lesquels elle est requise.

§ Ier. Des personnes qui ne peuvent, à raison des fonctions dont elles sont revêtues, être poursuivies, sans autorisation, même pour les délits privés qu'elles commettent.

243. LES MINISTRES sont responsables; mais ils ne peuvent être accusés que par la chambre des députés, et jugés que par la chambre des pairs. La loi qui règle les cas de leur responsabilité n'est pas encore faite; ils sont donc abandonnés à l'arbitraire des chambres. On a vu récemment comment elles en usent.

Il n'entre pas dans mon sujet d'examiner quelles doivent être les conséquences de cette lacune, ni d'après quels principes elle devrait être remplie; j'ai simplement à dire qu'il n'est point permis de traduire les ministres devant les tribunaux pour des faits relatifs à leurs fonctions. Ce droit est interdit non seulement au ministère public, mais encore aux parties qui se prétendent lésées par les actes des ministres; car leur action ne peut être qu'accessoire à la poursuite des délits commis par les ministres; c'est ce que la cour royale de Paris a reconnu par arrêt du 2 mars 1829 (1).

_____

(1) Dalloz, 2e part., p. 191.

Des condamnés imputaient à un ancien garde-des-
sceaux d'avoir négligé de transmettre à la cour
de cassation leur pourvoi et les pièces de la procédure ; ils lui demandaient des réparations civiles, à raison du dommage qu'ils prétendaient
avoir éprouvé par ce retard. Le tribunal de première instance déclara cette demande non recevable *quant à présent*, parce que le conseil d'état
n'avait point autorisé la poursuite. Sur le recours
des demandeurs, le conseil d'état décida qu'il
n'avait point à intervenir en pareille matière. Alors
les demandeurs interjetèrent appel du jugement
de première instance; mais la cour, « considérant
» que la loi du 24 août 1790, en établissant,
» comme un principe fondamental de notre droit
» public, la division et l'indépendance des pou-
» voirs judiciaire et administratif, a fait défense
» aux tribunaux de connaître des actes d'adminis-
» tration de quelque espèce qu'ils soient;

      » Considérant que la Charte constitutionnelle
» ne contient aucune dérogation à ce principe,
» et qu'en l'absence de lois particulières sur la
» responsabilité des ministres, l'autorité judiciaire
» ne peut être saisie d'aucune action dirigée contre
» eux pour raison de leurs fonctions...., déclare
» les appelans non recevables dans leur de-
» mande. »

Quant aux délits commis par les ministres
hors de l'exercice de leurs fonctions, la poursuite
n'en est permise qu'après qu'une délibération

du conseil d'état l'a autorisée (1), s'ils sont de nature à emporter peine afflictive et infamante.

244. LES CONSEILLERS D'ÉTAT ne sont point responsables, comme le sont les ministres (2) ; ils peuvent cependant se rendre coupables de crimes et de délits, soit dans l'exercice de leurs fonctions, soit hors de cet exercice. Quant aux crimes et aux délits de la première espèce, ils ont le droit d'invoquer les garanties qui résultent de l'article 75. Quant à ceux de la seconde espèce, ils sont dans la même position que les ministres ; et, s'il s'agit de délits emportant peine afflictive et infamante, ils ne peuvent être poursuivis sans l'autorisation du conseil d'état ; c'est ce qui résulte de l'article 70 de la constitution de l'an 8 : ces mots *délits personnels* ne peuvent s'entendre que des délits commis hors de leurs fonctions ; on ne peut leur donner un autre sens, à moins de supposer que les conseillers d'état ne jouissent d'aucune garantie à raison des délits correctionnels qu'ils peuvent commettre dans l'exercice de leurs fonctions. En effet, si l'article 70 entend parler des délits relatifs aux fonctions, l'article 75 ne leur est point applicable ; s'il ne leur est point applicable, ils ne jouissent d'aucune garantie à raison des délits correctionnels relatifs à leurs fonctions, puisque l'article 70 ne parle que des faits qui emportent peine afflictive ou infamante.

---

(1) Constitution de l'an 8, art. 70 et 71 ; v. *infrà*, n° 245.
(2) *Ib.*, art. 69.

245. Mais que décider quant aux délits correctionnels commis par les ministres ou les conseillers d'état, hors de l'exercice de leurs fonctions, puisque l'article 70 ne parle que des crimes? L'article 101 du sénatus-consulte du 28 floréal an 12 les rendait justiciables de la haute cour impériale, pour tous les crimes et délits indistinctement dont ils pouvaient se rendre coupables, en sorte que la question que je viens d'indiquer ne pouvait pas se présenter. Mais cette haute cour n'existe plus; elle n'est remplacée par aucune autre juridiction; quelques unes de ses attributions ont été départies à la chambre des pairs; mais celles qu'elle avait sur les conseillers d'état et les délits privés des ministres n'y sont pas comprises. Il faut dire alors que les délits correctionnels commis par les ministres et les conseillers d'état, hors de l'exercice de leurs fonctions, sont soumis à l'action publique et à l'action civile, comme les délits commis par tous autres citoyens; sauf à les faire jouir des dispositions de l'article 10 de la loi du 20 avril 1810, qui attribue à la première chambre civile des cours royales la connaissance des délits correctionnels commis par les grands fonctionnaires de l'état. Si les ministres et les conseillers d'état ne sont pas dénommés dans cet article, c'est uniquement parce qu'ils étaient justiciables de la haute cour; s'ils ne peuvent plus jouir de cette garantie, il semble qu'il faut leur assurer celle qui la remplace le mieux.

246. M. Legraverend (1) demande si les garanties personnelles accordées aux ministres et aux conseillers d'état s'étendent aux *maîtres des requêtes* en service ordinaire ou en service extraordinaire. « Nous ne balançons pas, dit-il, à penser » que cette question doit être décidée affirmative- » ment » ; mais il n'en donne aucune raison.

Il ne peut y avoir de doute relativement aux crimes et aux délits commis par les maîtres des requêtes dans l'exercice de leurs fonctions ; l'article 75 de la constitution de l'an 8 leur est parfaitement applicable. Mais la question peut présenter quelques doutes, s'il s'agit de crimes et de délits étrangers à leurs fonctions, parce que des immunités de la nature de celles dont il s'agit ici ne peuvent être étendues à d'autres fonctionnaires que ceux que la loi désigne. Cependant il faut remarquer que les maîtres des requêtes n'ont été rétablis que postérieurement à la contitution de l'an 8 ; que si elle ne parle pas d'eux, ce n'est pas pour les exclure des garanties qu'elle établissait en faveur des conseillers d'état. Le décret du 11 juin 1806 qui les institue leur donne voix consultative dans toutes les affaires, et voix délibérative dans celles dont ils font le rapport ; ils sont conséquemment membres du conseil d'état. Or, quand la loi a créé les immunités dont je parle, c'est le conseil d'état, c'est ce grand corps, qui

---

(1) T. Ier, p. 510.

faisait alors une partie essentielle du gouvernement (1), qu'elle a eu en vue, et c'est pour protéger sa considération, qu'elle les a accordées à
ceux qui en étaient membres. Ces garanties doivent nécessairement s'étendre aux personnes qui,
postérieurement, ont été appelées à en faire
partie ; c'est même ce que suppose l'article 121
du Code pénal, lorsqu'il emploie ces expressions
soit d'un membre.... du conseil d'état.

Les ministres d'état sans porte-feuille, les conseillers d'état et maîtres des requêtes en service
extraordinaire ou honoraires, jouissent des mêmes
garanties que s'ils étaient en activité ; il en est
d'eux comme des juges honoraires.

247. LES PAIRS DE FRANCE ne sont justiciables
que de la chambre des pairs, à raison des délits
qu'ils peuvent commettre dans l'exercice ou hors
de l'exercice de leurs fonctions législatives ou
judiciaires. En disant qu'ils ne peuvent être
jugés que par elle en *matière criminelle*, la
Charte avait laissé à décider si, par ces mots,
elle entendait parler des simples délits aussi bien
que des crimes. Il a été reconnu que ces expressions s'appliquent à tout fait susceptible d'entraîner une *peine;* en conséquence, la chambre
des pairs s'est déclarée compétente pour juger le
comte de Kergorlay, prévenu d'offense envers le
roi des Français, et le comte de Montalembert,

---

(1) Constitution de l'an 8, art. 52 et 53.

prévenu de contravention au décret du 15 novembre 1811 sur l'université (1).

Lorsque le prévenu a cessé de faire partie de
la chambre des pairs, au moment du jugement,
il n'en demeure pas moins son justiciable; il suffit
qu'il ait été pair au moment du délit. C'est pour
cela que la chambre des pairs s'est reconnue
compétente pour juger, en 1815, le maréchal
Ney, et, en 1830, le comte de Kergorlay.

248. LES MEMBRES DE LA CHAMBRE DES DÉPUTÉS DES
DÉPARTEMENS ne jouissent des garanties dont
parle la Charte que pendant la durée de la session. Ils peuvent conséquemment être poursuivis
et arrêtés, avant l'ouverture et après la clôture de
la session.

Si la chambre des députés refusait d'autoriser
les poursuites, ce refus n'aurait d'autre effet que
de les suspendre pendant la durée de la session ;
mais il n'apporterait aucun obstacle à ce qu'elles
s'exerçassent librement, quand la session serait
close.

§ II. Des personnes qui ne peuvent être poursuivies, pour
les délits relatifs à leurs fonctions, qu'en vertu d'une autorisation.

249. On a vu qu'aux termes de l'article 75 de
la constitution de l'an 8, *les agens du gouvernement*

---

(1) Arrêts de la cour des pairs des 24 novembre 1830, Dalloz, 1831, 2e partie, p. 13; et 20 septembre 1831, jurisp.
crim, t. III, p. 262.

ne peuvent être poursuivis pour des faits relatifs à leurs fonctions, qu'en vertu d'une décision du conseil d'état. Mais que doit-on entendre par *agens du gouvernement?* Le vague de ces expressions a prêté à un arbitraire qui, il faut en convenir, est peu rassurant pour la liberté civile; il a fourni des prétextes plausibles pour attaquer un principe bon en lui-même et éminemment protecteur de l'ordre public. Ce principe n'avait été créé que pour empêcher que l'autorité judiciaire n'intervînt dans le gouvernement et dans l'administration proprement dite; il ne devait être applicable, comme la cour de cassation en a fait l'observation dans un de ses arrêts (1), qu'aux fonctionnaires publics qui sont tellement sous la dépendance du gouvernement, qu'ils ne peuvent avoir, dans l'exercice de leurs fonctions habituelles et journalières, d'autre opinion que la sienne, ni tenir une conduite opposée à celle qu'il leur trace soit par lui-même, soit par ses agens supérieurs. Tels sont les directeurs généraux des administrations, les préfets, les sous-préfets, les maires, considérés comme agens du gouvernement, et tous ceux qui reçoivent de lui une mission ne fût-elle que temporaire; mais ce principe a été étendu aux simples préposés des administrations mêmes, et on l'applique aux préposés des administrations

1° De l'enregistrement et des domaines (2),

---

(1) Du 26 décembre 1807, Dalloz, t. VIII, p. 685.

(2) Décret du 9 pluviose an 10; arrêt du 17 août 1811, Bull., p. 236; Dalloz, t. VIII, p. 686.

2° De la loterie (1),

3° Des postes (2),

4° Des monnaies (3),

5° Des douanes (4), excepté quand ils sont poursuivis pour avoir fait eux-mêmes la contrebrande, ou s'être laissés corrompre pour la favoriser (5);

6° Des eaux et forêts (6), même ceux des forêts de la couronne et des apanages des princes (7);

7° Aux percepteurs des contributions directes (8),

8° Aux administrateurs des hospices (9),

9° Aux administrateurs des bureaux de bienfaisance (10),

10° Aux administrateurs de la marine; un arrêt du 30 novembre 1821 (11) a jugé qu'une autorisation du conseil d'état était nécessaire pour poursuivre un intendant de la marine. Une ordonnance du 1er novembre 1826 a été nécessaire pour poursuivre un commissaire des classes (12). Ainsi les

---

(1) Décret du 9 pluviose an 10. * La loterie est maintenant supprimée.—(2) Même décret.—(3) Décret du 10 therm. an 11.—(4) Décret du 29 therm. an 11.—(5) Loi du 28 avril 1816, t. V, art. 55.—(6) Décret du 28 pluviose an 11; ordonnance forestière du 1er août 1827, art. 7 et 39.—(7) Ordonnances des 19 décembre 1821 et 27 février 1822.—(8) Décret du 10 floréal an 10.—(9) Décret du 14 juillet 1812.—(10) Même décret.—(11) Bull., p. 535; Dalloz, tome VIII, p. 677, note 3.—(12) Arrêt du 14 juillet 1827, Bull., p. 609; Dalloz, p. 306.

doutes qu'élève à ce sujet M. Legraverend(1) se trouvent dissipés.

11° Aux intendans et sous-intendans militaires, lorsqu'ils se trouvent justiciables des tribunaux ; car on ne voit aucune raison pour leur refuser les garanties qui existent en faveur des agens qui appartiennent à l'administration de la marine.

12° Aux garde-ports d'une rivière, quand ils sont commissionnés par l'administration de la navigation intérieure (2).

250. Aucune autorisation n'est nécessaire pour poursuivre :

1° Les préposés ou employés de la régie des contributions indirectes et des octrois. En effet, l'article 244 de la loi du 28 avril 1810 porte : « Les » préposés ou employés de la régie, prévenus de » crimes ou de délits commis dans l'exercice de » leurs fonctions, seront poursuivis et traduits, » dans les formes communes à tous les citoyens, » devant les tribunaux compétens, sans autorisa- » tion préalable de la régie ; seulement le juge » instructeur, lorsqu'il aura décerné un mandat » d'arrêt, sera tenu d'en informer le directeur des » impositions indirectes du département de l'em- » ployé poursuivi ; le tout conformément aux » dispositions de la loi du 8 décembre 1814, » article 144. »

Ainsi sont abrogés : 1° le décret du 28 messidor

_____

(1) T. 1er, p. 516. — (2) Arrêt du 1er juillet 1808, Dalloz, t. VIII, p. 688.

an 13, qui exigeait l'autorisation de l'administration des droits réunis pour poursuivre les employés; 2° celui du 29 thermidor an 11 et celui du 17 mai 1809, article 144, qui exigeaient celle des préfets en faveur des employés des octrois (1); 3° par une conséquence nécessaire, celui du 28 février 1806, relatif aux employés des poudres et salpêtres.

2° Les autorités qui ordonneraient, les employés qui opéreraient le recouvrement de toutes contributions directes ou indirectes, autres que celles autorisées par le budjet.

La disposition finale du budget décrété le 17 juillet 1819, et de tous les budgets postérieurs, porte : « Toutes contributions directes ou indi» rectes autres que celles autorisées ou maintenues » par la présente loi, à quelque titre ou sous » quelque dénomination qu'elles se perçoivent, » sont formellement interdites, à peine contre les » autorités, contre les employés qui confection» neraient les rôles et tarifs, et ceux qui en fe» raient le recouvrement, d'être poursuivis comme » concussionnaires, sans préjudice de l'action en » répétition, pendant trois années, contre tous » receveurs, percepteurs ou individus qui auraient » fait la perception, et sans que, pour exercer

---

(1) Arrêts des 21 novembre 1823, Bull., p. 442; Dalloz, t. VIII, p. 687; 25 août 1827; Bull., p. 739; Dalloz, p. 479; et 19 mars 1836, Dalloz, p. 193.

» cette action devant les tribunaux, il soit besoin » d'une autorisation préalable (1). »

3° Les employés internes des bureaux des administrations (2).

4° Les membres des conseils municipaux.

5° Les gardes champêtres. M. Legraverend (3) prétend le contraire; mais son opinion est rejetée par la cour de cassation (4).

6° Les gardes forestiers des particuliers. C'est ce que la cour de cassation a jugé par arrêt du 29 juillet 1824 (5), au rapport de M. de Chantereyne, « attendu que les gardes des bois et fo- » rêts des particuliers ne sont point fonctionnaires » publics dans le sens de l'article 75 de la consti- » tution de l'an 8. »

7° Les secrétaires des mairies (6). Depuis l'organisation municipale établie par la loi du 28 pluviose an 8, ils ont cessé d'être agens du gouvernement; c'est ce qu'a décidé un avis du conseil d'état du 6 juin 1807, approuvé le 2 juillet suivant.

8° Les vérificateurs des poids et mesures. Un arrêt de la cour de cassation, du 9 février 1810 (7),

---

(1) *V. cependant l'arrêt de rejet du 17 février 1836, Dall., p. 215 et suiv. — (2) Arrêt du 21 mai 1807, Rép. de juri p., t. VII, p. 192, v° Garantie des fonctionnaires publics. — (3) T. Ier, p. 512. — (4) Arrêt du 4 juin 1812, Dalloz, t. VIII, p. 685, et plusieurs autres antérieurs. — (5) Arrêt non imprimé, Furet contre le ministère public. — (6) Legraverend, t. Ier, p. 514; Rép. de jurisp., t. VII, p. 192. — (7) Bull., p. 56; Dalloz, t. VIII, p. 687.

avait jugé que l'autorisation était nécessaire. Depuis, un avis du conseil d'état du 29 septembre 1812, approuvé le 15 janvier 1813, a décidé que ces employés ne sont point agens du gouvernement; qu'ils peuvent être poursuivis sans autorisation. En se fondant sur cette décision, la cour de cassation est revenue sur sa jurisprudence, et elle a rejeté le 8 juillet 1819 (1) le pourvoi de Julien Leclerc, vérificateur des poids et mesures, contre un jugement du tribunal des appels correctionnels de Saint-Brieuc, qui n'avait point admis l'exception qu'il fondait sur ce que les poursuites dirigées contre lui pour des faits relatifs à ses fonctions n'avaient pas été autorisées.

9° Les membres des colléges électoraux (2). L'autorisation n'est pas même nécessaire pour poursuivre les présidens de ces colléges, puisqu'ils sont choisis aujourd'hui par les colléges eux-mêmes, et qu'ils ne reçoivent aucune mission du gouvernement.

10° Les porteurs de contraintes (3).

251. Une autorisation est-elle toujours nécessaires pour poursuivre les maires et adjoints des communes?

Les maires et adjoints cumulent plusieurs fonctions de différentes natures :

_____

(1) Arrêt non imprimé. — (2) Arrêt du 15 octobre 1812, Dalloz, t. VIII, p. 682. — (3) Décret du 5 septembre 1810.

1° Quelquefois ils remplissent les fonctions de juges ou d'officiers du ministère public (1).

2° Ils sont officiers de police judiciaire (2).

Aucune autorisation n'est nécessaire pour les poursuivre en l'une ou l'autre de ces qualités ; ils ne peuvent réclamer d'autres garanties que celles que le Code d'instruction accorde aux fonctionnaires de l'ordre judiciaire (3).

3° Ils sont officiers de l'état-civil.

Aucune autorisation n'est nécessaire pour les poursuivre en cette qualité (4).

4° Ils sont agens du gouvernement ; car ils agissent en son nom pour l'exécution des lois générales et des réglemens d'administration publique.

En cette qualité, ils ne peuvent être poursuivis sans une autorisation du conseil d'état.

5° Ils sont officiers municipaux, et ils gèrent, en cette qualité, les intérêts des habitans de la commune.

On a prétendu que, sous ce rapport, ils ne sont point agens du gouvernement, et qu'on peut les poursuivre sans une autorisation du conseil d'état.

Cependant on a reconnu en même temps, qu'il fallait distinguer entre ceux de leurs actes qui bles-

(1) Code d'inst., art. 144, 166 et 167. — (2) *Ib.*, art. 9. — (3) *Ib.*, art. 483 et 484 ; arrêt du 8 fév. 1828, Dalloz, p. 123. — (4) Avis du conseil d'état des 30 nivose an 12, approuvé le 4 pluviose, et 26 juillet 1806, approuvé le 31. Arrêts des 3 septembre 1807, et 9 mars 1815, Dalloz, t. VIII, p. 682 et 684.

saient les intérêts généraux de la commune, et ceux qui blessaient les intérêts individuels ; que, quant aux premiers, les poursuites devaient être autorisées par le préfet, conformément à l'article 61 de la loi du 14 décembre 1789 (1) ; que, quant aux seconds, aucune autorisation n'était nécessaire. Deux arrêts de la chambre criminelle ont consacré cette distinction (2). Le premier de ces arrêts porte, entre autres motifs : « que les maires, con-» jointement avec le conseil municipal, surveil-» lent et administrent les intérêts de leur com-» mune; qu'ils délibèrent avec ce conseil, mais » qu'ils sont seuls chargés de l'exécution de ces » délibérations et des mesures qui doivent en être » la suite; que dans ce troisième genre de fonc-» tions les maires n'agissent pas dans le cercle de » l'administration publique; qu'ils agissent pour » les intérêts de la commune et comme ses man-» dataires légaux; qu'ils ne sont donc pas, dans » ces fonctions, les agens du gouvernement; et » que, s'ils commettent des malversations, ils ne » peuvent invoquer l'article 75 de l'acte constitu-» tionnel du 22 frimaire an 8; qu'ils peuvent seu-» lement réclamer l'exécution et le bénéfice de » l'article 61 de la loi du 14 décembre 1789; que, » d'après cet article, et suivant l'explication qu'à » donnée de sa disposition l'instruction annexée à

---

(1) V. *suprà*, n° 242. — (2) Arrêts des 23 mai 1822, Dalloz, t. VIII, p. 684; et 6 mai 1826, Bull., p. 272; Dalloz, p. 365.

» ladite loi, l'autorisation administrative qu'il exige
» pour la poursuite des officiers municipaux n'est
» relative qu'aux malversations qui auraient blessé
» les intérêts généraux de la commune ; qu'elle
» n'est point requise pour la poursuite des griefs
» personnels à un individu ; que ces griefs ren-
» trent donc dans le droit commun, et que, par
» conséquent, les tribunaux peuvent en être saisis
» directement, quoique les poursuites n'en aient
» pas été administrativement autorisées.

» Et attendu que, dans l'espèce, le sieur Ber-
» trand ne se plaignait pas d'un délit d'adminis-
» tration générale ; qu'il se plaignait de voies de
» fait, d'enlèvement de récoltes, d'abattis d'arbres
» et de dévastations commises sur un terrain qu'il
» prétendait lui appartenir et dont il était en pos-
» session ; que les membres du conseil municipal
» auxquels il imputait cet excès pouvaient donc
» être poursuivis directement devant les tribunaux,
» sans autorisation préalable, soit qu'ils eussent
» agi, dans ces voies de fait, d'après leur propre
» volonté ; soit qu'ils eussent suivi l'inspiration ou
» les ordres du maire. »

Cette distinction est fortement approuvée par
M. Henrion de Pansey (1) ; elle a été créée par
M. le président Barris, qui en a développé les
motifs dans une note fort étendue, résumée dans
les motifs de l'arrêt que je viens de citer. Mais elle

---

1) Du pouvoir municipal, p. 63.

est combattue par M. Favard de Langlade (1);
elle a été repoussée par le conseil d'état et par
plusieurs arrêts de la chambre civile (2); enfin
elle a été abandonnée par la chambre criminelle,
dans un arrêt du 15 décembre 1827 (3), intervenu dans l'espèce que voici : Un maire avait ordonné que des réparations seraient faites à un
chemin vicinal par tous les propriétaires rive-
rains. Tous, hors un seul, avaient obéi. Le maire
prit sur lui de faire opérer les travaux à la charge
du récalcitrant; et ces travaux ayant occasioné
sur le terrain de celui-ci un abattis d'arbres et le
comblement d'un fossé, il en porta plainte au
tribunal correctionnel. Le maire se prévalut de
l'article 75 de la constitution de l'an 8; mais le
plaignant lui opposa la distinction que j'examine
et les deux arrêts de la cour de cassation qui la
consacraient; le tribunal d'appel adopta cette jurisprudence. Son jugement a été cassé : « Attendu
» que le maire d'une commune, dans l'exercice
» de celles de ses fonctions qui n'embrassent que
» les intérêts communs des habitans de la com-
» mune, n'est pas seulement le représentant de
» ces intérêts et le mandataire de la personne ci-
» vile, qui se forme de la réunion de ces habitans,
» mais le délégué de la couronne auprès de la

---

(1) Rép., v° Mise en jugement, § 3, n° 5. — (2) Arrêts
des 23 novembre 1809 et 8 décembre 1817; Dalloz, t. VIII,
p. 684. — (3) Bull., p. 927; Dalloz, 1828, p. 61.

» corporation municipale ; qu'en effet le roi
» est le tuteur né de toutes les communes du
» royaume, le protecteur et le conservateur de
» leurs droits et de leurs intérêts ; et le maire
» nommé par lui soit médiatement, soit immédia-
» tement, réunit en sa personne la double qualité
» de procureur fondé de la commune et d'agent
» du gouvernement ; que dès-lors il ne peut être
» cité devant les tribunaux à fins civiles, ni pour-
» suivi correctionnellement, pour des actes qu'il
» aurait faits dans l'exercice de ses fonctions d'ad-
» ministrateur, sans autorisation préalable. »

En y réfléchissant bien, on pensera sans doute
que, si ce dernier arrêt n'est pas le plus conforme
aux principes qui devraient régir le pouvoir municipal, il est du moins le plus en harmonie avec
la législation, telle qu'elle existe aujourd'hui. Le
système adopté par les deux précédens arrêts de
la chambre criminelle, supposait, dans le pouvoir municipal, une indépendance que la loi ne
lui reconnaît pas, et dans les communes, un
droit de s'administrer elles-mêmes, ou par des
mandataires de leur choix, qui leur est refusé.
Dans la réalité, c'est le gouvernement qui admi-
nistre les communes, et les maires ne sont véritablement que ses délégués. Je ne dis pas qu'il
est bien que les choses soient ainsi, je dis seulement qu'elles sont telles, et que, dans cet état
de la législation, tant que les communes ne seront pas émancipées, les maires sont réellement
des agens du gouvernement, ayant le droit de ré-

clamer les garanties établies par l'article 75 de la constitution de l'an 8.

252. L'autorisation n'est pas nécessaire pour poursuivre les agens de l'autorité administrative, lorsqu'ils ont agi comme officiers de police judiciaire; ils ne peuvent alors que réclamer les garanties établies par les articles 483 et 484 du Code d'instruction et 10 de la loi du 20 avril 1810. Cela est vrai, non seulement pour les maires, leurs adjoints et les commissaires de police, mais encore pour les préfets, lorsqu'ils agissent dans les cas prévus par l'article 10 du Code d'instruction. Cette dernière vérité résulte d'une ordonnance du 25 novembre 1831 : Un individu s'était pourvu devant le conseil d'état, pour être autorisé à poursuivre le préfet de police de Paris à raison d'une visite domiciliaire qu'il avait ordonnée, et le commissaire de police qui l'avait effectuée. Le conseil d'état a ainsi statué sur cette demande : « Considérant que le sieur Vivien, préfet de police, en délivrant contre le sieur Bousquet le mandat de perquisition et d'amener qui a donné lieu à la plainte; et le sieur Noël, commissaire de police, en exécutant le même mandat, n'ont agi qu'*en qualité d'officiers de police judiciaire;*

» Il n'y a lieu de statuer sur la demande en autorisation de poursuivre les sieurs Vivien et Noël pour les faits à eux imputés. »

253. LES ECCLÉSIASTIQUES peuvent-ils être poursuivis sans autorisation, pour des délits relatifs à l'exercice de leur ministère?

Les ecclésiastiques ne sont dépositaires d'aucune partie de l'autorité temporelle; ils ne sont donc pas fonctionnaires publics, dans le sens de l'article 75 de la constitution de l'an 8; ils ne peuvent donc invoquer les garanties que cet article accorde aux agens du gouvernement.

Les ecclésiastiques sont régis par une législation spéciale qu'établit la loi du 18 germinal an 10, relative à l'organisation des cultes. Cette loi ordonne que le concordat passé avec le pape, le 26 messidor an 9, sera exécuté comme loi de l'état, et les articles organiques de ce concordat portent :

Art. 6. «Il y aura recours au conseil d'état » dans tous les cas d'abus, de la part des supé- » rieurs et autres personnes ecclésiastiques.

» Les cas d'abus sont : l'usurpation ou l'excès de » pouvoir; la contravention aux lois et réglemens » de la république; l'infraction des règles consa- » crées par les canons reçus en France; l'attentat » aux libertés, franchises et coutumes de l'église » gallicane, et toute entreprise ou tout procédé » qui, dans l'exercice du culte, peut compromettre » l'honneur des citoyens, troubler arbitrairement » leur conscience, dégénérer contre eux en op- » pression ou en injures, ou en scandale public. »

Art. 7. « Il y aura pareillement recours au con- » seil d'état, s'il est porté atteinte à l'exercice pu- » blic du culte, et à la liberté que les lois et les ré- » glemens garantissent à ses ministres. »

Art. 8. «Le recours compétera à toute per-

» sonne intéressée. A défaut de plainte particulière,
» il sera exercé d'office par les préfets.

» Le fonctionnaire public, l'ecclésiastique ou la
» personne qui voudra exercer ce recours, adres-
» sera un mémoire détaillé et signé, au conseil-
» ler d'état chargé de toutes les affaires concer-
» nant les cultes, lequel sera tenu de prendre,
» dans le plus court délai, tous les renseignemens
» convenables ; et sur son rapport, l'affaire sera
» suivie et définitivement terminée dans la forme
» administrative, ou renvoyée, selon l'exigence
» des cas, aux autorités compétentes. »

Il résulte de ces articles que les cas d'abus doivent être jugés par le conseil d'état; que, si parmi
ces cas, il s'en trouve qui ne puissent être ter-
minés administrativement, le conseil d'état, après
avoir déclaré qu'il y a abus, doit renvoyer devant
l'autorité judiciaire, pour qu'elle donne à cette
déclaration les conséquences légales qu'elle peut
comporter. Il résulte formellement de ces articles
que l'autorité judiciaire ne peut être saisie, en
ces matières, que par un renvoi du conseil d'état;
qu'elle ne peut jamais être saisie directement.

On est d'accord sur le sens que j'assigne à ces
articles ; mais on a demandé 1° s'ils étaient encore
en vigueur; 2° si les délits commis par les ecclésiastiques, dans l'exercice de leur ministère,
étaient placés dans les cas d'abus qu'ils spéci-
fient; 3° si, en supposant que les délits y soient
compris, ces articles s'appliquaient aux attaques
que des ecclésiastiques dirigeraient contre le gou-

vernement ou la personne de son chef; je vais examiner ces trois questions.

254. Les articles 6, 7 et 8, organiques du concordat du 26 messidor an 9, sont-ils encore en vigueur? On a soutenu qu'ils avaient été abrogés par un décret du 25 mars 1813; c'est ce qu'enseigne M. Merlin (1). Voici l'origine de ce décret et les dispositions dont on se prévaut. Napoléon, après s'être emparé de la personne du pape Pie VII, le retint captif à Fontainebleau, et là il lui arracha par violence, le 25 janvier 1813, un nouveau concordat. Deux jours après, S. S. protesta contre cet acte. Il fut néanmoins promulgué, dans le Bulletin des lois, le 13 février 1813, et suivi, pour son exécution, du décret dont je viens de parler.

Les articles 5 et 6 de ce décret sont ainsi conçus : Art. 5. « Nos cours impériales connaîtront » de toutes les affaires connues sous le nom d'*appels comme d'abus*, ainsi que de toutes celles qui » résulteraient de la non exécution des lois ds con-» cordats. »

Art. 6. « Notre grand-juge présentera un projet » de loi pour être discuté en notre conseil, qui » déterminera la procédure et les peines applica-» bles en ces matières. »

On convient que jamais le concordat de Fontainebleau n'a été considéré comme loi de l'État, et que la loi qui devait, aux termes de l'article 6

---

(1) Question de droit , v° Abus.

précité, être rendue pour la mise à exécution de l'article 5, n'a pas été faite.

La restauration suivit de près tous ces actes, et une ordonnance du roi, du 19 juin 1814, déclara, art. 8, que le conseil d'état connaîtrait des appels comme d'abus ; ce qui signifiait que l'ancien conseil d'état avait conservé la connaissance de ces matières, et que le nouveau ne ferait que succéder à ses attributions. Telle était, en effet, la pensée du gouvernement ; elle a été partagée par le conseil d'état, qui a rendu plusieurs décisions dans ces matières ; elle l'a été par la cour royale de Paris, qui, par arrêt du 24 janvier 1824 (1), a refusé de connaître d'un appel comme d'abus, et renvoyé le réclamant devant le conseil d'état. Enfin la question s'est présentée devant la chambre criminelle de la cour de cassation, et elle y a été résolue dans le même sens, par un arrêt du 28 mars 1828 (2), dont voici l'espèce : Une femme porta plainte contre le curé de sa commune, lui imputant d'avoir proféré, en chaire, des discours qui portaient atteinte à son honneur. La cour royale, se fondant sur les articles 5 et 6 du décret du 25 mars 1813, se déclara compétente pour connaître de cette plainte ; elle jugea que ces articles abrogeaient les articles 6, 7 et 8 du concordat de l'an 9, qu'ainsi elle pouvait être saisie directement et sans aucun renvoi du conseil d'état.

_____

(1) Dalloz, t. Ier, p. 58. — (2) Bull., p. 228 ; Dalloz, p. 196.

Le procureur général se pourvut en cassation contre l'arrêt. L'affaire portée à l'audience de la cour de cassation, j'y remplis les fonctions d'avocat général, et entre autres moyens que je crus devoir indiquer à l'appui du pourvoi, je fis remarquer qu'à la vérité, l'article 5 du décret du 25 mars 1813, en attribuant aux cours impériales la connaissance des appels comme d'abus, abrogeait virtuellement l'article 8 des dispositions organiques du concordat de l'an 9, mais que l'exécution de cet article 5 était nécessairement subordonnée à la promulgation de la loi promise par l'article 6 ; que jusque-là l'article 8 du concordat conservait tout son empire, à moins de prétendre qu'il n'avait existé, depuis la publication de ce décret, et qu'il n'existait encore au moment où je portais la parole, aucune voie ouverte pour parvenir à la réformation des actes du clergé qui seraient contraires aux lois du royaume. La cour de cassation adopta cette opinion ; son arrêt porte :

« Vu les articles 6, 7 et 8 de la loi du 18 germi-
» nal an 10 ; attendu qu'il résulte de ces articles
» qu'en garantissant aux ministres de la religion le
» libre exercice de leurs fonctions, la loi a en
» même temps déterminé les cas d'abus et le
» moyen d'en obtenir la répression ; que ce moyen
» est le recours au conseil d'état, qui, suivant les
» circonstances, doit terminer l'affaire adminis-
» trativement, ou la renvoyer à l'autorité compé-
» tente ; qu'il suit de ces dispositions, que la per-
» sonne qui se prétend lésée par un fait que la loi

» a qualifié abus, ne peut poursuivre devant les
» tribunaux l'ecclésiastique inculpé, sans recours
» préalable au conseil d'état, et sans son autori-
» sation ;

» Attendu que, si le décret du 25 mars 1813 dis-
» pose que les cours royales connaîtront de toutes
» les affaires connues sous le nom d'appel comme
» d'abus, l'article final de ce décret subordonne
» son exécution à la présentation d'une loi sur la
» forme de procéder à l'application des peines ;
» que cette loi n'a jamais été rendue ; qu'ainsi, jus-
» qu'à la promulgation de cette loi, celle du 18 ger-
» minal an 10 devait nécessairement continuer
» d'être exécutée, quant à l'attribution de juridic-
» tion pour les cas d'abus ; que, dès-lors, l'or-
» donnance du 29 juin 1814, en soumettant au
» conseil d'état l'examen des poursuites ayant pour
» objet de réprimer des cas d'abus, n'a fait que
» maintenir un état de législation existant ;

» Et attendu que, dans l'espèce, le fait imputé
» au desservant de la paroisse de Flavigny était
» une diffamation commise en chaire dans l'église
» de la paroisse, et pendant l'exercice de ses fonc-
» tions ; que ce fait constituait un cas d'abus pré-
» vu par l'article 6 de la loi du 18 germinal an 10 ;
» que, par conséquent, il devait y avoir lieu à
» recourir, à raison de ce fait, au conseil d'état,
» avant aucune poursuite devant les tribunaux ;
» que néanmoins l'arrêt attaqué, etc. ; casse. »

Depuis cet arrêt, on a porté, devant la cour de
cassation différens pourvois qui ont eu pour ob-

jet de faire fixer le plus ou le moins d'étendue que l'on pouvait donner aux articles 6, 7 et 8 de la loi organique du concordat de l'an 9; mais on n'a plus prétendu que ces articles étaient abrogés. Ainsi la jurisprudence paraît fixée sur ce point. L'acte du 7 août 1830, portant réformation de la Charte de 1814, a, à la vérité, abrogé l'article 6 de celle-ci, qui déclare que la religion catholique, apostolique et romaine est la religion de l'état; mais cet acte n'a porté aucune atteinte au concordat et à la loi organique qui en a été la suite.

255. Les délits commis par les ecclésiastiques, dans l'exercice de leur ministère, sont-ils compris dans les cas d'abus prévus par l'article 6 de l'acte organique du concordat?

On a vu que cet article ne prévoit nommément aucun délit, pas même par ces expressions: *Tout procédé qui, dans l'exercice du culte, peut compromettre l'honneur des citoyens, troubler arbitrairement leur conscience, et dégénérer contre eux en oppression, ou en injure, ou en scandale public*; car on ne peut entendre par ces mots ni la calomnie, ni l'injure, ni la diffamation proprement dite; on n'a jamais qualifié ces délits *de procédés qui dégénèrent en oppression, ou injure, ou scandale public*; en employant ces termes, l'article n'a eu certainement en vue que des faits non prévus par le Code pénal; tels sont, par exemple, un refus de sacrement, l'expulsion de l'église, l'interdiction de son entrée, etc. Si les délits sont compris dans les cas d'abus, ce ne peut être que parce qu'ils

rentrent dans ces expressions si générales, si lar-
ges : *les cas d'abus sont l'usurpation ou l'excès de
pouvoir, la contravention aux lois et réglemens de la
république.*

Mais l'intention, l'esprit du concordat a-t-il été
que les actes du ministère des ecclésiastiques qui
constitueraient des délits ne fussent poursuivis
devant les tribunaux qu'après que le conseil d'état
les leur aurait déférés ? Il est fort important de
rechercher ce que pensait, sur cette question, le
conseil d'état sous l'empire, et l'empereur lui-
même.

La section 3, chap. 3, tit. 1ᵉʳ, liv. III du Code
pénal, prévoit *les troubles apportés à l'ordre public
par les ministres des cultes, dans l'exercice de leur
ministère;* l'article 204, placé sous cette section,
fut le premier que l'on soumit à la discussion du
conseil d'état, lorsqu'il s'occupa du projet du Code
pénal. Cet article porte : « Tout écrit contenant
» des instructions pastorales, en quelque forme
» que ce soit, et dans lequel un ministre du culte
» se sera ingéré de critiquer ou censurer soit le
» gouvernement, soit tout acte de l'autorité pu-
» blique, emportera la peine du bannissement con-
» tre le ministre qui l'aura publié. » Il était, dans le
projet, conçu à peu près dans les mêmes termes ;
le procès-verbal de la discussion à laquelle il donna
lieu porte ce qui suit (1) :

« M. LE COMTE VINCENT MARGNIOLA observe que

_____

(1) Séance du 29 août 1809, Locré, t. XXX, p. 179.

» l'instruction d'une semblable affaire, portée de-
» vant les tribunaux, pourrait jeter de la fermen-
» tation dans les esprits...; qu'il voudrait que la loi
» autorisât à faire juger le prévenu par une com-
» mission du conseil d'état.

  » S. A. S. LE PRINCE ARCHI-CHANCELIER DE L'EMPIRE
» dit *que l'affaire vient nécessairement au conseil*
» *d'état, puisque c'est ce conseil qui autorise la mise*
» *en jugement;* mais il faut s'arrêter là, et mainte-
» nir l'action des autorités locales, surtout celle de
» la justice. Il est très-important de saisir les tribu-
» naux de la connaissance des délits que les ecclé-
» siastiques commettent *par abus de leur ministère.*

  » M. MOLÉ voudrait qu'afin de ne pas faire pour
» les évêques une exception qui les déconsidére-
» rait, on fît porter, en général, la disposition sur
» tous les fonctionnaires qui, en parlant au peu-
» ple, se rendent coupables de quelqu'un des dé-
» lits prévus par cet article.

  » M. LE COMTE BERLIER dit qu'il n'y a pas de
» doute que les fonctionnaires civils qui appelle-
» raient, par des actes civils, le mépris sur les me-
» sures dont l'exécution leur est confiée, ne fus-
» sent très-coupables; aussi y a-t-on pourvu, bien
» qu'à leur égard un tel délit soit peu supposable.
» Mais il s'agit ici d'une autre classe de personnes
» qui, n'étant dépositaires d'aucune partie de l'au-
» torité temporelle, ne peuvent être classées parmi
» les fonctionnaires publics proprement dits, et
» méritent bien une mention particulière.

  » S. A. S. LE PRINCE ARCHI-CHANCELIER DE L'EMPIRE

» ajoute que d'ailleurs sa majesté a manifesté
» l'intention que les délits particuliers aux ecclé-
» siastiques formassent une classe à part. »

» L'article est adopté. »

Ce qui a été dit sur cet article s'applique à
tous ceux compris dans la même section ; il eût
été inutile de répéter, sur chacun en particulier,
des observations générales, provoquées par la discussion du premier.

Il résulte de cette discussion que, dans la
pensée du conseil d'état, les délits prévus par
cette section du Code pénal ne peuvent être déférés aux tribunaux, qu'après que le conseil d'é-
tat a autorisé la mise en jugement. Il est fort essentiel de remarquer que cette opinion n'est
point fondée sur une fausse interprétation de l'article 75 de la constitution de l'an 8, puisqu'il a
été reconnu, dans la discussion, que les ecclésiastiques ne sont pas fonctionnaires publics,
qu'ils forment une classe distincte des fonctionnaires publics. Ainsi le conseil d'état a eu en vue
les articles 6, 7 et 8 de l'acte organique du concordat ; cela est évident.

L'empereur a agi conformément à l'opinion du
conseil d'état ; car il a rendu, le 23 janvier 1811,
un décret qui, en rejetant, article 1er, un bref du
pape, comme contraire aux lois de l'empire, ordonne, article 2, que « ceux qui seront prévenus
» d'avoir, par des voies clandestines, provoqué,
» transmis ou communiqué ledit bref, seront pour-
» suivis devant les tribunaux, et punis comme de

» crime tendant à troubler l'état par la guerre ci-
» vile, conformément à l'article 91 du Code des
» délits et des peines».

Ce bref avait été adressé au vicaire capitulaire
et au chapitre de l'église métropolitaine de Flo-
rence, et l'article 2 du décret était inutile, si l'action publique pouvait s'exercer contre les ecclésiastiques, sans avoir été mise en mouvement par
le conseil d'état.

La discussion et le décret que je viens de rapporter me paraissent exercer une notable influence sur la solution des questions que j'examine; car on ne peut admettre que des hommes
qui avaient eux-mêmes concouru à la confection
des articles organiques du concordat de l'an 9, se
soient mépris sur le sens, l'intention de ces articles ; je crois que l'interprétation que ces articles
ont recue, la manière dont ils ont été exécutés,
sont propres à éclaircir les doutes que leur rédaction pourrait faire concevoir.

Mais ces articles eux-mêmes sont-ils donc si
obscurs? *les cas d'abus sont l'usurpation ou l'excès
de pouvoir, la contravention aux lois et réglemens de
la république,* dit l'article 6; est-ce que ces articles distinguent entre l'excès de pouvoir et la
contravention qui constituent des délits, et ceux
qui n'en constituent point? est-ce que l'article 8
ne prévoit pas clairement le cas où l'abus constituerait un délit, lorsqu'il dit: *L'affaire sera terminée dans la forme administrative, ou renvoyée, selon
l'exigence des cas, aux autorités compétentes?* Croit-

on que l'empereur, qui rétablissait la religion pour s'en faire un moyen de gouvernement, qui redoutait l'influence de ses ministres et les voulait dociles à toutes les directions qu'il jugerait convenable de leur donner, eût consenti que les tribunaux s'immisçassent, sans son intervention préalable, sans son consentement, dans la connaissance des actes du clergé, quels que fussent ces actes, quelque coupables qu'ils pussent paraître? Ces matières étaient trop délicates pour qu'il ne se les réservât point, sauf à les déférer aux tribunaux, quand il le croirait nécessaire. Si, par son décret du 25 mars 1813, il a paru vouloir renoncer à cette direction immédiate, et donner aux cours impériales la connaissance des appels comme d'abus, ce n'est pas par la raison qu'en donne M. Merlin (1); ce n'est pas parce qu'ayant arraché au pape un concordat, d'après lequel il pourrait y avoir en France des évêques sans institution canonique, l'empereur sentît « que dans » une matière aussi délicate, et sur laquelle il était » d'un aussi grand intérêt de marcher d'accord » avec l'opinion publique, un décret rendu au » conseil d'état (sur l'appel comme d'abus résul- » tant du refus du pape de donner l'institution » canonique à des évêques nommés par l'empe- » reur) aurait bien moins d'influence qu'un arrêt » émané d'un corps judiciaire. » C'est parce que l'empereur se croyait assez fort pour se passer de

_____

(1) Questions de droit, v° Abus.

l'appui de la religion; c'est qu'irrité contre le pape,
il se souciait peu de livrer les ecclésiastiques aux
vexations que pouvaient exciter contre eux les
passions locales.

Si l'article 6 de l'acte organique du concordat de
l'an 9 ne parle pas nommément des délits, c'est
parce que les cas d'abus n'ont jamais été spécifiés
que d'une manière générale; j'emprunte cette
remarque à M. Favard de Langlade (1), qui prouve
cette assertion par les monumens de la législation,
et qui ajoute : « En se bornant en 1802 (l'an 10) à
» indiquer les sources principales et générales de
» l'abus, on se conforma, comme on voit, aux an-
» ciennes maximes du royaume ; rien ne fut innové
» sur le fond des choses. On ne fit que changer la
» forme de procéder, et attribuer au conseil d'état
» ce qui autrefois était dans les attributions des
» parlemens ; la loi voulut que la police des cultes
» restât dans les mains du gouvernement, comme
» faisant partie de la police générale de l'état. »

En définitive, les délits commis par les ecclésiastiques dans l'exercice de leur ministère ne
sont que des *abus ;* car l'*abus* n'est lui-même que
l'usage vicieux que les ecclésiastiques font de leur
puissance et de leurs droits. Ainsi, toutes les fois
qu'un délit se confond nécessairement avec
l'exercice du sacerdoce, que le délit n'existe
que parce que l'ecclésiastique a abusé de son
caractère , la poursuite ne peut avoir lieu qu'en

---

(1) Rép. de la nouvelle législation, v° Abus, n° 1er.

se conformant à l'article 8 de l'acte organique du concordat, c'est-à-dire, qu'après un renvoi du conseil d'état.

256. Ce principe est-il applicable aux délits résultant des attaques que les ecclésiastiques peuvent avoir dirigées, dans l'exercice de leur ministère, contre le gouvernement ou contre la personne de son chef?

Des arrêts récens de la cour de cassation font naître cette question. Par ses arrêts des 25 août 1827 (1), et 28 mars 1828 (2), la cour a décidé que les délits de diffamation et d'injures contre des particuliers, imputés à des ecclésiastiques, dans l'exercice de leur ministère, ne pouvaient être poursuivis qu'après que le conseil d'état en avait fait le renvoi à l'autorité judiciaire; mais elle a jugé par ses arrêts des 23 juin, 9 septembre 3, et 25 novembre et 23 décembre 1831 (3), que les délits d'attaque contre le gouvernement, ou d'offense contre la personne du roi des Français, pouvaient être poursuivis directement; elle en a donné pour motifs, dans le premier de ces arrêts: 1° que les ecclésiastiques ne peuvent se prévaloir de l'article 75 de la constitution de l'an 8, parce qu'ils ne sont pas fonctionnaires publics; c'est ce qui me paraît incontestable; 2° que « les articles » 6, 7 et 8 de la loi du 18 germinal an 10 sur les • appels comme d'abus ne comprennent pas le

(1) Bull., p. 733; Dalloz, p. 478. — (2) Cité *suprà*, n° 254. — (3) Dalloz, 1831, p. 248 et 309; 1832, p. 38, 59 et 72.

» cas actuel, qui est une attaque contre l'ordre de » successibilité au trône et les droits que le roi » tient du vœu de la nation française, exprimé par » les actes constitutionnels de 1830, et qui est » poursuivie par le ministère public, qui n'a nul » besoin d'autorisation spéciale; que dès-lors, en » prononçant le sursis à statuer jusqu'à ce qu'on » eût obtenu du conseil d'état l'autorisation de » poursuivre, la chambre d'accusation a fait une » fausse application des articles 6 et 7 du concordat » de 1802 et de l'article 75 de la constitution de » l'an 8. » Ce motif est reproduit dans les arrêts subséquens.

Ainsi la cour de cassation a fait une distinction entre les délits que le ministère public peut poursuivre, sans y avoir été provoqué par une plainte des parties lésées, et ceux qu'il ne peut poursuivre sans y avoir été provoqué par elles; la poursuite de ces derniers étant seule subordonnée à un renvoi du conseil d'état, et celle des premiers étant entièrement indépendante. Il est à regretter que la cour n'ait pas indiqué où se trouvaient les bases de cette distinction; je conviens que je ne les aperçois point, que je les cherche inutilement.

L'article 8 de l'acte organique du concordat prévoit le cas où le fait qui constitue l'abus a porté préjudice à des intérêts privés, et il ouvre à la partie lésée la voie d'appel; et le cas où le fait a porté préjudice à l'ordre public, et il charge le préfet d'exercer d'office le recours au conseil

d'état. Il résulte de là que, s'il s'agit d'un délit
qui ne peut être poursuivi que sur la provocation
de la personne lésée, celle-ci doit, préalablement
à toute plainte, se pourvoir au conseil d'état; que,
s'il s'agit d'un délit qui blesse directement l'ordre
public, le préfet doit le dénoncer au conseil d'état,
et que l'autorité judiciaire ne peut agir que sur le
renvoi du conseil d'état. La cour de cassation a-t-
elle pensé qu'on ne pouvait admettre que des délits ne fussent poursuivis qu'autant que le préfet
les aurait déférés au conseil d'état; que l'indépendance de l'ordre judiciaire serait blessée, si
on lui imposait une pareille condition? si telle a
été sa pensée, je répondrai en rappelant ces mots
de M. Favard de Langlade : *La loi a voulu que la
police des cultes restât dans les mains du gouvernement, comme faisant partie de la police générale
de l'état.* Il n'est pas étonnant alors que le gouvernement s'en soit rapporté d'abord à son organe,
en matière de haute police, au préfet déjà associé
d'ailleurs à l'administration de la justice criminelle.

C'est sous l'empire de la loi que j'examine, que
le Code pénal a été décrété; il prévoit, ainsi que
je l'ai dit, plusieurs délits qui peuvent être commis par des ecclésiastiques dans l'exercice de leur
ministère; ces délits consistent notamment dans
des discours contenant la critique ou censure du
gouvernement, d'une loi, d'une ordonnance du
roi, ou de tout autre acte de l'autorité publique;
dans des discours contenant une provocation di-

recte à la désobéissance aux lois, à soulever ou armer les citoyens les uns contre les autres; dans des écrits contenant des instructions pastorales qui renfermeraient des critiques ou des provocations de la même nature (1). Tous ces délits blessent assurément l'ordre public; le ministère public n'a pas besoin, pour les poursuivre, d'y être provoqué par la plainte d'une partie; et cependant, la discussion qui a eu lieu au conseil d'état sur ces articles, prouve que l'intention du conseil a été qu'ils ne fussent déférés aux tribunaux qu'après qu'il en aurait autorisé la poursuite.

L'empereur, pensant qu'un bref du pape était de nature à provoquer à la guerre civile, rendit, le 23 janvier 1811, un décret pour ordonner la poursuite des ecclésiastiques auxquels ce bref avait été adressé. Ainsi, on pensait alors qu'il n'y avait aucune distinction à faire entre les délits qui blessent directement l'ordre public, et ceux qui ne le blessent que parce qu'ils ont porté atteinte à des intérêts privés. Est-il survenu, dans la législation, des changemens qui motivent la distinction faite par la cour de cassation? Il n'en est survenu aucun. Ce qui était vrai sous l'empire est demeuré vrai, en cette matière, sous la restauration, et depuis la révolution du 7 août 1830.

Je suis persuadé que la distinction que je combats n'aurait pas été faite, si la cour de cassation

---

(1) Code pénal, art. 201 et suiv., 204 et suiv.

avait eu sous les yeux la discussion au conseil
d'état des articles du Code pénal que j'ai cités ;
la jurisprudence qu'établit cette distinction est
fâcheuse ; elle livre le clergé aux vexations des
particuliers, et au mauvais vouloir qui pourrait
animer quelques magistrats inférieurs ; elle lui
enlève des garanties qui protégeaient son repos et
sa dignité, en même temps qu'elles concouraient
au maintien du bon ordre. Il est arrivé sans doute
que des gouvernemens n'ont offert au clergé qu'un
refuge impuissant contre les coups qu'on voulait
lui porter ; il est arrivé que des gouvernemens se
sont rendu provocateurs ou complices de son
oppression ; mais cet état de choses a toujours
été passager ; les haines individuelles, les persécutions locales survivent au contraire aux haines,
aux persécutions des gouvernemens (1).

257. L'autorisation du conseil d'état est-elle
nécessaire pour poursuivre un agent du gouvernement destitué ou démissionnaire au moment
des poursuites ? Cette question ne devrait pas faire
le moindre doute ; car ce n'est point à l'individu,
ce n'est pas même à la fonction qui lui est confiée,
que la garantie est accordée ; c'est *à l'acte* qui
motive la poursuite ; et les considérations d'ordre
public qui ont dicté l'article 75 de la constitution
de l'an 8 la réclament d'une manière tout aussi
impérieuse, quand l'agent est démissionnaire ou

_____

(1) * V. l'arrêt du 25 septembre 1835, Dalloz, p. 436 ; et
celui du 18 février 1836, Dalloz, p. 329.

révoqué, que quand il est resté en fonctions; il s'agit toujours d'empêcher les tribunaux de s'immiscer dans des matières dont la connaissance leur est interdite.

Mais le principe qui sert de base à la nécessité d'une autorisation ayant été faussé dans son application, par l'extension qui lui a été donnée, il n'est pas étonnant que la mauvaise direction qu'il a reçue ait réagi en sens inverse de son but, et qu'on en soit arrivé à abandonner l'agent quand il avait perdu ses fonctions. Aussi un avis du conseil d'état du 19 février 1807, approuvé le 16 mars suivant, décide-t-il : « qu'il n'est pas moins con-
» traire à l'esprit de la constitution qu'à l'intérêt
» du gouvernement, de supposer que des ex-comp-
» tables sans fonctions, devenus étrangers à l'action
» administrative, puissent, même encore après
» qu'ils ont été frappés d'une destitution, réclamer
» un privilége qui n'a été accordé qu'aux agens
» publics dont la cessation des fonctions et de la
» coopération au mouvement administratif pour-
» rait paralyser l'action; est d'avis: 1° que les comp-
» tables destitués par ordre de sa majesté ne peu-
» vent pas être admis à se prévaloir de la préroga-
» tive constitutionnelle d'après laquelle les agens
» publics ne peuvent être mis en jugement qu'en
» vertu d'une décision du conseil d'état; 2° que les
» ex-comptables rétentionnaires de deniers publics
» peuvent être traduits devant les tribunaux crimi-
» nels, sur la simple dénonciation du ministre du
» trésor public au grand-juge ministre de la justice,

» qui se fera rendre compte de l'instruction et des
» suites de la procédure. »

La cour de cassation, en se fondant sur cet
avis, a jugé : 1° (1) qu'une autorisation n'était pas
nécessaire pour poursuivre un employé des
douanes, destitué, prévenu de s'être laissé corrompre ; 2° (2) qu'il n'en fallait pas non plus pour
poursuivre un receveur municipal destitué, prévenu de faux dans l'exercice de ses fonctions ;
3° (3) qu'il en était de même d'un percepteur des
contributions directes, démissionnaire, prévenu
de concussion.

M. Merlin (4), M. Favard de Langlade (5), soutiennent que l'avis du conseil d'état doit, dans
son application, être restreint aux cas pour lesquels il a été fait, et ils citent deux arrêts de la
cour de cassation (6), et plusieurs ordonnances du

---

(1) Arrêt du 28 septembre 1821 , Bull., p. 431 ; Dalloz,
t. VIII, p. 679. — (2) Arrêt du 23 mars 1827, Bull., p. 177 ;
Dalloz, p. 395. — (3) Arrêt du 5 juin 1823, Bull., p. 227 ;
Dalloz, t. VIII, p. 680. — (4) Rép. de jurisp., v° Garantie
des fonctionnaires, n° 9, t. VII, p. 199. — (5) Rép., v° Mise
en jugement , § 3 , n° 17 , t. III , p. 598. — (6) Dès 11 septembre 1807 et 15 janvier 1808 ; le premier est cité par
Dalloz, t. VIII, p. 683. * (M. Merlin remarque que, dans
les espèces de ces arrêts, les prévenus n'étaient plus maires
lorsqu'on les avait mis en jugement, et que leur mise en jugement, sans autorisation antérieure, n'a été déclarée valable
que parce qu'elle avait pour objet des délits étrangers à leurs
fonctions.) V. dans le même sens un arrêt du 6 février 1836 ,
Dalloz, p. 246.

roi qui ont reconnu la nécessité de l'autorisation pour poursuivre des maires et d'autres fonction-naires destitués, ou les héritiers d'un fonctionnaire décédé. Je crois cette opinion parfaitement juste, et que la cour de cassation a, dans les trois arrêts que j'ai cités, donné à l'avis du conseil d'état une extension contraire aux principes.

258. Quel est le sens de ces expressions em-ployées par l'article 75 de la constitution de l'an 8, «ne peuvent être poursuivis *pour des faits relatifs à leurs fonctions?*» Il semble qu'elles ne doivent s'entendre que des faits et des actes de l'autorité publique, de ceux qui ne peuvent émaner que d'un fonctionnaire public. Elles ont cependant reçu quelquefois une interprétation plus large, et il a suffi que l'agent du gouvernement eût été dans l'exercice de ses fonctions, pour que le fait ou l'acte incriminé ne pût être poursuivi sans une autorisation préalable.

Ainsi on a jugé que l'autorisation était néces-saire pour poursuivre :

1° Un directeur de scrutin prévenu d'avoir pro-féré des injures contre des personnes qui se ren-daient chez lui pour voter (1). Il existe plusieurs arrêts (2) rendus en faveur de fonctionnaires pré-venus d'avoir proféré des injures, dans l'exercice de leurs fonctions.

2° Un receveur de l'enregistrement, inculpé

---

(1) 3 nivose an 11, Bull., p. 300 ; Dalloz, t. VIII, p. 681.
— (2) Dalloz, v° Fonctionnaire public, sect. 1re, art. 1er.

d'avoir commis, dans le bureau du receveur général, des voies de fait sur un redevable (1).

3° Des gardes forestiers, prévenus de meurtre ou d'avoir fait des blessures, dans l'exercice de leurs fonctions (2).

4° Des gardes forestiers prévenus d'un délit de chasse, dans l'exercice de leurs fonctions (3).

Qu'il me soit permis de dire que, dans ces espèces, on n'a pas fait assez attention, peut-être, que l'article 75 de la constitution de l'an 8 est destiné à couvrir les actes émanés de l'être moral qu'on appelle fonctionnaire public, et non l'homme qui est revêtu de fonctions publiques; qu'il n'est point à craindre qu'en prenant connaissance de faits de la nature de ceux qui motivaient les préventions que je viens de citer, ou d'une autre nature analogue, les tribunaux sortent des limites de leur compétence, et s'immiscent dans des intérêts politiques ou administratifs, auxquels ils doivent demeurer étrangers.

Ces vérités ont quelquefois été aperçues et proclamées.

Ainsi le conseil d'état a décidé qu'une autorisation n'était pas requise pour poursuivre des gardes forestiers prévenus d'un délit de chasse dans les

---

(1) 6 mars 1806, Dalloz, t. VIII, p. 686. — (2) 3 novembre 1808, Dalloz, *ib.*, p. 685; 24 décembre 1824, Bull., p. 608; Dalloz, 1825, p. 74. — (3) 4 octobre 1823, Bull., p. 396; Dalloz, t. VIII, p. 685.

bois confiés à leur garde (1); c'est parce que cette décision n'était pas connue, que la cour de cassation a rendu l'arrêt du 4 octobre 1823, qui juge le contraire (2).

La cour de cassation elle-même a jugé (3) que le vol de bois commis par un garde forestier dans une coupe affouagère dont il avait la surveillance, ne devait point être considéré comme un fait relatif à l'exercice de ses fonctions, et que le prévenu pouvait être poursuivi sans autorisation,

A plus forte raison la cour a-t-elle jugé que l'autorisation n'était pas nécessaire pour poursuivre un garde forestier à raison d'un délit de chasse commis par lui hors du territoire confié à sa surveillance (4), ou pour poursuivre un maire prévenu d'escroquerie en matière de conscription, à l'égard de conscrits étrangers à sa commune (5).

---

(1) Ordonn. du 19 fév. 1823, Sirey, 1824, 2ᵉ part., p. 145.

(2) Notes de M. Busschop.

(3) Collard contre le ministère public, arrêt non imprimé.

(4) 16 avril 1825, Bull., p. 228; Dalloz, p. 306. * La cour de cassation a jugé, par deux arrêts en date des 20 juin et 4 juillet 1834, Dalloz, p. 366 et 373, qu'un garde forestier peut être poursuivi sans autorisation en vertu de l'article 6 du Code forestier, lorsqu'il a encouru la responsabilité prononcée par cet article pour avoir négligé de constater les délits commis dans son triage. V. dans le même sens l'arrêt du 4 mai 1832, Dalloz, p. 210.

(5) 11 septembre 1807, Dalloz, t. VIII, p. 683. * Lorsqu'un maire est poursuivi pour deux délits dont l'un a été commis en

259. Au surplus, il ne faut pas confondre les dispositions de l'article 75 de la constitution de l'an 8 avec les articles 483 et 484 du Code d'in‑struction, aux termes desquels les juges de police et les officiers de police judiciaire, prévenus d'a‑voir commis, *dans l'exercice de leurs fonctions*, des délits ou des crimes, sont soumis à une procé‑dure spéciale, dont les formes s'écartent de la procédure ordinaire. De ce que la cour de cassa‑tion a jugé, par exemple, que des gardes fores‑tiers prévenus de délits forestiers ou de vol, dans les bois confiés à leur garde, doivent être pour‑suivis et jugés conformément à ces articles 483 et 484 (1), il ne faut pas conclure que des faits de cette nature ne peuvent être poursuivis qu'autant que la mise en jugement de l'inculpé a été autori‑sée. La raison en est que ces articles n'ont pas pour objet, comme l'article 75 de la constitution de l'an 8, de suspendre l'exercice de l'action du ministère public, mais simplement d'attribuer, soit l'instruction, soit le jugement des personnes qui y sont spécifiées, aux magistrats et aux tribu‑naux immédiatement supérieurs à ceux qui en

---

sa qualité de maire et dont l'autre est étranger à ses fonctions, l'autorisation du conseil d'état n'est pas nécessaire pour ce dernier, et les tribunaux doivent le juger sans surseoir. Arrêt du 1er juin 1832. Dalloz, p. 336.

(1) Arrêts des 19 juillet 1822, Bull., p. 300; Dall., t. VIII, p. 691; et 6 juillet 1826, Bull., p. 382; Dalloz, p. 411.

auraient connu, s'il ne se fût pas agi de fonctionnaires de l'ordre judiciaire.

§ III. Des autorités chargées de donner l'autorisation ; de la
marche à suivre ; des effets d'une poursuite non autorisée.

260. C'est le conseil d'état qui est chargé, par
l'article 75 de la constitution de l'an 8, d'autoriser les poursuites contre les agens du gouvernement. Ses décisions sont ensuite converties en ordonnances du roi et contre-signées par le ministre
de la justic .

S'il s'agit d'agens des administrations de l'enregistrement et des domaines, de la loterie, des
postes, des monnaies, des douanes, des contributions directes, des eaux et forêts, les directeurs de ces administrations sont chargés de donner l'autorisation. Cependant les conservateurs
et les agens des forêts de la couronne et des apanages des princes, ne peuvent être mis en jugement que sur l'autorisation du conseil d'état; et
les inspecteurs et sous-inspecteurs des bois de
l'état, que sur celle du ministre des finances (1).

S'il s'agit de receveurs particuliers, ou de percepteurs des contributions directes, les poursuites doivent être autorisées par le préfet (2).

(1) Ordonnance forestière, art. 35.—Ordonnances du roi des
19 décembre 1821 et 27 février 1822, et les lois et décrets rapportés *supra* n° 249.

(2) Décret du 10 floréal an 10; arrêt du 6 mars 1806;
Dalloz, t. VIII, p. 686.

Lorsque les directeurs généraux ont autorisé les poursuites, aucun recours n'est ouvert contre leurs décisions; mais s'ils s'y opposent, leur refus n'est qu'un simple avis; l'affaire est dévolue de droit au conseil d'état, qui l'examine et prononce définitivement sur la demande en autorisation.

Si les préfets refusent de permettre les poursuites contre les receveurs particuliers ou les percepteurs des contributions directes, leur décision peut être attaquée devant le conseil d'état.

261. Des écrivains fort distingués ont vivement réclamé contre l'attribution donnée au conseil d'état de statuer sur les demandes en autorisation de poursuivre les agens du gouvernement. Ils ont dit que le conseil d'état n'était plus, comme sous l'empire, une autorité constitutionnelle, délibérant sous la présidence du chef du gouvernement, et non sous celle des ministres, et conséquemment dans l'indépendance la plus absolue de l'influence ministérielle; que, dans l'état actuel des choses, le droit d'accuser les agens du gouvernement se trouve dans les mains des ministres, et qu'ainsi le droit de poursuivre la réparation d'une offense se trouve subordonné à la volonté de celui qu'on peut présumer en être l'auteur.

Tout en reconnaissant qu'il y a quelque chose à faire, pour rattacher plus intimement le conseil d'état à son institution politique, et pour mieux garantir l'indépendance de ses membres, il faut avouer que les plaintes que je viens de rapporter comportent de l'exagération. La légalité de l'existence du conseil d'état a été implicitement reconnue par différentes lois ; et il ne faut pas admettre sans preuve qu'il peut se rendre coupable d'une telle servilité, qu'il ne soit qu'un instrument obéissant entre les mains des ministres ; il est de fait, d'ailleurs, que le conseil d'état a bien plus respecté, depuis la restauration, les droits de l'autorité judiciaire, qu'il ne l'avait fait sous l'empire, malgré sa prétendue indépendance.

Au surplus, à qui attribuer le droit de permettre ou d'interdire la mise en jugement des agens du gouvernement, si ce n'est au conseil d'état? quelle autorité, quelle juridiction pourra-t-on en investir, si on le lui ôte? il est vrai que le roi peut, malgré l'avis de son conseil, refuser l'autorisation ; mais le ministre qui contre-signe l'ordonnance engage sa responsabilité. « Au dessus de » tous les pouvoirs, s'élève, dit M. Henrion de » Pansey (1), un pouvoir régulateur, qui plane » également sur l'ordre judiciaire et sur l'ordre » administratif, et qui est le juge de toutes les » compétences; ce droit éminent est attaché à la » qualité de chef suprême de l'état, et réside dans » la main du roi. » Et puisque le fondement véritable des garanties accordées aux actes des agens du gouvernement n'est autre que le droit de veiller à ce que chaque pouvoir se renferme dans ses limites légales, à ce que l'autorité judiciaire n'en-

---

(1) De l'autorité judiciaire, chap. 46, t. II, p. 404.

treprenne pas sur les attributions du gouvernement ou de l'administration, en donnant pour
prétexte que les actes des agens du gouvernement
constituent des délits, comment dénier au chef
suprême de l'état, de statuer, sous la responsabilité de ses ministres, sur les demandes tendant
à livrer ces agens aux tribunaux, pour des délits
relatifs à leurs fonctions? comment M. Henrion de
Pansey, qui a si bien établi (1) que le droit de prononcer sur les conflits d'attribution entre l'autorité administrative et l'autorité judiciaire, appartenait et ne devait appartenir qu'au roi, n'a-t-il
pas reconnu que le droit de statuer sur la mise en
jugement des agens du gouvernement découlait
de la même source?

262. L'article 75 de la constitution de l'an 8 ne
fait point obstacle à ce que les fonctionnaires
chargés de la recherche et de la poursuite des
crimes et des délits, constatent ceux qui sont imputés à des agens du gouvernement, procèdent
aux recherches nécessaires et aux informations (2);
un tribunal a le droit d'ordonner qu'elles seront
faites (3), même contre un percepteur des contributions directes dont le préfet a refusé d'autoriser la mise en jugement, si l'on est encore dans
le délai utile pour attaquer l'arrêté portant ce
refus (4). Une demande en autorisation de pour-

---

(1) De l'autorité judiciaire, chap. 44 et 46. — (2) Décret du
9 août 1806, art. 3. — (3) Arrêt du 24 juin 1819, Dalloz
t. VIII, p. 678. — (4) *Ibid.*

suivre un fonctionnaire public ne peut être présentée au conseil d'état, si elle n'a été précédée d'une information judiciaire (1).

Les informations doivent être transmises par les procureurs du roi aux procureurs généraux ; ceux-ci les adressent, avec leur avis, au ministre de la justice ; le ministre de la justice les envoie au comité du contentieux ; ce comité examine la procédure et soumet ensuite au conseil d'état, toutes les sections réunies, une proposition pour accorder ou refuser l'autorisation ; le conseil délibère, et sa décision, rédigée en forme d'ordonnance, est soumise à l'approbation et à la signature du roi.

263. Mais le droit de procéder à des informations ne va pas jusqu'à faire subir interrogatoire au fonctionnaire inculpé, et décerner contre lui des mandats ; l'article 3 du décret du 9 août 1806 le défend expressément, l'usage est de lui demander extra-judiciairement les explications qu'il peut avoir à donner.

Si un fonctionnaire public était surpris en état de flagrant délit, son arrestation et les interrogatoires qui en seraient la suite, seraient parfaitement légaux. En effet, l'article 121 du Code pénal n'interdit l'arrestation des ministres, des membres de la chambre des pairs, de la chambre des députés, ou du conseil d'état, que *hors*

_____

(1) Décret du 9 août 1806, art. 3 ; ordonnance du roi du 2 janvier 1821.

les cas de flagrant délit. La Charte autorise expressément celle des députés en cas de flagrant délit; si elle ne le dit pas, en parlant des membres de la chambre des pairs, on ne doit voir, dans son silence, qu'un ménagement accordé à la pairie, qui eût pu être blessée par la supposition que ses membres pouvaient être surpris en état de délit flagrant, et non une exception au principe d'ordre et de salut public, qui commande de se saisir de la personne de quiconque est surpris commettant un crime, ou venant de le commettre.

Si les ministres, les pairs de France, etc., peuvent être arrêtés dans les cas de flagrant délit, à plus forte raison les simples agens du gouvernement peuvent-ils l'être.

Au surplus, l'arrestation ne dispense pas de demander et d'obtenir l'autorisation de mettre en jugement le prévenu; cela est évident.

264. Puisque le conseil d'état ne peut accorder ou refuser l'autorisation de poursuivre que sur le vu d'une information judiciaire, il est clair que la partie qui se prétend lésée ne peut s'adresser directement à lui, pour obtenir cette autorisation, avant d'avoir porté plainte à l'autorité judiciaire, et tant que celle-ci n'a pas procédé à une instruction, « considérant, porte une ordon-» nance du roi du 5 juin 1822, que si de l'instruc-» tion il résulte, comme le prétend le sieur Fabry, » des charges contre le lieutenant-général Desbu-» reaux, le maréchal duc de Dalmatie, etc., c'est

» au tribunal saisi de l'affaire qu'il doit s'adresser
» pour, sur l'instruction existante, ou, sur celles
» qui seront faites ultérieurement, faire ordonner
» des poursuites contre lesdits sieurs Desbureaux
» et Dalmatie, sauf à notre procureur général et
» au sieur Fabry lui-même, à requérir par de-
» vant nous, en notre conseil, l'autorisation né-
» cessaire pour continuer les poursuites. »

265. Le conseil d'état statue sur le vu des informations et des renseignemens produits devant
lui.

L'autorisation de poursuivre les agens du gouvernement n'étant exigée que pour soustraire aux
tribunaux la connaissance des actes ou des faits
dont l'appréciation ne doit appartenir qu'au gouvernement ou à l'administration, la mission du
conseil d'état devrait se borner à examiner si
quelque intérêt politique ou administratif se
trouve mêlé ou compromis dans la poursuite, et
si conséquemment l'autorité judiciaire est compétente pour y statuer. Mais le conseil d'état a étendu
bien au-delà ses attributions. Il se constitue chambre du conseil, chambre des mises en accusation,
et il prononce sur les charges elles-mêmes. Si
les faits ne lui paraissent pas suffisamment justi-
fiés par l'information, il refuse l'autorisation (1);
ou bien il n'autorise les poursuites qu'à fins civiles et uniquement pour la réparation civile du
dommage que le fonctionnaire a pu causer aux

(1) Ordonnance du 13 mars 1822.

parties lésées (1). C'est ainsi qu'il usurpe sur les attributions du pouvoir judiciaire ; et, par l'abus qu'il fait d'un principe vrai et éminemment utile, il fournit des prétextes plausibles pour attaquer le principe lui-même.

M. Favard de Langlade enseigne (2) « que quand » l'autorisation de poursuivre est refusée, il est » souverainement jugé que le fonctionnaire in- » culpé est à l'abri de toutes poursuites ». Ce prin- cipe ne serait susceptible d'aucune contradiction, si le conseil d'état se renfermait dans les limites de ses pouvoirs ; mais quand il fait des incursions sur le domaine de l'autorité judiciaire, il me sem- ble que ses décisions ne peuvent avoir un autre caractère d'irrévocabilité que si la décision était émanée des tribunaux eux-mêmes ; qu'ainsi, lors- que le conseil refuse l'autorisation, parce que les charges sont insuffisantes, il est permis, quand des charges nouvelles sont survenues, de recou- rir à lui de nouveau et de les lui soumettre pour qu'il les apprécie, et accorde, s'il les trouve suf- fisantes, l'autorisation qu'il avait d'abord refu- sée (3).

---

(1) Ordonnance du 30 mai 1821.

(2) Rép., v° *Mise en jugement*, § 3, n° 13, t. III, p. 601.

(3) *Si le prévenu d'un délit forestier s'inscrit en faux contre le procès-verbal des gardes, et que le conseil d'état refuse l'autorisation de poursuivre, que deviendra l'action publique sur le délit forestier? Le tribunal d'appel de Tarbes avait décidé* *que le prévenu ne peut plus être poursuivi, par le motif que*

266. L'autorisation de poursuivre qu'accorde le conseil d'état, est limitée aux personnes et aux

---

l'inscription de faux subsiste toujours dans son intérêt, malgré l'ordonnance royale qui a refusé l'autorisation d'en poursuivre les auteurs, et que cette inscription de faux paralyse les effets du procès-verbal. — Mais sur le pourvoi de l'administration forestière, ce jugement a été cassé le 11 décembre 1835; Dalloz, 1836, p. 320 : « Attendu que toute demande en in- » scription de faux contre un procès-verbal des agens de l'ad- » ministration forestière est un moyen légal de défense, et » que le tribunal saisi de l'action principale est seul juge de » l'exception. — Attendu que si, dans l'intérêt de l'adminis- » tration, la poursuite doit être autorisée par le conseil d'état, » il ne s'ensuit pas que le refus d'autorisation anéantisse la de- » mande; que ce refus ne peut avoir pour effet que de mettre » les fonctionnaires publics à l'abri de toutes poursuites per- » sonnelles, mais qu'il ne peut avoir celui d'anéantir l'excep- » tion et d'enlever ainsi au prévenu un moyen de défense que » la loi lui donne ; — que la poursuite judiciaire ne peut être » paralysée par le défaut d'autorisation ; d'où il suit qu'il doit » être procédé incidemment sur la demande en inscription de » faux, conformément à l'art. 459 C. inst. crim., marche qui » doit être suivie non seulement dans le cas de décès ou de » prescription dont parle l'art. 460 du même code, mais en- » core par voie d'analogie, dans tous les cas où il existe un » obstacle légal à l'action publique, ayant pour effet de l'anéan- » tir ou de la paralyser ; — Attendu qu'en jugeant le contraire » et en ordonnant un sursis indéfini à l'action correctionnelle » de l'administration, le tribunal de Tarbes a omis de pronon- » cer sur l'inscription de faux, et a ainsi violé les articles de » loi précités (176, 177, 179, C. forest.; 459 et 460, C. inst. » crim.). «

L'affaire ayant été renvoyée devant la cour royale de Pau,

délits qu'elle détermine. Il résulte de là que si d'autres fonctionnaires que ceux qui s'y trouvent dénommés, sont compromis par des informations postérieures; que si les fonctionnaires dont la poursuite est autorisée se trouvent, par ces informations, inculpés d'autres délits que ceux qu motivent l'autorisation, il faut revenir devant le conseil d'état et en obtenir de nouvelles décisions, relativement à ces nouveaux fonctionnaires et à ces nouveaux faits (1). Ceci est conforme au principe sur lequel repose la nécessité d'une autorisation pour poursuivre les agens du gouvernement.

267. L'autorisation exigée par l'article 75 de la constitution de l'an 8 est prescrite à peine de nullité des poursuites et de ce qui s'en est suivi. Cette nullité peut être invoquée en tout état de cause; les tribunaux doivent même l'appliquer d'office. Ces propositions, qui ont été consacrées par un arrêt de la cour de cassation du 9 février 1809 (2), sont incontestables et ne demandent aucun développement.

Tant que l'autorisation de poursuivre n'est pas

cette cour, appréciant les enquêtes qui avaient été faites sur l'inscription de faux, a déclaré, par arrêt du 30 juin 1836, que la fausseté du procès-verbal n'était pas établie, et a condamné les prévenus, en vertu de ce même procès-verbal.

(1) Arrêt du 21 mai 1807, Dalloz, t. VIII, p. 677. Ord. du 4 novembre 1821.

(2) Dalloz, t. VIII, p. 681.

accordée, les tribunaux n'ont pas même le droit
d'absoudre le fonctionnaire inculpé. Ainsi une
chambre d'accusation ne peut pas déclarer que
les charges recueillies contre ce fonctionnaire
sont insuffisantes, et qu'il n'y a pas lieu à accusation contre lui. Un procureur général avait prétendu le contraire et s'était pourvu contre l'arrêt
d'une chambre d'accusation, qui avait refusé de
prononcer qu'il n'y avait lieu à suivre contre un
garde forestier prévenu de s'être laissé corrompre,
et ordonné que le procureur général se pourvoi-
rait préalablement en autorisation de ses poursuites. Le pourvoi du procureur général a été rejeté (1).

Toutefois, a dit le conseil d'état, quoique la
garantie accordée aux agens du gouvernement
soit établie autant dans l'intérêt de l'état que dans
celui des agens, elle a pour objet principal de les
mettre à l'abri des actions irréfléchies auxquelles
ils pourraient être exposés; et ce serait faire tourner contre eux les dispositions des lois faites dans
la vue de les protéger, que d'annuler les jugemens qui les acquittent, sous prétexte que ces
jugemens n'ont pas été précédés de l'autorisation
du conseil d'état. Ni le ministère public, ni les
parties civiles ne peuvent donc se faire un moyen
de cassation du défaut d'autorisation de poursuivre; et les jugemens, dans ce cas, ne peuvent
être cassés que dans l'intérêt de la loi (2).

_____

(1) Arrêt du 8 mai 1824, Dalloz, t. VIII, p. 679.
(2) Avis du conseil d'état des 12 décembre 1809, approuvé

268. Mais à quelle autorité appartient-il de décider de la qualité de l'agent inculpé et s'il a agi ou non dans l'exercice de ses fonctions? En d'autres termes, quelle est l'autorité compétente pour juger si les poursuites ont besoin d'être autorisées?

Un individu traduit devant les tribunaux civils en restitution de sommes qu'il avait perçues en 1792, prétendit qu'il n'avait reçu ces sommes qu'en qualité de procureur de la commune, et conséquemment comme fonctionnaire de l'ordre administratif; qu'ainsi il ne pouvait être poursuivi sans l'autorisation du conseil d'état. Le demandeur répondit que ce n'était pas comme fonctionnaire que le défendeur avait perçu les sommes réclamées, et de là la question de savoir en quelle qualité ce dernier avait agi. La cour royale jugea que l'autorité administrative avait seule le droit de décider cette question. Le pourvoi contre l'arrêt a été rejeté par la chambre des requêtes le 5 août 1823 (1), par les motifs que voici: « Considérant » que d'après l'acte du 22 frimaire an 8, et les lois » subséquentes, il est de principe que les agens » du gouvernement ne peuvent être poursuivis » pour des faits relatifs à leurs fonctions, qu'en » vertu d'une autorisation préalable du conseil » d'état; que l'effet de cette garantie doit suspen- » dre, à l'égard des personnes qui ont droit d'en » jouir, l'action des tribunaux, toutes les fois qu'elles

le 17, et 1er février 1811. Arrêt du 6 juin 1811; Dalloz, t. II, p. 612. — (1) Dalloz, t. VIII, p. 679.

» ont été traduites devant eux sans que le conseil
» d'état ait préalablement examiné la qualité dans
» laquelle l'agent inculpé a agi, et si le fait incri-
» miné peut ou non donner lieu à la poursuite;
» que, dans aucun cas, l'autorité judiciaire n'est
» compétente pour juger ni la qualité de l'agent
» inculpé, ni si quelque intérêt politique ou admi-
» nistratif souffrirait par sa traduction en justice;
» que, s'il en était autrement, la garantie dont les
» lois couvrent les agens du gouvernement pour-
» rait être illusoire, tandis qu'il a le plus grand
» intérêt à ce qu'elle conserve tous ses effets. »
Cet arrêt décide nettement que, quand un individu traduit en justice prétend avoir agi en qualité d'agent du gouvernement, les tribunaux sont
incompétens pour juger cette exception.

Mais le conseil d'état n'adopte pas cette opinion.

Un huissier avait assigné le receveur municipal
d'une commune, en répétition de frais faits à sa
requête, et celui-ci avait mis le maire en cause.
Le préfet du département éleva un conflit sur le
motif que le demandeur n'avait pas obtenu l'autorisation de poursuivre les deux fonctionnaires
qui figuraient dans l'instance. Le conseil d'état a
annulé ce conflit : « Considérant que le sieur Matha
» réclamait le paiement des frais par lui faits, en
» sa qualité d'huissier, à la requête et aux risques
» et périls du sieur Stacbler ; que ce dernier a mis

(1) Ord. du 12 janvier 1825, Journal du Palais, décisions du conseil d'état, t. II, p. 9.

» en cause le sieur Knacbel, maire de la commune,
» mais pour être condamné personnellement et en
» son propre et privé nom, à le garantir des con-
» damnations qui seraient prononcées ; considérant
» qu'en supposant que le sieur Knacbel, maire de
» la commune, eût agi en cette qualité, et qu'il eût
» été question de deniers communaux, le défaut
» d'autorisation requise pour poursuivre un fonc-
» tionnaire public ne suffit pas pour élever un con-
» flit ; qu'il constitue seulement une exception qui
» doit être proposée devant les tribunaux ; que le
» conflit ne pourrait être approuvé qu'autant que
» la contestation dont il s'agissait aurait été en soi
» de la compétence administrative. » Deux ordonnances des 16 janvier 1822 et 24 mars 1824
avaient déjà décidé dans le même sens.

Le maire d'une commune avait été poursuivi et
condamné, pour crime d'attentat à la liberté in-
dividuelle ; pendant le recours en cassation, le
préfet du département éleva un conflit fondé sur
ce que les poursuites n'avaient point été autorisées
par le conseil d'état. Ce conflit a été annulé par
une ordonnance du 26 décembre 1827 : « Consi-
» dérant qu'en admettant que, dans l'espèce,
» l'autorisation fût nécessaire, le défaut d'autori-
» sation n'eût pas été un motif pour élever le con-
» flit, mais constituerait seulement un moyen de
» nullité de nature à être proposé devant la cour
» de cassation.»

Ces ordonnances sont on ne peut plus formelles : l'exception tirée de ce que le fait ou l'acte

incriminé est émané d'un agent du gouvernement agissant en cette qualité, doit être jugée par les tribunaux. Le système qu'elles ont adopté a été depuis érigé en règle par l'article 3 de l'ordonnance du roi du 1ᵉʳ juin 1828, sur les conflits. Cet article porte : « Ne donneront pas lieu au con- » flit, 1° le défaut d'autorisation, soit de la part » du gouvernement, lorsqu'il s'agit de poursuites » dirigées contre ses agens, soit de la part du con- » seil de préfecture, lorsqu'il s'agira de contesta- » tions judiciaires dans lesquelles les communes » où les établissemens publics sont parties....»

Cet article suppose nécessairement, dans les tribunaux, une entière compétence pour juger la qualité des inculpés qui invoquent en leur faveur les dispositions de l'article 75 de la constitution de l'an 8, et pour décider s'ils ont agi comme agens du gouvernement dans les faits qui motivent les poursuites. L'ordonnance s'en rapporte, sur ces questions, à la prudence et à l'impartialité des tribunaux. Puissent-ils, tout en conservant aux agens du gouvernement les garanties que la loi leur accorde, les resserrer dans leurs limites légales! car ces limites ont souvent été franchies par la jurisprudence.

269. Jusqu'à présent je n'ai examiné que dans leurs rapports avec l'exercice de l'action publique les dispositions législatives qui soumettent à une autorisation préalable les poursuites que l'on veut diriger contre certains fonctionnaires ; il me reste à les envisager sous le rapport de l'action civile

résultant du dommage qui a été la suite des délits qu'on impute à ces fonctionnaires.

J'ai dit qu'il fallait distinguer, dans ces dispositions législatives, celles qui créent des garanties en considération des fonctions dont les inculpés sont revêtus, de celles qui ne créent de garanties qu'en faveur des actes et des faits qui émanent du fonctionnaire public. Cette distinction se reproduit ici.

L'action publique ne peut s'exercer contre les pairs que devant la chambre des pairs; elle ne peut s'intenter contre les députés, pendant la durée de la session, qu'avec l'autorisation de la chambre ; s'il s'agit de ministres ou de conseillers d'état, elle est subordonnée, pour la poursuite de leurs délits privés, à une délibération du conseil d'état qui en autorise l'exercice. On a voulu que des personnages revêtus d'une haute mission ne fussent point livrés, sans un examen préalable, à des poursuites criminelles, parce que la considération du corps auquel ils appartiennent pourrait se trouver compromise, et qu'il pourrait arriver que ces poursuites ne fussent intentées que pour les arracher à leurs fonctions dans des circonstances où l'on aurait à craindre leur indépendance et leur influence. Mais ces précautions, mais ces ménagemens ne doivent point nuire aux tiers qui ont souffert un dommage; et ce n'est point au détriment des intérêts privés les plus légitimes que les lois ont voulu protéger l'honneur des grands corps de l'état. Les textes des lois qui créent les immunités dont il s'agit, font foi de cette vérité; elles ne parlent que de la *poursuite crimi-nelle;* et personne ne voudra soutenir sans doute qu'une demande en dommages-intérêts formée devant les tribunaux civils contre un pair de France, un député pendant la session, un ministre, un conseiller d'état, est non recevable, parce que, le fait qui motive cette demande étant un délit, elle aurait dû être portée devant la chambre des pairs, ou précédée d'une autorisation de la cham-bre des députés ou du conseil d'état. Si la cour royale de Paris a déclaré, ainsi qu'on l'a vu (1), non recevable une demande en dommages-intérêts, formée contre un ancien garde-des-sceaux, c'est parce qu'elle était motivée sur un fait relatif aux fonctions de ministre, et non sur un fait privé et personnel à celui qui était revêtu de cette qualité.

Il en est autrement lorsque l'action civile a pour base un fait ou un acte relatif aux fonctions de l'inculpé; cette action est soumise alors aux mêmes conditions que l'action publique. La raison en est simple : la garantie a été établie pour que le pou-voir judiciaire ne puisse s'immiscer dans des ma-tières d'administration ou de gouvernement, et l'incompétence des tribunaux civils, à cet égard, est aussi absolue que celle des tribunaux criminels. Aussi l'article 75 de la constitution de l'an 8 em-ploie-t-il ces expressions: *Ne peuvent être poursuivis pour des faits relatifs à leurs fonctions,* sans distin-guer les poursuites à fins civiles, des poursuites criminelles; elles s'appliquent par conséquent

_____

(1) V. *suprà*, n° 243.

tout à la fois à l'action civile et à l'action publique.

270. Les poursuites dont les fonctionnaires de l'ordre judiciaire peuvent être l'objet, sont aussi soumises à certaines formalités. J'en ferai l'objet d'une section particulière (1).

SECTION III.

Des causes qui proviennent des conflits élevés par l'autorité administrative.

271. Les conflits d'attributions sont, en général, des contestations entre plusieurs autorités qui veulent, chacune, s'attribuer la connaissance d'une affaire. De l'autorité administrative à l'autorité judiciaire, le conflit est un acte par lequel un préfet revendique pour l'autorité administrative le jugement de tout ou partie d'une contestation portée devant un des tribunaux de son département.

L'effet général des conflits est de tenir en suspens les actions dont les tribunaux ont été saisis et de soumettre au conseil d'état la question de compétence.

Cette matière est réglée par les lois des 14 octobre 1790, 21 fructidor an 3, les articles 127 et suivans du Code pénal, et enfin par l'ordonnance du roi du 1er juin 1828, qui a établi des règles nouvelles, et corrigé plusieurs des abus auxquels un décret du 13 brumaire an 10 avait donné lieu.

Je n'examinerai les conflits que dans leurs rapports avec l'action publique et l'action civile résultant des crimes, des délits et des contraventions.

272. L'article 1er de l'ordonnance du 1er juin

---

(1) V. *infrà*, livre 2 : * ce livre n'a pas été imprimé.

1828, porte : « A l'avenir, le conflit d'attribution
» entre les tribunaux et l'autorité administrative
» ne sera jamais élevé en matière criminelle.» Voilà
le principe. L'article 2 crée deux cas d'exception ;
il porte : « Il ne pourra être élevé de conflit en
» matière de police correctionnelle que dans les
» deux cas suivans :

» 1° Lorsque la répression du délit est attribuée
» par une disposition législative à l'autorité admi-
» nistrative.

» 2° Lorsque le jugement à rendre par le tribunal
» dépendra d'une question préjudicielle dont la
» connaissance appartiendrait à l'autorité adminis-
» trative en vertu d'une disposition législative. Dans
» ce dernier cas, le conflit ne pourra être élevé que
» sur la question préjudicielle. »

J'ai dit que cet article constituait une exception
au principe général posé par l'article 1er ; et c'est
ce que reconnaît l'article 17 de l'ordonnance, en
disant : « Au cas où le conflit serait élevé dans les
» matières correctionnelles comprises *dans l'excep-*
» *tion prévue par l'article 2 de la présente ordonnance,*
» il sera procédé, etc.» Cette exception doit se renfermer dans les deux cas auxquels l'ordonnance
s'applique, et il faut reconnaître qu'aucun conflit
ne peut être élevé dans les affaires qui sont de la
compétence des cours d'assises ou des tribunaux
de simple police. Ce n'est pas que la poursuite des
crimes et des contraventions ne puisse donner lieu
à des questions préjudicielles qui rentrent dans la
compétence administrative ; ce n'est pas qu'on ne
puisse soumettre mal à propos aux tribunaux de

simple police des contraventions qui ne doivent être jugées que par le conseil de préfecture, et l'intention de l'ordonnance n'a certainement pas été d'en attribuer le jugement à ces cours et à ces tribunaux; seulement l'ordonnance s'en rapporte à eux pour renvoyer à qui de droit la décision des questions et des affaires dont la connaissance ne leur appartient pas; elle ne veut pas de l'intervention directe du préfet dans des matières dont les unes sont trop graves et les autres d'un trop faible intérêt pour les exposer aux entraves qui résultent toujours d'un conflit.

273. Sous l'empire du décret du 13 brumaire an 10, les préfets pouvaient élever le conflit en tout état de cause, et les tribunaux étaient forcés de surseoir jusqu'à la décision du conseil d'état; mais l'ordonnance du 1er juin apporte de notables modifications à ce décret. Le conflit ne peut plus être élevé après des jugemens définitifs *en dernier ressort*, ni quand un jugement définitif *en premier ressort* a été acquiescé, ni après les arrêts définitifs. Il résulte de là que, tant qu'un jugement définitif, rendu en premier ressort, n'est pas attaqué par appel, le conflit ne peut être élevé (1).

274. Avant d'élever le conflit dans les affaires soumises aux tribunaux de première instance, le préfet doit demander au tribunal, par l'organe du procureur du roi, le renvoi de l'affaire devant l'autorité administrative.

Dans les cinq jours qui suivent le jugement in-

_____

(1) Art. 4 de l'ordonnance.

tervenu sur le déclinatoire provoqué par le préfet, le procureur du roi doit lui en envoyer copie, ainsi que de ses réquisitions (1).

Si le déclinatoire a été rejeté, le préfet peut, dans la quinzaine qui suit l'envoi du jugement, élever le conflit, quand même le tribunal aurait, dans ce délai, prononcé sur le fond du procès (2).

Si le déclinatoire a été admis, mais qu'une des parties ait interjeté appel du jugement, le conflit peut être élevé dans la quinzaine qui suit cet appel (3).

L'arrêté de conflit doit viser le jugement intervenu sur le déclinatoire proposé par le procureur du roi au nom du préfet, et l'acte d'appel, lorsqu'il y a eu un appel interjeté. Le préfet doit, en outre, insérer dans son arrêté le texte de la disposition législative qui attribue à l'administration la connaissance du point litigieux (4).

Dans la quinzaine qui lui est accordée pour élever le conflit, le préfet doit faire déposer au greffe son arrêté et les pièces qui y sont visées (5). Faute par le préfet de faire ce dépôt, il ne peut plus élever le conflit, à moins qu'il n'y ait eu appel du jugement intervenu sur le déclinatoire ou sur le fond (6).

Si l'arrêté a été déposé en temps utile, le procureur du roi doit le communiquer au tribunal et le requérir de surseoir à toute procédure judiciaire, jusqu'après la décision du conseil d'état (7).

---

(1) Ordonnance, art. 7. — (2) Ordonnance, art. 8. — (3) Ib. — (4) Ib., art. 9. — (5) Ib., art. 10. — (6) Ib., art. 4 et 11. — (7) Ib., art. 12 ; loi du 21 fructidor an 3, art. 27.

Dans la quinzaine de cette communication, les parties ou leurs avoués, avertis par le procureur du roi, peuvent remettre au greffe leurs observations sur le conflit, et tous les documens à l'appui (1).

Ce délai passé, le procureur du roi doit transmettre les pièces et ses observations au garde-des-sceaux, qui est obligé de les envoyer au secrétariat général du conseil d'état dans les vingt-quatre heures de leur réception (2).

Le conseil d'état doit statuer sur le conflit dans les quarante jours à dater de l'envoi des pièces au ministre de la justice. Le garde-des-sceaux peut cependant, sur la demande des parties et sur l'avis du conseil d'état, proroger ce délai; mais jamais au-delà de deux mois (3).

Si les délais expirent sans que le conseil d'état ait statué, le conflit est considéré comme non avenu, et l'instance peut être reprise devant le tribunal (4).

275. L'ordonnance du 1er juin 1828 a réglé, ainsi qu'on vient de le voir, les conditions, la forme des conflits que les préfets croient devoir élever dans les affaires pendantes devant les tribunaux de première instance; mais elle est fort incomplète sur les conflits qu'ils peuvent élever dans les affaires portées devant les tribunaux d'appel. Elle dit, à la vérité, article 4, « que le » conflit pourra être élevé en cause d'appel, s'il

---

(1) Ordonnance, art. 13. — (2) *Ib.*, art. 14. — (3) *Ib.*, art. 15. — (4) *Ib.*, art. 16.

» ne l'a pas été en première instance, ou s'il l'a été » irrégulièrement après les délais prescrits par l'ar- » ticle 8 ». On voit bien, par l'article 8, que le conflit peut être élevé, si l'une des parties a interjeté appel du jugement qui admet le déclinanatoire. Mais l'ordonnance ne dit pas si, avant de rendre un arrêté de conflit, le préfet devra revendiquer, par l'organe du procureur général, le jugement du point litigieux; elle ne dit pas non plus dans quels délais le conflit pourra être élevé utilement; elle ne dit pas si le préfet doit déposer au greffe son arrêté, ni ce que le procureur général doit faire quand il a connaissance du conflit. On en est réduit à raisonner par analogie des dispositions qu'elle a prescrites, pour les affaires portées devant les tribunaux de première instance.

Il me paraît résulter de ces dispositions et des lois qui régissent la matière:

1° Que, dans les affaires pendantes devant les tribunaux d'appel, les préfets peuvent élever le conflit, tant que l'arrêt définitif n'est point intervenu sur ce qui fait l'objet du conflit; c'est ce que semble énoncer l'article 4, qui n'interdit le conflit qu'après *l'arrêt définitif;*

2° Que le conflit peut être élevé sans que le préfet ait fait revendiquer l'affaire par le procureur général; car l'ordonnance n'exige cette démarche préliminaire que pour les affaires pendantes en première instance, et ce n'est qu'à ces affaires que l'on peut appliquer les formalités prescrites par les articles 7, 8 et 9; ensuite l'arti-

cle 8, en autorisant le conflit, lorsqu'il y a appel
du jugement de première instance qui a admis le
déclinatoire du procureur du roi, sans que le
préfet soit obligé d'attendre que le tribunal supérieur ait prononcé sur l'appel, fait assez voir
que le conflit n'est pas subordonné à la décision
du tribunal d'appel sur la question de compétence ;

3° Que, les articles 10, 12 et suivans n'étant
destinés qu'à régler le mode de notification de
l'arrêté de conflit, à lui assurer ses effets légaux
par le sursis à toute procédure judiciaire, à amener la décision du conseil d'état, à empêcher
qu'un conflit ne suspende trop long-temps le
cours de la justice, ces articles sont applicables
aux conflits élevés dans les causes pendantes devant les tribunaux d'appel (1).

276. Sous l'empire du décret du 13 brumaire
an 10, dès que le préfet avait notifié au procureur du roi son arrêté de conflit, les tribunaux
devaient s'abstenir, quelles que fussent les irré-

_____

(1) Un arrêt du 26 mars 1834, Dalloz, p. 155, décide que
l'arrêté de conflit est valable pourvu qu'il ait été rendu, conformément à l'article 8 de l'ordonnance, dans la quinzaine qui
a suivi la signification de l'appel du jugement qui a admis le
déclinatoire, et déposé au greffe de la cour royale dans le
délai prescrit par l'article 11 ; « Que, quant aux autres for-
» malités mentionnées dans les articles 12, 13 et 14 de la
» même ordonnance, outre qu'elles ne sont pas ordonnées à
» peine de nullité ni de déchéance du conflit, elles ne sont
» pas mises à la charge de l'administration ; qu'ainsi, dans tous
» les cas, elle ne saurait être responsable de leur inobservation.»

gularités de cet arrêté; et l'article 228 du Code pénal prononce des peines contre les juges qui procèdent au jugement d'une affaire malgré la *revendication formelle* de l'autorité administrative. L'ordonnance du 1ᵉʳ juin 1828 me paraît avoir modifié ces dispositions; non qu'elle attribue aux tribunaux le droit de juger si le conflit est bien ou mal fondé, si la disposition législative invoquée par le préfet est ou n'est point applicable à la prétention; mais comme elle a soumis la revendication de l'autorité administrative à des formes et à des délais déterminés, il est permis aux tribunaux de ne point voir une revendication légale dans un arrêté de conflit qui viole ces formes, ou qui intervient après l'expiration de ces délais. I en serait de même si le conflit était élevé dans des affaires de la compétence des cours d'assises ou des tribunaux de simple police, et même dans des affaires du ressort de la police correctionnelle, hors des deux cas indiqués par l'article 2 de l'ordonnance. Une opinion contraire à celle que j'émets rendrait inutiles les sages dispositions par lesquelles cette ordonnance a voulu affranchir l'administration de la justice des entraves que lui suscitait l'abus du droit d'élever des conflits. C'est ce droit que l'ordonnance a voulu resserrer dans de justes limites. A quoi servirait de les avoir tracées, si les tribunaux étaient tenus de s'abstenir en présence d'arrêtés qui les enfreignent, comme ils doivent s'arrêter en présence des arrêtés qui s'y renferment.

CHAPITRE IV.

DES CAUSES QUI ÉTEIGNENT L'ACTION PUBLIQUE ET L'ACTION CIVILE.

277. L'action publique et l'action civile contre certains délits s'éteignent par des causes particulières à ceux-ci; j'en ai parlé (1). Je m'occuperai dans ce chapitre des causes générales communes à tous les crimes, à tous les délits et à toutes les contraventions.

L'ACTION PUBLIQUE s'éteint :

1° Par le décès du prévenu;

2° Par la prescription;

3° Par un jugement passé en force de chose jugée, qui acquitte le prévenu du fait incriminé;

4° Par l'amnistie du prince;

5° Par la condamnation du prévenu à une peine plus forte que celle que lui feraient encourir les délits qu'il a commis antérieurement à cette condamnation.

J'examinerai successivement l'influence que peuvent avoir sur L'ACTION CIVILE les différentes causes qui éteignent l'action publique.

---

(1) V. *suprà*, n°s 70, 136, 145, 154, 156, 158, 159 et 265.

SECTION PREMIÈRE.

Du décès du prévenu.

278. « Dans ce royaume, dit Muyard de Vou-
» glans (1), nous tenons pour maxime constante
» qu'à l'exception des cas pour lesquels l'ordon-
» nance veut qu'on fasse le procès au cadavre ou
» à la mémoire du défunt, savoir, en fait de crimes
» de lèse-majesté divine ou humaine, de duel,
» d'homicide de soi-même, de rébellion à justice,
» avec force ouverte, dans la rencontre de laquelle
» le coupable a été tué, le crime est éteint par la
» mort du coupable, quant à la peine qu'il aurait
» dû subir ; mais il ne l'est point quant à la répa-
» ration du tort que ce crime a pu causer, laquelle
» peut d'ailleurs se poursuivre sur ses biens con-
» tre ses héritiers. »

Ainsi, dans l'ancien droit criminel, on avait
adopté pour règle générale que la mort du prévenu éteint l'action publique. Mais, afin de mieux
imprimer l'horreur de ces crimes qui blessent au
cœur la société, et qui troublent les plus saintes
convictions, les anciennes ordonnances voulaient
que l'on pût flétrir du moins la mémoire de ces
grands coupables que la mort avait soustraits à
tout autre châtiment.

Les législateurs modernes ont adopté la règle
générale, mais ils ont rejeté l'exception. Non seulement, par les articles 7 du Code de brumaire et

---

(1) Instituts au droit criminel, p. 95.

2 du Code d'instruction criminelle, ils ont déclaré, sans nulle restriction, que l'action publique, pour l'application de la peine, s'éteint par
la mort du prévenu; ils ont été plus loin, et ils
ont ordonné (article 85 du Code civil) que, « dans
» tous les cas de mort violente, ou dans les prisons
» et maisons de réclusion, ou d'exécution à mort,
» il ne sera fait sur les registres aucune mention de
» ces circonstances, et les actes de décès seront
» simplement rédigés dans les formes prescrites
» par l'article 79. » Ainsi il est hors de doute aujour-
d'hui que, quel que soit le délit imputé au prévenu, l'action publique est éteinte par son décès.

Peu importe que des poursuites aient été commencées, qu'elles aient été suivies d'un jugement
de condamnation; si le condamné s'est pourvu
par les voies d'appel ou de cassation, ou s'il est
mort dans les délais que la loi lui accordait pour
se pourvoir; si le jugement enfin n'avait pas acquis l'autorité de la chose jugée, son décès anéantit la procédure et le jugement; il meurt *integri*
statûs.

Il résulte de là que, quand une cour d'assises
a, dans l'ignorance du décès de l'accusé fugitif,
prononcé contre lui un arrêt de condamnation
par contumace, elle doit le rapporter dès que les
parties intéressées lui en adressent la demande,
en produisant la preuve que le décès de l'accusé
est antérieur à l'arrêt (1).

---

(1) Arrêt du 25 octobre 1821; Dalloz, t. IV, p. 268.

Au reste, il est de toute évidence que la mort
de l'auteur principal d'un crime n'éteint pas
l'action publique contre ses complices (1).

279. Le décès du prévenu de contravention
aux lois fiscales, telles que celles qui concernent
les contributions indirectes et les douanes, éteint-il
l'action de la régie en condamnation à l'amende
que ce prévenu avait encourue, ou cette action
peut-elle être reportée sur ses héritiers?

La solution de cette importante question est
subordonnée à celle de savoir si, dans ces matières, les amendes sont *des peines*, ou si elles ne
sont que de simples *réparations civiles.*

Que les amendes soient en général de véritables
peines, c'est ce qui n'est pas douteux. Les articles
600 et 601 du Code de brumaire; les articles 9 et
464 du Code pénal leur donnent formellement ce
caractère. Il résulte de là qu'une *amende* ne peut
cesser d'être une *peine* et se convertir en simple
réparation civile, qu'en vertu d'une exception
établie par une loi.

Les administrations des contributions indirectes
et des douanes ont prétendu que cette exception
était attachée aux amendes que les tribunaux
prononçaient à leur profit; elles n'appuyaient
pas cette assertion sur une loi formelle; mais elles
l'induisaient du système général de la législation
en matière de douane et de droits-réunis. Ainsi

---

(1) Décret du 26 messidor an 2. Arrêt du 14 août 1807;
Dalloz, t. Ier, p. 216.

elles se sont prévalu du droit qu'elles ont de poursuivre elles-mêmes la condamnation des contrevenans et d'éteindre les poursuites en transigeant avec eux. Mais la cour de cassation a répondu à cette première induction, « que cette » attribution est fondée sur ce que les amendes » font partie des intérêts fiscaux qui sont confiés » à leur surveillance; mais que leur action, en » cette partie, n'en est pas moins soumise aux » règles qui concernent les actions publiques (1). »

Les administrations ont ajouté qu'elles n'exerçaient véritablement qu'une action civile en réparation du dommage que la contravention a occasioné au trésor. Mais M. Merlin leur a répondu, dans le réquisitoire sur lequel est intervenu l'arrêt que je viens de citer (2), que si ces amendes n'étaient que des réparations civiles, elles ne seraient pas *fixes;* qu'elles dépendraient, quant à leur taux, du plus ou du moins de dommage que le trésor public aurait éprouvé; qu'alors il arriverait souvent qu'elles se réduiraient à rien, parce qu'elles s'appliquent bien plus, dans l'usage, à des contraventions non suivies de dommage réel, qu'à des contraventions qui ont déjà porté un préjudice.

La cour de cassation, convaincue qu'aucune loi ne l'autorisait à ne voir dans ces amendes que des réparations civiles, et dans l'action de la régie

---

(1) Arrêt du 9 décembre 1813, Bull., p. 624 ; Dalloz, t. 1er, p. 390. — (2) Rép. de jurisp., v° Tabac, n° 9, t. XVII, p. 6.

qu'une simple action civile, a jugé, par arrêt du 8 messidor an 8 (1), qu'en matière de *douanes* le décès du prévenu éteint l'action de la régie, et qu'elle ne peut poursuivre contre les héritiers de ce prévenu la condamnation à l'amende qu'il avait encourue ; « Considérant, porte l'arrêt, qu'une » amende ordonnée par la loi, pour punition » d'un délit, ne peut être poursuivie que par ac- » tion publique. »

Elle a jugé la même chose en matière de con- tributions indirectes, après une discussion très- approfondie de la question. Les motifs de cet ar- rêt (2) sont remarquables ; ils s'appliquent à toute espèce de contravention aux lois fiscales ; les voici :

« Attendu qu'en matière de contravention aux » lois fiscales, comme dans toutes les autres ma- » tières, les amendes ont un caractère pénal; » qu'elles sont donc personnelles ; que l'action » s'en éteint donc par le décès du contrevenant, » lorsqu'il a lieu avant que la condamnation ait » été prononcée; que si l'administration a le droit » de poursuivre cette peine, c'est qu'elle en a reçu » l'attribution de la loi; que cette attribution est » fondée sur ce que les amendes font partie des » intérêts fiscaux qui sont confiés à sa surveillance; » mais que son action, en cette partie, n'en est » pas moins soumise aux règles qui concernent les

_____

(1) Dalloz , t. Ier, p. 216. — (2) Du 9 décembre 1813 , ci- dessus.

»actions publiques; qu'en jugeant que cette ac-
»tion de la régie aux fins de la condamnation à
»l'amende de 1,000 fr., ne pouvait être exercée
»contre Ferdinand Vanbrabant, en qualité d'héri-
»tier de son père, prévenu de contravention, qui
»était décédé dans le cours de l'instance d'appel,
»et avant qu'aucune condamnation eût été pro-
»noncée contre lui, la cour impériale de Bruxelles
»a fait une juste application des lois de la ma-
»tière. »

Il faut reconnaître, cependant, que les amendes,
dans les matières fiscales, n'ont pas un caractère
purement pénal, et qu'un caractère civil vient
s'y mêler, ainsi que le reconnaissent plusieurs arrêts de la cour de cassation. Elles sont, en effet, la
réparation du dommage réel, ou du dommage
légalement présumé que la fraude ou une tentative de fraude fait éprouver au trésor en gênant
ou en appauvrissant l'industrie nationale, et en
diminuant ainsi une des sources qui alimentent
le trésor de l'état; et c'est pour cela, surtout,
que les administrateurs exercent, dans ces matières, l'action publique, ou participent à son
exercice (1).

Mais on ne peut nier que le caractère principal
et dominant de ces amendes ne soit pénal. Des
amendes fixes, des amendes encourues sur la
seule présomption légale d'un dommage essuyé
par l'état, sont essentiellement des peines. Il est à

---

(1) V. *suprà*, n°s 41 et 44.

remarquer, d'ailleurs, qu'elles sont toujours prononcées par les tribunaux correctionnels, en matière de contributions indirectes ; qu'elles sont
prononcées, dans beaucoup de cas, par les mêmes tribunaux en matière de douanes, même
quand les contraventions n'entraînent pas, avec
l'amende, la peine d'emprisonnement (1). Or il
est de principe que les tribunaux correctionnels
ne peuvent connaître des réparations civiles qu'accessoirement à un délit, et en appliquant à ce
délit les peines émises par la loi. Ces contraventions sont donc *des délits*, et la répression que ces
tribunaux prononcent est *une peine*. Or cette
répression consiste en une *amende;* donc cette
amende est une véritable *peine*.

Ce que je viens de dire du caractère pénal des
amendes, en matière fiscale, ne me paraît pas affaibli par la considération que le décret du 6-22
août 1791, tit. 13, art. 20, dispose, en matière
de douanes, que « les propriétaires des marchan-
» dises sont responsables civilement du fait de leurs
» facteurs, agens, serviteurs et domestiques, en ce
» qui concerne les droits, confiscations, amendes
» et dépens », et que le décret du 1er germinal
an 13, sur les droits réunis, renferme une dispo-

_____

(1) V. *suprà*, n° 43. M. Merlin, Répertoire de jurisprud.,
v° Tabac, n° 19, t. XVII, p. 7, prouve très-bien que l'héritier d'un contrevenant ne peut être recherché pour les amendes des contraventions qui sont de la compétence des juges
de paix.

sition semblable. En effet, s'il est de règle générale que la responsabilité civile ne s'étend pas aux
peines encourues par le coupable dont on répond,
et que, conséquemment, elle ne s'étend pas *aux*
amendes, le législateur a cependant pu déroger
à ce principe, sans avoir, pour cela, enlevé aux
amendes leur caractère pénal. Il disposait d'ailleurs sur une matière où il est permis de présumer que le coupable n'a agi d'ordinaire que par
l'ordre et dans l'intérêt des personnes sous l'autorité desquelles il est placé, et cette considération a dû être déterminante pour les rendre
responsables des amendes. L'ancienne ordonnance des eaux et forêts (1) voulait aussi que les
père et mère et les maîtres répondissent des amendes encourues par leurs enfans et par leurs serviteurs ; personne n'a conclu de là que ces amendes ne fussent pas des peines.

Enfin je ne crois pas que l'on puisse argumenter
des termes de l'article 56, tit. 5, de la loi du 28
avril 1816, pour prétendre que le législateur a
envisagé les amendes, en matière de douanes,
comme des réparations purement civiles. Cet article, abrogé d'ailleurs par l'article 38, titre 6, de
la loi du 21 avril 1818, autorisait les cours pré-
vôtales à statuer sur les contraventions en matière de douanes, en même temps qu'elles statue-
raient sur les crimes qui les avaient accompagnées;
il portait : « Les crimes prévus par les deux arti-

---

(1) T. XIX, art. 13, et t. XXXII, art. 10.

» cles précédens seront jugés et punis ainsi que
» le prescrit la loi du 20 décembre 1815; et il sera
» en même temps statué *sur les condamnations ci-*
» *viles en résultant*, telles que confiscation, *amende,*
» dommages-intérêts. » Ce serait abuser de ces
mots, *condamnations civiles*, que d'en induire que
le législateur s'en est servi dans le but d'ôter aux
amendes le caractère pénal qu'elles avaient eu
jusque-là. Si telle eût été son intention, non seulement il l'aurait dit dans la discussion et en aurait exprimé les motifs, mais il aurait changé
également la nature des amendes en matière de
contributions indirectes, matière qui se trouve réglée par la même loi. C'est ce qu'il n'a pas fait.
Au surplus, cet article est abrogé.

Si j'ai traité la question avec autant de détails,
c'est parce que deux arrêts de la cour de cassation,
des 30 mai et 5 septembre 1828 (1), contiennent
des motifs d'où l'on peut induire qu'abandonnant
son ancienne jurisprudence, elle ne reconnaît
aux amendes, en matière de douanes, qu'un caractère purement civil. Il s'agissait de savoir,
dans l'espèce, si un père était responsable de l'a-
mende encourue par son fils mineur, pour un
fait de contrebande; ces arrêts portent « que le
» fils mineur, en important ainsi les objets de
» contrebande sur lui saisis, est, jusqu'à preuve
» contraire, présumé de droit avoir agi pour le
» compte et dans l'intérêt du père dont il par-

----

(1) Bull., p. 414 et 750; Dalloz, p. 260 et 410.

» tage la demeure ; que celui-ci ne pouvait donc
» être affranchi de la responsabilité de la fraude
» commise par son fils ». Ce motif, rapproché de
l'article 20 de la loi du 6-22 août 1791, que j'ai
transcrit, était définitif : le fils ayant fait acte de
serviteur de son père, l'article était applicable à
celui-ci. Mais les arrêts que j'examine ont été plus
loin ; comme cette loi ne déclare pas explicitement
les père et mère responsables en tant qu'ils sont
les père et mère du coupable, ces arrêts paraissent avoir voulu les assujétir à cette nouvelle responsabilité. Cette responsabilité ne pouvait résulter contre eux que de l'article 1384 du Code
civil, et, pour qu'elle leur fût applicable, il fallait établir que les amendes, en matière de douanes,
sont purement civiles. C'est ce que les motifs de
ces arrêts ont cherché à démontrer, en se fondant sur des argumens proposés et rejetés, lors
des arrêts des 8 messidor an 8 et 9 décembre 1813,
et en invoquant l'article 56 de la loi du 28 avril
1816, que je viens d'examiner. Le rédacteur me
paraît avoir été trop loin. Il faut dire, avec M. le
président Barris (1) : « Les amendes ordonnées
» par les lois fiscales ne sont point une réparation
» civile, puisqu'elles sont fixes ; elles sont une
» peine ; elles ne peuvent donc être réclamées
» contre les héritiers du contrevenant, lorsqu'il
» est décédé avant que la condamnation ait été
» prononcée définitivement. » L'ancien droit cri-

---

(1) Note 203ᵉ.

minel avait adopté le même principe ; l'auteur du *Dictionnaire des domaines* (1) se propose cette question : *les héritiers des contrevenans sont-ils tenus des amendes ?* Voici sa réponse : « Les héritiers sont » seulement tenus des droits qui étaient dus par » ceux dont ils héritent ; mais les amendes de con- » travention sont personnelles, et l'héritier n'en » peut être tenu, lorsqu'elles n'ont pas été pro- » noncées contre le contrevenant même. »

Ainsi, je crois pouvoir poser en principe que l'action publique, soit que le ministère public l'exerce, soit que son exercice soit confié à la ré- gie, est éteinte, en matière de contravention aux lois fiscales, par le décès du prévenu avant toute condamnation définitive ; qu'il ne peut y avoir d'exception à ce principe que dans le cas où la loi déclare d'autres personnes responsables de la con- travention. Il est évident qu'alors l'action publi- que continue à s'exercer contre ces personnes.

280. Le décès du prévenu n'éteint pas l'action publique pour *la confiscation* des choses saisies en contravention. « La confiscation, dit M. Merlin (2), » affecte les choses saisies ; ce sont les choses sai- » sies qui forment le corps de la contravention à » laquelle la loi inflige la peine de la contravention. » La peine de la confiscation doit donc atteindre » les choses saisies tant qu'elles existent ; elle doit » donc les atteindre partout où elles se trouvent ;

---

(1) V° Amendes de contraventions.
(2) Répertoire de jurisp., *loc. cit.*, t. XVII, p. 10.

» elle doit donc les atteindre même entre les mains
» des tiers à qui le contrevenant les a transmises ;
» elle doit donc les atteindre même entre les mains
» de l'héritier du contrevenant. »

Tel est aussi le sentiment de M. le président
Barris, exprimé dans sa 203ᵉ note, que je vais
continuer à transcrire (1) : « Il n'en est pas de
» même de la confiscation que les lois ordonnent
» contre les marchandises prohibées. Ce n'est pas
» le contrevenant que la loi veut punir par cette
» confiscation ; c'est une marchandise nuisible au
» commerce qu'elle veut atteindre et supprimer.
» La confiscation doit donc suivre cette marchan-
» dise dans quelque main qu'elle se trouve, et le
» prédécès du contrevenant ne peut y mettre
» obstacle. »

La cour de cassation a plusieurs fois consacré
cette opinion, notamment par ses arrêts des 9
prairial an 9 (2) et 9 décembre 1813 (3). Le principal motif de ce dernier arrêt porte : « attendu
» que la confiscation d'une marchandise prohibée
» n'a rien de personnel ; qu'elle affecte la mar-
» chandise, qu'elle doit donc l'atteindre en
» quelque main qu'elle se trouve. »

Ces principes s'appliquent nécessairement à
tous les cas où la loi prononce la confiscation
d'objets, denrées et marchandises ; parce que le
délit réside dans ces objets mêmes ; tels que les

---

(1) V. le numéro précédent. — (2) Quest. de droit, vᵒ Délit, § 1ᵉʳ, t. III, p. 71. — (3) Cité dans le numéro précédent.

armes prohibées, les boissons falsifiées, les marchandises à l'égard desquelles il y a eu violation
des réglements relatifs aux produits des manu-
factures françaises ; les matières d'or et les pierres
sur le titre et la qualité desquelles on a trompé ;
les ouvrages .contrefaits , ainsi que les planches ,
moules et matrices (1) , et les autres cas prévus
par les articles 477 et 481 du Code pénal.

Mais le décès du prévenu éteint l'action publique pour la confiscation lorsque le délit ne gît
pas dans la chose qu'elle doit atteindre, lorsqu'elle
n'est qu'une aggravation de peine personnelle
au coupable. Telle est la confiscation des grains
et boissons qui seraient l'objet d'un commerce de
la part des commandans militaires , des préfets
ou sous-préfets dans l'étendue des lieux où ils
exercent leur autorité ; celle des choses livrées
par le corrupteur d'un fonctionnaire public , qui
est prononcée au profit des hospices ; de l'argent
reçu par un faux témoin ; des fonds ou des effets
exposés au jeu ou mis à la loterie dans les rues ;
celle des recettes de représentations d'ouvrages
dramatiques faites au mépris des réglemens concernant la propriété des auteurs.

281. La condamnation aux *frais* n'a pas été
mise par la loi au nombre des peines ; et en effet,
cette condamnation n'est autre chose que la restitution des avances faites par l'état, pour par-

---

(1) Code pénal , art. 314 , 318, 413, 423, 427.

venir à la découverte du coupable et à son châtiment.

Il suit de là que, quand le condamné meurt
avant qu'il ait été prononcé sur son pourvoi en
cassation, la cour n'en statue pas moins sur ce
pourvoi, au chef de la condamnation aux frais (1).
C'est ce qu'exprime M. le président Barris dans
sa 221ᵉ note : « Lorsque le condamné meurt avant
» qu'il ait été statué sur son pourvoi, il n'y a plus
» lieu à statuer relativement à l'exécution de la
» peine, parce que la mort a éteint l'action pu-
» blique, qui a pour objet la punition du cou-
» pable ; mais il y a lieu de statuer sur son pourvoi
» relativement à la condamnation aux frais et in-
» demnités civiles ; il faut donc qu'à cet égard, la
» cour de cassation examine la régularité de la
» procédure et du jugement de condamnation, et
» cela sans qu'il soit nécessaire d'appeler les héri-
» tiers ou représentans du condamné, sauf à
» ceux-ci à former opposition à l'arrêt qui aurait
» rejeté le pourvoi. Ainsi jugé le 8 mai 1815, après
» un long délibéré, en déclarant qu'il n'y avait
» pas lieu à statuer relativement à l'exécution de
» la condamnation pénale, en rejetant le surplus
» du pourvoi au chef de la condamnation aux
» frais. »

_____

(1) Arrêts des 16 janvier 1811, Dalloz, t. IX, p. 662 ;
10 février 1814, rejet, veuve Sicard et autres ; 18 mai 1815,
rejet, Thérèse Baudry : ces deux derniers arrêts non imprimés.

A plus forte raison la condamnation aux frais doit-elle subsister, si l'arrêt est définitif, quoique le condamné soit mort avant l'exécution (1). S'il s'élève des difficultés à cet égard, les tribunaux civils sont seuls compétens pour y statuer (2).

282. Le décès du prévenu n'éteint pas l'action civile pour la réparation du dommage que le délit a causé; cette action peut être exercée devant les tribunaux civils contre les représentans du prévenu; c'est ce que dit expressément l'article 2 du Code d'instruction criminelle.

Mais lorsque les tribunaux de répression sont saisis de cette action, soit par la citation directe que la partie civile a donnée au prévenu, soit par son intervention dans la poursuite exercée par le ministère public, le décès du prévenu fait-il cesser leur compétence, et oblige-t-il la partie civile à reporter ses poursuites devant les tribunaux civils? MM. Carnot et Legraverend sont partagés sur cette question. Le premier enseigne (3) : « Lorsque le » tribunal de police correctionnelle ou de simple » police a été compétemment saisi, le prévenu » serait *décédé*, que l'affaire devrait continuer » d'être instruite et jugée par le même tribunal » (*arrêt du 9 décembre* 1815); et à plus forte rai- » son si le prévenu n'était décédé que pendant » l'instance d'appel. »

---

(1) Avis du conseil d'état du 26 fruct. an 13. — (2) Arrêt du 5 décembre 1806; Rép. de jurisp., v° Frais des procès criminels, t. VII, p. 9. — (3) T. Ier, p. 63, 5e observation.

M. Legraverend professe au contraire (1) : « Tant
» qu'en matière criminelle, ou en matière correc-
» tionnelle et de simple police, il reste au condamné
» une voie quelconque pour échapper à la con-
» damnation, soit qu'il y ait un arrêt ou jugement,
» ou que les tribunaux n'aient pas encore pro-
» noncé; soit que le condamné fût encore dans le
» délai de l'appel ou du pourvoi en cassation
» lorsqu'il est décédé, ou que le tribunal d'appel
» ou la cour de cassation, déjà saisis de son re-
» cours, n'eussent pas encore statué au moment
» de son décès, les tribunaux de répression ont
» perdu leur pouvoir de prononcer sur l'action
» civile ; le prévenu est mort dans l'intégrité de
» ses droits, *integri statûs :* les choses doivent être
» remises au même point où elles se trouvaient au
» moment où l'action a pris naissance, attendu
» que les tribunaux de répression ne sont investis
» du droit accessoire de prononcer sur l'action
» civile que par le droit exclusif qu'ils ont de
» statuer sur l'action publique. Cependant il a
» été jugé par la cour de cassation (le 5 avril 1811,
» Bull., p. 94), que l'action par voie correction-
» nelle en réparation pécuniaire, pour cause d'un
» déficit d'arbres de réserve, n'est pas éteinte
» par la mort de l'adjudicataire ; et le motif de
» l'arrêt est que, ces réparations ne pouvant être
» prononcées que par la voie correctionnelle, il
» n'y a pas lieu à renvoyer à fins civiles : mais

---

(1) T. Ier, p. 69.

» c'est là une exception qui ne détruit pas la règle
» générale. »

Je crois que ces deux auteurs sont allés trop
loin ; que l'on ne peut pas dire, ni avec M. Carnot,
que les tribunaux de répression restent toujours
compétens pour statuer sur l'action civile, dès
qu'ils en ont été saisis avant le décès du prévenu ;
ni avec M. Legraverend, que le décès du prévenu
fait toujours cesser cette compétence.

M. Legraverend n'a pas fait attention qu'il arrive fréquemment que les juges d'appels correctionnels statuent sur le recours de la partie civile
seule contre le jugement qui a acquitté le prévenu,
et lorsque, conséquemment, l'action publique se
trouve éteinte à défaut d'appel du procureur du
roi ; qu'ainsi il n'est pas exact de dire que la compétence des tribunaux correctionnels pour prononcer sur les actions civiles, est, dans tous les
cas, subordonnée à l'existence d'une action sur
laquelle ils puissent prononcer en même temps.

Son opinion ne pourrait se soutenir, d'ailleurs,
qu'autant que le décès du prévenu anéantirait, au
préjudice de la partie civile, les jugemens qu'elle
a obtenus contre lui, lorsque ces jugemens sont
susceptibles d'être attaqués, ou sont déjà attaqués par les voies d'appel ou de recours en cassation ; or c'est ce qui n'est pas. Un jugement
qui accorde à la partie civile les réparations qui
lui sont dues, n'en est pas moins un titre, quoiqu'il soit susceptible d'être réformé sur l'appel ou
d'être cassé. L'appel, le recours en cassation ne

détruisent pas les jugemens qu'ils ont frappés; ils en suspendent simplement l'exécution ; et c'est en cela que ces recours diffèrent de l'opposition aux jugemens par défaut ; l'opposition a pour effet de rendre non avenus les jugemens qui en font l'objet. Cette distinction, capitale dans la question que j'examine, résulte de la loi : *l'appel sera* SUSPENSIF, porte l'article 173 du Code d'instruction ; *pendant ce délai* (celui pour appeler) *et pendant l'instance d'appel*, IL SERA SURSIS *à l'exécution du jugement*, dit l'article 203 : *s'il y a recours en cassation, jusqu'à la réception de l'arrêt*, IL SERA SURSIS *à l'exécution*, porte l'article 373. Voilà comment s'explique la loi sur les effets des recours en appel et en cassation. Parle-t-elle au contraire des oppositions aux jugemens par défaut ; elle dit, article 187 : « La condamnation par défaut sera COMME NON AVENUE, si, dans les cinq jours de la signification qui en aura été faite au prévenu... , celui-ci forme opposition à l'exécution du jugement. » Ainsi un jugement attaqué par les voies d'appel ou de pourvoi en cassation, n'en est pas moins un jugement, un véritable titre entre les mains de celui qui l'a obtenu ; l'exécution n'en est que suspendue ; il ne peut cesser d'exister que par un arrêt qui le réforme ou qui le casse.

Le décès du prévenu éteint l'action publique ; mais il ne nuit point aux droits de la partie lésée. Ces droits se reportent, dans leur intégrité, sur ses représentans ; la partie lésée peut leur opposer tous les titres qu'elle a obtenus contre lui; elle peut donc leur opposer les jugemens définitifs en premier ou dernier ressort rendus à son profit, sauf à ces représentans à user des voies ouvertes par la loi, pour faire réformer ou annuler ces jugemens.

Ces principes me paraissent incontestables; et, s'ils le sont, on est conduit à reconnaître que le décès du prévenu ne fait cesser ni la compétence du tribunal d'appel correctionnel, pour statuer sur un jugement en premier ressort rendu avant le décès du prévenu, au profit de la partie lésée, ni la compétence de la cour de cassation pour prononcer sur le pourvoi formé contre le jugement rendu en dernier ressort. En effet, si ces tribunaux étaient devenus incompétens à cause du décès du condamné, quelle serait la juridiction qui connaîtrait de cet appel ou de ce pourvoi? La juridiction civile? cela n'est pas proposable. C'est ainsi que l'on rentre dans le cas d'exception que M. Legraverend admet lui-même : savoir, lorsqu'il n'y a que la juridiction criminelle qui ait compétence pour statuer. La cour de cassation consacre journellement l'opinion que je viens d'émettre, en prononçant, en ce qui concerne les condamnations aux frais, et les indemnités, sur le recours des condamnés morts depuis leur pourvoi : c'est ce que j'ai déjà expliqué (1).

Si l'on objectait que le décès du prévenu, survenu non depuis son pourvoi, mais depuis l'appel

(1) V. le numéro précédent.

qu'il a interjeté du jugement de première instance,
ou lorsqu'il était dans les délais pour former cet
appel, met obstacle à ce que, conformément aux
articles 211 et 190 du Code d'instruction, le tribunal d'appel procède à son interrogatoire; je
répondrais que la formalité de l'interrogatoire
n'est pas nécessaire lorsque l'action publique est
éteinte, puisqu'elle n'est pas même nécessaire,
lorsqu'aux termes de l'article 185, le prévenu peut
se faire représenter par un fondé de pouvoir. Il
arrive tous les jours que les tribunaux d'appels
correctionnels prononcent sur les appels des parties civiles, ou des prévenus contre les parties
civiles, sans faire prêter interrogatoire, quand il
n'y a pas appel du ministère public, ou appel
formé contre lui.

J'ai dit que M. Carnot me paraît aller trop loin,
quand il enseigne que la juridiction criminelle
reste compétente pour statuer sur l'action civile,
dès qu'elle en a été saisie, quelle que soit l'époque
du décès du condamné. En effet, cette juridiction
ne peut connaître des actions civiles qu'accessoirement à l'action publique; et quand celle-ci est
éteinte avant qu'il ait été prononcé sur elle définitivement, la juridiction criminelle est dessaisie
de l'action civile. C'est ce que M. Carnot enseignait lui-même dans ses anciennes observations,
n° 4 (1) : « Si l'affaire s'instruisait par la voie cri-
» minelle, et que l'accusé fût décédé *avant* qu'il

(1) T. Ier; p. 154.

II.   7

» fût intervenu contre lui un jugement de condam-
» nation, il serait hors de doute qu'il ne resterait
» à la partie offensée que l'exercice de l'action
» civile; car, en matière criminelle, il ne peut être
» fait droit sur les demandes de la partie civile
» qu'à la suite de débats, et les débats ne peuvent
» s'établir que contradictoirement avec l'accusé,
» ou qu'en suite d'une instruction par contumace.»
A l'appui de sa nouvelle opinion, M. Carnot cite
un arrêt de la cour de cassation du 9 décembre
1815; je crois que cet arrêt n'existe pas, car la
chambre criminelle n'a pas tenu audience ce
jour là.

Le principe qui oblige les tribunaux criminels
à ne statuer sur les actions civiles qu'accessoirement à l'action publique ne fléchit même pas dans
la circonstance où, la partie civile ayant seule interjeté appel du jugement correctionnel qui acquitte le prévenu, le tribunal d'appel est réduit à
n'examiner la prévention que sous le rapport des
intérêts de la partie lésée. En effet, les premiers
juges ont statué compétemment sur l'action publique et sur l'action civile; le jugement qu'ils ont
rendu était susceptible d'être attaqué par deux
parties dont les intérêts étaient distincts; l'une y
a acquiescé, l'autre s'est pourvue; le tribunal n'a
donc à s'occuper que de cette dernière; mais il
n'a le droit de s'en occuper que parce que le
principe de la compétence qui existait dans les
premiers juges se trouve également en lui, parce
qu'on ne peut admettre, dans le juge inférieur,

un principe de compétence matérielle qui n'existe pas en même temps dans le tribunal institué pour confirmer ou réformer ses jugemens.

Il résulte de la discussion à laquelle je viens de me livrer, que le décès du prévenu ne dessaisit pas de l'action civile la juridiction criminelle, lorsque celle-ci y a déjà statué par un jugement définitif de condamnation, antérieur à ce décès; que le tribunal d'appel et la cour de cassation restent compétens pour prononcer sur les recours dont le jugement peut être ou peut avoir été l'objet; mais que le décès du prévenu, survenu avant un jugement définitif qui ait statué sur l'action publique et sur l'action civile, oblige la partie civile à reporter son action devant une autre juridiction, car alors elle est sans titre, et nul tribunal criminel n'est désormais compétent pour lui en conférer un, puisque l'action principale, dont la sienne n'était que l'accessoire, se trouve éteinte. Ainsi quand le prévenu n'a été condamné que par défaut et qu'il meurt, soit après avoir formé opposition au jugement, soit même dans les délais de l'opposition, la juridiction criminelle est dessaisie : elle est dessaisie, dans le premier cas, puisque l'article 187 du Code d'instruction porte que par l'effet de l'opposition, le jugement par défaut est comme *non avenu;* elle est dessaisie dans le second cas, car l'opposition est inutile, puisqu'elle ne peut plus emporter citation à la première audience, aux termes de l'article 188, et saisir de nouveau un tribunal désormais incompétent.

283. Si la partie civile n'a obtenu ses dommages-intérêts que par un arrêt rendu par contumace, et si le condamné meurt dans le délai [de grâce des cinq années qui ont suivi l'exécution par effigie, cette condamnation est anéantie de plein droit; la partie civile est obligée d'intenter une nouvelle action contre les héritiers du condamné, et de la porter devant les tribunaux civils; telle est la disposition expresse de l'article 31 du Code civil.

SECTION II.

De la Prescription.

284. On distingue deux sortes de *prescriptions :* la prescription *des actions* et la prescription *des peines.* Elles diffèrent dans leurs effets; elles ne sont pas soumises aux mêmes règles.

Je ne m'occuperai, dans cette section, que de la prescription des actions; la prescription des peines se rattache à la troisième partie de ce traité (1).

285. La loi n'a pas voulu que la crainte du châtiment poursuivît jusqu'au tombeau l'auteur d'un crime ou d'un délit, et il arrive une époque après laquelle le ministère public et les tribunaux sont sans autorité pour poursuivre et punir les crimes, une époque après laquelle le fruit du crime est légitime entre les mains du coupable. Quelque évidentes que soient les preuves qui surgissent contre lui; quelques moyens qu'il ait employés

_____

(1) Non imprimé.

pour en comprimer long-temps la manifestation,
l'impunité lui est acquise, et les révélations sou-
daines par lesquelles la providence semble vouloir enseigner aux hommes qu'elle peut, quand
il lui plaît, dévoiler les crimes les plus secrets, en
montrer le coupable à toute la terre, doivent, si
elles se font attendre trop long-temps, ne devenir
qu'un sujet d'effroi et de scandale pour la société.

On a besoin de rechercher, de peser les mot fs
d'une législation qui peut produire des conséquences si extraordinaires.

Filangieri (1) les expose comme il suit : « Si pour
» garantir la propriété, il a fallu établir une pres-
» cription dans les actions civiles, il était juste,
» pour assurer la vie, l'honneur et la liberté des
» citoyens, d'établir aussi une prescription dans
» les actions criminelles. Rien n'est plus difficile
» que de se défendre d'une accusation formée un
» grand nombre d'années après le crime. Le temps,
» en effaçant le souvenir des circonstances qui ont
» accompagné le délit, ôte à l'accusé tous les
» moyens de s'en justifier, et offre à un calomnia-
» teur déterminé le voile qui doit couvrir ses im-
» postures. Ces réflexions n'échappèrent point aux
» sages législateurs de Rome; ils établirent une
» prescription dans les actions criminelles. »

Le rapporteur de la commission du corps législatif chargé de l'examen du titre 7, livre 2 du
Code d'instruction criminelle, relatif à la prescrip-

_____

(1) Liv. 3, 1re partie, chap. 2.

tion, s'est exprimé en ces termes : « La législation
» et la morale réunissent leurs efforts pour pré-
» venir et comprimer les vengeances privées ; elles
» montrent à l'offensé, celle-ci la satisfaction inté-
» rieure attachée au pardon des injures, et celle-là
» le glaive de la loi poursuivant et presque toujours
» atteignant l'offenseur. Mais cette poursuite pu-
» blique établie pour faire cesser les vengeances
» individuelles et tous les désordres qui en résul-
» teraient, cette vengeance publique, messieurs,
» doit elle être sans terme elle-même ? Il est dans
» la nature des choses que les haines publiques,
» aussi bien que les haines privées, s'apaisent,
» s'atténuent avec le temps, ce grand modérateur
» des choses humaines. Si le sacrifice des vengean-
» ces individuelles est exigé particulièrement pour
» prévenir les troubles qu'elles apporteraient à la
» paix sociale, cette même paix sociale semble
» demander à son tour que la vindicte publique ne
» demeure pas irrévocablement armée et agissante;
» qu'elle se calme et s'arrête aussi dans certains cas,
» et après un cours de temps plus ou moins long se-
» lon les circonstances. De là vient, messieurs, que
» les peuples les plus renommés par leur sa-
» gesse ont en général, et après un temps donné,
» consacré l'oubli des injures dont la répression
» appartient à la loi. Notre ancienne jurisprudence
» criminelle elle-même admettait, sauf quelques
» exceptions, la prescription des peines et des
» poursuites. Indépendamment des vues morales
» et politiques que j'avais à l'instant l'honneur

» de vous exposer, qui ne sait que pendant le
» temps exigé pour la prescription, le coupable a
» été puni par les agitations, les troubles intérieurs
» de sa conscience, les tourmens d'une vie incer-
» taine et précaire, autant qu'il aurait pu l'être
» par la rigueur de la loi? et que si, après ce temps,
» il n'est pas entièrement délivré de cet état de
» tortures et d'angoisses intérieures, il mérite du
» moins d'être affranchi de la peine légale à la-
» quelle il a été condamné; ou, s'il n'y a pas eu
» de condamnation, d'être à l'abri de toutes
» poursuites criminelles? Dans ce cas de non con-
» damnation, il y a une autre raison pour ne
» point agir contre lui; c'est qu'après un long
» laps de temps, il n'est plus aussi facile soit de
» constater le corps du délit, soit de se procurer
» des pièces de conviction, soit de trouver des té-
» moins. »

Tels sont donc les fondemens de la prescription
de l'action publique pour la poursuite des crimes
et des délits : les angoisses du coupable; la difficulté de constater l'existence du crime, de ras-
sembler les preuves qui en signalent l'auteur; la
difficulté de se défendre d'une accusation dont
les faits remontent à un grand nombre d'années;
la présomption enfin que les preuves du crime,
comme celles de l'innocence, ont pu dépérir. Il
est essentiel de se bien pénétrer de ces motifs; ils
peuvent servir à résoudre quelques-unes des difficultés que cette matière présente.

Ces motifs sont parfaitement justes; car il faut,

en législation, des règles générales, positives, basées sur ce qui arrive le plus ordinairement; il ne faut pas se préoccuper de cas particuliers, extraordinaires, dont l'apparition dépend d'une foule de circonstances qu'il est impossible de prévoir. D'ailleurs, comme le fait remarquer M. Legraverend (1) : « Plus les crimes sont graves, et plus, » soit les offensés, soit surtout les agens du mi- » nistère public, doivent mettre de zèle à en pour- » suivre la recherche et la punition; et il n'arrivera » presque jamais que l'action publique et l'action » civile s'éteignent par la prescription, pour être » restées dans une complète inaction durant dix » ans. D'un autre côté, en supposant le cas d'une » inaction aussi extraordinaire pendant un si long » temps, cette inaction ne pourrait avoir lieu que » par l'impossibilité non seulement de trouver des » pièces et des preuves, mais même de simples in- » dices sur les coupables; et, après que dix années » se seraient écoulées, cet intervalle aurait plus » que décuplé la difficulté qu'on aurait éprouvée » dans les temps voisins du crime à en suivre les » traces, à le constater et à en retrouver les au- » teurs. »

Aussi les lois romaines, la jurisprudence des parlemens, l'assemblée constituante, presque tous les criminalistes, ont-ils établi pour règle que l'action publique et l'action civile s'éteignent par la prescription. Ils ont différé entre eux sur

_____

(1) T. Ier, p. 74.

le laps de temps qui devait s'écouler pour que la prescription fût acquise, sur l'époque à laquelle elle devait commencer; l'ancien droit criminel en avait même excepté quelques crimes, tels que ceux de lèse-majesté divine et humaine; mais tous en ont adopté le principe.

286. Aujourd'hui la prescription s'étend à tous les crimes, à tous les délits, à toutes les contraventions de police, quels qu'en soient les auteurs et les circonstances; le Code d'instruction n'a admis, à cet égard, aucune exception. Que le crime soit demeuré caché, même à l'aide de manœuvres employées par le coupable, ou qu'il ait été découvert; que le coupable se soit absenté du territoire français, ou qu'il y soit resté; qu'il ait obéi aux appels de la justice, ou qu'il s'y soit soustrait, le défaut de poursuites, ou leur discontinuation pendant le temps fixé par la loi, éteint l'action publique.

287. Si l'on a fait attention aux motifs qui servent de fondement à la prescription, on a dû se convaincre qu'elle constitue une exception *de droit public*; d'où la conséquence qu'elle peut être proposée en tout état de cause; que le prévenu ne peut y renoncer; que le juge doit même la suppléer d'office. « En effet, dit M. Merlin (1), il ne dépend » pas d'un particulier de se soumettre à une peine » qu'il n'a pas encourue, et dont il est valablement » libéré. Dans ces matières, la loi vient au secours

---

(1) Rép. de jurisp., v° Délit forestier, § 13, t. IV, p. 290.

» de l'accusé ou du prévenu, même malgré lui,
» parce que l'exception qui résulte de la prescrip-
» tion est de droit public ; et que si, comme per-
» sonne n'en doute, les parties ne peuvent pas
» renoncer, par des déclarations expresses, aux
» dispositions du droit public, elles le peuvent
» bien moins encore par leur silence. »

En appliquant ces principes, la cour de cassation a jugé :

1° Que les cours d'assises doivent d'office,
même après la déclaration affirmative du jury
sur la culpabilité, faire jouir les accusés du bénéfice de la prescription (1).

2° Que le condamné est recevable à se prévaloir devant elle de l'exception tirée de la prescription, encore bien qu'il ne l'ait opposée ni en
première instance, ni en appel (2).

3° Qu'elle doit même suppléer au silence du
condamné, et appliquer d'office le moyen tiré de
la prescription, s'il a omis de le lui présenter (3)

Ces principes reçoivent leur application en ma-

---

(1) Arrêts des 28 janv. 1808, Dall., t. XI, p. 319 ; 20 mai
1824, Bull., p. 210 ; Dalloz, *ib.*, p. 320 ; *nota*, il porte, par
erreur, la date du 20 mai 1823. * Les tribunaux correctionnels
doivent aussi prononcer d'office la prescription des délits portés devant eux. Arrêt du 1er février 1833, Dalloz, p. 161.

(2) Arrêts des 12 août 1808, Dalloz, t. II, p. 350 ; et 4
juillet 1816, Bull., p. 91 ; Dalloz, t. II, p. 249.

(3) Arrêts des 22 avril 1813, Bull., p. 203 ; Dalloz, t. XI,
p. 314 ; et 11 juin 1829, Dalloz, p. 268.

tière de délits forestiers, comme dans toute autre matière. M. Merlin avait prétendu que la
prescription est de pur droit privé, lorsqu'elle
tend à écarter une action civile par son objet,
quoique correctionnelle par la forme, et il rangeait
dans la classe de ces affaires la poursuite des délits forestiers; mais la cour de cassation n'a pas
adopté cette distinction, et elle a décidé que, dans
tous les cas, et pour tous les faits qui peuvent
donner lieu à des poursuites, le juge doit d'office
ordonner la cessation de ces poursuites, lorsque
le terme fixé pour l'extinction de l'action publique
a été atteint (1).

288. Le prévenu qui se trouve traduit devant
un tribunal, quoique l'action soit éteinte, ne
peut pas renoncer à la prescription, déclarer qu'il
veut être jugé parce que l'intérêt de son honneur
lui fait préférer un arrêt qui l'acquitte au fond, à
un arrêt qui écarte, par une fin de non-recevoir,
la poursuite dont il est l'objet. En effet, pour
qu'un tribunal puisse absoudre, il faut qu'il
puisse condamner, suivant la maxime *qui non potest condemnare, non potest absolvere.* Or, les juges
ne pourraient le condamner, puisque, tout en le
reconnaissant coupable, ils devraient lui appliquer d'office le bénéfice de la prescription; ils se
trouveraient donc, par une conséquence nécessaire, sans pouvoirs pour l'absoudre.

---

(1) Arrêt du 26 février 1807, Rép. de jurisp., v° Délit
forestier, § 13, n° 4, t. IV, p. 288.

289. La chambre du conseil, les chambres des mises en accusation étant chargées par la loi d'apprécier les charges qui résultent de l'instruction, et de procéder au réglement de la compétence, sont tenues d'appliquer au prévenu le bienfait de la prescription, lorsqu'il lui est acquis, soit qu'il le réclame, soit qu'il néglige de s'en prévaloir. On comprend que ces chambres ne peuvent investir les tribunaux de répression du jugement d'une affaire, lorsque ceux-ci n'auraient le droit ni d'absoudre, ni de condamner ; qu'elles ne peuvent saisir un tribunal du jugement d'une action qui se trouve éteinte (1).

290. Je viens de faire connaître la nature et les effets de la prescription de l'action publique ; il me reste à examiner :

1° Quel est le temps requis pour prescrire ;

2° A quelle époque commence la prescription ;

3° Les causes qui interrompent la prescription ;

4° Les effets que produit, sur l'action civile, la prescription de l'action publique.

§ Ier. Du temps requis pour prescrire.

291. Dans l'ancien droit criminel, le terme de la prescription de l'action publique et de l'action civile était assez généralement fixé à vingt années ;

_____

(1) Arrêts des 8 novembre 1811, Dalloz, t. III, p. 432 ; 18 juin 1812, Rép. de jurisp., t. XII, p. 702, v° Prescription, section 1re, § 3, n° 12.

on reconnaissait aussi quelques prescriptions particulières, telles que celle de cinq ans pour la
poursuite du délit d'adultère, celle d'un an pour
les injures verbales, etc.

L'assemblée constituante (1) établit une prescription uniforme pour les crimes et pour les délits ; elle la fixa à trois ans, lorsqu'il n'y aurait pas
eu de poursuites, et à six ans, lorsque des poursuites auraient été commencées, sans avoir été
suivies de la mise en accusation du prévenu. Par
une innovation à l'ancien droit criminel, elle ne
fit courir la prescription que du jour où le délit
avait été *connu* ou *légalement constaté :* elle ne parla
point de la prescription de l'action civile.

Le Code du 3 brumaire an 4 (2) contenait des
dispositions semblables, avec cette différence
qu'il exigeait, pour faire courir la prescription,
que le crime eût été tout à la fois *connu* ET *légalement constaté.* Il voulait que la prescription de
six ans fût acquise, si le prévenu n'avait pas été,
dans cet intervalle, condamné par défaut ou par
contumace ; enfin il avait étendu à l'action civile les règles qu'il établissait pour la prescription
de l'action publique.

Le Code d'instruction criminelle qui nous régit a développé et perfectionné la législation en
cette matière.

292. Ce Code n'a pas soumis à un temps uni-

---

(1) Code du 25 septembre—6 octobre 1791, tit. 6 de la
1re partie. — (2) Art. 9 et 10.

forme la prescription de tous les faits punissables.
Il faut faire une première distinction entre les
crimes, les délits et les contraventions de police;
il faut ensuite en faire une seconde entre les crimes, les délits et les contraventions qui sont prévus par le Code pénal, et ceux qui sont prévus
par des lois particulières qui les soumettent à une
prescription spéciale.

Aux termes du Code d'instruction (1), les
CRIMES se prescrivent par dix années révolues,
à compter du jour où ils ont été commis, si dans cet
intervalle il n'a été fait aucun acte d'instruction
ni de poursuite; s'il a été fait, dans cet intervalle,
des actes d'instruction ou de poursuite non suivis
de jugement, la prescription ne s'acquiert qu'a-
près dix années révolues, à compter du dernier
acte.

LES DÉLITS se prescrivent par trois années, s'il
n'y a pas eu de poursuites, ou par trois années à
partir du dernier acte d'instruction ou de poursuite, non suivi de jugement.

LES CONTRAVENTIONS DE POLICE se prescrivent par
une année révolue, à compter du jour où elles
ont été commises, si dans cet intervalle, il n'est
point intervenu de condamnation; s'il a été rendu
un jugement définitif de première instance de nature à être attaqué par la voie d'appel, la prescription ne s'acquiert qu'après une année révolue

_____

(1) Art. 637, 638 et 640.

à compter de la notification de l'appel qui en a
été interjeté.

293. Ces diverses prescriptions s'appliquent à
tous les crimes, délits ou contraventions prévus
par le Code pénal; car le Code pénal et le Code
d'instruction ne forment qu'un seul corps de législation criminelle (1). Et quand même des crimes, des délits ou des contraventions auraient été
prévus par des lois particulières antérieures à ces
Codes, et soumis par elles à une prescription spéciale, il suffit qu'ils soient prévus aujourd'hui par
le Code pénal et compris dans ses dispositions,
pour que ces lois particulières se trouvent abrogées, et que les faits punissables sur lesquels elles
avaient statué rentrent sous l'empire du Code
d'instruction criminelle, et demeurent soumis aux
règles qu'il a établies sur la prescription.

Ainsi le Code rural du 21 septembre - 6 octobre 1791 avait rangé dans la classe des délits ruraux, et soumis à la prescription d'un mois (2) :

Les destructions d'arbres sur le terrain d'autrui ;

Les destructions de haies ;

Le passage des bestiaux, animaux de trait, de
charge ou de monture, sur le terrain d'autrui ensemencé ou chargé de récoltes ;

Les contraventions aux bans de vendanges.

Le Code pénal ayant prévu ces différens faits,

_____

(1) Arrêt du 23 octobre 1812, Bull., p. 455; Dalloz, t. V,
p. 182. Décret du 23 juillet 1810, art. 1er. — (2) Art. 8.

il s'est agi de savoir s'ils restaient soumis à la prescription établie par le Code rural, ou si cette prescription devait être réglée par le Code d'instruction. La cour de cassation a constamment jugé qu'ils ne pouvaient se prescrire que conformément à ce dernier Code; que conséquemment:

Le délit de destruction d'arbres sur la propriété d'autrui, prévu par l'article 445 du Code pénal et puni de peines correctionnelles, ne se prescrit plus que par trois années (1);

Qu'il en est de même du délit de *destruction* de haies, prévu par l'article 456 (2);

Que le passage d'animaux sur le terrain d'autrui ensemencé ou chargé de récoltes, prévu par l'article 475 n° 10, et puni de peines de simple police, ne se prescrit plus que par une année (3);

Qu'il en est de même des contraventions aux bans de vendanges, prévues par l'article 475, n° 1er, du Code pénal (4).

La loi du 28 avril 1832 a fait entrer dans le Code pénal différents délits, prévus par des lois

---

(1) Arrêts des 23 octobre 1812, Bull., p. 455; Dalloz, t. V, p. 182; 18 juin 1820, Bull., p. 231. — (2) Arrêts du 10 septembre 1813, Bull., p. 513; Dalloz, t. V, p. 177. — (3) Arrêts des 23 mars 1821, Bull., p. 112; Dalloz, t. IV, p. 764; et 25 juin 1825, Bull., p. 539; Dalloz, p. 398. — (4) Arrêts des 26 mai 1820, Bull., p. 216; 7 novembre 1822, Bull., p. 473; Dalloz, t. XI, p. 318; 24 avril 1829, Dall., p. 226; 20 octobre 1835, Dalloz, 1836, p. 231.

spéciales et notamment par le Code rural. Ces délits ne pourront désormais se prescrire que conformément au Code d'instruction criminelle, et selon la qualification de délit ou de contravention que la nouvelle loi leur a imprimée par la nature de la peine dont elle les punit.

294. Les règles du Code d'instruction sur la prescription s'appliquent aussi aux crimes, aux délits et aux contraventions prévus par des lois particulières encore en vigueur, toutes les fois que ces lois ne les ont pas soumis à une prescription spéciale. On ne peut pas prétendre que cette prescription doit être réglée par la législation qui existait quand ces lois particulières ont été rendues, car le Code d'instruction forme le droit général du royaume, et il a abrogé toutes les lois antérieures qui avaient statué sur les matières dont il s'occupe. Il est de principe d'ailleurs que la durée des actions est réglée par la loi qui était en vigueur au moment où les faits qui leur servent de base ont pris naissance, et qui l'est encore au moment où l'action est intentée. Enfin l'art. 645 du Code d'instruction n'admet de prescriptions différentes de celles qu'il établit, qu'autant qu'elles résultent d'une loi particulière au délit ou à la contravention qu'il s'agit de punir.

Ainsi le délit d'*habitude d'usure*, commis sous l'empire du Code d'instruction, se punit conformément à ce Code, et non conformément au Code de brumaire an 4, bien que la loi du 5 septembre 1807, qui a érigé en délit l'habitude d'usure, sans déterminer de délai pour en accomplir la prescription, ait été publiée sous l'empire de ce dernier Code (1).

295. Je viens de dire que la durée des actions est réglée par la loi qui était en vigueur au moment où les faits qui leur servent de base ont pris naissance, et qui l'est encore au moment où l'action est intentée. Mais des crimes, des délits, des contraventions peuvent avoir été commis sous l'empire de lois qui ont été abrogées avant l'accomplissement du temps qu'elles fixaient pour leur prescription, et il peut arriver que les poursuites ne commencent que sous l'empire d'une législation nouvelle qui modifie celle qui l'a précédée, en rapprochant ou en reculant le terme de cette prescription, ou en changeant ses conditions; laquelle de ces deux législations doit prévaloir? le temps, les conditions nécessaires pour acquérir la prescription, seront-ils réglés par la loi qui existait au moment où les faits ont été commis, ou par la loi en vigueur au moment où les poursuites ont été intentées?

Cette question s'est présentée plusieurs fois; elle peut se présenter encore. « Dans le passage » d'une législation à l'autre, dit M. Favard de Lan-

---

(1) V. *infrà*, n" 3o8, 3o9, 314, 327. * La loi du 22 mars 1831 sur la garde nationale ne contenant aucune disposition spéciale relativement à la prescription, c'est le Code d'inst. crim. qui doit servir de règle à cet égard. Arrêts des 22 août 1834, Dalloz, p. 456; et 14 mai 1835, Dalloz, 1836, p. 188.

» glade (1), le législateur peut choisir entre quatre
» règles différentes.

» 1° La prescription tenant à la procédure cri-
» minelle, il peut déclarer que le temps qui s'est
» écoulé sous l'empire de la législation ancienne,
» et de celle qui l'a remplacée, sera réglé par cha-
» que législation ;

» 2° Il peut dire que la prescription sera réglée
» par la loi sous laquelle l'infraction a été com-
» mise, ou la peine prononcée ;

» 3° Il peut décider que, conformément à l'ar-
» ticle 2281 du Code civil, les prescriptions com-
» mencées lors de la loi nouvelle, et pour lesquelles
» il faudrait encore, suivant les anciennes lois, un
» temps plus long que la plus longue prescription
» établie par la loi nouvelle, seront réglées par cette
» dernière ;

» 4° Il peut déclarer que la prescription se ré-
» glera ou par la loi ancienne, ou par la loi nou-
» velle, suivant ce qui sera le plus favorable au
» prévenu ou au condamné.

» Chacun de ces modes de prescription a eu ses
» partisans. »

De ces quatre systèmes, la cour de cassation
avait d'abord adopté le premier ; elle avait jugé
que, dans le passage d'une législation à une autre,
la prescription devait être réglée par l'une et l'autre loi. Elle supputait le temps qui avait couru

---

(1) Rép. de législation, v° Prescription, sect. 1re, § 4, t. IV,
p. 437.

sous l'empire de la première , et sous celui de la seconde; elle faisait une espèce de règle de proportion , dont le résultat servait à décider si la prescription était acquise ou non. Ainsi , dans un arrêt du 29 avril 1808 (1) , elle compare le délai de vingt années , exigé par les lois piémontaises pour l'accomplissement de la prescription , au délai de six années exigé par le Code du 3 brumaire; elle constate en fait que quatre ans et six jours , qui forment le cinquième de la prescription de vingt ans , se sont écoulés sans poursuites contre le prévenu , pendant que la loi piémontaise était en vigueur; elle compare ce cinquième à la prescription de six années exigée par le Code de brumaire , et trouve qu'il donne , sur cette dernière , un délai d'un an , deux mois et quatorze jours ; elle en conclut que l'accusé n'a plus besoin que de prouver qu'il s'est écoulé quatre ans , neuf mois et seize jours , sans poursuites , depuis la publication du Code de brumaire , pour que la prescription de six ans lui soit acquise.

On voit que la cour de cassation avait rejeté le second système, celui de faire régler la prescription par la loi sous l'empire de laquelle le délit avait été commis ; et , en effet ce système présentait l'inconvénient fort grave d'exposer un prévenu à être mis en jugement pour un fait commis sous l'ancienne loi , quoiqu'il fût antérieur à d'autres

_____

(1) Dalloz , t. XI , p. 321.

faits de même nature, commis sous la loi nouvelle et frappés par elle de prescription.

La cour, déterminée sans doute par son respect pour le principe de la non rétroactivité des lois, ne voulut pas non plus adopter le quatrième système, celui qui, dans le concours de deux législations, fait choisir celle qui est la plus favorable au prévenu. Mais un décret du 23 juillet 1810, relatif à la mise en activité du Code criminel, vint lever ses scrupules. Ce décret porte, art. 6 : « Les cours et les tribunaux appliqueront aux » crimes et aux délits les peines prononcées par les » lois pénales existantes au moment où ils ont été » commis ; néanmoins, si la nature de la peine » prononcée par le nouveau Code pénal était » moins forte que celle prononcée par le Code ac-» tuel, les cours et tribunaux appliqueront les » peines du nouveau Code. » A la vérité ce décret ne parle pas de la prescription ; mais s'il défend d'appliquer les anciennes peines, quand elles sont plus graves que les nouvelles, à plus forte raison défend-il de les appliquer à des faits que la loi nouvelle ne permet pas de punir, soit parce qu'elle ne les a pas érigés en délits, soit parce qu'elle en interdit la poursuite. Cette considération détermina la cour de cassation à changer sa jurisprudence ; par un premier arrêt du 18 juin 1812, rendu contre les conclusions de M. Merlin, qui reconnaît aujourd'hui qu'il s'était trompé (1),

---

(1) Rép. de jurisp., v° Prescript., s. 1re, § 3, t. XII, p. 698

elle adopta pleinement le quatrième système[1], et décida que, dans le concours de deux législations, on devait préférer celle qui était la plus favorable au prévenu. Elle a rendu dans ce sens un grand nombre d'arrêts (1). Elle a même jugé, par une conséquence juste et nécessaire de ce principe, que, quand la loi nouvelle a érigé en crimes des faits que la loi ancienne qualifiait simplement délits, on doit encore, dans le concours des deux législations, appliquer la prescription que le Code d'instruction établit contre la poursuite des délits, si elle est plus courte que celle qui était établie par la législation précédente (2).

« Cependant, il est bien entendu, dit M. Bour-» guignon (3), que chaque législation doit être ap-» pliquée de la même manière qu'elle s'appliquait » quand elle était en vigueur : ainsi, quand il s'a-» git d'appliquer le Code de brumaire an 4, on ne » peut faire courir la prescription que *du jour où* » *le crime a été connu et légalement constaté.* Ainsi » délibéré le 9 juillet 1813, sur le pourvoi de Me-» chinucci, au rapport de M. Benvenutti; tandis » que, lorsqu'il s'agit d'appliquer la prescription

---

(1) Arrêts des 5 septembre 1812, Bull., p. 397; 22 avril et 6 mai 1813, Bull., p. 203 et 223. V. Dalloz, t. XI, p. 322; 21 août 1817, Bull., p. 194. — (2) Arrêt du 13 janvier 1814, M. Dunoyer, rapporteur; le ministère public contre Maggi; arrêt non imprimé. — (3) Jurisp. des Codes criminels, . II, p. 527.

» établie par l'article 637 du Code d'instruction ,
» c'est *du jour que le crime a été commis* qu'il faut
» calculer, pour juger si la prescription est acquise;
» ainsi jugé par arrêt du 6 mai 1813, au rapport
» de M. Bailly ».

296. Par quel temps se prescrit l'action publique pour la poursuite des crimes commis par les individus âgés de moins de 16 ans?

Trois arrêts rendus par la cour de cassation, les 27 juin, 2 octobre 1828, et 9 février 1832 (1), font naître des doutes graves sur cette question, quoiqu'ils ne la jugent pas explicitement.

L'article 67 du Code pénal dispose que l'accusé âgé de moins de seize ans, qui sera déclaré coupable d'avoir commis , *avec discernement* , un fait emportant des peines afflictives ou infamantes, ne sera condamné qu'à un emprisonnement correctionnel, dont la durée est subordonnée, par cet article, à la gravité du fait. Il s'est agi de savoir si cette substitution de peines correctionnelles aux peines afflictives ou infamantes, encourues par le mineur de 16 ans, ôtait le caractère de *crime* aux faits dont il s'était rendu coupable? La cour de cassation a décidé, par un grand nombre d'arrêts, que la peine correctionnelle n'avait été substituée à la peine afflictive ou infamante, qu'en considération de la faiblesse de l'âge du coupable; qu'elle ne changeait pas la nature du fait qui ser-

(1) Bull. de 1828 , p. 593 et 843 ; Dalloz, 1828 , p. 296 et 429 ; 1832, p. 119.

vait de base à la condamnation prononcée contre lui ; que sa détention dans une maison de correction avait toujours pour cause la culpabilité du *crime* dont il avait été déclaré convaincu. Cette doctrine me paraît d'une vérité incontestable ; et c'est en l'appliquant que la cour de cassation avait constamment jugé que le majeur qui commettait un crime, après avoir subi, lorsqu'il était mineur de 16 ans, une condamnation pour crime, commuée conformément à l'article 67 du Code pénal , encourait l'aggravation de peine prescrite par l'article 56 du même Code, contre les coupables qui sont en récidive de crime (1). Cette jurisprudence était généralement adoptée.

Depuis, est intervenue la loi du 25 juin 1824, qui modifiait quelques dispositions du Code d'instruction et du Code pénal; elle portait, article 1er : « Les individus âgés de moins de seize ans » qui n'auront pas de complices au dessus de cet » âge , et qui seront prévenus de *crimes* autres que » ceux auxquels la loi attache la peine de mort, » celle des travaux forcés à perpétuité , ou celle de » la déportation, seront jugés par les tribunaux » correctionnels, qui se conformeront aux articles 66, 67 et 68 du Code pénal. » De ce que cet article, qui a passé depuis dans le Code pénal (2),

---

(1) Arrêts des 10 avril 1818, Bull., p. 128 ; Dalloz, t. XI, p. 515 ; 2 avril 1825, Bull., p. 249 ; Dalloz , p. 299 et beaucoup d'autres. — (2) Loi du 28 avril 1832 : il forme le nouvel article 68 du Code pénal.

a attribué aux tribunaux correctionnels les crimes
commis par les mineurs de seize ans, sauf quelques exceptions, la cour de cassation a conclu
que le caractère du crime leur était ôté ; en conséquence, elle a décidé, par les deux arrêts de 1828
et par celui de 1832, que je viens de citer, que
des individus déclarés coupables de vol avec effraction sous l'empire de la loi du 25 juin 1824,
et jugés correctionnellement, conformément à
cette loi, n'encouraient point les peines de la récidive, quoique, postérieurement à leurs premières
condamnations, ils eussent été déclarés coupables
de nouveaux crimes.

Voici comment la cour de cassation a raisonné.
Aux termes des articles 179 et 231 du Code d'instruction, la connaissance des délits passibles
d'une peine correctionnelle est attribuée aux tribunaux correctionnels, et celle des faits ayant un
caractère de crime, est exclusivement réservée
aux cours d'assises ; de plus, l'article 1er du Code
pénal porte que l'infraction que les lois punissent
de peines correctionnelles, est un délit ; ainsi
l'attribution donnée aux tribunaux correctionnels
de la connaissance de faits à raison desquels ces
tribunaux n'ont à prononcer que des peines correctionnelles, place nécessairement ces faits dans
la catégorie des délits, et ne permet pas de leur
reconnaître le caractère de crimes. Or, la loi du 25
juin 1824 a attribué à ces tribunaux la connaissance des faits commis par les mineurs de 16 ans,
lorsqu'ils n'ont pas de complices au dessus de cet

âge, et que ces faits n'entraînent ni la peine de mort, ni des peines perpétuelles ; donc ces faits constituent des délits et non des crimes.

Si la cour de cassation a bien raisonné, si elle est restée dans les principes, il en résulte la conséquence que les crimes commis par les mineurs, lorsqu'ils sont justiciables de la police correctionnelle, se prescrivent par trois années; qu'après ce délai, le ministère public ne peut plus agir; que les personnes lésées ne peuvent plus réclamer soit contre le prévenu, soit contre les personnes civilement responsables de ses faits, les réparations, les restitutions qui leur sont dues; qu'enfin la loi du 25 juin 1824 et celle du 28 avril 1832 ont apporté une notable modification aux droits du ministère public et des parties privées.

Mais est-ce là le but que ces lois se sont proposé? ont-elles voulu apporter des modifications au caractère pénal des faits punissables commis par des mineurs? et la cour de cassation n'a-t-elle pas fait sortir de ces lois des conséquences que le législateur n'a pas eues en vue, et qui véritablement n'en sortent pas? Qu'il me soit permis de le dire, je crois qu'elle s'est trompée.

Il faut reconnaître d'abord que la loi ne fait pas dépendre la qualification d'un fait de la nature de la juridiction à laquelle elle en attribue le jugement; cette qualification ne peut résulter que du genre de la peine attachée à ce fait; c'est ce que dit expressément l'article 1er du Code pénal. « L'in-

» fraction que les lois punissent des peines de po-
» lice est une *contravention*.

» L'infraction que les lois punissent de peines
» correctionnelles est un *délit*.

» L'infraction que les lois punissent de peines
» afflictives ou infamantes est un *crime*».

Certaines considérations peuvent déterminer le
législateur à déroger à la compétence générale
d'un tribunal, pour lui attribuer le jugement de
certaines infractions qui rentrent dans la compétence générale d'un autre tribunal, sans qu'on
doive en conclure que ces infractions changent de
caractère, sans qu'il en résulte des modifications
dans leur qualification. C'est ainsi que les cours
d'assises, instituées pour juger *les crimes*, connais-
sent cependant de certains faits que la loi ne punit que de peines correctionnelles; tels sont les
délits commis par la voie de la presse ou tout
autre moyen de publication (1); les délits politiques (2), plusieurs des délits commis par les af-
ficheurs et crieurs publics (3); et si quelqu'un
prétendait que cette attribution aux cours d'assises a érigé ces faits en crimes, parce que ces
cours sont instituées pour juger les crimes, on
répondrait par ce que je viens de dire: que la qualification des faits est déterminée par la nature de
la peine dont la loi les punit, et non par la nature

---

(1) Loi du 26 mai 1819, art. 13. — (2) Lois des 8 octobre
1830, art. 6; et 10 avril 1831, art. 10. — (3) Loi du 10 décembre 1830.

de la juridiction qui doit en connaître. La loi du
25 juin 1824 et celle du 28 avril 1832 ont étendu
la juridiction des tribunaux correctionnels aux
crimes commis par les mineurs, sauf deux exceptions ; mais elles ne leur ont pas, par là, ôté le
caractère de crimes, puisqu'elles n'ont rien changé
à la nature des peines dont les punit le Code pénal ; il y a plus, ces lois leur ont conservé la qualification de *crimes ;* car elles portent : « Les in-
» dividus de moins de seize ans, qui sont prévenus
» de *crimes*, autres que ceux..., seront jugés par
» les tribunaux correctionnels ».

Quand ces lois ont voulu modifier la nature
des infractions et leur enlever le caractère de
crime qu'y avait attaché le Code pénal, elles ne
se sont pas bornées à les faire juger par la police
correctionnelle ; car on n'en aurait rien pu conclure ; elles n'ont même point parlé de la juridiction qui en connaîtrait désormais, car cela était
inutile, la loi générale s'en explique ; mais elles
ont changé la *peine*, elles ont substitué des peines
correctionnelles aux peines afflictives ou infamantes dont le Code pénal les frappait. C'est ainsi
que les vols dans les auberges, les vols dans les
champs, qui étaient réputés crimes par le Code
pénal, parce qu'il leur infligeait la peine de la
réclusion (1), sont devenus de simples délits,
parce que la loi du 25 juin 1824 (2) et celle du 28

---

(1) Art. 386 et 388. — (2) Art. 2 et 3.

avril 1832 (1) ont substitué à cette peine des peines correctionnelles.

Il résulte de ce que je viens de dire, que si les vols avec effraction, les faux, etc., commis par les individus âgés de moins de 16 ans, étaient qualifiés *crimes* par le Code pénal, ils sont restés crimes depuis les lois des 25 juin 1824 et 28 avril 1832. Or on a vu que, jusqu'à ces lois, la cour de cassation leur reconnaissait, avec toute raison, le caractère de crime. S'ils sont des crimes, l'action civile et l'action publique, pour leur poursuite et les réparations auxquelles ils peuvent donner lieu, ne se prescrivent que par dix années.

297. Puisque la qualification des faits ne dépend point de la nature de la juridiction qui est appelée à y statuer, il en résulte que la prescription doit se régler d'après la déclaration sur l'existence du fait et sur ses circonstances, et non d'après le titre de l'accusation et la nature de la poursuite.

Ainsi un individu traduit devant la cour d'assises, sur une accusation de vol avec effraction, ou de blessures ayant occasioné une incapacité de travail de plus de vingt jours, peut, quoique jugé par une cour d'assises, et mis en accusation pour des faits qualifiés crimes, invoquer la prescription de trois ans, lorsque le jury a écarté les circonstances aggravantes de l'effraction ou de

----

(1) Art. 87 et 88.

l'incapacité de travail, parce qu'alors ces faits dégénèrent en simples délits (1).

Par la même raison, un individu poursuivi pour
un simple délit, et qui, par le résultat des débats, serait déclaré coupable avec des circonstances aggravantes qui donneraient au fait le
caractère de crime, ne pourrait pas se prévaloir de
la prescription de trois ans, et ne pourrait invoquer
que celle de dix : c'est ce que la cour de cassation
a jugé, au rapport de M. Aumont, par arrêt de
rejet du 21 juillet 1820 (2). Dans l'espèce de cet
arrêt, Marie Dupré avait été traduite devant la
cour d'assises de l'Ariège sur une accusation de
vol, dans laquelle la circonstance aggravante de
la domesticité avait été omise. Cette circonstance
fut posée au jury comme résultant des débats, et
résolue par lui affirmativement. L'accusée voulut
se prévaloir de la prescription de trois ans, parce
que trois années s'étaient écoulées sans poursuites, et elle faisait remarquer que le titre de
l'accusation portée contre elle se réduisait à un
simple délit. La cour d'assises n'admit pas l'exception, et la cour de cassation a rejeté le pourvoi
formé contre l'arrêt.

S'il résultait, d'un débat devant un tribunal correctionnel, des circonstances aggravantes du fait de
la prévention qui le fissent dégénérer en crime, le

(1) Arrêts des 30 janvier 1818, Bull., p. 37 ; Dalloz, t. XI,
p. 320 ; 5 août 1825, Bull., p. 408 ; Dalloz, p. 434.
(2) Non imprimé.

tribunal ne pourrait pas admettre la prescription
de trois ans que le prévenu opposerait aux poursuites, mais devrait se déclarer incompétent.

Par une conséquence nécessaire des principes
que je viens de rappeler, si un fait, réputé crime
par la loi en vigueur au moment où il a été
commis, avait dégénéré en délit par suite des
modifications survenues postérieurement dans la
législation pénale, le prévenu de ce fait pourrait
opposer la prescription de trois ans, si trois
années s'étaient écoulées sans poursuites ; parce
que c'est la législation la plus douce qui doit être
appliquée dans le concours de deux lois, dont
l'une existait au moment où l'infraction a été
commise, et l'autre existe au moment du jugement. La cour de cassation, qui a jugé (1) qu'un
individu condamné par contumace à la peine de
la réclusion, en vertu du Code pénal, avait prescrit cette peine par cinq années, parce que la
loi du 25 juin 1824 avait mis dans la classe des
simples délits le fait qui motivait la condamnation, aurait certainement jugé que l'action publique avait été prescrite par trois années sans
poursuites, si le condamné avait eu à se prévaloir
de la prescription de l'action publique.

298. L'article 643 du Code d'instruction porte :
« Les dispositions du présent chapitre ne dérogent
» point aux lois particulières relatives à la pres-
» cription des actions résultant de certains délits

(1) Arrêt du 25 novembre 1830, Dalloz, 1831, p. 68.

» ou de certaines contraventions. » J'ai dit qu'il faut entendre par ces mots *certains délits*, *certaines contraventions*, tous autres délits que ceux compris dans le Code pénal (1); je vais m'en occuper.

DÉLITS FORESTIERS. L'article 185 du Code forestier porte : « Les actions en réparation de délits » et contraventions en matière forestière se pres- » crivent par TROIS MOIS, à compter du jour où les » délits et contraventions ont été constatés, lors- » que les prévenus sont *désignés* dans les procès- » verbaux. Dans le cas contraire, le délai de pres- » cription est de SIX MOIS, à compter du même » jour, sans préjudice, à l'égard des adjudicataires » et entrepreneurs de coupes, des dispositions » contenues aux articles 45, 47, 50, 51 et 82 de » la présente loi. »

Article 189 : « Les dispositions contenues aux » articles.... 185 ci-dessus sont applicables aux » poursuites exercées au nom et dans l'intérêt des » particuliers, pour délits et contraventions com- » mis dans les bois et forêts qui leur appartien- » nent. »

Ainsi il n'existe plus aujourd'hui qu'une seule et même prescription, quel que soit le proprié-taire ou détenteur des bois et forêts dans lesquels les délits ou contraventions ont été commis; toutes les distinctions qui existaient à cet égard, antérieurement au Code forestier, sont effacées. La prescription est de TROIS MOIS, lorsque les pré-

(1) V. *suprà*, n° 293.

venus sont désignés dans les procès-verbaux ; elle est de six mois, lorsqu'ils n'y sont pas désignés (1).

La loi du 15-29 septembre 1791, titre 9, article 8, renfermait des dispositions semblables, excepté que la prescription était étendue à *une année*, lorsque les délinquans n'étaient pas désignés dans les procès-verbaux.

On a demandé, sous l'empire de cette loi, s'il suffisait, pour que la prescription ne fût que de six mois, qu'on eût connu les délinquans, ou s'il fallait nécessairement qu'ils fussent nominativement désignés dans les procès-verbaux ? Dans l'espèce qui a donné lieu à cette question, il s'agissait de la saisie de bestiaux trouvés en délit dans un bois de l'état. Le procès-verbal ne désignait pas le propriétaire de ces bestiaux ; mais il se fit connaître en se présentant au juge de paix, pour demander qu'ils lui fussent rendus moyennant caution. Trois mois s'étant écoulés sans poursuites, ce propriétaire se prévalut de la prescription, et la cour de justice criminelle admit cette exception. Mais son arrêt fut cassé le 5 janvier 1808 (2) : « Vu l'article 8 du titre 9 de » la loi du 15-29 septembre 1791 ; attendu que » les dispositions de cette loi sont claires, précises, » et ne peuvent être susceptibles ni d'équivoque, » ni d'interprétation ; qu'en ordonnant que les » actions en réparation des délits forestiers seront

_____

(1) V. *infrà*, n° 333. — (2) Dalloz, t. VIII, p. 796 : il donne à cet arrêt la date du 8 avril 1808.

II.   9

» éteintes et prescrites, si elles n'ont pas été in-
» troduites dans les trois mois, lorsque les délin-
» quans seront désignés dans les procès-verbaux,
» la loi a fait, de cette désignation *formelle et nomi-*
» *native* du délinquant dans le titre même qui con-
» state le délit, une condition générale et absolue
» du délai qu'elle donne pour intenter l'action,
» et de la prescription qui est la conséquence du
» défaut d'exercice de l'action dans le délai indi-
» qué; que hors ce cas spécialement exprimé
» par la loi, l'action est nécessairement prorogée
» à un an, sans que l'on puisse examiner si, pos-
» térieurement au procès-verbal; le délinquant a
» pu être connu d'une manière quelconque, par
» la raison, 1° qu'il n'est réputé connu d'une ma-
» nière certaine et légale, que dans la forme que
» la loi indique, c'est-à-dire par sa désignation
» dans le procès-verbal; 2° que la loi a voulu bannir
» tout arbitraire dans une détermination des délais
» qu'un délinquant ne peut avoir la faculté de
» faire varier à son gré, mais qui dépend unique-
» ment d'une condition positive et indépendante
» de tous faits ultérieurs; attendu qu'il est cons-
» tant que Mathieu Dufour n'a point été désigné
» dans le procès-verbal du 14 juillet 1807, comme
» l'auteur du délit forestier constaté par cet
» acte....; casse. »

Cette doctrine conserve toute son autorité sous
l'empire du Code forestier actuel. On conçoit en
effet que pour que l'administration, ou le ministère public, ou la partie civile, puissent exercer

immédiatement leur action, il faut qu'ils trouvent dans le procès-verbal des énonciations
suffisantes pour leur permettre de s'adresser effi-
cacement au prévenu, et d'obéir à l'article 61 du
Code de procédure, qui exige, à peine de nullité,
que les citations contiennent les noms et demeure
du défendeur. Si ces indications manquent dans
le procès-verbal, il est juste de laisser aux parties
poursuivantes le temps de faire les recherches
nécessaires pour suppléer à son silence.

Mais la désignation des prévenus doit-elle être
tellement *nominative* qu'elle renferme leurs noms,
leurs prénoms, leur profession? Un arrêt de la
cour de cassation du 26 janvier 1816 (1) semble
répondre à cette question. Il était constaté au
procès-verbal, non argué de faux, que vingt
bêtes à laine avaient été trouvées en délit dans un
bois communal, sous la garde de trois individus
ainsi désignés : *du fils de la veuve Roget, du fils de
la veuve Robin* et *du fils de la veuve Thierry.* Ces
prévenus avaient été déchargés des poursuites
par le motif qu'ils n'avaient pas été *nommément*
désignés dans le procès-verbal; mais la cour cassa
cette décision : « Vu l'article 4, titre 4 de la loi
» du 29 septembre 1791 ; attendu qu'aux termes
» de cet article, les gardes ne sont point assujétis
» à nommer les délinquans; qu'il suffit, pour
» remplir le vœu de la loi, que ces délinquans,
» dont les gardes peuvent d'ailleurs ne pas con-

(1) Bull., p. 12 ; Dalloz, t. XI, p. 408.

» naître les noms et prénoms, soient désignés
» d'une manière spéciale qui ne permette pas de
» les méconnaître ; attendu qu'il était constaté,
» dans l'espèce, par un procès-verbal non argué
» de faux, que des bêtes à laine avaient été trou-
» vées en délit dans un bois communal, et qu'elles
» y étaient sous la garde du fils de la veuve Roget,
» du fils de la veuve Thierry et du fils de la veuve
» Robin, ce qui spécifiait suffisamment les per-
» sonnes des délinquans, dont il était d'ailleurs
» possible que les noms et prénoms fussent in-
» connus au garde rédacteur du procès-verbal
» dont il s'agit; que dès lors il y avait lieu d'ap-
» pliquer à ces délinquans les peines déterminées
» par la loi, pour le délit dont ils étaient pré-
» venus. »

Si les désignations qui existaient dans le procès-verbal qui a donné lieu à cet arrêt, ont été
jugées suffisantes pour appeler une condamnation
sur les individus qui y étaient signalés, ces désignations auraient nécessairement paru suffisantes
aussi pour soumettre ce procès-verbal à la prescription de trois mois (1).

299. Avant la promulgation du nouveau Code
forestier, la cour de cassation avait décidé que
les malversations commises par les adjudicataires,
dans leurs exploitations, se prescrivaient comme
tout autre délit forestier; qu'il n'était même pas
nécessaire pour faire courir la prescription, que

---

(1) V. *infrà*, § 2, n° 332.

l'adjudicataire eût obtenu un *congé de cour*, c'est-
à-dire la décharge qui se donnait aux adjudicataires après le sixième récolement d'une vente
régulièrement exploitée (1). Cette jurisprudence
était fondée, 1° sur ce que la loi du 15-29 septembre 1791 contenait, sur la prescription des
délits forestiers, des dispositions générales sans
distinction de la nature des délits ; 2° sur ce que
le *congé de cour* pouvant être indéfiniment différé
par les agens de l'administration, ils pourraient
prolonger arbitrairement le délai de la prescription
des délits déjà constatés par des procès-verbaux (2).
Cette jurisprudence, ni les motifs qui lui servent
de base, ne peuvent se soutenir depuis la publication du Code forestier. On a vu que l'article 185
de ce code exprime que la prescription qu'il
établit ne préjudicie pas, « à l'égard des adjudi-
» cataires et entrepreneurs de coupes, aux dispo-
» sitions contenues aux articles 45, 47, 50, 51 et
» 82 de la présente loi. » L'article 45 déclare qu'à
partir du permis d'exploiter, et jusqu'à ce qu'ils
aient obtenu leur décharge, les adjudicataires
sont responsables de tout délit forestier commis
dans les ventes à l'ouie de la cognée, à moins qu'ils
ne les aient fait constater, et mis l'administration
en position d'en poursuivre la répression. Les
articles 47, 50 et 51 réglent le mode du réarpen-
tage et du récolement; ils autorisent les adjudi-

(1) Rép. de jurisp., v° Délit forestier, § 13, n° 5, t. IV,
p. 294. —(2) Arrêt du 17 avril 1807, *ib.*

cataires à mettre l'administration en demeure de
leur accorder leur décharge et de les déclarer libérés, après les délais et les formalités qu'ils déterminent. L'article 82 rend les dispositions ci-dessus
communes aux entrepreneurs de l'exploitation des
coupes délivrées aux usagers. Il résulte de là que le
Code forestier a prolongé, à l'égard des adjudicataires et des entrepreneurs d'exploitation, dont
parle l'article 82, les délais de la prescription ; et
qu'ils peuvent être poursuivis pour les délits qu'ils
ont commis, et pour ceux dont ils sont responsables, jusqu'à ce qu'ils aient obtenu leur décharge,
ou qu'ils aient été libérés par la mise en demeure
de l'administration.

3oo. L'article 219 du Code forestier porte que
pendant vingt ans, à dater de sa promulgation,
aucun particulier ne pourra arracher, ou défri-
cher ses bois, sans en avoir fait la déclaration;
l'article 220 punit l'infraction de cette défense, et
ordonne, en outre, que les lieux seront rétablis
dans le délai que fixera le jugement de condamnation. Ces dispositions sont empruntées à la loi
du 9 floréal an 11 ; et la cour de cassation a jugé,
sous l'empire de cette loi, que si l'action publique
pour la condamnation à l'amende encourue pour
l'infraction se prescrivait comme toute autre action en réparation d'un délit forestier, il n'en
était pas de même de la poursuite pour obliger
le délinquant à rétablir les lieux en nature de
bois (1). Le nouveau Code forestier n'admet point

_____

(1) Arrêt du 8 janvier 1808, Dalloz, t. VIII, p. 795.

cette distinction; il établit une prescription spéciale pour les délits de ce genre; il dispose, article 224 : « *Les actions* ayant pour objet des défri-
» chemens commis en contravention à l'article 219,
» se prescriront par deux ans, à dater de l'époque
» où le défrichement aura été consommé. »

301. Que la prescription de trois ou de six
mois soit applicable à tous les enlèvemens, coupes
ou mutilation d'arbres dans les bois et forêts; que
ces délits ne rentrent dans aucun de ceux prévus
par les articles 444, 445, 446 et 456 du Code
pénal, c'est ce qui ne peut faire la matière d'un
doute : comme l'ordonnance de 1669, le Code
forestier est une loi spéciale qui déroge aux lois
générales qui ont disposé sur ces délits (1); mais
il faut nécessairement que ces délits aient été
commis dans des bois ou forêts; s'ils l'avaient été
sur toute autre propriété, ils rentreraient dans les
dispositions ci-dessus du Code pénal, et la prescription n'en serait acquise qu'après trois ans (2).

302. Enfin, la prescription établie par l'article 185 du Code forestier n'est point applicable
« aux contraventions, délits et malversations com-
» mis par des *agens, préposés ou gardes de l'admi-
» nistration forestière dans l'exercice de leurs fonc-
» tions;* les délais de prescription à l'égard de ces

---

(1) Arrêt du 14 mai 1813, Bull., p. 260; Dalloz, t. V, p.
179. — (2) Arrêts des 23 octobre 1812, Bull., p. 455; Dall.,
ib., p. 182; 8 juin 1820, Bull., p. 231; Dalloz, t. XI, p.
318; 22 février 1821, Bull., p. 59; Dalloz, t. V, p. 180.

» préposés et de leurs complices, seront les mêmes
» qui sont déterminés par le Code d'instruction
» criminelle (1). » Cette prescription n'est pas applicable non plus «aux poursuites qui pourraient
» être dirigées, aux termes des articles 179 et 180
» du Code pénal, contre tous délinquans ou con-
» trevenans, pour fait de tentative de corruption
» envers des fonctionnaires publics et des agens et
» préposés de l'administration forestière (2). »

303. «Les actions, en réparation de DÉLITS EN
» MATIÈRE DE PÊCHE, se prescrivent par UN MOIS,
» à compter du jour où les délits ont été constatés,
» lorsque les prévenus sont désignés dans les pro-
» cès-verbaux. Dans le cas contraire, le délai de
» prescription est de TROIS MOIS à compter du
» même jour (3).

» Les dispositions de l'article précédent ne sont
» point applicables aux délits et malversations
» commis par les agens, préposés ou gardes de
» l'administration dans l'exercice de leurs fonctions.
» Les délais de prescription à l'égard de ces prépo-
» sés et de leurs complices seront les mêmes que
» ceux qui sont déterminés par le Code d'instruc-
» tion criminelle (4). »

Ce que j'ai dit, *suprà*, n° 298, sur la prescription des délits forestiers s'applique nécessairement
à la prescription des délits de pêche.

---

(1) Code forestier, art. 186. — (2) *Ib.*, art. 207. — (3) Loi
sur la pêche fluviale, art. 62. — (4) *Ib.*, art. 63, et v. *infrà*,
n° 333.

Avant la loi du 15 avril 1829 sur la pêche fluviale, ces délits étaient soumis à la même prescription que les délits forestiers (1); cette loi l'a
rendue plus courte (2).

3o4. Les DÉLITS RURAUX se prescrivent par *un
mois*, conformément au Code rural du 28 sep-
tembre-6 octobre 1791, titre 1er, section 7, article 8, qui porte : « La poursuite des délits ruraux
» sera faite au plus tard dans le délai *d'un mois*,
» soit par les parties lésées, soit par le procureur
» de la commune ou ses substituts, s'il y en a,
» soit par des hommes de loi commis à cet effet
» par la municipalité; faute de quoi il n'y aura
» plus lieu à poursuivre. »

Les délits ruraux sont ceux que prévoit le Code
rural, et sur lesquels des lois postérieures n'ont
pas statué. On a déjà vu (3) que le Code pénal
s'est emparé de quelques-uns de ces délits. Le
Code forestier en a aussi compris plusieurs dans
ses dispositions, notamment ceux qui étaient spécifiés dans les articles 36, 37 et 38, et les a érigés en délits forestiers. Précédemment, la loi du
25 juin 1824, article 13, avait modifié l'article 35 de ce Code, et soumis aux peines de l'article 401 du Code pénal les vols de récoltes ou autres productions utiles de la terre, non encore
détachées du sol, lorsqu'ils avaient été commis

(1) Arrêt du 8 septembre 1820, Bull., p. 341; Dalloz,
t. XI, p. 319. — (2) V. *infrà*, § 2, n° 332. — (3) V. *suprà*,
n° 293.

avec les circonstances aggravantes que cet article
détermine. Enfin la loi du 28 avril 1832 a compris dans les dispositions du Code pénal plusieurs
autres des délits prévus par le Code rural, notamment ceux prévus par les articles 34 et 35 (1),
24 (2) , 40 (3) , 44 (4).

Dans tous ces cas, la prescription d'un mois
ne peut plus être invoquée, et les actions qui en
résultent ne se prescrivent que conformément au
Code d'instruction criminelle, suivant que les faits
sont qualifiés délits ou contraventions par les
nouvelles lois qui s'en sont occupées.

305. Les délits de chasse se prescrivent généralement par *un mois*, aux termes de la loi du
3o avril 1790, qui porte, article 12 : « Toute ac-
» tion pour délit de chasse sera prescrite par le
» laps d'un mois, à compter du jour où le délit
» aura été commis. »

On a demandé si un délit de chasse commis
dans les bois d'une commune ne devait point
être assimilé à un délit forestier, et ne se prescrire conséquemment que par le laps de temps
fixé pour la prescription des délits forestiers? Le
doute que l'on élevait à cet égard était fondé sur
l'arrêté du 19 ventose an 10, qui attribue l'administration des bois communaux et la poursuite
des délits qui s'y commettent à l'administration
forestière. La cour de cassation a répondu, par

---

(1) Nouveau Code pénal , art. 388 , 475 , n° 15.— (2) *Ib.*,
art. 479 , n° 10. — (3) *Ib.*, *ib.*, n° 11. — (4) *Ib.*, *ib.*, n° 12.

arrêt du 28 août 1818 (1), que cet arrêté n'avait point abrogé la loi du 30 avril 1790; qu'ainsi la prescription d'un mois était applicable à l'espèce.

La même question s'est présentée relativement aux délits de chasse commis dans *les forêts de l'état*. Pour les faire assimiler aux délits forestiers, on argumentait de l'article 4, titre 30 de l'ordonnance de 1669, qui défend de chasser dans les forêts royales; et la cour de cassation avait d'abord admis cette assimilation (2); mais cette décision ne reposait que sur une confusion des forêts de l'état et de celles de la couronne. L'attention de la cour ayant été appelée de nouveau sur la question par un réquisitoire du procureur général, elle a jugé, le 30 et le 31 mai 1822 (3), que les dispositions de la loi du 30 avril 1790 sont générales, qu'elles ne reçoivent d'autres restrictions que celles apportées par son article 16 aux délits de chasse commis dans les forêts destinées aux plaisirs personnels du roi. La cour a depuis persisté dans cette jurisprudence (4), et elle me paraît à l'abri de toute critique.

306. Mais par quel temps se prescrit le délit de chasse commis dans les bois de la couronne ou de la liste civile, puisque la loi du 30 avril 1790 ne lui est pas applicable? L'article 16 de cette loi

---

(1) Dalloz, t. II, p. 444. — (2) Arrêt du 27 juin 1817, Bull., p. 139; Dalloz, t. II, p. 445. — (3) Bull., p. 233; Dalloz, *ib.* — (4) Arrêt du 30 août 1822; Bull., p. 341; Dalloz, *ib.*, p. 448.

porte simplement : « Il sera pourvu par une loi
» particulière à la conservation des plaisirs per-
» sonnels du roi. En attendant que S. M. ait fait
» connaître les cantons qu'elle veut réserver pour
» sa chasse, défenses sont faites à toutes personnes
» de chasser et de détruire aucune espèce de gi-
» bier dans les forêts à elle appartenant, et dans
» les parcs attenant aux maisons royales de Ver-
» sailles, Marly, etc. » Cet article ne dit rien de
plus; il ne prescrit aucune peine contre les in-
fracteurs, il ne règle rien sur la durée de l'action
à exercer contre eux : aucune loi postérieure n'a
rempli cette lacune.

Par ses arrêts des 2 juin 1814 (1), 27 juin 1817 (2),
3o, 31 mai et 3o août 1822 que je viens de citer,
la cour de cassation a décidé que la chasse dans
les forêts de la couronne restait soumise aux dispositions du titre 3o de l'ordonnance de 1669, et
que les délits qui en résultaient ne pouvaient se
prescrire que comme se prescrivent les délits forestiers. Doit-il en être de même aujourd'hui que
le nouveau Code forestier ne renferme aucune
disposition sur la chasse, et qu'il a abrogé l'ordonnance de 1669? Je le crois. L'abrogation de
toutes les ordonnances antérieures prononcée par
l'article 218 de ce Code n'atteint ces ordonnances
qu'en ce qui concerne les matières qu'il a réglées.
Or, il ne s'occupe point de la chasse. La chasse,
non seulement dans les forêts, mais aussi partout

---

(1) Dalloz, t. II, p. 432. — (2) *Ib.*, p. 445.

ailleurs, fait la matière de tout le titre 30 de l'ordonnance de 1669. Il me paraît résulter de là
que celles des dispositions de ce titre qui avaient
survécu à la loi du 30 avril 1790, conservent encore aujourd'hui toute leur force ; que les peines
qu'il prononce, l'assimilation qu'il établit entre
un délit forestier et un délit de chasse dans les
bois royaux, demeurent en vigueur en ce qui
concerne la chasse dans les bois de la couronne,
dont la loi du 30 avril 1790 a fait un délit distinct
des délits de chasse commis sur toute autre propriété.

Ainsi le délit de chasse dans les forêts de la
couronne ne doit se prescrire que par trois ou six
mois, conformément à l'article 185 du nouveau
Code. La cour de cassation l'a implicitement jugé
ainsi par arrêt du 5 novembre 1829 (1), en décidant que l'article 12 du titre 30 de l'ordonnance
de 1669, qui prévoit et punit le fait d'avoir tendu
des lacs dans les bois de la couronne, est resté en
vigueur depuis la publication du Code forestier.
Si cette ordonnance est encore aujourd'hui la loi
que l'on doit consulter pour fixer la quotité de
l'amende, on doit la consulter aussi quand il s'a-
git de régler la durée de l'action qui tend à l'application de cette peine.

307. LE DÉLIT DE PORT D'ARMES SANS PERMIS est
prévu et puni par le décret du 4 mai 1812 ; mais,
aux termes de ce décret, le port d'armes sans

(1) Dalloz, p. 376.

permis n'est un délit que quand il est joint au fait
de chasse. Cette circonstance a déterminé la cour
de cassation à juger que ce délit est soumis à la
même prescription que le délit de chasse, de manière que, quand l'action contre ce dernier est
prescrite celle contre l'autre l'est également (1).

Cette jurisprudence serait assurément à l'abri
de toute critique, si le délit de port d'armes sans
permis se liait si intimement au délit de chasse,
qu'il ne pût jamais exister indépendamment de
lui. Mais il n'en est pas ainsi; il forme un délit
distinct, et la cour de cassation elle-même le
prouve par ses arrêts; car elle a jugé : 1° que le
fait de port d'armes sans permis est punissable,
lors même que le fait de chasse auquel il est joint
est licite (2); 2° que les poursuites contre le délit
de chasse n'interrompent pas la prescription du
délit de port d'armes qui y est réuni (3); 3° que
l'administration forestière, qui a le droit de poursuivre les délits de chasse commis dans les bois
confiés à sa garde, n'a cependant pas le droit de
poursuivre les délits de port d'armes sans permis
qui y sont joints, et que cette poursuite n'appar-

---

(1) Arrêts des 1er octobre 1813, Dalloz, t. II, p. 143 17
décembre 1824, *ib.*, 1825, p. 65; 10 septembre 1831, *ib.*,
p. 315. — (2) Arrêts des 23 janvier, 7 mars, 20 juin 1823,
Bull., p. 25 et 94; Dalloz, t. II, p. 450 et 451; 23 février
1827, Bull., p. 120; Dalloz, p. 151. — (3) Arrêt du 29 avril
1830, Dalloz, p. 256.

tient qu'au ministère public (1). Et lorsque la
cour de cassation a ainsi séparé ces deux délits,
il est difficile d'admettre, quand il s'agit de déterminer le temps requis pour la prescription de
l'un d'eux, les inductions qu'elle a tirées de la loi
qui règle les prescriptions de l'autre. Il est peut-
être permis de penser que la jurisprudence serait
plus conforme aux vrais principes, si elle avait
décidé que le délit de port d'armes sans permis
se prescrit conformément au Code criminel, aucune loi spéciale n'ayant disposé sur ce point (2).

308. Les contraventions, en matière de CONTRI-
BUTIONS INDIRECTES, se prescrivent par *trois ans*,
conformément au Code d'instruction criminelle.
En effet, la prescription d'un an, établie par
l'article 50 du décret du 1er germinal an 13, ne
s'applique « qu'*aux droits* que les préposés n'au-
» raient pas réclamés dans cet espace de temps, à
» compter de l'époque où ils étaient exigibles. »
Cette prescription est donc étrangère aux *confiscations et amendes*, car elles ne sont exigibles qu'a-
près qu'elles ont été prononcées par des jugemens (3).

En l'absence de toute disposition spéciale, il
faut recourir à la loi générale, c'est-à-dire au
Code d'instruction. Or, on ne peut pas appliquer
aux contraventions, en matière de contributions

_____

(1) Arrêt des 29 février et 20 septembre 1828, Dalloz,
p. 153 et 424. — (2) V. *suprà*, n° 294. — (3) Arrêt du 6
septembre 1806, Bull., n° 147.

indirectes, la prescription d'un an établie par l'article 640, parce que cet article ne parle que des contraventions de simple police, dont le maximum ne peut excéder 15 francs, et telle n'est point la nature des peines qui s'appliquent aux contraventions dans ces matières fiscales (1); donc la prescription établie pour les délits de police correctionnelle est la seule qui soit applicable; c'est ce que la cour de cassation a jugé, sur mes conclusions, le 11 juin 1829 (2).

309. Les contraventions aux lois sur LES DOUA-NES se prescrivent d'après les mêmes règles que les contraventions en matière de contributions indirectes. En effet, l'article 25, titre 13, de la loi du 22 août 1791 sur les douanes, n'étend la prescription d'un an dont il parle qu'*aux demandes en paiement de droits*, à partir de l'époque à laquelle ces droits auraient dû être payés; et ici reviennent les réflexions que je viens de faire sur l'article 50 du décret du premier germinal an 13.

L'article 50, titre 3 de la même loi, et l'art. 3, titre 7, de la loi du 4 germinal an 2, qui établissent une prescription de quatre mois, ne s'appliquent qu'à l'action de l'administration des douanes pour s'assurer de la vérité *des certificats de décharge* qui doivent être rapportés par ceux qui ont obtenu des acquits à caution pour le transport de certaines marchandises. Hors ce cas spécial, la

---

(1) Arrêt du 25 novembre 1818, Bull., p. 431.
(2) Bull., p. 324, Dalloz, p. 268.

prescription des contraventions en matière de douanes est donc réglée par la loi générale, c'est-à-dire par le Code d'instruction criminelle.

310. LES DÉLITS DE LA PRESSE, et ceux commis par toute autre voie de publication, sont soumis à une prescription spéciale; l'article 29 de la loi du 26 mai 1819 porte : « L'action publique contre » les crimes et délits commis par la voie de la » presse, ou tout autre moyen de publication, se » prescrira par *six mois* révolus, à compter du » fait de publication qui donnera lieu à la pour-» suite.

» Pour faire courir cette prescription de six » mois, la publication d'un écrit devra être pré-» cédée du dépôt et de la déclaration que l'édi-» teur entend le publier.

» S'il a été fait, dans cet intervalle, un acte » de poursuite ou d'instruction, l'action publique » ne se prescrira qu'après un an, à compter du » dernier acte, à l'égard même des personnes qui » ne seraient pas impliquées dans ces actes d'in-» struction ou de poursuite.

» Néanmoins, dans le cas d'offense envers » les chambres, le délai ne courra pas dans l'in-» tervalle de leurs sessions.

» L'action civile ne se prescrira, dans tous les » cas, que par la révolution de *trois années*, à » compter du fait de la publication. »

La loi du 26 mai 1819 se rattache à la loi du 17 du même mois sur la répression des crimes et délits commis par la voie de la presse ou par tout autre moyen de publication; et la prescription qu'elle établit s'applique à ces mêmes crimes et délits.

S'applique-t-elle également aux délits prévus par la loi du 25 mars 1822, qui a modifié, dans quelques unes de leurs dispositions, ces deux lois des 17 et 26 mai 1819? je crois que oui, parce que la loi du 25 mars 1822 se réunit aux deux précédentes pour ne former avec elles qu'un seul corps de législation. La cour de cassation l'a ainsi jugé, sur mes conclusions, le 16 avril 1829 (1), dans l'espèce suivante : le sieur Piétri, curé, avait fait citer en police correctionnelle le sieur Callemand, à raison d'un délit d'outrage commis contre lui dans l'exercice de son ministère, délit prévu par l'article 6 de la loi du 25 mars 1822. Le tribunal correctionnel n'était compétent, pour connaître de l'action civile portée devant lui, qu'autant que l'action publique, pour la poursuite du délit, eût encore existé. Or, plus de six mois s'étaient écoulés entre les faits et la citation, et la cour royale déclara que le délit était prescrit. Pourvoi en cassation de la part du plaignant et arrêt de rejet : « Attendu que, d'après les faits dé-»clarés par l'arrêt attaqué, cet arrêt, en déclarant »que le délit imputé à Étienne Callemand était »prescrit, et que Piétri était non recevable dans »son action, n'a point commis de violation ex-»presse des dispositions de la loi. »

(1) Arrêt non imprimé.

311. Remarquez bien que les délits commis par
la voie d'écrits publiés ne jouissent de la prescription de six mois *qu'à compter du fait de la publication*, et sous la condition que l'écrit aura été précédé *du dépôt et de la déclaration* exigés par la loi.
Un écrit imprimé sans déclaration préalable, ou
publié sans avoir été déposé, resterait placé sous
les dispositions générales du Code d'instruction
relatives à la prescription en matière correctionnelle, et cette prescription est de trois ans.

Un écrit imprimé après déclaration, et publié
après dépôt, ne jouit de la prescription qu'à partir de sa *publication*, et non à partir de l'époque à
laquelle il a été déposé (1).

Le délit résultant de la vente d'un ouvrage
déjà condamné se prescrit, non à partir du dépôt
ou de la condamnation de l'ouvrage, mais à compter de chaque fait particulier de vente (2).

312. M. Legraverend (3) se demande « si le
» terme fatal de la prescription s'étend à une nou-
» velle édition, comme à la première, et si, lors-
» que six mois se sont écoulés depuis que l'ouvrage
» a paru pour la première fois, il est à l'abri de
» toute poursuite. » L'affirmation de cette question ne lui paraît pas douteuse, si les incrimina-
tions ne doivent porter que sur des passages déjà

---

(1) Arrêts des 8 septembre 1824, Bull., p. 335 ; Dalloz,
t. XI, p. 332 ; 18 septembre 1829, Dalloz, p. 357; Bull.,
p. 556. — (2) Arrêt du 23 avril 1830, Dalloz, p. 231. —
(3) T. Ier, p. 93.

contenus dans la première édition; autrement, dit-il, un imprimeur ou un libraire ne serait jamais à l'abri des recherches de la justice, lorsqu'il réimprimerait ou vendrait une nouvelle édition d'un ouvrage quelconque dont le commerce est en possession depuis un temps immémorial.

Il me paraît que cette question présente d'autres difficultés que celles que M. Legraverend y a aperçues ; car elle se réduit véritablement à celles-ci : en matière de délits commis par la voie de la presse, n'y a-t-il de punissable que la première publication de l'écrit qui les contient? quand la vindicte publique a été ou est réputée satisfaite au sujet de cette première publication, n'a-t-elle plus à réclamer contre une seconde, une troisième publication? La question, ainsi ramenée à ses véritables termes, peut assurément paraître susceptible d'une solution bien différente de celle que M. Legraverend lui a donnée.

Les délits, en cette matière, gisent dans la publication ; et tout fait de publication constitue un délit indépendant de ceux qui l'ont précédé, comme de ceux qui peuvent le suivre. Il n'est pas plus permis de réimprimer un écrit condamnable, qu'un écrit condamné; la seule différence qui existe entre ces deux cas est que, dans ce dernier, le juge est dispensé d'apprécier le contenu de l'écrit, et de déclarer quelle espèce de délit il renferme; tandis que, dans le premier cas, le juge est obligé de se livrer à cette recherche. Une nouvelle publication d'un écrit qui outrage la morale, qui attaque les lois ou l'honneur d'un citoyen, est un nouveau trouble apporté à l'ordre public, ou une nouvelle atteinte à la considération des personnes qui y sont diffamées. Qu'importe alors que les tribunaux aient déjà condamné cet écrit, ou qu'on le leur défère pour la première fois ? Si la défense, faite par l'article 14 de la loi du 21 octobre 1814, d'imprimer un écrit avant d'en avoir fait la déclaration préalable, et de le vendre ou publier avant d'en avoir fait le dépôt, s'applique aux écrits qui ont déjà été imprimés, comme à ceux qu'on imprime pour la première fois (1), c'est pour que l'autorité soit en mesure de déférer aux tribunaux ces écrits, s'ils contiennent un délit. Le dernier siècle et nos révolutions nous ont légué bien des écrits coupables ; une longue prescription a couvert les auteurs, les imprimeurs de beaucoup d'entre eux ; est-ce à dire qu'on peut et qu'on pourra les réimprimer, les publier de nouveau impunément ? non sans doute. La cour royale de Paris et la cour de cassation n'ont jamais hésité à appliquer des peines aux écrits coupables, quoiqu'ils ne fussent que réimprimés et que leur première publication remontât à des temps fort anciens (2).

(1) Arrêt du 12 décembre 1822, Bull., p. 529 ; Dalloz, t. XI, p. 338. — (2) V. notamment l'arrêt de la cour royale de Paris du 15 janvier 1825, Dalloz, 2ᵉ partie, p. 151 ; l'arrêt de la cour de cassation du 18 septembre 1829, et celui de la cour royale de Poitiers sur lequel il est intervenu, Dalloz, 1829, p. 357.

313. Les délits commis par la voie d'écrits publiés, de dessins, de gravures, etc., sont encore soumis, en outre de la prescription de six mois, à une sorte de péremption d'instance qui, dans certains cas, éteint l'action publique à laquelle ils ont donné lieu.

L'article 7 de la loi du 26 mai 1819 autorise les juges d'instruction à ordonner, sur les réquisitions du ministère public, ou sur la plainte de la partie offensée, la saisie des écrits, imprimés, placards, dessins, gravures, peintures, emblêmes, ou autres instrumens de publication; l'article XI dispose qu'à défaut, par la chambre du conseil, d'avoir prononcé sur la prévention dans *les dix jours* de la notification du procès-verbal de saisie, la saisie sera de plein droit périmée; qu'elle sera également périmée à défaut par la cour royale d'avoir prononcé sur cette même saisie dans les *dix jours* du dépôt à son greffe de la requête que la partie saisie est autorisée à présenter à l'appui de son pourvoi contre l'ordonnance de la chambre du conseil; et l'article ajoute : « toutes les fois » qu'il ne s'agira que d'un simple délit, la péremp- » tion de la saisie entraînera celle de l'action pu- » blique. »

Cette péremption de l'action publique est une dérogation au droit commun et à l'article 29 de la même loi qui fixe à six mois la prescription de cette action. Il résulte de là que cette dérogation doit être restreinte au cas pour lequel elle est établie, et qu'elle ne peut être étendue à aucun au-

tre : ce cas est celui *de saisie* non suivie d'une
décision dans les délais qui ont été fixés, il faut
donc qu'il y ait eu *réellement* saisie; et aucune péremption ne pourrait être invoquée dans une
poursuite où il n'y aurait eu qu'une ordonnance
du juge d'instruction portant autorisation de saisir, suivie d'un procès-verbal de recherches con-
statant que l'ouvrage n'a point été trouvé, quoique la chambre du conseil n'eût prononcé sur
cette poursuite que plus de dix jours après ce
procès-verbal de perquisitions. C'est ce que la
cour de cassation a décidé par arrêts des 24 mai
1821 (1) et 8 septembre 1824 (2).

La péremption ne peut s'acquérir que quand
la saisie a eu lieu en exécution *d'une ordonnance
du juge d'instruction*, et non quand elle a été faite
en vertu d'un ordre émané de l'autorité administrative, du préfet de police, par exemple (3).

Enfin il ne faut pas perdre de vue que la déchéance prononcée contre l'action publique dans
le cas prévu par cet article 11, n'a lieu que quand
la publication de l'ouvrage a été arrêtée par l'effet
de la saisie, et non quand la saisie n'a eu lieu que
postérieurement à la publication. Cette déchéance
n'a été prononcée qu'à titre de réparation envers

---

(1) Bull., p. 202; Dalloz, t. XI, p. 330. — (2) Bull.,
p. 335; Dalloz, t. XI, p. 332. — (3) Arrêt du 6 mars 1824,
rejet, M. Chasle, rapporteur, Masson contre le ministère public : non imprimé.

l'écrivain qui a été empêché, par la saisie, de publier son ouvrage (1).

314. Ce que je viens de dire de la prescription de la poursuite des délits commis par la voie de la presse ne s'applique qu'aux délits qui résultent du *contenu* des ouvrages imprimés et publiés, et non aux délits qui résultent de la violation des lois qui sont relatives à *la police de la presse et de la librairie*, considérée indépendamment de ce que peuvent renfermer les écrits qui s'impriment et se vendent.

Ces délits sont prévus par la loi du 21 octobre 1814, et ils demeurent soumis à la prescription établie par le Code d'instruction criminelle, puisque cette loi n'en a pas créé une autre.

Cette loi, article 15, autorise la saisie et le séquestre d'un ouvrage : » 1° Si l'imprimeur ne présente pas les récépissés de la déclaration et du » dépôt ordonnés en l'article précédent; 2° Si chaque exemplaire ne porte pas le vrai nom et la » vraie demeure de l'imprimeur. »

Mais le jugement de la validité de cette saisie n'est point soumis aux délais fixés par la loi du 26 mai 1819, et l'action publique ne peut pas être atteinte par la prescription dont parle l'article 11 de cette loi. La loi du 26 mai ne fait que régler la poursuite des délits prévus par la loi du 19 du même mois, et non celle des délits prévus par

_____

(1) V. la discussion de l'article, Conférences des discussions sur les lois de la presse, t. Ier, p. 82.

des lois antérieures qui n'ont pas été abrogées (1).

315. Les gérans responsables des journaux et écrits périodiques sont soumis à des obligations dont l'infraction est punie d'une amende de 100 à 1000 fr. par l'article 12 de la loi du 9 juin 1819 ; ces obligations consistent, d'après les articles 7, 8 et 11 de cette loi, 1° à ne pas rendre compte des séances secrètes des chambres sans leur autorisation ; 2° à insérer dans leurs feuilles les publications officielles du gouvernement ; 3° à y insérer les jugemens prononcés contre eux. L'article 13 de la même loi porte que, dans ces différens cas, les poursuites se prescrivent par *trois mois*, à compter de la contravention, ou de l'interruption des poursuites, s'il y en a eu de commencées en temps utile.

Je crois que la même prescription doit s'appliquer aux poursuites auxquelles donnerait lieu, contre les gérans responsables, la violation des articles 16 et 17 de la loi du 18 juillet 1828, qui défendent, sous peine de 2000 fr. d'amende, de publier dans les journaux les débats qui ont eu lieu à huis clos devant les tribunaux, ou de publier les faits relativement auxquels ces tribunaux auraient réservé l'action en diffamation. Cette loi ne me paraît former avec celle du 9 juin 1819 qu'un seul corps de législation sur la police de la presse périodique, et les infractions qu'elle prévoit me semblent participer à la nature de celles

(1) Arrêt du 22 août 1823, Bull., p. 351.

qui sont punies par la loi qui l'a précédée et à laquelle elle se rattache.

Quant aux crimes et aux délits résultant des publications faites par les journaux et écrits périodiques, ils ne se prescrivent, aux termes de l'article 9 de la loi du 9 juin, que comme tous les autres crimes et délits commis par voie de publication.

316. Quoique l'article 643 du Code d'instruction déclare seulement qu'il n'est point dérogé aux lois particulières relatives à la prescription de certains *délits* ou de certaines *contraventions*, il est évident qu'il entend également maintenir les lois particulières relatives à la prescription de certains crimes; telles sont les lois pénales maritimes et militaires (1).

317. On a demandé, sous l'ancien droit criminel, s'il suffisait, pour l'accomplissement du terme de la prescription, que la dernière année fût *commencée*, ou s'il fallait qu'elle fût *révolue*. Aujourd'hui il ne peut y avoir de doute sur la question : les articles 637, 638 et 640 du Code d'instruction exigent que les années soient révolues.

318. Comment doit se faire le calcul des mois en matière de prescription? est-ce d'après le calendrier grégorien, date par date, et non par mois de trente jours? La cour de cassation a rendu, le 27 décembre 1811, cinq arrêts (3) par lesquels elle a décidé que c'est par l'échéance des mois,

(1) Arrêt du 27 janvier 1820, Bull., p. 37; Dalloz, t. XI, p. 318. — (2) Bull., p. 360; Dalloz, t. VIII, p. 795.

date par date, et non par tel nombre de jours, que doivent se régler les délais fixés par mois. Ainsi elle a jugé que la citation donnée le 31 août, pour la poursuite d'un délit forestier constaté le 31 mai précédent, était donnée en temps utile, quoiqu'entre ces deux époques, il se fût écoulé plus de 90 jours (1). Elle a jugé, le 12 avril 1817 (2), qu'un délai de deux mois, commencé le 18 décembre, n'avait expiré que le 18 février suivant.

M. Legraverend (3) critique, avec quelque amertume, cette jurisprudence; il se fonde sur l'article 40 du Code pénal, qui dispose que la condamnation à un mois d'emprisonnement est de *trente jours*. M. Legraverend n'a pas fait attention que le calendrier grégorien, ayant force de loi en France, aux termes du sénatus-consulte du 23 fructidor an 13, les mois doivent être pris tels qu'ils sont réglés par le calendrier, pour la supputation des délais que la loi fixe par mois, à moins d'une disposition contraire. Cela ne fait même pas question, toutes les fois qu'il s'agit de supputer les délais en matière civile; l'article 132 du Code de commerce porte expressément, en parlant des lettres de change, que « les mois » sont tels qu'ils sont fixés par le calendrier gré- » gorien. » Ainsi, la cour de cassation a eu raison de dire, dans ses arrêts du 27 septembre 1811,

(1) V. cet arrêt, Favard de Langlade, Rép. de la nouvelle législation, t. IV, p. 425. — (2) Bull., p. 83; Dalloz, t. Ier, p. 580. — (3) T. Ier, p. 93.

que l'article 40 du Code pénal n'est qu'une dérogation à la règle générale. Je ferai même remarquer que cette dérogation ne s'applique qu'au cas
où la condamnation est prononcée pour *un mois ;*
car, si elle était prononcée pour plusieurs mois,
il faudrait revenir à la règle générale, et calculer
par quantième, et non par jours.

319. Il est une autre question, non moins importante ; c'est celle de savoir si, dans l'espace de
temps requis pour l'accomplissement de la prescription, on doit comprendre le jour à compter
duquel la loi fait courir la prescription, c'est-à-
dire le jour même où le délit a été commis ?

J'ai rapporté dans le précédent numéro, l'espèce d'un arrêt en date du 27 décembre 1811,
qui décide que la citation donnée le 31 août, pour
la poursuite d'un délit forestier constaté le 31 mai,
avait été donnée en temps utile, et l'on pourrait
conclure de là que la cour de cassation a entendu
décider que le jour où le délit a été commis, le
jour *à quo*, n'est pas compris dans le temps requis
pour acquérir la prescription. Je ne crois pas que
telle ait été l'intention de la cour. Elle ne s'est
pas, dans cet arrêt, occupée de la question que
j'examine ; elle avait simplement à décider, dans
cinq affaires, si le calcul des mois, pour la prescription, devait se faire date par date, et non par
mois de trente jours ; elle ne s'est pas occupée
d'autre chose dans les motifs de son arrêt, et la
circonstance particulière à l'espèce a échappé au
rapporteur. Ainsi, la question reste entière.

La jurisprudence de la chambre civile a beaucoup varié sur la question de savoir si , en matière civile, le jour à compter duquel la loi fait
courir la prescription et les déchéances doit être
compris dans les délais qu'elle a fixés. M. Merlin (1) examine cette jurisprudence , et il émet
l'opinion que le jour même à compter duquel la
loi fait courir un délai doit être compris dans la
supputation du temps dont se compose ce délai ;
il soutient que l'article 1033 du Code de procédure civile forme une exception à une règle générale, et que cette exception ne doit s'appliquer
qu'aux actes que cet article a spécifiés. Je crois
qu'il serait difficile de répondre d'une manière sa-
tsfaisante aux raisonnemens de M. Merlin, et la
chambre civile paraît s'y être rendue dans un arrêt du 9 février 1825 (2).

Mais la question , considérée dans ses rapports
avec le droit criminel, me semble aisée à décider.
Quand les articles 637 et 640 du Code d'instruction portent que l'action publique se prescrit à
compter du JOUR du crime ou du délit ; ils ne
disent pas assurément que ce n'est qu'à compter
du LENDEMAIN. Il est tout simple que la prescription s'ouvre en même temps que l'action publique s'ouvre elle-même ; quand la loi dit que la

<hr>

(1) Rép. de jurisprudence , v° Prescription , sect. 2ᵉ, § 2ᵉ,
n° 5, t. XII , p. 772 ; et Quest. de droit, v° Délai, § 4 *bis*,
n° 5 , t. III , p. 58. — (2) Dalloz, p. 134.

prescription s'accomplit par dix ans, trois ans, un an, trois mois, elle ne dit point que c'est par dix ans et un jour, trois mois et un jour, etc. , et je ne comprends pas comment on pourrait soutenir qu'un délit forestier, par exemple, constaté le 1er mai, n'est pas prescrit le 1er août, et qu'il ne l'est que le 2. La chambre criminelle a adopté l'opinion que j'exprime. Un délit forestier fut constaté le 1er février 1816; mais, le prévenu n'ayant été cité que le 1er mai suivant, le tribunal des appels correctionnels rendit le jugement suivant : « Considérant que, d'après l'article 8, titre 9 de la loi » du 29 septembre 1791, les actions en réparation » de délits doivent être intentées au plus tard dans » les trois mois où ils auront été reconnus, lors- » que les délinquans sont désignés dans le procès- » verbal ; que d'après la règle *dies termini non* » *computatur in termino, nisi in favorabilibus;* s'agis- » sant d'une action pénale, quoique les trois mois » doivent être pris et comptés, d'après les arrêts » de la cour de cassation, d'un quantième à l'au- » tre, sans avoir égard à ce que les mois compris » de l'un à l'autre quantième peuvent être formés » de plus ou moins de jours, il n'est pas moins » vrai que les deux quantièmes ne doivent pas être » compris dans les trois mois, puisqu'en les com- » prenant, on prendrait nécessairement un jour » de plus ; que, d'après la même règle, l'assigna- » tion, pour être régulière, aurait dû être donnée » le 29 avril au plus tard, parce qu'en comprenant » dans le terme le 1er février, qui ne peut en être

» exclus, comme étant le jour de la date du procès-
» verbal, le 1ᵉʳ mai ne peut y être compris. »

L'administration forestière se pourvoit en cassation, et le 28 mai 1819, arrêt de rejet, au rapport de M. Basire (1) : « Attendu qu'en jugeant,
» dans l'espèce, que la citation avait été donnée
» hors des trois mois où le délit avait été reconnu,
» et que dès-lors la prescription était acquise au
» prévenu, le tribunal a fait une juste application
» de l'article 8, titre 9, de la loi du 29 septem-
» bre 1791. »

§ II. De l'époque à laquelle commence la prescription.

320. C'est une règle générale, fondée sur les
termes mêmes du Code d'instruction, que la
prescription commence à compter *du jour* où les
crimes, les délits ou les contraventions ont été
commis : tout autre point de départ est conséquemment exceptionnel, et ne peut résulter que
d'une disposition formelle de la loi. Ainsi, le Code
d'instruction diffère essentiellement des Codes
de 1791 et de brumaire an 4, qui ne faisaient
courir la prescription que du jour où les crimes
avaient été connus et légalement constatés.

Puisque c'est à compter du jour où les crimes,
les délits ou les contraventions *ont été commis* que
commence la prescription, il est évident qu'elle

---

(1) Non imprimé, l'administration forestière contre Dus-
saut.

ne court pas pendant le temps qu'ils se commet
tent; il ne l'est pas moins que, si un crime ou un
délit n'existe que par le concours de plusieurs
faits, la prescription ne commence qu'après la
consommation du dernier fait qui est un de ses
élémens. De là plusieurs conséquences.

321. La première est que *les crimes successifs* se
prescrivent, non à partir du jour où ils ont commencé, mais à partir du jour où ils ont entièrement cessé. Les criminalistes appellent *crimes successifs* ceux qui se perpétuent et se renouvellent
à chaque instant.

Ce principe, dont l'exactitude ne peut être contestée, présente néanmoins des difficultés dans
son application, parce qu'on est exposé à confondre les *crimes* avec les *conséquences* qui en résultent; conséquences qui peuvent se perpétuer,
et qui ne doivent pas cependant rapprocher le
point de départ de la prescription. Ainsi le vol
rend le coupable possesseur de la chose qu'il a
soustraite ; cette possession est assurément illé-
gitime, et cependant elle n'est pas un obstacle à
la prescription. Pourquoi cela? Parce que ce
n'est point la détention illégale de la chose que la
loi qualifie vol, mais seulement l'acte, la soustraction frauduleuse qui est l'origine et la cause
de cette détention injuste.

Il faut, en cette matière, porter toute son attention sur le fait que la loi a entendu punir; dès
que ce fait est accompli, le délit est pleinement
consommé et la prescription commence, à moins

que le fait lui-même ne soit de nature à se perpétuer.

Je conviens que cette doctrine peut paraître
abstraite; que la distinction entre le fait et ses
conséquences peut sembler trop subtile; elle est
cependant exacte, elle est consacrée par l'opinion
des criminalistes et l'autorité des arrêts. J'espère
que quelques exemples vont la rendre plus claire,
et qu'elle saisira mieux l'intelligence.

322. Le crime de *bigamie* n'est pas un crime
successif, parce que la loi la définit en disant :
« Quiconque étant engagé dans les liens du ma-
» riage, *en aura contracté un autre* avant la disso-
» lution du précédent, sera puni, etc. (1). » Ce
crime ne consiste donc pas dans l'abandon de
l'époux légitime, dans la cohabitation illégale : il
consiste dans l'acte dont le coupable a voulu couvrir cet abandon, cette cohabitation; il consiste
dans le fait de la *célébration* du second mariage; il
se forme, il se consomme à l'instant même du
frauduleux engagement contracté devant l'officier
de l'état civil (2).

323. Quant aux crimes d'*arrestation illégale* et
de *séquestration de personnes*, ils sont successifs;
car ils ne consistent pas seulement dans le fait de
l'arrestation, mais encore dans celui de la détention; et ces crimes se perpétuent tant que les per-

---

(1) Code pénal, art. 340. — (2) Arrêts des 5 septembre
1812, Bull., p. 397 ; 4 juillet 1816, Bull., p. 91 ; 30 décembre 1819, Bull., p. 435; Dalloz, t. II, p. 249 et 250.

sonnes objets de la violence sont privées de la liberté. Cela est si vrai que les articles 117, 342 et 543 du Code pénal subordonnent la nature de la peine, et mesurent la quotité des réparations civiles, à la durée de la détention. La prescription ne peut donc commencer que du jour où cette détention a cessé.

324. Les criminalistes anciens et modernes mettent le *rapt* au rang des crimes successifs (1). « Car, dit M. Legraverend (2), il se perpétue, tant
» que la personne enlevée reste sous la puissance
» du ravisseur ; mais il est à remarquer que le
» Code pénal ne punit que l'enlèvement ou le dé-
» placement des mineurs, et lorsqu'il est opéré
» par fraude ou par violence, ou l'enlèvement
» même avec le consentement de la personne en-
» levée, lorsqu'il s'agit d'une fille au dessous de
» l'âge de seize ans. Je pense donc que, dans le
» premier cas, lorsque, depuis l'enlèvement, les
» mineurs sont parvenus à la majorité, et dans le
» second, lorsque la jeune fille a atteint sa seizième
» année, le rapt ne conserve plus le caractère de
» crime successif, et la prescription doit commen-
» cer à courir. La raison en est que, si le fait se
» passait alors, il ne serait plus criminel aux yeux
» de la loi, et ne pourrait pas donner lieu à des
» poursuites, et qu'il semblerait trop rigoureux,
» et même contraire à la justice, de faire suspen-

(1) Jousse, Traité de la justice criminelle, t. Ier, p. 585.
(2) T. Ier, p. 82.

» dre indéfiniment la prescription par des circon-
» stances qui n'ont rien en elles-mêmes de répré-
» hensible. »

525. « *L'usage* fait *sciemment* d'une pièce fausse,
» étant, dit M. Bourguignon (1), un crime distinct
» de la *fabrication* de cette pièce, il s'ensuit que la
» prescription pour le crime d'usage ne court pas
» du jour où le faux a été commis, mais du jour
» où l'usage criminel a eu lieu.»

« *L'usage du faux*, dit M. Legraverend (2),
» crime distinct de la fabrication du faux, et
» *l'usage* frauduleux que l'on peut faire de fausses
» obligations ou décharges résultant de *l'abus de*
» *blancs seings*, ne sont aussi susceptibles de se
» prescrire qu'à dater du dernier acte d'usage,
» parce que chaque fois que l'on fait usage de la
» pièce fausse ou du blanc seing, le crime *d'usage*
» *du faux* ou le délit *d'abus de blanc seing* se re-
» produit.»

M. Carnot (3) paraît vouloir combattre cette
opinion ; selon lui, l'usage fait sciemment d'une
pièce fausse est une tentative de faux, et la prescription de la tentative de crime commence, dit-
il, à partir de cette tentative. Mais M. Carnot
confond par là des crimes distincts les uns des
autres : l'usage d'une pièce fausse est un crime
différent de celui de la fabrication de la pièce
même ; cette distinction, bien marquée dans le

---

(1) Jurisp. du Code criminel, t. II, p. 526. — (2) T. Ier,
p. 83. — (3) T. III, p. 628.

Code pénal (1), a servi de base à plusieurs arrêts de la cour de cassation (2).

Ainsi la poursuite contre l'auteur d'un faux peut se trouver prescrite, et cependant l'action publique peut s'exercer valablement contre celui qui fait sciemment usage de la pièce fabriquée (3).

Ainsi l'usage fait sciemment d'une pièce fausse est un crime successif qui ne s'arrête que par un acte positif de la part du coupable, indiquant qu'il ne veut plus se servir de la pièce fausse; et il suit de là que ce n'est qu'à compter de cet acte que la prescription du crime peut courir (4).

Il est également hors de doute que *l'abus de blanc seing*, prévu par l'article 407 du Code pénal, est aussi un délit successif, qui se perpétue tout le temps que le coupable se prévaut de la pièce, et que la prescription ne commence qu'à partir du dernier acte d'usage qu'il en a fait (5).

326. « La prescription des crimes commis *par » un rassemblement armé* contre la force légale, ou » contre des citoyens, dit M. Legraverend (6), ne » peut dater que du jour où ce rassemblement a

---

(1) Art. 148 et 151. — (2) Arrêts des 16 juillet 1818, Bull., p. 361 ; 7 juin 1821, Bull., p. 294 ; 25 novembre 1825, Bull., p. 637 ; Dalloz, t. VIII, p. 401, et 1826, p. 108.— (3) Arrêt de rejet du 4 janvier 1816, non imprimé. M. Gaillard, rapporteur, Lhirondel contre le ministère public. — (4) Arrêt du 24 juin 1813, Dalloz, t. XI, p. 314 ; Dictionn. des arrêts de Laporte, p. 298. — (5) Arrêt du 21 avril 1821, Bull., 185. — (6) T. Ier, p. 82.

» cessé d'exister, parce que les faits criminels dont
» se rendent coupables les rebelles réunis , sont la
» suite et l'effet continu du rassemblement, qui
» par lui-même a le caractère d'un crime , et que
» tous les actes criminels auxquels se livrent les
» individus rassemblés sont considérés comme
» une série non interrompue de faits punissables,
» qui se propage et se perpétue jusqu'au moment
» où le rassemblement est tout-à-fait dissipé. »

Cette doctrine me paraît vraie ; je la crois applicable non seulement au cas *d'un rassemblement
armé* , dont parle M. Legraverend , mais à toute
autre *association de malfaiteurs* , crime prévu par
les articles 265 , 266 et 267 du Code pénal. Je
crois que la prescription des crimes qui sont le
résultat d'une association de malfaiteurs , ne commence qu'à partir du jour où l'association a été
dissoute, ou du jour où le coupable a cessé d'en
faire partie.

M. Legraverend (1) met aussi au nombre des
délits successifs *la désertion* et *l'évasion* des *forçats*.
Je renvoie aux raisons qu'il en donne.

327. Du principe que quand un crime ou un
délit n'existe que par le concours de plusieurs
faits, la prescription ne commence qu'après la
consommation du dernier des faits qui forment
son élément , résulte la conséquence que le délit
d'habitude d'usure ne se prescrit qu'à compter du
dernier fait d'usure.

_____

(1) T. Ier, p. 82.

En effet, dit un arrêt du 15 juin 1821 (1), «les
» faits particuliers d'exaction d'intérêts usuraires
» ne contiennent point un délit ; chacun d'eux ne
» forme qu'un des élémens de la réunion desquels
» résulte le délit d'habitude d'usure ; dès-lors aucun
» de ces faits particuliers ne peut être soumis à la
» prescription, qui n'est applicable qu'au délit
» constitué par le fait complexe d'habitude d'usure.
» Ainsi ceux d'entre les faits particuliers d'exaction
» d'intérêts usuraires qui seraient antérieurs de
» plus de trois ans aux premières poursuites, peu-
» vent être réunis, soit pour constituer le délit
» d'habitude d'usure, soit pour évaluer l'amende
» dont ce délit est passible. »

La cour de cassation a sanctionné cette doctrine
par plusieurs arrêts (2).

Un individu poursuivi pour délit d'habitude
d'usure, plus de trois ans après le dernier prêt,
mais moins de trois ans après le remboursement
du capital, dans lequel les intérêts extra-légaux
avaient été compris, opposa la prescription. La
cour royale rejeta ce moyen par le motif que le
dernier prêt usuraire avait subsisté jusqu'à la
libération intégrale du débiteur; que cette libération ne remontant pas à trois années avant les
poursuites, la prescription n'était pas acquise.
Le condamné, s'étant pourvu en cassation, soutint,

---

(1) Bull., p. 342; Dalloz, t. XII, p. 828. — (2) 29 mai
1824, Bull., p. 219; Dalloz, t. XII, p. 828; 23 juillet 1825,
Bull., p. 384 ; Dalloz, p. 429.

entre autres moyens, que le simple fait de recevoir le paiement d'un prêt usuraire, couvert par
la prescription, ne pouvait pas lui enlever le bénéfice de cette prescription. L'avocat général qui
portait la parole dans l'affaire, fit remarquer que
l'usure ne consiste pas uniquement dans la *con-
vention* du prêt usuraire, mais encore dans *la
perception des intérêts.* Ce n'est pas, dit-il, que
la réunion de ces deux faits soit nécessaire pour
constituer le délit, mais chacun d'eux constitue
par lui-même un fait d'usure; par arrêt du 25
février 1826 (1), la cour rejeta le pourvoi. Les motifs de cet arrêt ne décident pas bien nettement la
question de droit que présentait le moyen de cassation; le rejet est fondé sur ce que l'arrêt attaqué
a reconnu et déclaré que les prêts usuraires
*avaient subsisté jusqu'au jour de la libération inté-
grale du débiteur;* mais la cour de cassation n'a-
t-elle pas virtuellement décidé, par là, que la
prescription ne court pas tant que les prêts usuraires subsistent, et que l'acceptation du paiement
des intérêts usuraires est par elle-même un fait
d'usure?

Le délit *d'escroquerie,* quand il est joint au délit
d'usure, et en a été le moyen, ne se prescrit qu'en
même temps que le délit d'usure lui-même. Il
résulte de là que le fait d'escroquerie, fût-il antérieur de trois ans, peut être poursuivi, lorsque
des faits d'usure plus récens font revivre le fait

(1) Dalloz, p. 197.

ancien d'usure auquel cette escroquerie se rattache. C'est ce que la cour de cassation a jugé par
un arrêt du 5 août 1826 (1), dont voici les motifs :
« Attendu que Martin était poursuivi et a été con-
» damné pour délit d'habitude d'usure, avec escro-
» querie, aux termes de l'article 4 de la loi du 3
» septembre 1807 ; que l'escroquerie n'était ici
» qu'une circonstance aggravante du délit d'habi-
» tude d'usure, laquelle se rattache au délit prin-
» cipal qui est l'usure, et n'a fait qu'un même
» corps avec lui ; qu'en matière d'usure qui se
» compose de faits successifs, les derniers faits se
» lient aux premiers pour former le délit, et que
» chacun de ces faits laisse l'usurier dans un état
» de contravention permanente, tant qu'il n'a pas
» cessé, pendant trois années, de prêter à usure;
» que, dans l'espèce, la prescription du délit d'u-
» sure n'a pu être opérée, puisque plusieurs faits
» usuraires ont eu lieu.... dans les trois années
» qui ont précédé les poursuites.... Que la pres-
» cription, n'ayant pu atteindre les délits d'habitude
» d'usure, n'a pu atteindre non plus l'escroquerie
» qui a accompagné ce délit et s'est identifiée avec
» lui comme accessoire, comme élément, comme
» moyen ou comme circonstance aggravante.»

328. On a demandé à quelle époque commence
la prescription du crime de BANQUEROUTE FRAUDU-
LEUSE; est-ce à partir du jugement qui déclare la
faillite, ou du jour de la faillite, ou de celui où

---

(1) Bull., 431 ; Dalloz, 1827, p. 336.

les faits de fraude qui constituent le crime de banqueroute ont été commis, ou de celui où les faits de fraude ont été découverts ? Par arrêt du 29 décembre 1828, rendu à mon rapport (1), la cour de cassation a décidé que les jugemens qui déclarent la faillite et fixent la date de son ouverture, étant sans autorité sur l'action publique en poursuite du crime de banqueroute, ne peuvent servir à fixer le point de départ de la prescription ; que la prescription commence du jour où les faits de fraude *ont été commis*, puisque ce sont ces faits qui constituent le crime ; que l'article 637 du Code d'instruction s'oppose à ce qu'on recule le point de départ de la prescription au jour où ces faits ont été découverts.

329. La contravention prévue par l'article 471, n° 5 du Code pénal, résultant du refus d'obtempérer aux arrêts concernant la petite voirie, ou d'obéir aux sommations de l'autorité administrative de réparer ou démolir les édifices menaçant ruine, ne commence à courir que quand ces arrêtés ou sommations ont été notifiés aux parties, et seulement à compter du jour où expire le délai qui leur était accordé pour s'y conformer (2).

---

(1) Bull., p. 958. — (2) Arrêt du 25 mars 1830, Dalloz, p. 182. * La contravention résultant de ce qu'on a fait, sans autorisation, des réparations confortatives à un mur de face sur une rue et sujet à reculement, est *permanente*, mais ne peut être assimilée à un *délit successif :* elle se prescrit donc, comme toute autre contravention, par le défaut de poursuite pendant

33o. Le délit de *dénonciation calomnieuse*; tel qu'il est prévu par l'article 373 du Code pénal, se compose de deux élémens : *la fausseté des faits imputés*, et *la mauvaise foi du dénonciateur*. C'est à l'autorité dans les attributions de laquelle rentrent les faits dénoncés qu'il appartient de prononcer sur leur vérité (1); c'est aux tribunaux à apprécier ensuite la conduite, l'intention du dénonciateur. Quel est alors le point de départ de la prescription? Est-ce la date de la dénonciation, est-ce celle de la décision qui est intervenue sur la réalité des faits? Si l'on peut dire que le délit est commis par le seul fait de la dénonciation ; que ce n'est pas la décision qui intervient ensuite sur l'existence ou la fausseté des faits qui constitue le délit ; que cette décision n'est qu'un des élémens de la preuve de ce délit ; qu'ainsi la prescription doit courir du jour de la dénonciation, on est cependant forcé de reconnaître que l'individu dénoncé était hors d'état de poursuivre le dénonciateur, tant que l'autorité compétente n'avait pas statué sur l'existence des faits ; qu'il peut arriver que la partie lésée n'ait connaissance que très-tard de l'existence de la dénonciation et du nom du dénonciateur ; que ce serait favoriser l'impunité de la calomnie que d'assigner à la prescription

---

un an, à partir du procès-verbal qui la constate, ou de la cessation des travaux qui la constituent. Arrêt du 23 mai 1835, Dalloz, p. 324.

(1) V. *suprà*, n° 228.

de ce délit un autre point de départ que l'époque
à laquelle la partie offensée a pu se plaindre.
Ces dernières considérations ont prévalu devant
la cour de cassation, et par arrêt du 6 août 1825 (1),
elle a décidé que la prescription ne courait qu'à
compter du jour où la partie lésée avait pu porter
plainte, et, dans l'espèce, à partir du jour où la
fausseté des faits avait été définitivement reconnue par l'autorité compétente.

331. Quoique le Code pénal de 1791 et le
Code de brumaire an 4 ne fissent courir la prescription qu'à compter du jour où le fait punissable avait été connu et constaté, il n'était pas
moins certain que *les délits ruraux* prévus par le
Code rural du 26 septembre-6 octobre 1791, se
prescrivaient à compter du jour où ils avaient été
commis, et non du jour où ils avaient été *constatés
par des procès-verbaux* (2). A plus forte raison doit-
il en être de même sous l'empire du Code d'instruction, qui a érigé en règle générale ce qui
n'était qu'une exception dans la législation qui l'a
précédé.

332. On a vu (3) que la prescription des *délits
forestiers* et des *délits de pêche* ne court qu'à partir
du jour où ces délits *ont été constatés par des
procès-verbaux.* Ainsi, peu importe que le délit
remonte à plus de six mois, à plus d'un an ; c'est

(1) Bull., p. 418; Dalloz, p. 436. — (2) Arrêt du 16 floréal
an 11, Quest. de droit, v° Délits ruraux, § 1er, t. III, p. 98.
— (3) *Suprà*, n° 298.

le procès-verbal seul qui fixe le point de départ de la prescription(1); peu importe, par la même raison, que les agens de l'administration forestière aient eu connaissance de l'existence du délit antérieurement à l'époque à laquelle ils en ont dressé procès-verbal (2).

Si le même délit avait été constaté par deux procès-verbaux de différentes dates, c'est à partir du premier procès-verbal, et non du second, que la prescription aurait couru. Il faut qu'il en soit ainsi; sans cela, l'administration forestière resterait souvent maîtresse de rapprocher à son gré le point de départ de la prescription. J'emprunte cette observation à M. Carnot (3); la cour royale de Caen a rendu le 24 juin 1824 (4) un arrêt qui l'adopte pleinement.

A peine est-il nécessaire de dire que la prescription court du jour où le procès-verbal a été *rédigé*, et non du jour où il a été *enregistré* (5). Mais je ferai observer que la prescription ne peut commencer qu'à partir de la *clôture* du procès-verbal; car ce n'est qu'alors que le délit est *constaté*. Il résulte de là que si les agens forestiers avaient employé plus d'un jour à la recherche du délit et à en verbaliser, le dernier jour servirait seul de point de départ à la prescription, comme

---

(1) Arrêt du 19 mars 1818, Bull., p. 103. * Du 20 octobre 1832, Dalloz, 1833, p. 183. — (2) Arrêt du 23 juin 1827, Dalloz, p. 436. — (3) T. III, p. 640. — (4) Dalloz, t. VIII, p. 796. — (5) M. Carnot, *ib*.

il sert de point de départ au délai dans lequel le procès-verbal doit être *affirmé et enregistré* (1). Au surplus, la prescription court à compter de la date du procès-verbal, et non de la date de l'affirmation; car l'affirmation ne constate pas le délit, elle sanctionne seulement l'acte destiné à le constater.

333. Mais quel sera le point de départ de la prescription des délits forestiers et de pêche, si ces délits n'ont pas été constatés par des procès-verbaux? Puisque leur poursuite n'a pas besoin d'avoir pour base un procès-verbal, et qu'ils peuvent se prouver par témoins (2), ils restent alors placés sous la loi commune qui règle la prescription en matière correctionnelle; leur prescription doit commencer à compter du jour du délit, et sa durée est de trois années. En effet, l'exception dont ces délits sont l'objet a pour motif l'autorité que la loi accorde aux procès-verbaux destinés à les constater; car ils font foi en justice jusqu'à inscription de faux; et puisqu'ils ne peuvent être débattus par des preuves contraires; puisque les prévenus n'ont contre eux que la voie de l'inscription de faux, il a bien fallu assigner un terme très-court à l'action dont ils sont la base, et les faire servir de point de départ à ce terme. Mais, quand il n'y a pas de procès-verbal; quand les prévenus jouissent de toutes les garanties que la loi a éta-

---

(1) Code forestier, art. 165 et 170. — (2) *Ib.*, art. 175 et 178; loi sur la pêche fluviale, art. 52 et 55.

blies pour le jugement des matières correctionnelles ordinaires, l'exception doit disparaître, et
tout doit rentrer dans le droit commun. Un arrêt
de la cour de cassation du 5 juin 1830 (1) adopte
l'opinion que je viens d'émettre.

J'ai indiqué *supra*, n° 311, l'époque à laquelle
commence la prescription des délits commis par
la voie de la presse.

§ III. **Des causes qui interrompent la prescription.**

334. L'effet de la l'interruption, en matière
criminelle, est, comme en matière civile, de faire
considérer comme non avenu tout le temps qui
s'est écoulé avant l'acte interruptif, et de soumettre la prescription à commencer un nouveau
cours. Telles sont les dispositions formelles des
articles 637 et 638 du Code d'instruction criminelle (2).

Mais le droit criminel n'admet pas toutes les
causes qui, dans le droit civil, interrompent la
prescription. La raison en est évidente : la prescription, dans le droit civil, repose sur des présomptions légales d'acquisition où de libération ;
dans le droit criminel, elle repose sur la présomption légale que les preuves du crime et celles de
l'innocence ont dû dépérir. La maxime *contra non
valentem agere*, *non currit præscriptio*, n'y est donc
point admise, comme maxime générale.

---

(1) Dalloz, p. 356. — (2) V. *infrà*, n° 360.

Ainsi, « les guerres, les troubles qui agitent « l'état, n'interrompent point la prescription des « actions criminelles ; et quand il intervient, au « retour de la paix, un édit, une déclaration qui « compte pour rien, en fait de prescription, tout « le temps qu'ont duré les hostilités, on ne com-« prend pas les actions criminelles dans les dispo-« sitions de ces lois (1) ».

Ainsi, la démence de l'accusé, bien qu'elle soit un obstacle à ce qu'on procède à son jugement, n'interrompt point la prescription (2).

Ainsi, l'attestation d'un magistrat portant que les pièces de la procédure sont égarées n'a pas l'effet d'interrompre la prescription (3).

On conçoit, en effet, que, dans les cas que je viens de citer, les obstacles qui se sont opposés à l'exercice de l'action n'ont pas empêché les preuves de dépérir, et qu'ainsi le motif qui a fait établir la prescription subsiste dans toute sa force.

335. Toutefois, il doit en être autrement quand l'obstacle qui s'oppose à l'exercice de l'action provient de la loi elle-même. Ne serait-il pas déraisonnable que la loi suspendît l'exercice de l'action, et la frappât en même temps de prescription parce qu'elle n'avait pas été exercée ?

---

(1) Rép. de jurisp., v° Prescription, sect. 3, § 7, art. 1er, t. XII, p. 868. — (2) Arrêt du 22 avril 1813, Bull., p. 203 ; Dalloz, t. XI, p. 314 ; et réquisitoire de M. Merlin, Rép. de jurisp., ib., art. 4, p. 895. — (3) Arrêt du 25 novemb. 1808 ; Mars, t. Ier, p. 297.

De là plusieurs conséquences :

La première, que la prescription de l'action publique ne court pas contre les crimes dont la poursuite ou le jugement sont subordonnés à la décision d'une question préjudicielle; par exemple, le crime de suppression d'état ne peut se prescrire, tant que la question d'état n'est pas jugée définitivement par les tribunaux civils; car les articles 326 et 327 du Code civil défendent au ministère public d'intenter des poursuites avant cette décision.

Il est également incontestable que la prescription ne peut courir pendant le sursis prononcé par les tribunaux pour faire juger une question préjudicielle, soit de propriété, soit de toute autre nature; l'inaction du ministère public lui étant commandée par la loi (1).

336. La seconde conséquence est que la prescription ne court pas pendant tout le temps qui s'écoule entre la demande en autorisation de poursuivre certains fonctionnaires publics et l'obtention de cette autorisation. M. Legraverend (2) reconnaît la vérité de ce principe quand il s'agit de la mise en jugement des agens de l'administration forestière; mais il la conteste, quand il s'agit de tout autre fonctionnaire, et il dit : « Mais l'inter-» ruption de la prescription ne peut s'opérer à l'é-» gard des délits et crimes ordinaires, même par

_____

(1) Arrêt du 30 janvier 1830, Dalloz, p. 97. — (2) T. Ier, p. 90.

» la demande d'autorisation nécessaire pour la
» mise en jugement des administrateurs qui en se-
» raient prévenus dans l'exercice de leurs fonctions.
» C'est au ministère public à faire les diligences
» convenables dans l'intervalle qui s'écoule depuis
» le délit jusqu'au moment où la prescription se-
» rait acquise; et si la nécessité d'une exception
» est évidente, lorsqu'il s'agit d'agens forestiers
» prévenus de délits forestiers, parce que le mode
» de prescrire, en cette matière, est lui-même une
» exception, il ne peut y avoir aucun motif pour
» s'écarter des règles générales, dans les cas qui
» sont soumis à ces règles. »

Je n'adopte point la distinction de M. Legraverend, parce qu'elle ne repose sur rien. Il est
tout aussi impérieusement interdit au ministère
public de poursuivre, sauf les informations préa-
lables qui doivent passer sous les yeux du conseil
d'état, les agens des autres administrations, et
tous les agens du gouvernement, que les agens
de l'administration forestière; à l'égard des uns
et des autres, l'action reste suspendue par la volonté de la loi. Le ministère public doit certainement faire ses diligences et demander l'autorisation
de poursuivre avant que la prescription soit
acquise; mais comme il est sans pouvoir pour
faire intervenir cette autorisation dans un délai
plus ou moins rapproché; que, sa demande une
fois formée, il n'a plus de *diligences* à faire; qu'il
est forcé d'attendre, et que la loi le veut ainsi; il
est clair que la prescription doit cesser de courir.

Et comme l'autorisation, quand elle intervient, est elle-même un acte de poursuite, elle doit servir de point de départ à la prescription, qui recommence alors un nouveau cours. Tel est aussi le sentiment de M. Carnot (1). Ces principes sont consacrés par un arrêt de la cour de cassation du 13 avril 1810 (2) : dans l'espèce de cet arrêt, des maires étaient prévenus d'avoir commis un délit dans l'exercice de leurs fonctions ; c'était un délit forestier ; mais cette circonstance est indifférente, puisqu'ils étaient poursuivis comme agens du gouvernement et non de l'administration forestière. Cependant M. Favard de Langlade (3) fait remarquer, en citant cet arrêt, qu'il ne s'agissait pas de l'exercice de l'action publique, puisque la poursuite était faite par l'administration forestière ; qu'on aurait peut-être jugé autrement, s'il se fût agi de la poursuite du ministère public, parce que, dit-il, il peut, avant qu'il ait été statué sur la demande en autorisation, faire des actes de poursuite qui suffisent pour interrompre la prescription. Je réponds 1° qu'en cette matière l'administration forestière exerce réellement l'action publique (4); qu'ainsi il n'y avait pas à la traiter plus favorablement que le ministère public; 2° que le ministère public n'est autorisé, par le décret du 9 août 1816, à faire ou à provoquer des informations, que pour mettre l'autorité

---

(1) T. III, p. 646. — (2) Dalloz, t. XI, p. 316. — (3) Rép. de la nouv. législation, t. IV, p. 431. — (4) V. *suprà*, n° 50.

chargée de donner l'autorisation, en position
d'apprécier l'inculpation et de décider s'il y a lieu
ou non d'autoriser les poursuites; 3° que l'arrêt
ne fait point la distinction dont parle M. Favard;
il porte : « Attendu que les prescriptions et les dé-
» chéances ne peuvent courir contre ceux qui ne
» peuvent agir; que les empêchemens de droit
» sont toujours une exception suffisante pour le
» défaut d'action dans le délai déterminé par la loi
» qui règle l'exercice de l'action; que, dans l'es-
» pèce, l'artice 75 de l'acte constitutionnel défen-
» dait à l'administration forestière de poursuivre
» Journault et Roul, prévenus de délit forestier
» dans l'exercice de leurs fonctions de maires, sans
» avoir préalablement obtenu un décret impérial
» portant autorisation des poursuites; que l'admi-
» nistration forestière ayant demandé cette autori-
» sation dans les trois mois de la date du procès-
» verbal, elle a dû attendre la décision à interve-
» nir sur sa demande, pour faire citer légalement
» les prévenus devant le tribunal correction-
» nel;.. que, par conséquent, on n'a pu opposer
» à l'administration le laps de temps qui s'est
» écoulé depuis le procès-verbal jusqu'au jour de
» la citation en justice, puisqu'ayant fait ses dili-
» gences pour obtenir l'autorisation nécessaire,
» l'administration ne pouvait qu'attendre la déci-
» sion du gouvernement, et ne doit pas être res-
» ponsable du retard que cette décision a éprouvé. »
Il est clair que ces motifs s'appliqueraient au ministère public, s'il eût poursuivi lui-même dans

cette affaire. M. Favard n'a pas fait attention que l'administration forestière n'est qu'une régie qui agit au nom et pour l'intérêt du gouvernement, et qui, à ce titre, participe à l'exercice de l'action publique.

537. La troisième conséquence est que, quand un prévenu est poursuivi en même temps pour un crime et pour un délit, et que la mise en accusation ne porte que sur le crime, la prescription du délit reste suspendue jusqu'au jugement définitif qui intervient sur cette accusation. L'accusation sur le crime tient en état la prévention sur le délit, parce que l'effet de la condamnation pour un crime est de mettre le prévenu à l'abri de la peine qu'il pourrait avoir encourue à raison du délit (1) ; il serait donc contre les règles de le juger sur le délit tant qu'il n'a pas été statué définitivement sur le crime.

Deux arrêts de la cour de cassation, des 19 janvier 1809 (2) et 28 août 1823 (3), consacrent cette doctrine : il s'agissait d'individus poursuivis pour des crimes et pour des délits; mis en accusation à raison des premiers, condamnés par contumace et acquittés ensuite contradictoirement. Ils opposaient à la reprise des poursuites, en ce qui concernait les délits, que la prescription les avait couverts; mais la cour de cassation rejeta cette exception : « Attendu, porte le second arrêt,

---

(1) V. *infrà*, sect. 5ᵉ, nº 455. — (2) Quest. de droit, t. VI, p. 372. — (3) Bull., p. 356.

» qu'il ne peut y avoir cours à la prescription, là
» où il y a impossibilité d'action ; que le Code
» d'instruction, article 365, prohibant, en effet,
» la cumulation des peines, il y avait nécessité
» d'instruire et de prononcer sur les vols qui em-
» portaient une peine afflictive et infamante, avant
» qu'il pût être *instruit* et *prononcé* sur les vols qui
» n'étaient passibles que d'une peine correction-
» nelle ; que l'arrêt de condamnation rendu par
» contumace sur l'accusation des vols qualifiés
» avait été un obstacle à toute prescription ; que la
» prescription à l'égard des délits correctionnels
» n'a pu commencer à courir que *de la date de*
» *l'ordonnance d'acquittement* sur les vols qualifiés
» à raison desquels le prévenu avait été condamné
» par contumace. »

Dans l'espèce de cet arrêt, il y avait eu *des ré-*
serves faites au ministère public de poursuivre à
raison des vols simples, circonstance qui ne se
rencontrait pas dans l'espèce de l'arrêt du 19 janvier 1809 ; mais des réserves sont chose tout-à-fait
indifférente ; car elles ne peuvent empêcher la
prescription de courir, si l'action publique n'est
pas réellement suspendue ; elles ne peuvent lui
donner cours, si la loi défend au ministère public d'agir : la prescription se règle par la loi et
non par la volonté du juge.

Tout en adoptant la doctrine consacrée par ces
arrêts, je ferai cependant remarquer qu'elle n'a
d'autre base que l'impossibilité où se trouve le
ministère public de faire instruire et juger sur le

délit, avant qu'il ait été statué définitivement sur le crime. Mais cet obstacle ne se rencontre pas, s'il s'agit d'un *délit connexe* à un crime; non seulement on peut instruire et juger tout à la fois sur le crime et sur le délit, mais il y a obligation de procéder ainsi; l'article 226 du Code d'instruction porte, au chapitre des mises en accusation : « La cour statuera, par un seul et même arrêt, » sur les délits connexes, dont les pièces se trou- » veront en même temps produites devant elle. » L'article suivant explique ce qu'on doit entendre par délits connexes. Il résulte de là que le ministère public a tout pouvoir pour rechercher les délits qui sont connexes aux crimes dont il poursuit la répression ; qu'il peut faire instruire simultanément sur les uns et sur les autres, et que la cour doit les comprendre dans le même arrêt de mise en accusation. Il y a donc, pour le ministère public, toute possibilité d'exercer son action; la prescription doit donc l'atteindre s'il a négligé de l'intenter, et cette prescription ne doit s'arrêter qu'autant que, par un motif quelconque, la chambre des mises en accusation a refusé soit de statuer sur le délit connexe, soit de le faire juger en même temps que le crime auquel il se rattache.

338. L'interruption la plus notable que puisse éprouver la prescription de l'action publique est incontestablement celle qui résulte *d'un jugement définitif de condamnation* qui intervient contre le prévenu; car alors il ne s'agit plus de poursuivre,

d'instruire, de faire juger, mais d'*exécuter*; la prescription de l'action publique cesse, celle de la peine commence.

Mais que doit-on entendre par *jugement définitif de condamnation?* on doit entendre tout jugement contre lequel le prévenu ne peut plus se pourvoir par opposition ou par appel; car tant que l'une de ces voies lui est ouverte, le jugement n'est pas susceptible d'exécution; la peine qu'il prononce n'est pas susceptible de se prescrire, puisqu'on ne peut prescrire que les peines que l'on subirait si l'on était placé sous la main de la justice. Un jugement qui peut être réformé n'est qu'un acte d'instruction, qui a bien interrompu la prescription, mais qui ne fait pas obstacle à ce qu'elle recommence son cours. Aussi l'article 636 du Code d'instruction ne fait-il courir la prescription de la peine portée par les jugemens correctionnels qu'à *la date* du jugement ou arrêt *rendu en dernier ressort*, ou à compter du jour où les jugemens ne peuvent plus être attaqués par la voie d'appel, s'ils ont été rendus par un tribunal de première instance (1).

339. Il résulte de là, 1° que si, postérieurement à l'appel interjeté par un condamné en première instance correctionnelle, il n'a point été fait d'actes d'instruction, pendant *une année*, quand il s'agit d'un des délits prévus par les lois des 17 et 26 mai 1819; pendant *trois années*, quand il

---

(1)* V. arrêt du 1er février 1833, Dalloz, p. 161.

s'agit d'un délit correctionnel ordinaire, l'action publique est éteinte par la prescription (1).
2° Que si le jugement rendu en matière correctionnelle, et qui, aux termes de l'article 187 du Code d'instruction, doit être signifié au prévenu pour faire courir le délai de l'opposition ou de l'appel, n'a pas été signifié dans les trois années qui ont suivi sa prononciation, ou dans l'année, s'il s'agit d'un délit commis par voie de publication; ou, ce qui est la même chose, s'il n'a été signifié que d'une manière irrégulière et nulle, l'action publique est également éteinte par la prescription (2).

A l'autorité des arrêts qui sanctionnent cette doctrine, je joindrai celle de M. le président Barris (3) : « L'article 638 du Code d'instruction,
» pour la prescription en matière correctionnelle,
» se réfère à l'article 637, pour la prescription en
» matière criminelle; mais, dans cet article 637,
» le mot *jugement* a un sens déterminé pour la
» procédure criminelle; c'est toujours un juge-
» ment en dernier ressort; il n'est donc pas éton-
» nant que cet article n'ait rien dit de l'interrup-
» tion de la prescription après un jugement; puis-
» qu'après un jugement en dernier ressort, il ne

(1) Arrêt de la cour de cassation du 18 janvier 1822, Bull., p. 38; Dalloz, t. XI, p. 316; arrêt de cour royale de Grenoble du 23 juin 1830; Dalloz, 1832, 2e partie, p. 42. — (2) Arrêts des 31 août 1827, Bull., p. 743; Dalloz, p. 484; 30 avril 1830, Dalloz, p. 258. — (3) Note 282e.

» peut être question d'interruption de la prescrip-
» tion, il ne peut plus s'agir que de la prescription
» de la peine prononcée.

» Mais, dans les matières correctionnelles, il y
» a un jugement en première instance, et il faut
» appliquer l'article 638, relativement à l'effet de
» ce jugement. S'il n'en a pas été relevé appel dans
» le temps fixé, il est devenu jugement en dernier
» ressort; et, ainsi que dans le cas de l'article 637,
» il n'y a plus lieu qu'à la prescription de la peine.
» S'il en a été relevé appel, il ne peut plus être
» considéré que comme un acte d'instruction; et
» si, depuis le jugement, il s'est écoulé le délai
» suffisant pour prescrire, sans qu'il soit fait au-
» cun acte d'instruction ou de poursuite, la pres-
» cription est acquise. »

M. Carnot (1) semble vouloir contester ces
principes; c'est sans doute parce qu'il ne s'est
point fait des idées bien nettes sur la matière ;
car on remarque qu'il confond parfois la prescription de la peine avec la prescription de l'action
publique. M. Legraverend ne s'y est pas trompé,
et il professe que si on a laissé écouler plus de
trois ans sans signifier un jugement par défaut,
l'action est prescrite; « car, dit-il avec raison (2),
» il ne s'agit plus alors de consulter les dispositions
» du Code qui traitent de la *prescription des peines*,
» mais bien celles qui sont relatives à la *prescrip-*
» *tion de l'action* ».

---

(1) T. III, p. 622 et suiv. — (2) T. II, p. 772.

Ce qui 'est vrai des jugemens qui prononcent des condamnations, l'est à plus forte raison des jugemens simplement interlocutoires ; il est plus évident encore que ces jugemens ne sont que des actes d'instruction (1).

340. L'arrêt *par contumace*, qui intervient contre l'accusé fugitif, fait cesser la prescription *de l'action publique*, pour donner cours à la prescription *de la peine*.

En effet, un arrêt de condamnation par contumace est un arrêt définitif, en ce qui concerne l'action publique, puisqu'il met nécessairement un terme à la poursuite ; il est définitif, puisqu'il est susceptible d'exécution par effigie, la seule qui soit possible (2) ; il est définitif, car lorsqu'il prononce des peines qui emportent la mort civile, la mort civile est encourue et produit ses effets légaux, quand le condamné ne s'est pas représenté ou n'a pas été arrêté dans les cinq ans qui ont suivi l'exécution par effigie (3). Au surplus, l'article 476 du Code d'instruction ne permet aucun doute sur ce point, il porte ; « Si l'accusé se » constitue prisonnier, ou s'il est arrêté avant que » LA PEINE *soit éteinte par la prescription*, le juge- » ment par contumace et les procédures faites » contre lui, depuis l'ordonnance de prise de » corps, ou de se représenter, seront anéantis

_____

(1) Arrêt du 11 juin 1829, Bull., p. 324 ; Dalloz, p. 268. (2) Code d'inst., art. 472. — (3) Code d'inst., art. 476 ; Code civil, art. 27.

» de plein droit, et il sera procédé à son égard
» dans la forme ordinaire. » Ainsi, tant que LA
PEINE n'est point éteinte par la prescription, on
doit PROCÉDER contre le contumax qui se représente ou qui est arrêté; ainsi, son arrestation ou
sa présence volontaire font revivre l'action publique. En deux mots, l'arrêt de condamnation contre lui n'est anéanti que sous la condition qu'il
sera jugé de nouveau, à moins qu'il n'ait prescrit
la peine prononcée contre lui. Mais remarquez
que, dans ce dernier cas, l'arrêt de condamnation subsiste, car il conserve irrévocablement
ses effets relativement aux droits civils du condamné (1); car ce condamné n'est pas admis à
purger la contumace et à se justifier (2).

Il est donc évident qu'un condamné par contumace ne peut pas prétendre que la prescription
de l'action publique a couru depuis l'arrêt rendu
contre lui, et qu'il ne peut se prévaloir que de la
prescription de la peine, quand elle lui est acquise. Ainsi jugé, à mon rapport, le 17 janvier 1829 (3), et précédemment par un arrêt
du 2 février 1827 (4). La cour de cassation avait
appliqué ce principe à la législation de brumaire
an 4 (5).

341. Mais le condamné par contumace est-il

_____

(1) Code civil, art. 32. — (2) Code d'inst., art. 641. —
(3) Bull., p. 28; Dalloz, p. 111. — (4) Bull., 65; Dalloz,
p. 381 ; *et depuis par arrêt du 6 mars 1835; Dalloz, p. 190.
— (5) Arrêt du 7 avril 1820, Bull., 143.

recevable à demander l'annulation de la procédure et de l'arrêt de condamnation lorsqu'ils se
trouvent entachés de quelque irrégularité, afin
de pouvoir soutenir que c'est la prescription de
l'action publique qui a couru et non celle de la
peine dont le délai est beaucoup plus long?

La question s'est présentée deux fois sous l'empire du Code de brumaire an 4, et la cour de
cassation l'a décidée négativement, par les arrêts
des 8 juin 1809 (1) et 7 avril 1820 (2), par le motif « que l'effet de la condamnation par contu-
» mace est produit par cela seul qu'elle a existé;
» qu'elle ne peut dépendre de la régularité de ses
» formes, puisque, d'après l'article 476 (du Code
» de brumaire), le jugement rendu et les procédures
» faites contre le contumax, depuis l'ordonnance
» de prise de corps, sont anéantis de plein droit,
» par sa mise en arrestation forcée ou volontaire,
» et que conséquemment la validité de ces procé-
» dures et jugement n'est plus susceptible d'aucun
» examen. » Or, l'article 476 du Code d'instruction
criminelle est rédigé dans les mêmes termes que l'article 476 du Code de brumaire; ce que la cour de
cassation a jugé sous l'empire de cette dernière loi,
elle le jugerait donc également sous l'empire de
l'autre, et cela avec toute raison. Non seulement
on ne peut pas admettre qu'une cour d'assises
puisse s'occuper de la régularité, de la validité
d'actes et de jugemens qui sont anéantis par la

(1) Bull., p. 203. — (2) Cité ci-dessus.

force de la loi, mais il serait contre les intérêts
de l'ordre public d'exposer l'action du procureur
général à une prescription contre laquelle il n'a
pu se garantir, puisque l'arrêt de contumace lui
ôtait tout moyen de la conserver par des actes de
poursuite. La loi a dû accorder au condamné par
contumace qui n'a pas prescrit sa peine, le droit
d'être jugé de nouveau; mais elle n'a pas dû lui
fournir le moyen d'échapper, en faveur de sa désobéissance, de sa fuite, à toute espèce de jugement.

342. La prescription s'interrompt, par *des actes
d'instruction ou de poursuite;* telle est la disposition expresse des articles 637 et 638 du Code
d'instruction, qui s'écarte en cela des principes
admis dans l'ancien droit criminel, d'après lequel ni la plainte, ni l'information, ni le décret
même, s'il n'était pas exécuté, n'interrompaient
la prescription.

Mais que doit-on entendre par *des actes d'instruction et de poursuite?* les uns et les autres doivent s'entendre, pour me servir d'une définition
donnée par la cour de cassation (1), « de tous
» actes ayant pour objet soit de rechercher les
» preuves de l'existence du crime et de la culpabi-
» lité du prévenu, soit de s'assurer de sa personne. »
L'article 61 du Code d'instruction semble aussi
attacher le même sens aux mots *acte de poursuite,
acte d'instruction.* Mais, en les précisant davantage, on peut dire qu'un *acte d'instruction* a pour

(1) Arrêt du 14 juin 1816, Dalloz, t. Ier, p. 417.

objet de constater le crime et ses circonstances, d'en découvrir ou convaincre les auteurs; qu'*un acte de poursuite* a pour objet de provoquer ou d'exécuter les actes destinés à parvenir à l'instruction du procès ou au jugement du prévenu. Ainsi, les procès-verbaux dressés par les officiers de police judiciaire ou par les fonctionnaires chargés de constater les contraventions à des lois spéciales, tous les actes faits par le juge d'instruction dans le cours de la procédure, sont de véritables actes d'instruction; comme les réquisitions du ministère public aux officiers de police judiciaire, au juge d'instruction, aux agens de la force publique, et les citations qu'il fait donner aux prévenus, sont des actes de poursuite.

343. Mais il n'y a réellement d'actes d'instruction ou de poursuite capables d'interrompre la prescription, qu'autant que ces actes sont émanés de fonctionnaires qui tenaient de la loi le droit de les faire. Le Code d'instruction dispose, article 1er, « que l'action pour l'application des peines, » n'appartient qu'aux fonctionnaires auxquels » elle est confiée par la loi »; et les six premiers chapitres du livre 1er de ce Code déterminent les attributions de chaque officier de police judiciaire et les limites de sa compétence; il faut en conclure que tout fonctionnaire public indifféremment n'est pas compétent pour faire des actes d'instruction dans toute espèce d'affaire et pour toute espèce de crime, de délit ou de contravention. « Pour que des actes puissent interrompre

»la prescription, dit M. le président Barris (1),
»il faut qu'ils soient faits par un magistrat ou
»officier *ayant caractère* pour instruire ou pour-
»suivre *sur le fait du délit ;* car si ce caractère
»manque, l'acte d'instruction ou de poursuite
»ne pourra pas interrompre la prescription. »

344. Il résulte de ce principe, 1° que des dénonciations adressées à des tribunaux étrangers
et les actes de poursuites émanés de ces tribunaux, ne peuvent interrompre, en France, le
cours de la prescription de l'action publique. On
a essayé de soutenir le contraire devant la cour de
cassation ; mais elle a rejeté le pourvoi qui reposait sur un pareil moyen (2) ;

2° Qu'un procès-verbal dressé par un fonctionnaire qui n'a pas reçu de la loi mission de constater le délit relaté dans le procès-verbal, ne
constitue pas un acte d'instruction qui interrompe
la prescription. Tel est, par exemple, le procès-
verbal par lequel un employé de l'administration
des domaines a constaté une fausse mention d'enregistrement sur la minute d'un acte notarié ; en
effet, cet employé n'est pas officier de police judiciaire (3).

Mais il ne faut pas penser, avec M. Legraverend (4), qu'il n'y a que les procès-verbaux qui

---

(1) Note 281ᵉ. — (2) Arrêt du 12 octobre 1820, non imprimé ; M. Aumont rapporteur, affaire Maillard. — (3) Arrêt
du 15 janvier 1814, non imprimé ; M. Baucheau rapporteur,
affaire Massal. — (4) T. Iᵉʳ, p. 81.

font foi en justice *jusqu'à inscription de faux*, qui soient de nature à interrompre la prescription. Peu importe la foi que la loi attache aux procès-verbaux ; qu'ils fassent foi jusqu'à inscription de faux, qu'ils ne fassent foi que jusqu'à preuve contraire, qu'ils ne servent même que de renseignemens, qu'il soit permis ou non de les contredire et de les débattre, cela est indifférent ; la question n'est pas là, elle est uniquement dans la compétence de l'officier public qui a instrumenté. Il serait étrange que les procès-verbaux des gardes champêtres, des commissaires de police, de la gendarmerie, etc., n'interrompissent point la prescription, lorsqu'ils constatent des délits dont la recherche leur est confiée ;

3° Que des poursuites ou des actes d'instruction faits par un procureur du roi ou par un juge d'instruction qui n'est celui ni du lieu du délit, ni de la résidence du prévenu, ni du territoire sur lequel il a été arrêté (1), n'interrompent point la prescription. Telle serait, par exemple, la signification d'un jugement correctionnel qui serait faite par un procureur du roi autre que celui qui exerce près le tribunal qui a rendu ce jugement (2). Tels seraient certainement aussi des actes que des procureurs du roi et des juges d'instruction feraient hors des limites de leurs fonc-

---

(1) Code d'inst., art. 23, 63 et 69. — (2) Arrêt du 3o avril 183o, Dalloz, p. 258.

tions, en empiétant sur leurs attributions res-
pectives.

345. Remarquez « que la loi n'exige pas, pour
» interrompre la prescription, que les actes de
» poursuite ou d'instruction auxquels elle donne
» l'effet d'opérer cette interruption aient été di-
» rigés contre *des individus déterminés;* qu'il suffit
» que ces actes aient pour objet *de constater* un
» crime ou un délit, et *d'en découvrir les auteurs;*
» que par ces actes de poursuite ou d'instruction
» ainsi faits sur un crime ou un délit, la prescrip-
» tion est arrêtée contre tous ceux indéfiniment
» qui peuvent y avoir participé (1). » Cette réflexion,
que j'emprunte à un arrêt de la cour de cassation,
est parfaitement conforme à la lettre et à l'esprit
de l'article 637 du Code d'instruction, qui dit
expressément que les actes de poursuite interrompent la prescription *à l'égard même des personnes
qui ne seraient pas impliquées dans ces actes d'instruction ou de poursuite.* Il résulte de là que la citation
donnée à l'un des prévenus, interrompt la prescription à l'égard de tous ceux qui ont participé
au délit, lors même qu'ils ne sont pas compris
dans cette citation. Tel est aussi le sentiment de
M. Carnot (2).

---

(1) Arrêt du 16 décemb. 1813, Bull., p. 627. — (2) T. III,
p. 645. * L'action intentée en temps utile contre un adjudicataire de coupes de bois pour délits commis dans la vente, en-
tretient cette même action contre les cautions, quoiqu'elles
n'aient pas été mises en cause. Arrêt du 13 avril 1833, Dall.,
p. 375.

346. Dans les matières de police correctionnelle, le ministère public et la partie civile ont le droit de citer directement le prévenu à l'audience, sans autre procédure préalable (1). Faut-il conclure de là qu'il n'y a que *la citation* qui puisse interrompre la prescription; que les actes de poursuite ou d'instruction qui l'ont précédée n'opèrent pas le même effet? non assurément. Le ministère public ayant la faculté de porter directement son action devant le tribunal, ou de requérir une instruction, l'exercice de cette faculté ne peut pas nuire à cette action; elle a pour but au contraire de la conserver. D'ailleurs, la prescription ayant essentiellement pour base la présomption que les preuves ont dépéri par une longue inaction des magistrats, cette présomption ne peut exister quand le magistrat s'est occupé de constater le délit, d'en recueillir les preuves, d'en rechercher le coupable.

Ainsi, peu importe que la citation n'ait été donnée que postérieurement à l'expiration du délai fixé pour la prescription, si, avant son échéance, il est intervenu un ou plusieurs actes d'instruction ou de poursuite.

Peu importe l'époque à laquelle les poursuites ont fait découvrir le coupable : celui-ci ne peut invoquer la prescription, en prétendant qu'il n'a été connu et cité qu'après l'expiration du délai fixé pour son accomplissement; car la loi n'exige

---

(1) Code d'inst., art. 182.

pas que la preuve soit acquise dans ce délai; elle
veut seulement que l'action ait été poursuivie (1).

347. Mais ces principes s'appliquent-ils aux
délits prévus par des lois spéciales, tels que les
délits forestiers, les délits ruraux, ceux de pêche
ou de chasse? Ils s'y appliquent certainement,
quoi qu'en dise M. Carnot (2), si ces lois spéciales
n'y ont pas formellement dérogé; et l'on va voir
que, comme le professe M. Merlin (3), ces lois
n'y ont pas dérogé.

Le Code forestier porte, article 185, « *Les ac-*
» *tions* en réparation de délits et contraventions *en*
» *matière forestière*, se prescrivent par trois mois à
» compter du jour où les délits et contraventions
» ont été constatés, etc. » L'article 8 titre 9 de la
loi du 29 septembre 1791, contenait des dispositions semblables; il portait : « Les actions en ré-
» paration des délits seront intentées au plus tard
» dans les trois mois où ils auront été recon-
» nus, etc. » Sous l'empire de cette loi, la cour
de cassation a décidé que le prévenu ne pouvait
se prévaloir de la prescription, en se fondant sur
ce qu'il n'avait été cité que trois mois après la
date du procès-verbal, lorsque, dans l'intervalle
de ces trois mois, il avait été procédé à une information, à raison du délit (4). Il est à remarquer

____

(1) Arrêt du 26 novembre 1829, Bull., p. 665; Dalloz,
1830, p. 12. — (2) T. III, p. 642. — (3) Quest. de droit,
vis Prescription et Délits ruraux. — (4) Arrêt du 26 février
1807, Rép. de jurisp., v° Délit forestier, § 19, t. IV, p. 325.

que, dans l'espèce, l'information n'avait eu pour objet que de constater des faits de connivence entre le prévenu et les agens forestiers, et de l'impliquer dans le procès criminel intenté à ces derniers, et que l'information n'avait abouti qu'à un simple renvoi en police correctionnelle, pour être statué sur le délit. La cour a dit : « Attendu » que les premières poursuites qui ont eu lieu sur » la dénonciation du délit, ont ouvert l'exercice » de l'action, pour en obtenir la réparation, et » qu'ayant été commencées dans le délai prescrit, » le bénéfice de la prescription ne pouvait être » valablement invoqué. »

Cette décision conserve toute son autorité sous l'empire du Code forestier actuel; il ne subordonne pas la durée de l'action en réparation des délits à la citation du prévenu devant les tribunaux, dans les trois mois qui suivent la reconnaissance de ces délits; comme la loi du 19 septembre 1791, il laisse la prescription sous l'empire du droit commun. Ces réflexions s'appliquent *aux délits de pêche*, puisque l'article 62 de la loi sur la pêche fluviale est conçu dans les mêmes termes que l'article 185 du Code forestier.

348. L'article 8 section 7 titre 1er du Code rural du 26 septembre-6 octobre 1791 est ainsi conçu : « La poursuite *des délits ruraux* sera faite » au plus tard dans le délai d'un mois, soit par » les parties lésées, soit par le procureur de la » commune...., faute de quoi il n'y aura plus lieu » à poursuite. » On voit que cet article ne déroge

pas aux principes généraux sur l'interruption de la prescription. Cependant, je lis, dans M. Bourguignon (1), *qu'il faut, en matière de délits ruraux, que le prévenu soit cité avant l'expiration du mois*, et il indique un arrêt du 2 messidor an 13 (2) qui, selon lui, le décide ainsi. En examinant cet arrêt, on se convaincra qu'il a jugé simplement qu'une plainte de la partie lésée au directeur du jury, et qui n'avait été suivie d'aucun acte de ce magistrat, n'avait point interrompu la prescription du délit rural qui en était l'objet. Il est vrai que cet arrêt ajoute que les poursuites dont parle le Code rural, « comme interruptives de la prescription, » ne sont autres que la citation donnée au délin- » quant devant le tribunal correctionnel ; et que » c'est conséquemment la citation et la significa- » tion qui seules peuvent interrompre la prescrip- » tion. » Mais cette doctrine, inutile pour la solution de la question que présentait le pourvoi, est complétement rectifiée dans un autre arrêt du 18 août 1809 (3).

Dans l'espèce de cet arrêt, le prévenu n'avait été cité que plus d'un mois après le délit rural qui lui était imputé ; mais dans l'intervalle, le juge de paix avait dressé un procès-verbal du délit ; des experts avaient évalué le montant du dommage, et le magistrat de sûreté avait procédé

---

(1) Jurisp. des Codes criminels, t. II, p. 549. — (2) Rép. de jurisp., v° Délit rural, § 1er, t. IV, p. 345. — (3) Bull., p. 301.

à une information pour en découvrir l'auteur. La cour de cassation a cassé l'arrêt qui avait admis le moyen de prescription, et elle a dit : « Attendu » qu'on doit entendre par *poursuites* tous actes qui » sont faits en justice par les personnes que la loi » autorise, et dont le but est de parvenir à con- » stater un délit, à en connaître et faire punir l'au- » teur ; que c'est une erreur que d'avoir fait seu- » lement commencer les poursuites à la date de » l'assignation donnée au prévenu, lorsque, le plus » souvent, cette assignation ne peut avoir lieu » qu'en conséquence des poursuites qu'il a fallu » faire antérieurement, pour connaître l'auteur du » délit ; que ce système, qui réduirait infiniment le » délai utile pour réprimer les délits ruraux, en » assurerait l'impunité, toutes les fois que le cou- » pable aurait pris quelques précautions pour se » cacher, et se trouve d'ailleurs en opposition soit » avec l'esprit du législateur, soit avec les termes » dont il s'est servi. » Il n'y a rien à répliquer à des motifs aussi concluans.

349. La loi du 30 avril 1790 sur *la chasse*, porte, article 12 : « *Toute action* pour délit de chasse sera » prescrite par le laps d'un mois, à compter du » jour où le délit aura été commis. » Les réflexions que l'on vient de lire sur la prescription des délits ruraux, s'appliquent à celle des délits de chasse. Aussi la cour de cassation a-t-elle constamment jugé (1) que l'interruption de la prescription de

---

(1) Arrêts des 28 décembre 1809, Bull., p. 400 ; Dalloz,

ces derniers résultait, non seulement de la citation donnée au prévenu, mais encore de tout acte de poursuite antérieur à cette citation; que peu importait alors que la citation n'eût été donnée qu'après l'expiration du mois qui a suivi le délit.

Mais les poursuites faites sur le délit de chasse n'interrompent pas la prescription *du délit de port d'armes sans permis;* car ce dernier est un délit distinct, prévu et puni par une loi qui lui est particulière, et qui peut même exister indépendamment du délit de chasse; car le fait de chasse peut être licite et le port d'armes ne l'être pas (1).

35o. Mais, en toute matière, pour que la prescription soit interrompue, il faut qu'il y ait réellement *des actes de poursuite.* Ainsi, de simples *réserves* faites par le ministère public de poursuivre un crime ou un délit, ne peuvent être considérées comme un acte de poursuite ou d'instruction.

Il en est de même du dépôt des pièces fausses fait au greffe, lorsque ce dépôt n'a pas eu lieu par suite d'une inscription de faux ou d'une plainte en faux. Ces deux propositions résultent d'un arrêt de la cour de cassation du 4 juin 1824 (2),

---

t. II, p. 448; 11 novembre 1825, Bull., p. 618; Dalloz, 1826, p. 95; 26 novembre 1829, Bull., p. 665; Dalloz, 1830, p. 12.

(1) Arrêt du 29 avril 1830, Dalloz, p. 256.

(2) Non imprimé, affaire Garrigues.

rendu au rapport de M. Busschop : « Considérant
» que les réserves de l'action publique faites par
» le ministère public, lors du jugement civil,
» n'ayant point mis cette action en mouvement,
» ne peuvent dès-lors être considérées comme un
» acte de poursuite ; que le dépôt au greffe des
» pièces produites par Garrigues audit procès civil,
» à l'appui de ses prétentions, n'a point été la
» suite d'une inscription ou d'une plainte en faux,
» que ce dépôt ne peut donc plus être considéré
» comme un acte soit de poursuite, soit d'instruc-
» tion capable d'interrompre le cours de la pres-
» cription établie par l'article 637 du Code d'ins-
» truction ; que, dans cet état, l'arrêt attaqué,
» en déclarant la prescription acquise du crime
» de faux dont Garrigues était accusé, n'a violé
» aucune loi. »

351. Les poursuites de la partie civile pour
parvenir à la réparation du dommage que lui a
causé un crime, un délit ou une contravention,
interrompent-elles la prescription de l'action publique? Je lis dans M. Carnot (1) : « Lorsque,
» dans les dix ou dans les trois années, il a été fait
» des poursuites, soit par la voie criminelle, soit
» *par la voie civile*, et que ces poursuites n'ont pas
» été suivies de jugement, le délai (de la prescrip-
» tion) commence à courir à compter du dernier
» acte. »

. Il ajoute un peu plus loin (2) : « Nous avons

(1) T. III, p. 625. — (2) P. 629.

» dit, dans nos observations sur l'article 637,
» que les poursuites *faites au civil*, comme celles
» qui l'auraient été par la voie criminelle, sont de
» nature à interrompre le cours de la prescription,
» et la jurisprudence est conforme à l'opinion que
» nous avons émise; mais de simples actes extra-
» judiciaires ne produiraient pas cet effet. *Sic jud.*
» par la chambre civile de la cour de cassation,
» le 10 décembre 1827. »

Ainsi, suivant M. Carnot, les poursuites de la
partie civile, même devant les tribunaux civils,
conservent l'action publique et la mettent à couvert de la prescription; cela est même conforme
à la jurisprudence. J'avoue que je n'ai trouvé
aucun des monumens de la jurisprudence indiqués par l'auteur. L'arrêt qu'il cite du 10 décembre 1827 (1), est tout à fait étranger à la question.
Dans l'espèce de cet arrêt, il s'agissait de la propriété de deux pièces de terre qu'un ancien seigneur
prétendait avoir été usurpées par une commune;
la commune soutenait en avoir acquis la propriété
par une possession suffisante, et son adversaire
répondait qu'il avait interrompu la prescription
par des actes extra-judiciaires qu'il avait fait
signifier à différentes époques. Voilà quel était le
procès.

Ainsi, la question que j'ai proposée reste à
examiner.

Deux hypothèses peuvent se présenter : où la

_____

(1) Dalloz, 1828, p. 53.

partie lésée a porté son action devant la juridiction civile, ou elle l'a portée devant la juridiction criminelle, et s'y est constituée partie civile.

352. Quand la partie lésée a porté son action devant les tribunaux civils, ceux-ci doivent, aux termes de l'article 3 du Code d'instruction, surseoir à y statuer jusqu'à ce qu'il ait été prononcé définitivement sur l'action publique, si elle a été intentée avant ou pendant l'instance. Si le sursis a été ordonné, la partie lésée n'a rien à faire; elle attend le jugement de l'action publique. Mais si aucun sursis n'a été ordonné, parce que le ministère public n'a pas formé son action, et que le procès civil ait eu son cours ordinaire, je cherche inutilement les motifs qui peuvent porter à penser que l'action publique a été conservée par les actes de procédure formalisés à la diligence de la partie lésée et par les jugemens qu'elle a obtenus. La loi n'attache qu'à des *actes d'instruction* ou *de poursuite*, l'effet d'interrompre la prescription; le droit de poursuivre les crimes, les délits, les contraventions, et de formaliser des procédures pour parvenir à leur répression, n'appartient qu'à des fonctionnaires publics préposés à cet effet, et l'on ne peut certainement assimiler à leurs actes les actes faits par une partie privée.

353. Si la partie lésée a porté son action devant les juges de l'action publique, il arrive de deux choses l'une, ou que ces juges sont en même temps saisis de l'action publique, ou qu'ils n'en sont pas saisis. S'ils sont saisis de l'action publi-

que, les deux actions demeurent distinctes ; elles ne se confondent point ; et les diligences de la partie civile ne peuvent relever le ministère public des déchéances qu'il a encourues (1). Ce principe ne reçoit d'exception que dans le cas unique où la partie civile a formé opposition à une ordon‑ nance de la chambre du conseil portant qu'il y a lieu de mettre le prévenu en liberté (2). Cette opposition conserve l'action publique et en saisit la chambre des mises en accusation.

Si le ministère public n'a pas joint son action à celle de la partie lésée, les poursuites de cette dernière n'influent aucunement sur l'action pu‑ blique; 1° parce que l'action publique n'est pas mise en mouvement par les plaintes et les dénon‑ ciations des parties lésées, même quand elles se constituent parties civiles ; c'est ce que j'ai dé‑ montré (3); excepté le cas où cette partie use du droit de citer directement devant le tribunal cor‑ rectionnel ou devant le tribunal de police, le prévenu auquel elle impute le délit ou la contra‑ vention qui lui a causé un dommage (4); 2° par‑ ce qu'il est de principe que les tribunaux de répression ne peuvent connaître des actions civiles qu'accessoirement à l'action publique; parce qu'isolée du ministère public une partie lésée ne

***

(1) V. *suprà*, n° 38. — (2) Code d'instruct., art. 135. — (3) V. *suprà*, n° 17, 18, 19, 20 et 21. — (4) Code d'inst., art. 145 et 182.

peut rien leur demander; qu'ils sont sans droit, sans compétence pour statuer sur sa demande.

Ces considérations me déterminent à penser, contre l'avis de MM. Legraverend (1) et Favard de Langlade (2), que la plainte portée par la partie lésée, soit au procureur du roi, soit au juge d'instruction, n'interrompt pas la prescription de l'action publique. Cette plainte n'est ni un acte d'instruction, ni un acte de poursuite; elle a pour but d'en provoquer, mais elle n'en tient pas lieu; elle peut bien arrêter le cours de la prescription de l'action civile (3); mais elle n'influe point sur la prescription de l'action publique; et s'il est vrai que quand l'action publique est formée, «la partie » civile ne participe point à l'exercice de cette ac- » tion; qu'elle ne peut, par ses diligences, et les » recours qu'elle exerce, relever le ministère public » des déchéances qu'il a encourues (4), » comment admettre que les diligences de la partie lésée peuvent la conserver, alors qu'elle n'est même pas intentée?

Je conclus de ce que j'ai dit dans ce numéro et dans le précédent, que les poursuites de la partie lésée n'interrompent point le cours de la prescription de l'action publique.

354. Les poursuites du ministère public interrompent-elles la prescription de l'action civile? La

_____

(1) T. Ier, p. 79.— (2) Rép. de la nouvelle législation, t. IV, p. 427. — (3) V. infrà, n° 365. — (4) Arrêt du 26 juill. 1828, Bull., p. 672; Dalloz, p. 350.

question n'est pas douteuse, lorsque cette action est jointe à l'action publique.

Mais lorsque la partie lésée n'a formé son action en réparation civile que postérieurement à l'action publique, et même après qu'il a été statué définitivement sur celle-ci, la prescription de l'action de cette partie a-t-elle été interrompue par les poursuites du ministère public, et n'a-t-elle repris son cours qu'à dater soit du dernier acte de ces poursuites, soit du jugement définitif qu'elles ont provoqué ?

Des réparations civiles supposent l'existence d'un fait punissable qui leur sert de base ; comment concevoir alors que l'action pour les obtenir puisse se prescrire, pendant que le ministère public agit pour établir la preuve de l'existence de ce fait, en convaincre et en faire punir le coupable ? Il semble que, bien loin de faire courir la prescription contre l'action civile, le législateur aurait dû ordonner qu'elle ne serait intentée qu'après le jugement à intervenir sur l'action publique. Cependant il a permis de la former avant ou pendant les poursuites du ministère public, mais sous la condition qu'il sera sursis au jugement jusqu'à ce qu'il ait été statué définitivement sur l'action publique. L'action publique tient donc en suspens l'action civile ; si elle la tient en suspens, la loi avertit qu'on peut ne la former que quand l'autre est jugée. Un pareil avertissement me paraît inconciliable avec la pensée que la prescription peut cependant

l'anéantir avant qu'il ait été définitivement prononcé sur l'action publique. Je crois que les
poursuites du ministère public suspendent la
prescription de l'action civile; qu'elle ne commence qu'à partir du dernier de ses actes ou du
jugement définitif qui en a été la suite.

355. Mais faut-il conclure de là qu'après le jugement définitif intervenu sur l'action publique,
la prescription de l'action civile change de nature;
qu'elle n'est plus de dix ans , s'il s'agit d'un crime,
de trois, s'il s'agit d'un délit ; d'un an, s'il s'agit
d'une contravention de police , et qu'on ne peut
plus lui opposer que la prescription de trente
ans ? Je ne proposerais pas cette question, si je
n'avais sous les yeux un arrêt de la cour royale de
Caen (1) qui décide que la prescription établie
par l'article 638 du Code d'instruction, cesse
d'être applicable à l'action civile , lorsqu'elle est
intentée après la condamnation du prévenu, et
que cette action n'est soumise alors qu'à la prescription de trente ans. Dans l'espèce de cet arrêt,
Lebon avait été condamné correctionnellement
pour avoir , par son imprudence, causé la mort
de Grard. Les enfans de celui-ci ne formèrent
leur demande en dommages-intérêts que plus de
trois ans après le jugement définitif de condamnation rendu contre Lebon. Celui-ci se prévalut
de la prescription ; mais la cour royale écarta
cette exception en disant : « Attendu que si l'action

_____

(1) Du 8 janvier 1827, Dalloz, 1827, 2e partie, p. 164.

» en dommages-intérêts civils, résultant d'un
» délit, se prescrit faute d'être intentée dans les
» trois ans, à compter du jour où le délit a été
» commis, ou après l'action intentée par l'inter-
» ruption des poursuites pendant ce délai, cette
» disposition de la loi ne peut pas s'appliquer au
» cas où le délinquant a été condamné pour raison
» du délit dont il était prévenu ; qu'en ce cas les tri-
» bunaux civils n'ont aucun fait à constater, mais
» seulement à faire droit sur une demande en ré-
» paration du préjudice causé, comme l'aurait
» fait le tribunal saisi des poursuites correction-
» nelles, si la partie lésée s'était présentée devant
» lui pour réclamer des intérêts civils ; qu'ainsi
» l'action civile intentée par la veuve Grard, pour
» elle et ses enfans, a été soumise aux seules for-
» malités applicables aux poursuites civiles et
» ordinaires. »

Ces motifs supportent difficilement un examen
attentif.

L'article 3 du Code d'instruction, permet à la
partie lésée d'intenter son action séparément de
l'action publique ; elle peut la former avant, pendant ou après l'exercice de cette dernière ; et la
prescription établie par les articles 637 et 638,
règle la prescription de cette action, sans aucune
distinction du cas où elle a suivi, précédé ou
accompagné les poursuites du ministère public.
Ainsi, l'arrêt que j'examine est fondé sur une distinction que la loi n'a pas établie. Que la condamnation du prévenu dispense le juge saisi de

l'action civile de rechercher la preuve du fait qui a occasioné le dommage dont on lui demande la réparation; que la chose jugée au criminel ait autorité sur la question qui reste à juger au civil, rien de plus certain (1); mais que conclure de là, quant au délai dans lequel l'action civile doit être formée? La cour royale de Caen a confondu la condamnation du prévenu en des dommages-intérêts qui véritablement ne se prescrit que par trente ans, avec sa condamnation envers la vindicte publique; cette dernière condamnation est un moyen péremptoire, elle est un titre pour obtenir des réparations civiles; mais elle ne tient pas la place du jugement, du titre qui les accorde.

356. La citation donnée au prévenu par le ministère public ou par la partie civile interrompt-elle la prescription, lorsque le juge devant lequel il est cité est incompétent pour statuer sur le délit que la citation lui impute?

Voici, sur cette question, la doctrine professée par la cour de cassation, dans un arrêt du 18 janvier 1822 (2): «Vu les articles 337 et 338 du Code » d'instruction criminelle:

» Attendu que les dispositions de ces articles sur » l'interruption de la prescription ne sont pas sub- » ordonnées à la compétence des tribunaux au- » près ou dans le ressort desquels sont placés les

(1) V. *infrà*, sect. 3ᵉ, § 3, n° 413 et suiv. — (2) Bull., p. 38; Dalloz, t. II, p. 316.

» magistrats ou officiers publics qui ont procédé
» aux actes d'instruction ou de poursuite, ou de-
» vant lesquels la citation à la requête de la partie
» civile a pu être directement donnée;

» Que la compétence de ces tribunaux ne de-
» vrait, en effet, être prise en considération que
» relativement aux actes qui leur seraient propres,
» et que, d'après les articles ci-dessus relatés, il
» suffit pour l'interruption de la prescription, de
» simples actes d'instruction ou de poursuite, sans
» qu'il soit nécessaire qu'il ait été statué par les
» tribunaux;

» Que des actes d'instruction ou de poursuite
» émanés d'un magistrat ou officier public ayant
» caractère pour instruire ou poursuivre sur le fait
» du délit considéré en lui-même, sont des actes
» valables, et qu'ils ont un caractère judiciaire,
» quel que puisse être d'ailleurs le tribunal qui, à
» raison de la qualification du prévenu, devra
» postérieurement prononcer sur le délit; qu'ils
» établissent donc légalement que l'action de la
» justice a été mise en exercice; que, par consé-
» quent, lorsqu'ils sont faits avant que la prescrip-
» tion soit acquise, ils en détruisent la source en
» en arrêtant le cours;

» Qu'il en est de même d'une citation directe-
» ment donnée par une partie civile; qu'elle a eu
» l'effet de saisir le tribunal, d'obliger le prévenu
» d'y comparaître pour présenter ses défenses ou
» pour proposer son déclinatoire; que lors donc
» qu'elle a été régulière dans la forme, elle a eu

» un caractère légal et a ainsi constitué un acte de
» poursuite; que si cette poursuite a été mal di-
» rigée, à raison de l'incompétence du tribunal,
» elle n'en a pas moins existé, et qu'elle a dû con-
» séquemment interrompre la prescription;

  » Que c'est sur des principes analogues que les
» articles 2246 et 2247 du Code civil ont statué,
» pour les matières civiles, que la prescription n'é-
» tait pas interrompue par une assignation nulle
» pour défaut de forme, mais qu'elle l'était par
» une citation en justice régulière dans la forme,
» quoiqu'elle eût été donnée devant un juge in-
» compétent. »

  Ces principes, dans ce qu'ils ont de relatif à
la partie civile, sont parfaitement clairs; ils étendent à l'action civile portée devant les tribunaux
correctionnels les dispositions de l'article 2246 du
Code civil qui la protégeraient devant les tribunaux ordinaires. Mais, appliqués à l'action publique, ces principes peuvent paraître un peu ab-
straits et nécessiter quelques éclaircissemens; je
vais les donner.

  Les articles 22 et 23 du Code d'instruction char-
gent les procureurs du roi *de la recherche et de la
poursuite de* TOUS les délits commis sur le territoire
où ils remplissent leurs fonctions, et *de tous* les
délits dont les auteurs sont domiciliés ou ont été
arrêtés sur ce territoire. Ainsi, ces magistrats ont,
dans les limites de leurs arrondissemens respectifs, une compétence générale, une plénitude de
juridiction pour tout ce qui tient à la *recherche et*

à la poursuite des délits. La nature du fait, la qualité des prévenus peuvent bien soustraire ces délits au jugement du tribunal auquel le procureur
du roi est attaché; mais le droit de celui-ci de
rechercher et de poursuivre n'en est pas affaibli.
Cela est vrai, non seulement parce que les articles
22 et 23 du Code d'instruction ne limitent ni ne
restreignent ce droit, mais encore parce qu'il est
dans l'intérêt de l'ordre public que, partout où
un délit est commis, partout où le prévenu est
domicilié ou arrêté, il se trouve un magistrat
compétent pour rechercher, constater les preuves
et livrer aux tribunaux l'auteur présumé. Ce magistrat peut se tromper, sans doute, et porter
devant son tribunal une affaire dont le jugement
appartient à un autre; mais que résulte-t-il de là ?
que le tribunal mal à propos saisi se déclare incompétent, ou, s'il conserve l'affaire, que son
jugement sera annulé; mais la citation donnée par
le procureur du roi n'en sera pas moins un acte
de poursuite. Aussi le Code d'instruction, qui
veut, article 191, que, quand le fait n'est réputé
ni crime, ni délit, ni contravention, la citation
soit annulée, n'ordonne-t-il pas également cette
annulation par ses articles 192 et 193, qui prévoient le cas où le tribunal est simplement incompétent pour connaître du délit qui lui est déféré.
Tout cela est fort juste : si les lois criminelles doivent veiller aux intérêts des prévenus, maintenir
l'ordre des juridictions et protéger l'innocence, il
ne faut pas cependant qu'elles soient faites en

haine de la répression des délits et de la punition des coupables. Or telle serait bien certainement une loi qui ferait courir la prescription pendant que le ministère public compétent pour poursuivre, a saisi un tribunal de son action. Souvent l'exception d'incompétence ne résulte que des débats qui ont lieu devant ce tribunal; souvent les questions de compétence sont d'une solution difficile; peut-on soutenir raisonnablement que la prescription doit courir pendant qu'on les discute, pendant qu'on recherche, qu'on apprécie les faits qui servent à les éclaircir et à les résoudre?

Il en est autrement quand la citation est donnée à la requête d'un procureur du roi qui n'est celui ni du lieu du délit, ni du domicile du prévenu, ni du territoire sur lequel ce dernier a été arrêté. Le procureur du roi était incompétent pour rechercher comme pour poursuivre le délit; ce vice d'incompétence s'est attaché nécessairement à tous ses actes, il n'a pu faire qu'ils fussent de nature à interrompre la prescription.

Si j'ai autant insisté sur la démonstration des principes établis dans l'arrêt que j'examine, c'est parce que j'ai eu quelque peine à saisir la justesse et toute la portée de la distinction qu'il établit entre l'incompétence du procureur du roi et l'incompétence du tribunal qu'il a saisi de son action; c'est parce qu'il m'avait paru d'abord que ces incompétences n'étaient qu'une seule et même chose; c'est enfin parce que je n'y ai vu clair qu'après y avoir réfléchi (1).

C'est par une conséquence de ces principes que la cour de cassation a jugé : 1° que des poursuites dirigées devant le conseil de préfecture contre un individu prévenu d'avoir dégradé un chemin public, interrompaient la prescription, quoique ce conseil se fût déclaré incompétent, sur le fondement que les dégradations avaient été commises sur un chemin vicinal et non sur une grande route, et que la prescription n'avait recommencé son cours qu'à partir de l'arrêté d'incompétence (2);

2° Que la citation donnée devant le tribunal de simple police, à raison d'un délit correctionnel, interrompait également la prescription, jusqu'au jugement d'incompétence rendu par ce tribunal (3).

Ces deux décisions ont pour fondement nécessaire la compétence des fonctionnaires qui ont intenté les poursuites dans ces deux espèces, pour agir, l'un contre les dégradations commises sur les grandes routes, l'autre contre les contraventions de police commises sur son territoire. Le premier s'était trompé en attribuant la nature de grande route à un chemin public qui n'appartenait pas à cette classe; l'autre, en considérant que l'infraction n'entraînait pas de peines de

---

(1) V. livre 2ᵉ, n° 325. Ce livre n'est pas imprimé.
(2) Arrêt du 25 novembre 1830, Dalloz, 1831, p. 170.
(3) Arrêt du 4 août 1831, Dalloz, p. 293.

simple police. Ces circonstances influaient certainement sur la compétence des tribunaux qu'ils
avaient saisis ; mais elles ne touchaient en rien à
la compétence générale de ces fonctionnaires pour
la poursuite des infractions de la nature de celles
qu'ils croyaient réellement déférer à leurs tribunaux respectifs (1).

357. Lorsque la citation est nulle pour vice
de forme, elle n'interrompt point la prescription;
la règle établie par l'article 2247 du Code civil
s'applique aux matières criminelles, par le principe que ce qui est nul ne peut produire d'effet.
Ainsi , la prescription est acquise si, avant le

---

(1) * 1° Jugé de même que la prescription établie pour les
délits de la presse a été interrompue par des poursuites dirigées, des jugemens rendus dans le cours de l'année, encore
que ces actes et ces jugemens eussent été faits et rendus par
des autorités qu'un réglement de juges a reconnues incompé-
tentes après plus d'une année. Arrêt du 31 janvier 1833, Dal.
loz , p. 369.

2° Un procès-verbal de délit forestier avait été dressé contre
le sieur Lades, *propriétaire*. Cité en temps utile devant le tribunal correctionnel, puis en appel , le sieur Lades finit par
exciper de sa qualité de *suppléant du juge de paix*, et se fit
renvoyer devant la cour royale seule compétente pour le juger.
Là il prétendit que, la première citation étant comme non avenue , et la seconde tardive , le délit se trouvait prescrit. Mais
la cour royale de Toulouse décida que les premières poursuites , quoique faites devant des juges incompétens , avaient
interrompu la prescription. Arrêt du 17 novembre 1835,
Dalloz, 1836, 2ᵉ partie, p. 30.

terme de son accomplissement, la citation n'a pas été renouvelée.

Mais remarquez qu'une citation *en police correctionnelle* donnée à trop bref délai n'est pas nulle, et qu'elle interrompt la prescription ; qu'elle vicie simplement le jugement par défaut, s'il en intervient un contre le prévenu ; et que la poursuite est valable (1).

Il en est autrement dans les affaires de la compétence *des tribunaux de police ;* l'article 146 du Code d'instruction porte : « La citation ne pourra être donnée à un délai moindre de 24 heures, outre un jour par trois myriamètres, à peine de nullité *tant de la citation* que du jugement qui serait rendu par défaut. »

Que décider, si la citation donnée au prévenu en temps utile indique un autre jour d'audience qu'un de ceux déterminés par le réglement du tribunal ? Comme l'audience ne tiendra pas au jour fixé par la citation, il faudra bien en donner une nouvelle ; mais la première n'aura pas moins pour effet d'interrompre la prescription, car aucune loi ne prononce la nullité d'une pareille citation. Elle demeure ainsi un acte de poursuite valable (2).

---

(1) Code d'inst., art. 184 ; arrêts des 25 février et 2 avril 1819, Bull., p. 94 et 135 ; Dalloz, t. VII, p. 713 ; 15 février 1821, Bull., p. 53 ; Dalloz, *ib.*, p. 714. — (2) Arrêts des 29 avril 1808 et 5 juillet 1816, Bull., p. 93 ; Dalloz, t. VIII, p. 797.

Un prévenu de délit forestier avait été cité pour un jour d'audience postérieur à l'échéance de la prescription. La date de la citation était restée en blanc dans la copie notifiée au prévenu; ainsi il était incertain, d'après cette copie, s'il avait ou non été assigné en temps utile. L'administration forestière soutint que cette incertitude était levée par l'exploit original, qui prouvait en effet qu'il avait précédé la date de l'accomplissement de la prescription. La cour royale, saisie de l'affaire, n'en déclara pas moins la prescription acquise au prévenu; et le pourvoi de l'administration contre l'arrêt a été rejeté, au rapport de M. de Chantereyne, le 22 mars 1822 (1) : « At-
» tendu en fait que la copie de la citation signifiée
» à Lemper le 30 octobre 1819, ne porte que la
» date vague du même mois d'octobre, sans in-
» diquer le quantième du mois, et que la compa-
» rution en jugement du prévenu est postérieure
» à l'expiration du délai pendant lequel l'action
» pouvait être intentée; qu'ainsi il n'est pas prouvé
» légalement qu'il ait été régulièrement et en temps
» de droit, atteint par l'exercice de cette action;
» que si l'original de l'exploit de citation présente
» une date utile, la copie que produit le prévenu
» n'étant pas en cela conforme à l'original, et n'é-
» tablissant pas qu'il l'ait reçue dans le délai pres-
» crit, l'arrêt attaqué, en déclarant l'action inten-

---

(1) Arrêt non imprimé; l'administration forestière contre Lemper.

» tée contre lui éteinte par la prescription, n'a
» fait qu'une juste application de l'article 8
» titre 9 de la loi forestière de 1791 (1). »

358. On a vu (2) que les délits forestiers et de
pêche, que les délits ruraux et de chasse, qu'enfin les délits commis par voie de publication, se
prescrivent par un temps plus court que celui
fixé par le Code d'instruction ; on a vu aussi que
les prescriptions particulières à ces délits s'interrompent par les mêmes causes que celles admises
par le Code d'instruction, pour l'interruption de
la prescription des délits correctionnels ordinaires (3) ; on a vu enfin que l'effet de l'interruption de la prescription est de faire considérer
comme non avenu tout le temps qui s'est écoulé
avant l'acte interruptif, et d'obliger à commencer
une nouvelle prescription. Mais par quelle loi doit
se régler cette nouvelle prescription, quand il s'a-
git de délits dont la prescription est réglée par des
lois particulières? Est-ce par ces lois particulières,
est-ce par le Code d'instruction criminelle? En
d'autres termes, suffit-il, en matière forestière et
de pêche ; qu'il se soit écoulé de nouveau trois ou
six mois, pour que la prescription soit acquise;

---

(1) * Est valable et interrompt la prescription une citation
donnée en temps utile, mais dans laquelle on a cité un article
de loi non applicable au délit constaté. Cette erreur peut se
réparer en tout état de cause. Ainsi jugé en matière forestière,
le 5 décembre 1833, Dalloz, 1834, p. 50. — (2) V. *suprà*,
n° 298 et suiv. — (3) V. *suprà*, n° 347 et suiv.

ou bien ne s'acquiert-elle que par le temps fixé par le Code d'instruction criminelle pour la prescription des délits et des contraventions?

La jurisprudence de la cour de cassation paraît fixée sur cette question. Par ses arrêts des 5 juillet 1816 (1), 6 février et 8 mai 1830 (2), et 1er mars 1832 (3), elle a jugé, en matière de délits forestiers, que, quand la citation avait été donnée au prévenu avant l'échéance de la prescription, la discontinuation des poursuites pendant tout le temps fixé pour cette prescription, par la loi forestière de 1791, ou par l'article 185 du nouveau Code forestier, n'opérait pas la prescription de l'action; que cette prescription se trouvait réglée par les articles 637 et 638 du Code d'instruction. Elle en a donné pour motif, dans l'arrêt du 5 juillet 1816, « que l'article 8 du titre 9 de la loi du » 29 septembre 1791 relatif à la poursuite des dé- » lits forestiers, dispose que les actions en répara- » tion de ces délits sont éteintes et prescrites, » lorsqu'elles n'ont pas été *intentées* dans les trois » mois où les délits ont été reconnus; qu'il ne ré- » sulte ni de cette loi ni d'aucune autre postérieure » applicable aux actions forestières, que ces ac- » tions, lorsqu'elles ont été intentées dans le délai » légal, puissent être déclarées éteintes et prescri- » tes, parce qu'il se serait écoulé plus de six mois » sans poursuites, depuis une première assigna-

---

(1) Bull., p. 93; Dalloz, t. VIII, p. 797. — (2) Dalloz, p. 117 et 260. — (3) Dalloz, p. 147.

» tion..... ; que l'article 643 du Code d'instruction
» déclarant expressément que les dispositions de
» ce Code ne dérogent point aux lois particulières
» relatives à la prescription de certains délits, ex-
» clut l'application des articles 637, 638 et de
» toutes les autres dispositions dudit Code sur la
» prescription aux actions en réparation de délits
» forestiers dont la prescription est réglée par la
» loi du 29 septembre 1791; d'où il suit que les
» tribunaux ne peuvent sans contravention décla-
» rer ces dernières actions prescrites, parce qu'il
» se serait écoulé plus de six mois, sans poursuites
» entre une première assignation donnée dans le
» délai légal et une seconde assignation donnée
» aux mêmes fins que la première. »

Apres avoir lu ces motifs, on se demande quelle
est la prescription qui doit prendre la place de
l'ancienne, puisqu'on décide que cette ancienne
prescription, une fois interrompue, ne peut plus
atteindre l'action en réparation des délits forestiers. L'arrêt du 6 février 1830 et ceux qui l'ont
suivi portent, sur cette question : « Attendu que,
» dans le silence de la loi sur le temps requis pour
» la prescription des poursuites auxquelles don-
» nent lieu les délits soumis à des prescriptions
» particulières, il faut nécessairement se reporter,
» d'après l'article 187 du Code forestier, aux dis-
» positions générales du Code d'instruction crimi-
» nelle; qu'aux termes des articles 637 et 638 du
» Code d'instruction, la péremption, en matière
» correctionnelle, ne peut être acquise que lors-

» que les poursuites ont été interrompues pen-
» dant trois années. »

Ces motifs, comme on le voit, établissent une
doctrine tout-à-fait opposée à celle de l'arrêt du
5 juillet 1816, d'après lequel les articles 637 et
638 du Code d'instruction, ni aucun des articles
de ce Code, ne peuvent avoir autorité sur la question que j'examine. L'arrêt du 6 février 1830 est
fondé sur ce que *la péremption, en matière correctionnelle*, ne peut être acquise que lorsque les
poursuites ont été interrompues pendant trois
années. Cette proposition suppose donc qu'il
existe, dans la procédure criminelle, comme
dans la procédure civile, une péremption d'instance, et qu'on y admet des causes de péremption : qu'il me soit permis de faire remarquer que
c'est une erreur.

Dans la procédure criminelle, correctionnelle
ou de police, il n'y a point de péremption d'instance; l'instance subsiste aussi long-temps que
subsiste l'action, elle ne périt qu'avec elle; car
la loi ne distingue pas entre l'action et la poursuite. Ainsi l'arrêt ne pouvait pas s'appuyer sur le
principe que la durée qui est accordée à une instance se communique à l'action qui lui a servi de
base; que, de même que les actions civiles qui
ne sont qu'annales durent cependant aussi long-
temps que l'instance à laquelle elles donnent
lieu, les actions en réparation de délits forestiers doivent durer trois ans, parce que les instances correctionnelles subsistent pendant tout

ce temps. La loi ne fixe pas la durée des instances correctionnelles; elle ne règle que la durée
des actions. Cet arrêt ne résout donc pas la question.

Elle fut agitée lors de la discussion de l'article
185 du Code forestier à la chambre des députés (1). Un député dit : « Les dispositions de cet
» article sont parfaitement justes; mais je suppose
» que l'action en réparation du délit forestier,
» commencée dans le délai prescrit, ait été inter-
» rompue; je demande, en ce cas, quel sera le dé-
» lai de la nouvelle prescription. Je pense *qu'il*
» *doit être le même que celui de la prescription origi-*
» *naire, c'est-à-dire de trois ou six mois.* Ce n'est
» pas sans raison que j'appelle sur ce point l'at-
» tention de la chambre. La cour de cassation a
» jugé que, lorsque la prescription d'un délit cor-
» rectionnel a été interrompue par une action in-
» tentée, et qu'il y a eu cessation de poursuites,
» la nouvelle prescription devait être la même que
» celle établie primitivement. Je demande qu'il
» en soit de même pour le cas de l'article en ques-
» tion. » On voit que la question a été nettement
posée; que seulement le député ne rendait pas
un compte exact de la jurisprudence de la cour
de cassation; car son arrêt du 5 juillet 1816, que
je viens de rapporter, et son arrêt du 6 février 1824, que je citerai tout à l'heure, décident précisément le contraire de ce que le dé-

(1) Moniteur du 28 avril 1827, Supp., p. 553.

puté avait avancé. M. de Martignac répond : —
« La réponse à cette observation est dans l'arti-
» cle 187. » — Le député réplique : — « Sans doute
» cela est bien dans l'esprit de la loi, mais ne ré-
» sulte pas de sa lettre. Aussi la cour de cassation
» a-t-elle éprouvé quelque embarras dans l'appli-
» cation des principes de la prescription. » La discussion n'alla pas plus loin; l'article fut adopté.
Il en résulte seulement que, dans l'opinion du
député qui avait pris la parole, l'interruption de
la prescription, en matière forestière, ne donne
pas naissance à une prescription différente, plus
longue, plus difficile à acquérir que la prescription primitive; que cette opinion n'a pas été con-
tredite; que le ministre a prétendu que la solution de la question se trouvait dans l'article 187
du Code forestier; que le député y a vu aussi cette
solution, donnée d'une manière conforme à son
opinion, mais qu'il aurait voulu qu'elle fût plus
explicite.

Si l'on examine maintenant cet article 187, on
voit qu'il applique à la poursuite des délits forestiers les dispositions du Code d'instruction, en ce
qui concerne les citations et délais, les défauts,
oppositions, jugemens, appels et recours en cassation, sauf les modifications qui résultent du
titre 11 du Code forestier; mais il n'applique pas
à la poursuite de ces délits les dispositions du
Code d'instruction sur la prescription; il ne dit
point que, quand les poursuites auront été intentées dans le délai utile, l'action en réparation

ne se prescrira que conformément au Code d'instruction. Ainsi cet article laisse entière la question que je discute.

Cette question est difficile. On peut opposer à
la jurisprudence de la cour de cassation, que l'effet d'une interruption de prescription est bien de
soumettre le prescrivant à recommencer à prescrire de nouveau, comme s'il n'avait pas été auparavant dans la voie de la prescription ; mais que
cet effet ne peut pas être de substituer à la prescription qui se trouve interrompue une prescription plus longue, plus difficile à acquérir, à moins
que la loi n'en ait disposé autrement, ainsi qu'elle
l'a fait par l'article 29 de la loi du 26 mai 1819,
qui fixe à une année la prescription des délits
commis par voie de publication, lorsqu'il y a eu
un acte de poursuite dans les six mois qui ont
suivi le délit (1). On peut encore ajouter que les
prescriptions prévues par les lois spéciales ont été
rendues aussi courtes, non seulement parce que
les traces ou les preuves si fugitives des délits auxquels elles s'appliquent sont de nature à disparaître en peu de temps, mais encore parce que la
loi n'a pas voulu que le repos des citoyens fût
trop long-temps troublé par des poursuites intentées à raison de délits en général assez peu graves, et de nature à se multiplier beaucoup. Or on
ne voit pas en quoi un acte d'interruption qui

(1) * V. arrêt du 22 sept. 1832, Dalloz, 1833, p. 52 et
suivantes.

reste abandonné pendant tout le temps fixé par ces lois pour accomplir la prescription peut affaiblir les motifs qui ont limité la durée de cette prescription.

On peut répondre en faveur de la jurisprudence de la cour de cassation, que la prescription de trois ans est de droit commun en matière de délits correctionnels ; que les prescriptions plus courtes attachées à certains délits ne sont qu'exceptionnelles ; qu'il est de principe que, toutes les fois qu'une action est portée devant le juge, elle devient perpétuelle en ce sens qu'elle ne s'éteint plus que par la prescription ordinaire, quelque courte que fût d'ailleurs celle dont elle était passible avant qu'elle eût été formée ; que ce principe résulte de la maxime *omnes actiones quæ tempore pereunt, semel inclusæ judicio, salvæ permanent* (1), maxime généralement reçue en France, et dont les effets ne s'arrêtent qu'autant que l'instance est anéantie par la prescription ; que puisqu'il n'existe point de péremption contre les instances criminelles, qu'elles subsistent aussi long-temps que l'action qui leur sert de base, la poursuite des délits forestiers, de pêche, de chasse, des délits ruraux, dès qu'elle est intentée, n'est plus susceptible que de la prescription de trois ans ; que cela est vrai, soit que la poursuite résulte d'une citation donnée à l'audience, soit qu'elle résulte des actes du ministère public pour

_____

(1) Ff. L. 139. *De regulis juris.*

en saisir le juge d'instruction ; car ce juge est investi d'une véritable juridiction.

Ces dernières considérations me paraissent l'emporter sur celles que l'on peut opposer à la jurisprudence de la cour de cassation et devoir la faire prévaloir, tout en reconnaissant que la question présente des difficultés et que cette jurisprudnce n'est pas encore adoptée par les tribunaux, puisque les arrêts que j'ai cités et ceux que je vais indiquer ont cassé des décisions qui lui étaient contraires.

Par ses arrêts des 6 février 1824 (1) et 20 septembre 1828 (2), la cour a jugé que la prescription d'un délit de chasse était de trois ans, lorsque les prévenus avaient été régulièrement cités avant l'échéance des trois mois pour le premier, d'un mois pour le second ; et que la discontinuation des poursuites pendant moins de trois ans, n'éteignait pas l'action pour la répression de ces délits (3).

Mais remarquez bien que l'action n'est protégée par cette nouvelle prescription, qu'autant qu'elle reste pendante devant le juge ; car, une fois qu'il en est dessaisi, elle est placée sous l'influence de la prescription qui lui est particulière. Ainsi la cour de cassation a décidé, par ses arrêts

(1) Bull., p. 65 ; Dalloz, t. VIII, p. 796 et 797.
(2) Bull., p. 809 ; Dalloz, p. 424.
(3) * Cette règle est applicable aux délits ruraux. V. l'arrêt du 1er février 1833, Dalloz, p. 161.

des 25 novembre 1830 et 4 août 1831 (1), que, si la citation donnée devant un juge incompétent interrompait la prescription ; que si elle ne reprenait son cours qu'à partir de l'acte par lequel le juge mal à propos saisi déclarait son incompétence, cette prescription n'était autre que celle qui était propre au délit dont il s'agissait. Ainsi elle a jugé que les délits de dégradations commises sur un chemin public se prescrivaient par un mois à partir, dans la première espèce, de l'arrêté du conseil de préfecture qui se déclarait incompétent pour en connaître, et dans la seconde, à partir du jugement du tribunal de police qui déclarait également son incompétence pour statuer sur cette infraction. En effet, dès que ces autorités s'étaient dessaisies, il n'y avait plus d'action, et les parties étaient remises au même état qu'avant la poursuite : cette remarque fort juste appartient à M. Dalloz (2).

359. Les règles que je viens de retracer sur l'interruption de la prescription et sur les effets de cette interruption, reçoivent de notables modifications quand il s'agit de la poursuite *des contraventions de police* prévues par le Code pénal. Je dis *prévues par le Code pénal*, parce qu'ainsi que l'exprime l'article 643 du Code d'instruction, les contraventions dont la prescription est réglée par des lois particulières ne sont pas soumises aux dispositions de ce Code.

_____

(1) Cités dans le numéro précédent. — (2) 1831, p. 170.

L'article 640 porte : « L'action publique et l'ac-
» tion civile, pour une contravention de police,
» seront prescrites après une année révolue, à
» compter du jour où elle aura été commise, même
» lorsqu'il y aura eu procès-verbal, saisie, instruc-
» tion ou poursuite, si dans cet intervalle il
» n'est point intervenu de condamnation ; s'il y a
» eu un jugement définitif de première instance,
» de nature à être attaqué par la voie d'appel,
» l'action publique et l'action civile se prescriront
» après une année révolue, à compter de la noti-
» fication de l'appel qui en aura été interjeté. »

Ainsi le tribunal de police doit juger définitivement dans l'année de la contravention ; le juge
d'appel doit statuer définitivement dans l'année
de la notification de l'appel ; aucune espèce d'acte
ne peut proroger ces délais, pas même les jugemens interlocutoires ; c'est au ministère public ou
à la partie civile à faire leurs diligences pour que
le procès soit jugé définitivement.

360. Toutefois il ne faut pas conclure de là
qu'en matière de contraventions de police le cours
de la prescription ne peut jamais être interrompu.
Lorsque le ministère public et la partie civile sont
placés par la volonté de la loi dans l'impossibilité
de faire juger leurs actions, ces actions ne peuvent se prescrire ; ce que j'ai dit à ce sujet (1)
s'applique ici.

---

(1) V. *suprà*, n° 335 et suiv.

Ceci admis, on reconnaîtra sans difficulté que la prescription reprend son cours, quand l'obstacle qui s'opposait au jugement de l'action se trouve levé. Mais faut-il, pour l'accomplissement de la prescription, qu'il s'écoule de nouveau tout le temps que la loi a fixé pour la prescription en cette matière ? ou bien le temps qui s'est écoulé depuis que la contravention a été commise jusqu'au jour où le tribunal a été empêché de juger, doit-il être compté, de manière qu'il ne faille plus que *compléter* la prescription et non la recommencer entièrement ?

Pour admettre que le temps qui a précédé doit être compté, qu'il doit être joint à celui qui a suivi, il faudrait introduire dans le droit criminel les règles du droit civil qui concernent la *suspension* de la prescription, et l'on ne pourrait les y introduire qu'autant que les causes qui suspendent la prescription, n matière civile, pourraient être communes aux matières criminelles. Or c'est ce qui n'est pas. Ces cas sont, dans le droit civil, l'état de minorité, d'interdiction, de femme mariée; elles résultent enfin de ce que la personne à laquelle on prétend opposer la prescription, s'est trouvée dans une position qui excluait la capacité, la possibilité ou la volonté de donner un consentement. On voit que ces causes sont entièrement étrangères au droit criminel. Il ne faut pas perdre de vue d'ailleurs que la prescription, dans le droit criminel, repose sur d'autres présomptions légales que celles qui l'ont fait admettre dans le droit civil (1) ; et parce que le jugement d'une contravention de police est suspendu, il ne s'ensuit pas que les preuves peuvent dépérir; on doit plutôt croire que, réunies sous les yeux des juges, elles n'attendent que l'appréciation qu'il est chargé d'en faire. S'il en était autrement, si le temps qui s'est écoulé depuis la contravention jusqu'au jour où le tribunal a été dans l'impossibilité de prononcer sur le fond, devait compter pour l'accomplissement de la prescription, il pourrait arriver, si cette impossibilité ne se déclarait que la veille du jour où la prescription devait s'accomplir, que le juge se trouvât ensuite sans pouvoirs pour prononcer sur le fond. Supposez, et ceci n'est pas une vaine hypothèse, puisque le cas s'est présenté (2), qu'un tribunal de police accueille, le 31 décembre, une question préjudicielle sur la poursuite d'une contravention commise le 1er janvier précédent, comment revenir devant ce tribunal, après que la question préjudicielle aura été jugée? il faut donc reconnaître, en droit criminel, que toutes les causes qui arrêtent le cours de la prescription, en sont interruptives; qu'elles rendent conséquemment non avenu le temps qui a précédé, et obligent le prévenu à prescrire de nouveau.

361. Le Code d'instruction criminelle présente, sur la prescription des contraventions de police,

_____

(1) V. *suprà*, n° 285. — (2) V. au n° 362 l'arrêt du 21 octobre 1830.

plusieurs lacunes que la jurisprudence est appelée à remplir.

1° Ce Code a prévu le cas où, le jugement du tribunal de police n'étant qu'en premier ressort, il en est interjeté appel, et il proroge d'une année, à partir de la notification de cet appel, le temps de la prescription; après ce terme, l'action pour la poursuite de la contravention est prescrite, et le jugement de condamnation ne peut plus être exécuté. Il n'y aurait pas de difficulté, si le délai pour appeler du jugement de première instance courait à partir de sa prononciation, comme il court à partir de ce moment, pour les jugemens contradictoires rendus en police correctionnelle; mais, d'après l'article 174 du Code d'instruction, le délai ne court qu'à compter de la signification de ce jugement à la personne ou au domicile du condamné. Le ministère public et la partie civile demeurent-ils maîtres de ne faire signifier le jugement que quand il leur plaît, ou doivent-ils le notifier dans un temps déterminé, après lequel la prescription sera acquise ? Le Code est muet à cet égard. Il ne me paraît point douteux que la partie qui a obtenu le jugement de condamnation ne doive le faire signifier dans un délai déterminé. Cette signification servant de point de départ au délai pour en interjeter appel, et servant conséquemment à fixer l'époque à laquelle la prescription devra commencer, il n'a pu entrer dans l'intention de la loi de laisser à la partie poursuivante toute latitude pour retarder indéfiniment cette époque ; car ce serait lui donner la faculté de rendre imprescriptibles les contraventions de police suivies d'un jugement de condamnation en premier ressort, quand la loi a voulu expressément, au contraire, que, même dans ce cas, l'action pour la poursuite pût se prescrire. On ne peut pas objecter que c'est au condamné qui veut faire courir le délai de la prescription, à interjeter appel sans attendre la signification du jugement, parce que la loi n'impose à ce condamné l'obligation d'appeler que quand il veut se garantir contre l'exécution du jugement ; il n'a pas à la craindre, tant qu'on ne le lui signifie pas ; il n'a donc rien à faire.

Je crois qu'il doit en être des jugemens de simple police comme des jugemens de police correctionnelle. Or la prescription atteint ces derniers si, étant rendus par défaut, on néglige de les signifier ; elle court, après l'appel qui en a été interjeté, s'ils sont contradictoires, quand cet appel n'est pas jugé dans les trois ans. Mais quel sera le temps nécessaire pour prescrire l'action publique et l'action civile contre les contraventions de police suivies d'un jugement contradictoire de condamnation qui n'a pas été signifié? Ce temps ne peut être autre, ce me semble, que le délai que la loi a fixé pour la prescription en cette matière, c'est-à-dire une année, à compter de la prononciation du jugement. Puisque c'est par une année que se prescrivent les contraventions non suivies d'un jugement de condamna-

tion ; que c'est encore par une année que s'éteignent les actions pour la poursuite , lorsqu'il a été
interjeté appel du jugement de condamnation en
premier ressort , ce doit être aussi par un an que
doit se prescrire la poursuite , après un jugement
qui n'a pas été signifié.

362. 2° Le Code d'instruction présente une
autre lacune qui peut paraître plus embarras-
sante; elle est relative aux effets du pourvoi en
cassation et de la cassation , en ces matières.

Aux termes de l'article 172 du Code d'instruction, il n'y a que le condamné qui puisse interjeter appel des jugemens de simple police; les effets
de cet appel sur la prescription sont réglés, comme
on vient de le voir , par l'article 640. Mais , aux
termes de l'article 177 , « le ministère public et
» les parties pourront, s'il y a lieu , se pourvoir en
» cassation contre les jugemens rendus en dernier
» ressort par le tribunal de police , ou contre les
» jugemens rendus par le tribunal correctionnel ,
» sur l'appel des jugemens de police. » L'art. 413
contient des dispositions semblables. Ainsi le
ministère public et la partie civile peuvent se
pourvoir en cassation contre les jugemens qui
acquittent le prévenu; le prévenu peut aussi se
pourvoir contre les jugemens qui l'ont condamné.
Mais il peut arriver que , quand la cour de cassation prononce la cassation de ces jugemens , il se
soit écoulé plus d'un an depuis l'existence de la
contravention ou depuis l'appel du jugement qui
a été cassé ; il peut arriver aussi que , la cour de

cassation ayant prononcé dans ces délais., le tribunal auquel le renvoi de l'affaire a été fait ne prononce qu'après qu'ils sont expirés. La prescription, dans ces différens cas, sera-t-elle acquise?

M. Carnot (1) a parlé de cette question et il a dit : « Pour interrompre la prescription en matière » de police, il ne suffit pas même qu'il soit inter- » venu un jugement; il faut qu'il y ait eu *condam-* » *nation* du prévenu ; d'où il suit que, quand il » serait intervenu un jugement *de renvoi du prévenu* » avant l'expiration de l'année, si le plaignant ne » l'avait pas fait réformer dans le cours de la » même année, il devrait être déclaré non rece- » vable dans son action. » Il paraît, d'après cela, que l'opinion de M. Carnot est que le ministère public et la partie civile doivent, dans l'année de la contravention ou de l'appel, non seulement faire casser le jugement qui a acquitté le prévenu, mais encore faire prononcer le tribunal auquel le renvoi de l'affaire a été fait. Il s'occupe ensuite des jugemens qui ont condamné le prévenu et dont la cassation a été prononcée, et dit à ce sujet : « Le Code d'instruction n'a pas prévu ce » cas ; mais comme l'article 640 ne prononce la » déchéance de l'action que lorsqu'il n'est pas » intervenu de jugement de condamnation dans » l'année, et que, dans l'espèce, il en est intervenu » un, nous ne pensons pas que la déchéance doive

----

(1) T. III , p. 634 et 635.

» être prononcée, sauf à obtenir un nouveau ju-
» gement de condamnation dans l'année à compter
» du jour où l'annulation du premier jugement a
» été prononcée par la cour de cassation. S'il pou-
» vait rester du doute sur cette manière d'appli-
» quer les dispositions de l'article 640, il se trou-
» verait levé par la disposition de l'article 427.
» Quel serait le but, en effet, du renvoi de l'affaire
» à un autre tribunal, s'il y avait déchéance de
» l'action? Cependant voyez un arrêt du 3 nivose
» an 11. »

L'arrêt cité par M. Carnot décide nettement
qu'un jugement cassé ne peut interrompre la
prescription en matière criminelle ; il contredit
conséquemment l'opinion que le jugement de
condamnation, quoiqu'il ait été cassé, interrom-
pît la prescription en matière de simple police.

Je crois que c'est par d'autres principes que la
question doit être résolue.

Les articles 177 et 413 du Code d'instruction
ont ouvert aux parties et au ministère public la
voie de la cassation contre les jugemens en dernier ressort rendus en matière de police; mais,
l'article 640 n'ayant point assigné un effet particulier à ces pourvois ni aux arrêts de cassation
qui peuvent en être la suite, il en résulte qu'il les
a laissés sous l'empire des règles générales. Or
l'effet légal d'un recours en cassation régulièrement formé est de conserver l'action publique et
l'action civile, en interrompant la prescription qui
courait contre elles. Il est vrai que l'article 640

déclare que la prescription est acquise en matière
de simple police, s'il n'est point intervenu dans
l'année de jugement de condamnation, quand
même il y aurait eu *procès-verbal*, *saisie*, *instruction* ou *poursuites;* mais cet article ne dit pas que
la prescription sera acquise, quand même il y
aurait eu dans l'année un jugement définitif,
si un pourvoi en cassation a été régulièrement
dirigé contre lui; il ne le dit pas, et il ne pourrait
pas le dire, puisque, par un des articles qui le
précèdent, ce recours est expressément autorisé.
Le Code d'instruction n'enjoint pas à la cour de
cassation, comme il enjoint au tribunal de police
et au tribunal d'appel, de prononcer sur l'affaire
dans un délai déterminé; mais c'est parce que la
cour de cassation n'est point un degré de juridiction; qu'instituée pour veiller à ce que les jugemens gardent exactement les lois, elle ne juge ni
les contraventions, ni les délits, ni les crimes;
c'est aussi parce que l'article 425 de ce code lui
recommande, d'une manière générale, de statuer
sur les pourvois dans toutes les matières criminelles, dans le mois de la réception des pièces.
L'article 640 n'est pas le seul qu'il faille consulter; il se coordonne nécessairement avec tous
ceux qui autorisent le recours en cassation contre
les jugemens des tribunaux de police, et il en
reçoit toutes les modifications qui sont les conséquences nécessaires d'un pareil recours. Ces
conséquences nécessaires sont l'interruption de
la prescription, pendant tout le temps que dure

le pourvoi ; et , si la cassation est prononcée , que les tribunaux saisis par le renvoi aient, à compter de la réception des pièces , le même délai pour juger que celui qu'avaient les tribunaux auxquels ils sont substitués.

Un arrêt de la cour de cassation du 21 octobre 1830 (1) , a adopté la doctrine que je viens d'exposer : Gilbert est traduit devant le tribunal de police à raison d'une contravention commise le 1er mars 1829. Le 27 février 1830, conséquemment la veille du jour où la prescription devait s'accomplir, le tribunal rend un jugement qui l'absout. Le ministère public se pourvoit en cassation le 1er mars suivant ; le 25 , la cour de cassation annule ce jugement et renvoie l'affaire devant un autre tribunal de police. Le 30 août, ce tribunal, sur le motif que , dans le cours de l'année à compter du 1er mars 1829, jour de la contravention , il n'est point intervenu de jugement de condamnation, déclare l'action prescrite. Pourvoi en cassation et arrêt qui casse cette décision ; « Attendu , en » droit, que des dispositions formelles des articles » 177 et 413 du Code d'instruction, il résulte que » la voie du recours en cassation est ouverte au » ministère public contre tout jugement quelconque rendu en dernier ressort par des tribunaux » de police , et que l'exercice de ce recours n'est » assujetti à d'autres règles et à d'autres conditions » qu'aux formes et aux délais prescrits par l'ar-

_____

(1) Dalloz , 1831 , p. 14.

» ticle 373 ; qu'ainsi un tel pourvoi, étant réguliè-
» rement formé, doit produire son effet légal quelle
» que soit la nature du jugement qui en est l'objet;
» que l'article 640, tout en déclarant que l'action
» publique contre une contravention de police est
» prescrite après une année à compter du jour où
» elle a été commise, si dans cet intervalle il n'est
» point intervenu de condamnation, ne présente
» aucune disposition restrictive du droit de recours
» accordé par la loi à la partie publique; que les
» termes de cet article relatifs à l'appel exclusi-
» vement réservé au prévenu contre une condam-
» nation ou contre un jugement définitif qu'il
» voudrait attaquer, ne se rapportent qu'à lui, et
» que, la voie d'appel y étant seule prévue et men-
» tionnée, on ne peut rien en induire contre les
» effets d'une autre voie de droit dont il ne parle
» pas; que si le législateur a trouvé juste d'ac-
» corder au ministère public une prorogation de
» délai par suite de l'appel interjeté par le prévenu,
» l'effet nécessaire du seul recours laissé à la partie
» publique contre un jugement illégal doit être
» de proroger également la durée de l'action;
» qu'autrement, ce recours serait illusoire, et que la
» répression des contraventions de police les plus
» contraires à l'ordre public deviendrait souvent
» impossible; que l'exercice d'un droit aussi po-
» sitif, aussi nécessaire à la vindicte publique, ne
» peut être annihilé par une arbitraire extension
» de dispositions législatives qui lui sont étran-
» gères; et qu'exiger enfin du ministère public

» qu'il y ait eu, sur sa poursuite, condamnation
» dans l'année, quand il n'exerce son recours que
» parce que la condamnation par lui requise n'a
» pas été prononcée ; juger qu'un pourvoi exercé
» en temps utile n'a pu interrompre la prescrip-
» tion, c'est vouloir, par suite d'un jugement qu'il
» n'a pu empêcher, lui ravir l'arme que la loi lui
» avait mise entre les mains. »

§ IV. De l'influence de la prescription de l'action publique
sur l'action civile.

363. Aux termes des articles 637, 638 et 640
du Code d'instruction, l'action civile se prescrit
par les mêmes délais que l'action publique.

L'article 29 de la loi du 26 mai 1819 déroge à
cette règle générale, en disposant que l'action civile
résultant d'un délit commis par la voie de la presse
ou de tout autre moyen de publication, ne se
prescrit que par *trois années* à compter du fait de
la publication, tandis que l'action publique se
prescrit par *six mois*.

D'après MM. Carnot (1) et Bourguignon (2),
l'action civile n'est soumise à la prescription établie par le Code d'instruction, qu'autant qu'elle
a été portée devant la juridiction criminelle ; et
elle n'est soumise qu'à la prescription établie par
le Code civil, lorsqu'elle est portée devant la
juridiction civile. Voici comment s'exprime

---

(1) Commentaire sur le Code pénal, t. Ier, p. 52.
(2) Jurisp. des Codes criminels, t. II, p. 539.

M. Bourguignon : « Il n'est pas douteux que,
» lorsque l'action publique et l'action civile sont
» exercées simultanément, elles se prescrivent
» l'une et l'autre par le même laps de temps et
» dans les cas déterminés par les articles 637
» et 638. Mais lorsque la partie civile exerce par
» la voie civile son action en restitution ou en
» dommages-intérêts naissant d'un crime ou d'un
» délit, cette action peut-elle être repoussée par
» le même genre de prescription? La cour de cas-
» sation a jugé la négative. » MM. Bourguignon et
Carnot rapportent l'espèce d'un arrêt, en date
du 22 janvier 1822, qui, selon eux, a résolu en
ce sens la question. J'examinerai cet arrêt dans
un instant (1), et l'on verra qu'il ne décide pas
du tout ce que ces auteurs lui font décider.

Quant à la question en elle-même, s'ils ont
voulu dire que la partie lésée n'a que trois ans,
ou dix ans, ou un an, ou six mois, ou trois mois,
ou un mois, selon la nature du fait qui a occasioné le dommage, pour porter son action
devant la juridiction criminelle, tandis qu'elle a
trente ans pour la porter devant les tribunaux
civils, ils se sont trompés. Les actions civiles qui
résultent des crimes, des délits et des contraventions sont soumises par la loi à une prescription
particulière, différente de celle que le Code civil
a établie pour les actions qui résultent des con-
trats; or la prescription que l'on doit appliquer

_____

(1) V. *infrà*, n° 367.

ne dépend pas de la nature de la juridiction devant laquelle l'action est portée, mais de la nature de l'action elle-même. Cela est si clair, si évident, qu'il n'y a pas à s'y tromper.

Si ces auteurs ont voulu dire que, quand la partie lésée a formé sa demande dans le délai utile, c'est-à-dire avant l'échéance de la prescription fixée par la loi criminelle, cette demande n'est soumise, pour tout ce qui tient à la procédure et à sa conservation, à d'autres formalités, à d'autres délais que ceux établis pour les instances portées devant la juridiction où cette demande est pendante, ils ont eu raison. Ainsi, si cette demande avait pour cause une contravention de police, la partie civile ne serait pas obligée de la faire juger en dernier ressort dans l'année; si elle avait pour base un crime, un délit, elle ne serait point obligée de faire signifier des actes pour empêcher la prescription de dix ou de trois ans de s'accomplir. En effet, en permettant à la partie civile de porter son action devant la juridiction ordinaire, la loi a promis, par cela même, la protection dont elle couvre tous les intérêts soumis au jugement de cette juridiction. Ce serait d'ailleurs un système fort bizarre que celui qui amènerait un amalgame des formes de la procédure criminelle et de la procédure civile, et qui contraindrait une partie à faire devant les tribunaux civils des actes que le Code de procédure ni le tarif n'autorisent. Portée devant la juridiction civile, l'action de la partie lésée est protégée par la maxime *omnes actiones quœ temporë pereunt*, *semel inclusœ judicio*, *salvœ permanent ;* cette action ne peut s'y éteindre qu'autant que la demande est frappée de péremption. Il est constant, en droit, que les actions annales, une fois portées devant les tribunaux civils, ne s'y prescrivent plus par un an, et qu'elles, subsistent aussi long-temps que l'instance à laquelle elles servent de base ; c'est ce que la cour de cassation a jugé le 22 janvier 1816 (1) dans une espèce régie par l'article 15 de l'ordonnance de Roussillon ; c'est ce qu'elle jugerait, à plus forte raison, sous l'empire des articles 2247 du Code civil, 397 et suivans du Code de procédure civile.

364. De ce que l'action civile se prescrit par le même laps de temps que l'action publique, il ne faut pas conclure que la prescription de l'action publique emporte toujours et nécessairement la prescription de l'action civile. Quand le ministère public exerce son action, il agit tout à la fois dans l'intérêt de la société et dans l'intérêt des parties lésées par le délit (2) ; mais quand il reste oisif, il ne contraint point ces dernières au silence ; elles tiennent de la loi le droit d'agir par elles-mêmes, dans leur intérêt ; et à quoi servirait que l'art. 3 du Code d'instruction eût permis à la partie civile d'intenter séparément son action, et de la porter devant les tribunaux civils, si sa durée

---

(1) Dalloz, t. XI, p. 182. — (2) V. *suprà*, n° 354.

demeurait subordonnée à l'activité avec laquelle
le ministère public poursuivra la sienne ?

La réparation du dommage causé par un crime,
un délit ou une contravention, peut être ordonnée
par les tribunaux, alors que l'auteur de ce dommage est à l'abri de toute peine ; et cela doit arriver toutes les fois que la partie lésée a formé sa
demande avant l'échéance du terme de la prescription, tandis que le ministère public a négligé
d'intenter ses poursuites. Que l'on ne dise pas que
la condamnation à des réparations civiles ne peut
avoir d'autres bases que la déclaration légale de
l'existence d'un fait punissable, et que cette déclaration ne peut plus intervenir quand la poursuite de ce fait est éteinte par la prescription ; car
ce serait confondre des actions et des intérêts que
la loi a séparés. Oui ; la loi a séparé les intérêts
de la vindicte publique de ceux des parties lésées ;
car elle a permis à celles-ci d'agir seules, et sans
se placer sous la tutelle de l'action publique.
N'arrive-t-il pas tous les jours qu'une partie civile
interjette appel d'un jugement correctionnel qui
a acquitté le prévenu ; que le tribunal supérieur
réforme ce jugement, déclare le délit constant,
accorde des réparations civiles, et néanmoins n'applique aucune peine au prévenu, parce que le
ministère public ne s'est pas rendu appelant ?
Pourrait-on soutenir, par exemple, que l'action
civile est prescrite, parce que pendant le sursis
ordonné par l'article 3 du Code d'instruction, le

ministère public a laissé prescrire ses poursuites ? Non sans doute.

Il est donc incontestable que l'action civile peut survivre à l'action publique.

365. J'ai dit (1) que la plainte de la partie civile n'interrompait pas la prescription de l'action publique; mais interrompt-elle la prescription de l'action civile? Je n'en doute pas.

Les parties lésées par un fait punissable peuvent en poursuivre la réparation devant le juge de l'action publique (2); et la plainte de la partie civile, quand elle est portée devant le magistrat compétent pour la recevoir, qu'elle est revêtue des formes prescrites par les articles 31 et 63 du Code d'instruction, est réellement un acte introductif de sa demande, une véritable poursuite dans ses intérêts. Si le ministère public se croit dispensé d'agir, à lui permis, c'est ce que j'ai démontré (3); mais son inaction n'empêche pas que la partie civile n'ait fait ce que la loi lui indiquait de faire pour exercer son action, et conséquemment pour la conserver. Sur le refus du ministère public d'y donner suite, elle a le droit de s'adresser aux tribunaux civils et de se prévaloir de sa plainte en l'invoquant comme un acte interruptif de la prescription. Telle est aussi l'opinion de M. Favard de Langlade (4); il y apporte cependant une modifi-

---

(1) *Suprà*, nos 351 et suiv. — (2) Code d'inst., art. 3. — (3) *Suprà*, nos 17 et suiv. — (4) Rép. de la nouvelle législation, t. IV, p. 428.

cation, lorsque la plainte a pour objet un délit
correctionnel, parce que, dit-il, la partie civile
ayant pu saisir directement de son action le tribunal correctionnel, aux termes de l'article 182 du
Code d'instruction, elle doit s'imputer de n'avoir
point pris cette voie. M. Legraverend (1) me paraît avoir répondu d'une manière satisfaisante à
cette distinction entre les matières criminelles et
les matières correctionnelles et de simple police.
« Dans ce cas, comme dans l'autre, dit-il, la
» plainte réunie à la déclaration de se constituer
» partie civile est une véritable demande, une in-
» troduction d'action civile résultant du délit ; et
» puisqu'aux termes de la loi, la citation directe
» que donne la partie civile, tient lieu de plainte,
» à son tour, réunie à la déclaration de se consti-
» tuer partie civile, n'équivaut-elle pas à la cita-
» tion, et ne doit-elle pas en tenir lieu pour l'in-
» terruption de la prescription ? » J'ajoute à cette
observation que la loi a ouvert aux parties lésées
par un délit, deux voies pour introduire leur demande en réparation devant le juge de l'action publique, savoir, la voie de la plainte au juge d'instruction, ou au procureur du roi, ou à un officier de police auxiliaire de celui-ci, et la voie de
la citation directe ; quelle que soit celle que choi-
sissent ces parties, elles prennent toujours une
voie qui est légale, et le résultat de leur démarche
doit être le même.

(1) T. Ier, p. 80.

366. La prescription de l'action civile résultant d'un crime, d'un délit ou d'une contravention, interdit à la partie lésée non seulement toute demande en dommages-intérêts, mais encore toute demande en restitution ; car l'effet de la prescription est d'établir la présomption légale que le fait dommageable n'a point existé. On ne peut donc rien réclamer sur le fondement de l'existence de ce fait, et il n'y a plus à distinguer, comme le pratiquaient quelques parlemens , comme l'ont enseigné d'anciens criminalistes , entre les dommages-intérêts qui forment un capital par eux-mêmes , comme la restitution des choses volées, et les dommages-intérêts qui ne sont qu'un accessoire du fait incriminé. C'est en proscrivant, avec raison, cette distinction, que la cour royale de Bordeaux a jugé (1) que l'action civile d'un héritier contre son cohéritier, en restitution des valeurs mobilières soustraites par ce dernier , sans circonstances aggravantes, à la masse de la succession, avait été prescrite par trois années sans poursuites , à compter du jour de la soustraction.

367. Mais faites attention que cette règle ne s'applique qu'aux seules réparations civiles qui naissent du délit, qui y trouvent leur fondement, qui y puisent leur principe, et ne l'étendez pas aux actions qui résultent d'un contrat préexistant, le délit provînt-il de sa violation; enfin ne confon-

---

(1) Arrêt du 15 avril 1829 , Dalloz , 2e part., p. 179.

dez pas l'action *ex contractu* avec l'action *ex delicto.*

Ainsi, l'article 408 du Code pénal punit l'abus de confiance résultant de la violation d'un dépôt, du détournement d'effets, de marchandises, de billets confiés à charge de les rendre ou représenter ; l'article 169 punit les comptables et dépositaires publics qui soustraient les deniers qui leur sont confiés ; est ce à dire que l'action en restitution des choses confiées, des deniers publics qui ont été détournés, est soumise à la prescription établie par le Code d'instruction; une pareille opinion ne serait pas soutenable. Antérieurement à la violation du dépôt, à la violation du mandat, au vol des deniers confiés au comptable, il existait un contrat de droit civil qui s'était formé par l'acceptation ou la perception des choses reçues ; ce contrat donnait lieu à une action en répétition, dont la durée était fixée par le droit civil ; le délit ou le crime du débiteur de l'obligation n'a pu changer ce contrat, altérer le droit du créancier, et réduire la durée du temps pendant lequel il pouvait l'exercer. Si sa mauvaise foi a causé un dommage autre que celui qui résulte de la perte de la chose confiée, la réparation n'en pourra être poursuivie que pendant le temps prescrit par le Code d'instruction; car cette réparation n'est due qu'à cause du délit, le dommage n'a été que la conséquence du délit; mais l'action en répétition a son principe ailleurs, il existe dans le contrat qui a précédé le délit, et non dans le délit lui-

même, puisque l'action existait avant lui. Voilà ce qu'a jugé l'arrêt du 23 janvier 1822 (1), que j'ai dit avoir été mal interprété par MM. Carnot et Bourguignon. En voici l'espèce : un receveur de l'enregistrement avait dilapidé les deniers publics qui lui étaient confiés ; une procédure criminelle fut instruite contre lui ; mais la chambre du conseil déclara que l'action publique était prescrite. La régie dirigea alors contre lui des poursuites à fins civiles. Ce receveur prétendit que l'action civile n'avait pu survivre à l'action publique, qu'elles s'étaient éteintes en même temps, aux termes de l'article 637 du Code d'instruction. Cette fin de non-recevoir n'ayant pas été admise, le receveur se pourvut en cassation ; mais la chambre des requêtes rejeta son pourvoi : « Attendu que les ar-
» ticles invoqués du Code d'instruction ne peuvent
» avoir, dans l'espèce, d'application à cette action
» (celle de la régie), qui a pour objet, suivant le
» jugement attaqué, toutes les sommes dont le dé-
» mandeur était constitué débiteur sur la recette
» comme receveur de l'enregistrement, demande
» d'ailleurs étrangère aux intérêts civils résultant
» des poursuites en matière de délit ; que l'action
» introduite par l'effet de la saisie-arrêt purement
» civile résultant de la comptabilité générale du
» demandeur, était soumise aux règles prescrites
» pour la durée des actions civiles, par l'art. 2262

---

(1) Dalloz, t. VII, p. 468.

» du Code civil dont il a été fait une juste appli-
» cation. »

Voilà les vrais principes. La cour royale de Paris les a aussi consacrés par un arrêt du 25 mars
1825 (1) qui juge également que l'action du trésor
contre un comptable est indépendante de celle
qui résulte du délit de soustraction commis par
ce comptable, et que la première n'est point soumise à la même prescription que la seconde.

368. Ainsi il faut tenir pour constant, en droit,
que la prescription établie pas les lois criminelles
n'est applicable aux actions civiles, qu'autant
que ces actions ont réellement pour base un crime,
un délit ou une contravention. L'application de
ce principe est assez fréquente, et, pour qu'on en
saisisse mieux toute la portée, je citerai quelques
arrêts auxquels il sert de base.

La cour de cassation a jugé, le 6 juillet 1829 (2),
que l'action en répétition d'une somme perçue
par un comptable public au-delà de ce qu'il devait recevoir, n'était pas soumise à la prescription
de dix ans, dès que les juges avaient reconnu en
fait que cette perception ne présentait pas les caractères d'un crime de concussion.

Elle a jugé, le 26 mars 1829 (3), qu'une demande en dommages-intérêts formée par un
créancier contre un surenchérisseur, à raison de
cette surenchère et du désistement qu'il en avait

_____

(1) Dalloz, 2ᵉ part., p. 184. — (2) Dalloz, p. 288. —
(3) *Ib.*, p. 369.

donné, n'était pas soumise à la prescription de trois ans, si ces actes ne présentaient pas les caractères du délit d'entraves à la liberté des enchères prévu par l'article 412 du Code pénal. Les motifs de cet arrêt sont remarquables : « Attendu » que l'action formée par la demoiselle Dubois » contre les demandeurs avait pour objet et pour » but unique d'obtenir la réparation d'un dom- » mage qu'elle soutenait lui avoir été causé par » les demandeurs en cassation, et par des faits » qui leur étaient personnels, sans rattacher ces » mêmes faits à aucun délit qualifié par la loi et » dont elle leur adressât le reproche; que c'est » ainsi et dans ce sens que la cour de Pau a en- » tendu et caractérisé l'action en dol et fraude » dont l'avait saisie, par voie civile ordinaire, la » demoiselle Dubois; qu'il était dans le domaine » et dans les attributions de cette cour d'apprécier » les faits et les circonstances qui avaient causé le » dommage, et d'en ordonner la réparation par » l'application de l'article 1382 du Code civil; » qu'il ne saurait appartenir aux demandeurs, en » s'imputant une turpitude, d'aggraver ces faits » et ces circonstances, et de leur donner le carac- » tère d'un délit correctionnel que la cour de Pau » ne leur a point reconnu, que la demoiselle Du- » bois ne leur a pas attribué, et de ne chercher à » leur attribuer ce caractère que pour échapper » à une condamnation purement civile, au moyen » d'une prescription prévue par les articles 2, 637 » et 638 du Code d'instruction criminelle; que la

» prescription prononcée par ces trois articles, ne
» pouvant atteindre l'action civile en réparation
» du dommage, telle qu'elle a été jugée par la
» cour de Pau, l'arrêt de cette cour n'a ni violé
» ni pu violer les susdits trois articles. »

Par une conséquence nécessaire des mêmes
principes, la demande en restitution d'intérêts
usuraires ne se prescrit que conformément aux
lois civiles, parce que, le délit d'habitude d'usure
ne résultant que de la réunion de plusieurs faits
de la même nature, chaque fait isolé ne constitue
par lui-même aucun délit. Cela est si vrai, que le
débiteur ne peut point saisir de sa demande le
tribunal correctionnel, ni intervenir dans la poursuite intentée par le ministère public (1).

369. Enfin, je ferai remarquer que la prescription de l'action civile n'empêche pas de faire
valoir, à titre d'exception, les faits qui leur auraient servi de base, si elle eût été formée en
temps utile.

Il est de principe que toute exception doit du-

_____

(1) Arrêts des 3 février 1809; 5 novembre 1813, Dalloz,
t. XII, p. 825 ; 19 février 1830, Dalloz, p. 130. * Mais on
ne doit pas considérer comme une obligation civile soumise au
droit commun et à la prescription ordinaire l'engagement pris
dans un acquit à caution délivré par l'administration des douanes ou celle des contributions indirectes. L'action qui résulte
d'un pareil engagement, et en général des acquits à caution,
étant relative au *recouvrement des droits* se prescrit par un
an. Arrêt du 8 mai 1832, Dalloz, p. 182. (V. *suprà*, nᵒˢ
308 et 309.)

rer aussi long-temps que l'action principale contre laquelle elle est de nature à être proposée : *quæ temporalia sunt ad agendum, perpetua sunt ad excipiendum.* Il résulte de là qu'il ne peut y avoir de temps limité pour s'inscrire incidemment en faux contre une pièce produite, encore bien que l'action publique et l'action civile se trouvent éteintes, par la prescription, contre l'auteur du faux. «Cette faculté, disent les auteurs du Répertoire de jurisprudence (1), n'a point d'autres bornes que le temps réglé pour faire usage de la pièce prétendue fausse. Tant qu'il sera permis de produire cette pièce, il le sera également de l'arguer de faux; autrement il faudrait dire que le temps peut changer le faux en vrai, ce qui serait absurde. »

La cour de cassation a consacré cette doctrine par un arrêt du 25 mars 1829 (2).

Il résulte encore de là que l'individu auquel un titre aurait été extorqué ou surpris serait recevable à opposer à la demande formée contre lui, en vertu de ce titre, les faits de violence, de force ou de contrainte, de manœuvres frauduleuses, à l'aide desquels sa signature ou la remise de l'acte aurait eu lieu, encore bien que ni le ministère public ni lui ne pussent plus agir en réparation du crime ou du délit prévus par les articles 400 et 405 du Code pénal.

(1) T. XII, p. 865. — (2) Dalloz, p. 199.

SECTION III.

De la chose jugée.

370. C'est une maxime incontestable de notre droit criminel, qu'un individu qui a été souverainement et légalement jugé ne peut plus être poursuivi à raison de la même accusation : qu'il ait été condamné, qu'il ait été absous, peu importe ; la société est réputée avoir obtenu la réparation qui lui était due. La chose jugée est une égide qui protége désormais la vie, l'honneur, le repos des accusés ; les droits du ministère public sont épuisés, son action est éteinte.

J'ai dit que c'était une maxime de notre droit criminel ; j'ajoute que c'est même un principe de droit public ; car qui voudrait vivre sous un gouvernement qui n'offrirait aucun refuge contre les poursuites de la vindicte publique ou les persécutions de la haine, et courberait sans cesse, sous la crainte du châtiment, les libertés civiles des citoyens?

Ce principe, exprimé par la maxime *non bis in idem*, était pleinement reçu dans notre ancien droit criminel, et le droit canonique le consacrait (1). Il est établi par le droit romain : *Qui de crimine publico in accusationem deductus est, ab alio super publico eodem crimine deferri non potest* (2).

_____

(1) Jousse, t. III, p. 12 ; Muyart de Vouglans, t. II, p. 110 (p. 596 de l'édition in-folio). — (2) L. 9 et 11 Cod. de accusat. et inscript.

La constitution de 1791 (1), le Code de brumaire an 4 (2) l'avaient érigé en loi; il est écrit, dans l'article 360 du Code d'instruction criminelle : « Toute personne acquittée légalement, ne pourra » plus être reprise ni accusée à raison du même » fait. »

371. C'est en conséquence de ce principe que les criminalistes anciens et modernes s'accordent à reconnaître qu'un accusé ne peut être poursuivi de nouveau parce qu'il n'a été condamné qu'à une peine trop légère.

Il suit de là que, quand les juges, en condamnant un accusé, omettent de lui infliger toutes les peines qu'il avait encourues, ils ne peuvent point réparer cette omission par un second jugement. Un individu condamné pour vol se trouvait en état de récidive; mais la cour de justice criminelle n'acquit la connaissance de cette circonstance que postérieurement à son arrêt. Alors elle en rendit un second portant que l'accusé serait flétri. Ce second arrêt fut cassé (3). En effet, le premier arrêt était réputé avoir tout jugé relativement à l'accusation, et la cour de justice criminelle avait consommé son droit.

372. Puisque la chose jugée éteint l'action publique; puisque l'exception qui en résulte est d'ordre public, il est incontestable qu'un pré-

---

(1) Chap. 5, art. 9. — (2) Art. 426. — (3) Arrêts des 18 floréal an 7 et 18 fructidor an 13, Dalloz, t. XI, p. 517.

venu peut opposer cette exception en tout état de cause; qu'il ne peut y renoncer; que le juge doit même l'appliquer d'office.

Je sais que ces principes ne sont pas tous admis dans le droit civil, qui, généralement, abandonne aux parties le soin de rechercher et de faire valoir leurs moyens de défense; mais dans les matières criminelles où il s'agit de l'honneur, de la liberté, de la vie des hommes, où la société entière s'arme contre un faible individu, la loi doit protéger l'accusé et le soutenir dans une lutte si grave et si inégale; elle doit obliger les magistrats à le faire jouir de tous les moyens de défense qu'elle a établis; car l'accusé n'est jamais réputé y avoir renoncé, *nemo auditur perire volens;* et quand il se tait, elle doit réclamer pour lui. Jean Riva, accusé d'une tentative de meurtre, fut jugé à Parme, le 28 février 1806, avant que les tribunaux français y fussent organisés, et mis en liberté. Postérieurement, le procureur général près la cour de justice criminelle de Plaisance le traduisit devant cette cour, à raison du même fait; et, le 30 avril, il le fit condamner correctionnellement. L'accusé ne s'était point prévalu du premier jugement rendu en sa faveur, et les magistrats ignoraient qu'il en existât un. Cependant le procureur général, qui trouvait trop faible la peine appliquée à Riva, se pourvut en cassation; mais, dans l'intervalle de ce pourvoi, il découvrit le premier jugement et le fit parvenir à la cour de cassation. Alors la cour cassa l'arrêt qui

lui était déféré (1) : « Attendu que Riva, ainsi jugé
» définitivement le 28 février dernier, n'a pu être
» remis en jugement sur le même fait, et que l'ar-
» rêt rendu contre lui le 30 avril, contre lequel le
» procureur général s'est pourvu, renferme un
» excès de pouvoir ». C'est ainsi qu'elle adopta et
appliqua d'office à Riva l'exception de la chose
jugée.

373. Est-il nécessaire d'ajouter, après ce qu'on
vient de lire, que l'exception tirée de la chose
jugée est préjudicielle, en ce sens qu'elle ne peut
être jointe au fond, et que son examen doit précéder toute décision sur la forme ou sur le fond?
Il est évident que toute décision sur la forme ou
sur le fond suppose, dans le ministère public, le
droit d'intenter une action; or, l'exception de la
chose jugée a précisément pour objet de faire décider que ce droit n'existe pas, que l'action est
éteinte (2).

374. Après avoir fait connaître la nature et les
effets généraux de l'exception tirée de la chose jugée, je vais parler :

1° Des actes qui peuvent produire la chose jugée, et des effets particuliers de ces actes;

2° Des conditions qui doivent concourir pour
constituer la chose jugée;

3° De l'influence qu'exerce sur l'action publique la chose jugée au civil, et réciproquement de

---

(1) Le 12 juillet 1806, Dalloz, t. II, p. 607.
(2) Arrêt du 10 août 1809, Dalloz, ib.

l'influence qu'exerce sur l'action civile la chose jugée au criminel.

§ Ier. Des actes qui peuvent produire la chose jugée, et des effets particuliers de chacun de ces actes.

375. En déclarant que toute personne acquittée ne pourra plus être reprise ni accusée à raison du même fait, l'article 360 du Code d'instruction ajoute : *acquittée* LÉGALEMENT. Cette dernière expression peut fixer d'autant plus l'attention, que l'article 426 du Code de brumaire, qui correspond à l'article 360 du Code d'instruction, ne l'employait pas. Cependant l'addition de ce mot ne donna lieu à aucune observation au conseil d'état, quoiqu'elle se trouvât dans le projet soumis à sa discussion.

On peut se demander s'il n'y a que les ordonnances du juge, les arrêts et les jugemens parfaitement conformes à la loi, qui soient susceptibles d'acquérir l'autorité de la chose jugée, et de soustraire à des poursuites ultérieures le prévenu renvoyé, acquitté ou absous? Je crois que le mot *légalement* n'a été employé que pour exprimer qu'une ordonnance illégale d'acquittement du président de la cour d'assises est susceptible d'être cassée au préjudice de la partie acquittée, si elle a été attaquée régulièrement; que cette expression sert à modifier l'article 409, d'après lequel l'annulation de l'ordonnance d'acquittement ne peut être poursuivie que dans l'intérêt de la loi, et sans préjudicier à la partie acquittée; mais qu'elle n'empêche pas que cette ordonnance, que des arrêts, que des jugemens, quelque illégaux qu'ils puissent être, n'acquièrent l'autorité de la chose jugée, si l'on n'a pris contre eux les voies de réformation ou d'annulation établies par la loi.

En effet, le Code d'instruction a ouvert aux parties et au ministère public les voies de l'appel et du pourvoi en cassation pour faire réformer ou annuler les actes des trrbunaux qui violent la loi; ce Code a réglé les délais et la forme de ces recours; mais lorsque ces voies n'ont pas été prises, ces actes deviennent inattaquables; ils obtiennent la même autorité, ils produisent les mêmes effets que s'ils étaient parfaitement réguliers. Il faut un terme aux procès, et surtout aux procès criminels; c'est surtout sur les choses finies que reposent l'ordre de la société et la paix des familles; et il y aurait plus d'inconvéniens à prolonger l'incertitude des citoyens sur la conservation de leurs biens les plus chers, qu'il ne peut y en avoir à sanctionner des jugemens contraires à la loi, lorsqu'on n'a pas usé des moyens qu'elle offre de les attaquer. Telle est la règle générale : j'examinerai bientôt si elle comporte quelque exception (1).

Ainsi, un jugement rendu par un tribunal incompétent peut acquérir l'autorité de la chose jugée, s'il n'a été l'objet d'aucun recours; c'est ce que la cour de cassation a souvent décidé en matière civile et en matière criminelle.

(1) V. *infrà*, n° 377 et suivans.

II. 17

Il peut l'acquérir, quand même le juge qui l'a rendu, reconnaissant plus tard son erreur, en aurait ordonné le rapport; car cette rétractation n'est elle-même qu'un excès de pouvoir, puisqu'il ne lui appartenait pas de réformer sa propre décision.

Il peut l'acquérir, quand même le tribunal dont il est émané aurait été illégalement composé; par exemple, si le ministère public n'en avait pas fait partie. Un arrêt du 1er avril 1813 (1) a consacré ces diverses propositions. Dans l'espèce, un maire, statuant comme juge de police, mais en l'absence du ministère public, avait condamné aux frais des individus prévenus d'injures verbales. Plus tard, reconnaissant son incompétence, il avait rendu un second jugement par lequel il rapportait le premier, et renvoyait les parties devant le tribunal de police du juge de paix. Celui-ci, considérant comme non avenu le premier jugement, condamna le prévenu à l'amende. Ce jugement a été cassé dans l'intérêt de la loi, par le motif qu'il violait la règle *non bis in idem*, le premier jugement ayant acquis l'autorité de la chose jugée, malgré les irrégularités qui l'entachaient, puisqu'il n'avait été attaqué par aucune voie légale.

376. La cassation dans l'intérêt de la loi, telle est la voie ouverte par l'article 88 de la loi du 27 ventose an 8 et l'article 442 du Code d'instruc-

---

(1) Bull., p. 163; Dalloz, t. II, p. 572.

tion contre les jugemens en dernier ressort qui
n'ont été attaqués, dans le délai légal, ni par le
ministère public, ni par les parties, et qui sont
entachés de nullité. Les tribunaux sont ainsi avertis de leurs erreurs ; mais les parties qui en souf-
frent ou qui en profitent, restent dans la situation
où ces jugemens les ont placées; la cassation
n'est qu'une mesure d'ordre (1).

377. Mais n'existe-t-il pas des cas extraordinaires pour lesquels la loi a autorisé la cassation
au profit ou au préjudice des parties, des arrêts,
des jugemens, ou des actes de l'autorité judiciaire
en matière criminelle, quoique ces arrêts, ces
jugemens ou ces actes n'aient point été attaqués
dans les délais fixés par le Code d'instruction?

Cette question est d'une haute importance;
son examen exige une sérieuse attention. Les difficultés qu'elle pouvait offrir viennent de se com-
pliquer par un arrêt récent (2) de la cour de cassation qui contrarie tous les antécédens qu'elle
avait établis sur cette matière. Jusqu'à cet arrêt,
il n'y avait d'opposés entre eux que les criminalistes et les jurisconsultes; aujourd'hui, la cour
de cassation s'est opposée à elle-même. Une question aussi controversée ne peut être bien entendue, qu'autant qu'elle est traitée avec détails;

---

(1) Arrêts des 17 janvier 1812, Bull., p. 19 ; Dalloz, t. II,
p. 351 ; 17 janvier 1829, Dalloz, p. 113 et beaucoup d'autres. — (2) 2 avril 1831, Dalloz, p. 174.

ceux dans lesquels je vais entrer, emporteront conséquemment leur excuse.

L'ancien droit criminel admettait, comme on l'a vu, la maxime *non bis in idem;* mais, d'accord avec le droit romain, il en rejetait l'application, lorsque le jugement dont on voulait se prévaloir était entaché de dol, ou vicié par une incompétence radicale : « La première exception à la » maxime *non bis in idem,* dit Jousse (1), est lors- » qu'il y a fraude ou collusion dans le premier » jugement, soit de la part de l'accusé, soit de la part de la partie publique ou du juge. *L. si præ-* » *tor,* 75, § *Marcellus, D. de re jud. ; L.* 3, § 1er, » *D. de prævaricat.; L. si quis homicidii,* xi, *Cod. de* » *accusat.,* etc.

» En effet, quelque favorable que soit l'absolu- » tion pour un accusé, néanmoins comme l'in- » tention des lois n'a jamais été de favoriser l'im- » punité des crimes, il faut que cette absolution » ait été prononcée par une voie légitime; autre- » ment les plus grands criminels échapperaient à » la peine, en se choisissant un tribunal favorable » où ils se feraient absoudre, sans instruction, afin » de pouvoir ensuite opposer l'exception *non bis* » *in idem,* pour se mettre à couvert de toute autre » poursuite.

« Quoique, dans nos mœurs, il ne soit guère à » présumer qu'il y ait de la collusion dans la pour- suite des crimes de la part des juges ou de la

---

» partie publique, cependant si cette collusion
» était prouvée, l'accusé, malgré son absolution
» devant le premier juge, pourrait être poursuivi
» et accusé de nouveau devant un autre juge.....
» si le premier juge qui a connu de l'affaire était
» entièrement incompétent, ce serait une espèce
» de prévarication de sa part, et par conséquent
» un motif à l'autre juge pour agir, même après
» le jugement rendu par le premier juge. »

Muyart de Vouglans (1) professe les mêmes
principes : « Une troisième exception (à la règle
» *non bis in idem*), fondée sur la loi 1re *de prœva-*
» *ricat.*, c'est lorsqu'il est prouvé que le jugement
» d'absolution a été surpris par le dol et la fraude
» de l'accusé. »

Il est facile de reconnaitre que ces exceptions
ont pour base l'intérêt de l'ordre public, et
qu'elles sont fondées en équité ; mais ont-elles
été admises par le droit criminel moderne ? c'est
ce qu'il importe de rechercher.

La constitution de 1791 (2) (et, après elle, les
articles 262 et 263 de la constitution du 5 fructidor an 3) portait : « Le ministre de la justice
» dénoncera au tribunal de cassation, par la voie
» du commissaire du roi, et sans préjudice du
» droit des parties intéressées, *les actes par lesquels*
» *les juges auraient excédé leurs pouvoirs.* Le tribunal
» les annulera, et s'ils donnent lieu à une forfai-

(1) Inst. au droit criminel, p. 82 ; et Lois criminelles, t. II,
p. 111 (596 de l'édit. in-folio). — (2) Art. 27, tit. 3, ch. 5.

» turc, le fait sera dénoncé au corps législatif. »
Mais quel devait être le sort de ces actes quant
aux parties intéressées, lorsqu'elles ne les avaient
point attaqués elles-mêmes? les constitutions
de 1791 et de l'an 3 ne le disent pas.

Le 27 ventose an 8, une loi sur l'organisation
judiciaire fut promulguée; l'attention doit se fixer
sur les articles 80 et 88; ils portent :

Art. 80. « Le gouvernement, par la voie de son
» commissaire *et sans préjudice du droit des parties*
» *intéressées*, dénoncera au tribunal de cassation,
» section des requêtes, *les actes par lesquels les*
» *juges auront excédé leurs pouvoirs, ou les délits par*
» *eux commis relativement à leurs fonctions.* La sec-
» tion des requêtes *annulera ces actes, s'il y a lieu,*
» et dénoncera les juges à la section civile pour
» faire à leur égard les fonctions de jury d'accusa-
» tion, etc. »

Art. 88. « Si le commissaire du gouvernement
» apprend qu'il ait été rendu, en dernier ressort,
» un jugement contraire aux lois ou aux formes
» de procéder, ou dans lequel un juge ait excédé
» ses pouvoirs, et contre lequel cependant aucune
» des parties n'ait réclamé dans le délai fixé, après
» ce délai expiré, il en donnera connaissance au
» tribunal de cassation ; et, si les formes ou les
» lois ont été violées, le jugement sera cassé,
» sans que les parties puissent se prévaloir de la
» cassation pour éluder les dispositions de ce juge-
» ment, lequel vaudra transaction pour elles. »

Qu'il me soit permis de m'arrêter un instant

sur ces deux articles; car ils ont servi de type aux articles 441 et 442 du Code d'instruction criminelle qui nous régissent aujourd'hui.

Il est clair, pour quiconque veut examiner les articles 80 et 88 de la loi du 27 ventose, afin d'y chercher l'intention du législateur, et sans se préoccuper de ses opinions personnelles sur la question que j'examine, que la cassation dont parle l'article 80 n'est pas la même, ni dans son but ni dans ses effets, que celle dont parle l'article 88. Le procureur général près la cour de cassation a le droit de provoquer la cassation prévue par ce dernier article, de son propre mouvement et sans attendre les ordres du gouvernement; tandis qu'il ne peut requérir l'autre que quand le gouvernement l'en a chargé. Pourquoi cette différence, si les deux cassations ne doivent produire que le même résultat? l'article 88 déclare que la cassation procurée par le procureur général ne pourra être demandée qu'après que les délais dans lesquels il est permis aux parties de se pourvoir seront expirés, et qu'autant qu'elles ne se seront pas pourvues elles-mêmes; tandis que l'article 80 autorise le gouvernement à provoquer la cassation aussitôt que l'acte par lequel le juge a excédé ses pouvoirs existe; cette différence ne peut être motivée que par l'intention où était le législateur de donner à la cassation qui serait prononcée une influence quelconque sur le sort de l'affaire dans laquelle elle interviendrait. Mais bientôt cette intention se manifeste clairement; car l'article 88 exprime que la cassation provoquée par le procureur général seul ne pourra nuire ni préjudicier aux parties, *sans que les parties puissent se prévaloir de la cassation......,* tandis que l'article 80 ne renferme aucune restriction de ce genre; car ces mots, et sans préjudice du droit des parties intéressées ne peuvent s'entendre que du droit qu'elles peuvent avoir de se pourvoir elles-mêmes, et non du droit qu'aurait pu leur conférer l'acte cassé; ces mots ne sont certainement pas synonymes de ceux de l'article 88 , *sans que les parties puissent se prévaloir.....,* ils ne sont certainement pas synonymes de ceuxci : *sans préjudicier aux droits des parties intéressées.* Il ne tombe sous le sens ni que la loi ait considéré comme une seule et même chose, comme ne produisant que des conséquences de doctrine, une cassation que le gouvernement s'est réservé le droit exclusif de provoquer, une cassation dirigée contre des actes qui peuvent constituer des délits et amener la mise en accusation des juges, et une cassation que le procureur général peut provoquer de son propre mouvement; ni que la loi ait voulu conserver à des actes annulés sur la demande formelle du pouvoir exécutif, à des actes criminels peut-être, leurs effets légaux, comme s'ils n'étaient que le résultat d'erreurs ordinaires.

Il est utile de voir comment la cour de cassation a elle-même interprété l'article 80 :

Trois militaires sont traduits devant un conseil

de guerre, qui en condamne deux et absout un troisième qui était fugitif. Le commissaire du gouvernement ne se pourvoit pas contre la disposition qui acquitte; mais le conseil de révision saisi par le pourvoi des deux condamnés, se permet d'annuler le jugement en entier et de renvoyer les trois prévenus devant un autre conseil de guerre. En vertu de l'ordre du gouvernement, le procureur général défère ce jugement à la cour de cassation; M. Merlin a soin, dans son réquisitoire, de faire observer que « cette » cassation ne doit pas seulement être prononcée » dans l'intérêt de la loi; elle doit l'être, dit-il, » avec renvoi devant un autre conseil de révision » pour statuer sur le recours de Goulard et Gosse (les deux condamnés). » Par arrêt du 24 messidor an 11 (1), la cour casse le jugement du conseil » de révision, et, attendu que le droit d'annuler » ce jugement, dans les cas prévus par les articles » 77 et 80 de la loi citée (27 ventose an 8) entraîne » nécessairement celui de rétablir l'ordre; qu'il » est instant et nécessaire de renvoyer à un autre » conseil de révision pour statuer de nouveau sur » le recours de Goulard et Gosse...., renvoie les » condamnés et les pièces de la procédure qui les » concerne devant le conseil de révision le plus » prochain, pour y être procédé à un nouveau » jugement sur le recours en révision desdits condamnés. » Ainsi la cour de cassation reconnut

_____

(1) Dalloz, t. III, p. 541.

que le droit de cassation dont l'investissait l'article 80, n'était pas une simple cassation dans l'intérêt de la loi, pour venger les saines doctrines, mais une cassation produisant des effets et anéantissant l'existence des actes qui en étaient frappés.

Aux articles 80 et 88 de la loi du 27 ventose ont succédé les articles 441 et 442 du Code d'instruction criminelle; ils portent : Art. 441. « Lorsque, » sur l'exhibition d'un ordre formel à lui donné » par le ministre de la justice, le procureur géné- » ral près la cour de cassation *dénoncera* à la » section criminelle des actes judiciaires, arrêts » ou jugemens *contraires à la loi*, ces actes, arrêts » ou jugemens, pourront être annulés, et les » officiers de police, ou les juges, poursuivis s'il y » a lieu, de la manière exprimée au chapitre 3 » du titre 4 du présent livre.

Art. 442. « Lorsqu'il aura été rendu par une » cour royale ou d'assises, ou par un tribunal cor- » rectionnel ou de police, un arrêt ou un juge- » ment en dernier ressort, sujet à cassation, et » contre lequel néanmoins aucune des parties » n'aura réclamé dans le délai déterminé, le » procureur général près la cour de cassation » pourra aussi d'office, et nonobstant l'expiration » du délai, en donner connaissance à la cour de » cassation. L'arrêt ou le jugement sera cassé, sans » que les parties puissent s'en prévaloir pour s'op- » poser à son exécution. »

Quelques écrivains et la cour de cassation elle-

même, comme on le verra bientôt, ont cru reconnaître de notables différences entre ces deux
articles et les articles 80 et 88 de la loi du 27
ventose an 8 ; ils ont dit que les articles du Code
d'instruction investissaient, pour la première fois,
la cour de cassation du droit de casser, avec
effet, les actes qui lui étaient dénoncés en vertu
de l'article 441, tandis que précédemment elle
ne pouvait jamais les casser que dans l'intérêt de
la loi, et sans que le sort des parties en fût changé.
J'avoue que les articles 441 et 442 ne me paraissent pas renfermer autre chose que les articles 80
et 88 qu'ils ont précédés ; seulement l'intention
du législateur m'y paraît plus nettement exprimée,
parce que la rédaction de l'article 441 est plus
claire. La suppression de ces mots de l'article 80
sans préjudice du droit des parties intéressées, ôte
tout prétexte pour y voir une restriction pareille
à celle que contient l'article 442 sur les effets de
cette cassation ; ensuite, ces expressions *les officiers
de police ou les juges poursuivis* se lient mieux à
celles par lesquelles la cour est chargée d'annuler
leurs actes, ce qui révèle plus explicitement que
l'intention du législateur a été que le gouvernement et la cour n'usent que dans des cas fort
graves du pouvoir extraordinaire qu'il leur confie.
Mais, excepté cette pureté de rédaction, et l'attribution donnée à la section criminelle, au lieu de
l'avoir laissée à la section des requêtes, l'article
441 n'est, à mes yeux, que la répétition de l'article 80 de la loi de ventose.

378. Après avoir exposé l'état de la législation sur la question, je vais rapporter et discuter l'opinion des auteurs qui s'en sont occupés.

M. Carnot (1) commence par faire observer que les articles 441 et 442 ne sont que la répétition des articles de la loi de ventose an 8 : « On ne » trouve pas écrit, il est vrai, dans l'article 441, » dit-il, que la cassation qui est prononcée sur » la dénonciation du procureur général, lorsqu'il » l'a faite de l'ordre du ministre, doit l'être sans » préjudice du droit des parties intéressées, ainsi » que le porte l'article 80 de la loi du 27 ventose » an 8 ; mais c'est une conséquence qui se tire de » la nature même des choses ; car il serait contre » toutes les idées reçues, contre toutes les lois, » contre toute raison, que l'on pût revenir ainsi » sur ce qui aurait été irrévocablement jugé ; ce » serait détruire le principe salutaire du *non bis in* » *idem ;* aussi la cour de cassation s'est-elle pro- » noncée formellement dans ce sens, par son arrêt » du 16 août 1811. »

Je ferai observer tout de suite que l'arrêt cité ne dit pas un mot qui ait trait à la question ; il décide simplement qu'il n'appartient qu'à la cour de cassation de prononcer une cassation dans l'intérêt de la loi, et il annule un jugement du tribunal d'Auxerre qui avait violé ce principe et usurpé ainsi un pouvoir qui ne lui appartenait pas (2).

---

(1) T. III, p. 221. — (2) Bull., p. 231 ; Dall., t. II, p. 327.

M. Carnot se demande ensuite (1) si, dans le cas de l'article 441, la cour de cassation ne casse que dans l'intérêt de la loi, comme dans le cas de l'article 442; et il répond, en modifiant l'opinion qu'il avait exprimée plus haut : « Il faut distin-
» guer le cas où l'annulation porte sur des actes ou
» des jugemens intervenus dans un procès qui a
» été jugé en dernier ressort, de celui où elle porte
» sur des actes ou jugemens intervenus dans un
» procès encore indécis. Dans le premier, s'il n'y a
» pas eu de recours contre l'arrêt ou le jugement
» définitif en dernier ressort, l'annulation des ac-
» tes et des jugemens préparatoires ou d'instruc-
» tion ne peut profiter aux parties, dont les droits
» doivent être réglés par les dispositions de l'arti-
» cle 442. Mais si l'annulation portait sur des actes
» préliminaires et d'instruction, et que l'arrêt ou
» le jugement définitif ne fût pas encore rendu,
» leur annulation devrait profiter aux parties; de
» telle sorte qu'il faudrait considérer comme non
» avenu l'acte ou le jugement annulé. Ce serait en
» effet une chose monstrueuse qu'un acte annulé,
» qui donnerait lieu à des poursuites contre l'offi-
» cier de police ou le juge qui l'aurait fait, pût
» servir de base à un arrêt de condamnation, et
» que, sans avoir égard à l'annulation de cet acte,
» l'arrêt de condamnation qui serait intervenu
» *depuis*, et qui en aurait été le *résultat*, pût être
» exécuté.

---

(1) T. III, p. 226.

M. Legraverend (1) adopte l'opinion de M. Carnot à l'égard des jugemens et des actes préparatoires; il va plus loin, et il pense que la cassation
des jugemens définitifs de condamnation doit
profiter aux parties condamnées; il invoque à
l'appui de son opinion quatre arrêts de la cour
de cassation, en faisant remarquer toutefois qu'ils
portaient sur des jugemens rendus par des conseils de guerre; mais il émet, sans la motiver,
l'opinion que des jugemens définitifs d'absolution
ne peuvent être cassés au préjudice des parties
acquittées.

J'examine l'opinion de ces deux auteurs et je me
demande sur quelle loi est fondé le droit qu'ils
reconnaissent à la cour de cassation, l'un d'annuler, dans l'intérêt des parties et à leur profit, les
actes et jugemens préparatoires non encore suivis
d'un jugement définitif; l'autre le jugement définitif de condamnation lui-même, quoique ces
parties n'aient dirigé aucun pourvoi contre ces
décisions, qu'elles soient même hors du délai
utile pour le pourvoi? l'un et l'autre reconnaissent que le droit repose dans l'article 441; ils
conviennent donc que le droit de cassation établi
par cet article est différent du droit établi par
l'article 442, et qu'il résulte du premier que la
cour peut casser *dans l'intérêt des parties*. Il résulte de là que ces auteurs ne discutent pas sur

---

(1) T. II, p. 464.

l'existence du droit, mais seulement sur son étendue.

Le droit ainsi reconnu, il faut chercher dans quelle loi ils ont trouvé les limites qu'ils lui donnent; ils n'en citent aucune, et comme l'art. 441 s'applique expressément aux actes, aux jugemens et aux arrêts, sur quoi donc se fonde M. Carnot pour ne l'appliquer qu'aux actes et aux jugemens préparatoires? et puisque l'article ne distingue ni entre les jugemens définitifs et les jugemens préparatoires, ni entre les jugemens de condamnation et ceux d'absolution, pourquoi M. Legraverend prétend-il en limiter les effets aux jugemens de condamnation? ces auteurs changent ou mutilent l'article 441; mais ils ne le discutent ni ne l'expliquent. « Ce serait, dit M. Carnot, une » chose monstrueuse qu'un acte annulé, qui don- » nerait lieu à des poursuites contre le juge qui » l'aurait fait, pût servir de base à un arrêt de » condamnation qui serait intervenu depuis. » Mais serait-ce une chose moins monstrueuse que de maintenir, d'exécuter l'arrêt de condamnation lui-même, après qu'il aurait été annulé sur la dénonciation du ministre de la justice, le condamné ne s'étant pas pourvu lui-même, et lorsque cet arrêt donnerait lieu à des poursuites contre les juges? et si un jugement d'absolution ne devait son existence qu'au dol du juge ou à la violence exercée sur lui, serait-ce une chose moins monstrueuse que de laisser le coupable jouir de l'impunité; de l'en laisser jouir alors même qu'on le condamnerait à raison des manœuvres ou des violences auxquelles il serait redevable de son acquittement? Qu'importe l'observation de M. Le-graverend, que les arrêts rendus par la cour de cassation sur la question, sont intervenus contre des jugemens rendus par des conseils de guerre? les conseils de guerre sont une juridiction; les voies d'annulation ouvertes contre leurs jugemens sont le pourvoi en révision, et en faveur des ci-toyens non militaires, ni assimilés aux militaires, le pourvoi en cassation; lorsque ces voies n'ont pas été prises, les jugemens des conseils de guerre acquièrent l'autorité de la chose jugée et doivent s'exécuter ni plus ni moins que les arrêts des cours d'assises.

M. Favard de Langlade (1) s'exprime en ces termes sur la question: « mais l'intérêt de l'ordre » public et de la sûreté de l'état, qui pouvait être » compromis par des jugemens de tribunaux quel- » conques, même par de simples actes judiciaires, » a paru exiger que l'on conférât à la cour de cas- » sation un pouvoir extraordinaire, au moyen du- » quel elle pût prévenir ou arrêter le danger qui » résulterait de l'erreur ou de la mauvaise dispo- » sition d'un tribunal. Ce pouvoir extraordinaire » lui avait été attribué par l'article 80 de la loi » du 27 ventose an 8; mais il a été étendu par l'ar- » ticle 441 du Code d'instruction. En vertu de cet » article, la cour de cassation peut annuler tous

_____

(1) Rép. de la nouvelle législation, t. Ier, p. 412.

» actes quelconques qui ont un caractère judi-
» ciaire, tous arrêts, tous jugemens en premier
» ou dernier ressort, eussent-ils été rendus par
» des tribunaux qui ne sont pas soumis à sa juri-
» diction ordinaire. Mais ce pouvoir, elle ne peut
» pas l'exercer directement et par sa propre vo-
» lonté, pas même sur la provocation isolée et
» personnelle du procureur général. Il lui a été
» accordé pour la sûreté de l'ordre social; et le
» gouvernement peut seul apprécier, à la hauteur
» où il est placé, dans quelles circonstances il
» peut être nécessaire de le mettre en exercice.
» L'article 441 a donc exigé, pour que la cour de
» cassation pût exercer l'attribution extraordinaire
» qu'il a placée dans ses mains, qu'elle y fût pro-
» voquée par le procureur général, d'après un or-
» dre formel du ministre de la justice, dont exhi-
» bition doit lui être faite. Cette attribution ren-
» trait dans les devoirs, et par conséquent dans
» les droits du chef du gouvernement, dont le
» pouvoir ne peut être mis en discussion, quand
» il s'agit de la sûreté de l'état. Il s'en est dessaisi en
» faveur de la cour de cassation, qui, en l'exer-
» çant, a toujours concilié ce que réclamait l'or-
» dre public avec ce qui était conforme à la jus-
» tice et à l'humanité. Cette attribution, telle
» qu'elle est établie par le Code d'instruction, est
» du reste un peu indéfinie; c'est une autorité
» discrétionnaire dont on n'aperçoit guère les li-
» mites relativement aux individus à l'égard des-
» quels il aurait été statué par les jugemens dé

» noncés. En effet, l'article 80 de la loi du 27
» ventose an 8 avait porté que les arrêts de la cour
» de cassation ainsi rendus en vertu de ce pou-
» voir extraordinaire, n'auraient point d'effet vis-
» à-vis des parties ; cette disposition a été suppri-
» mée dans la rédaction de l'article 441 du Code
» d'instruction ; et il serait facile de prouver qu'elle
» l'a été avec réflexion et à dessein. Mais, quant
» aux conséquences qui pourraient en résulter au
» préjudice des individus qui auraient été parties
» dans les actes ou jugemens annulés en vertu de
» cet article, on doit se reposer avec sécurité sur
» la sagesse du gouvernement et sur celle de la
» cour de cassation, à qui l'article 441 n'impose
» pas d'ailleurs une obligation, mais seulement
» confère un droit. »

On voit que M. Favard considère l'article 441
comme introductif d'un droit nouveau, tandis
qu'il me paraît n'être que la répétition de l'art. 80
de la loi de ventose.

M. Bourguignon (1) examine la jurisprudence
de la cour de cassation ; il finit en disant : « Ainsi,
» quoique la distinction proposée par M. Legrave-
» rand soit très-raisonnable, elle ne nous paraît
» justifiée par la jurisprudence de la cour de cas-
» sation que pour le cas où les jugemens attaqués
» ont violé les règles de compétence. Lorsque le
» jugement annulé par cette cour en vertu des
» articles 441 et 442 a été rendu définitivement

_____

(1) Jurisp. des Codes criminels, t. II, p. 346.

» en dernier ressort *par des juges compétens*, et
» qu'il a condamné l'accusé, la cassation n'est
» prononcée que *dans l'intérêt de la loi, et sans*
» *préjudice du jugement cassé;* en sorte qu'il ne
» reste en ce cas au condamné d'autre ressource
» que de recourir à la clémence du roi. »

J'examinerai dans un instant quelle est, sur la
question, l'état de la jurisprudence.

M. Merlin s'est aussi occupé de la question que
j'examine, et il a cru devoir abandonner, comme
jurisconsulte, l'opinion qu'il professait comme
magistrat.

Voici comment il s'exprimait, le 30 janvier 1813,
en requérant, en vertu de l'article 441, la cassation d'un jugement rendu par un conseil de
guerre (1).

« En thèse générale, un jugement en dernier
» ressort contre lequel il n'a pas été formé un re-
» cours en cassation dans le délai fixé, ne peut,
» en matière criminelle comme en matière civile,
» être cassé que dans l'intérêt de la loi; et la cas-
» sation qui en est prononcée dans l'intérêt de la
» loi n'empêche pas qu'il n'ait sa pleine exécution
» pour ou contre les parties en faveur ou au dés-
» avantage desquelles il a été rendu. C'est la dis-
» position expresse de l'article 442 du Code d'in-
» struction, et la règle *non bis in idem* ajoute un
» nouveau degré de force à cette vérité, lorsqu'il

(1) Rép. de jurisp., v° Rébellion, § 3, n° 19, t. XIV,
p. 249.

» s'agit d'un jugement qui a déclaré un accusé in-
» nocent, ou qui, en le déclarant coupable, l'a
» condamné à des peines inférieures à celles dont
» la loi voulait qu'il fût puni.

   » Mais ces principes sont-ils applicables à l'es-
» pèce actuelle?

   » C'est par une véritable voie de fait, c'est par
» l'attentat le plus formel à l'autorité de la justice
» que les prévenus ont été soustraits à la juridic-
» tion de la cour spéciale que la loi appelait à les
» juger.

   » C'est par l'emploi le plus irrégulier et le plus
» illégal de la force publique, que ces prévenus
» ont été traduits devant un conseil de guerre, et
» ils n'y ont été traduits qu'en fraude du droit in-
» contestable qu'avait la cour spéciale de pronon-
» cer sur leur sort.

   » Le jugement du conseil de guerre ne doit donc
» son existence qu'à des mesures à la fois violentes
» et frauduleuses; et dès-là comment pourrait-il
» n'être annulé que dans l'intérêt de la loi? la loi
» pourrait-elle vouloir que la cour maintînt, dans
» l'intérêt de la vindicte publique, un jugement
» contre lequel l'agent de la vindicte publique, qui
» était chargé de l'attaquer dans le délai qu'elle
» avait prescrit, ne s'est abstenu de se pourvoir
» que parce qu'il était lui-même un des instrumens
» employés pour éluder la vindicte publique et
» la frauder?

   » Eh! qui ne voit que si un pareil jugement
» pouvait n'être pas annulé purement et simple-

ment et à tous effets, rien ne serait plus aisé à
un grand coupable qui aurait de puissans pro-
tecteurs, que de se faire enlever, par la force,
des prisons de la justice compétente pour le juger, de se faire traduire précipitamment devant
une commission composée d'hommes qui lui seraient dévoués, et de s'y faire absoudre irrévocablement, au risque peu important pour lui de
voir casser, dans le seul intérêt de la loi, le jugement qui l'aurait innocenté? Qui ne voit pas
que ce serait là un moyen indirect de transpor-
ter, dans certains tribunaux d'exception, la pré-
rogative royale du droit de faire grâce?

» Ce considéré, il plaise à la cour, vu les articles 441, etc. »

La cour rendit, le 12 février suivant, un arrêt
conforme à ce réquisitoire. J'en parlerai dans un
instant.

Le 21 mai suivant, M. Merlin fit casser, sur son
réquisitoire, fondé sur l'article 441, l'ordonnance
d'un magistrat remplaçant le président de la cour
d'assises, ordonnance par laquelle l'accusé Ma-
iette devait, d'après sa demande, être extrait de
la maison de justice et transféré à Paris, pour y
faire la recherche des pièces dont il prétendait
avoir besoin ; l'arrêt intervenu a annulé cet acte
au préjudice de l'accusé, et ordonné que la cour
d'assises statuerait de nouveau sur sa demande.

Ainsi, sous l'empire de la loi du 27 ventose
an 8, comme sous l'empire du Code d'instruction, M. Merlin, procureur général près la cour

de cassation, a provoqué la cassation d'actes et de jugemens au profit comme au préjudice des parties, et cela en vertu des dénonciations qu'il avait formées d'après l'ordre du gouvernement.

Cependant, dans sa nouvelle édition des questions de droit (1), M. Merlin soutient que la cour de cassation ne peut casser que dans l'intérêt de la loi ; que les articles 441 et 442 du Code d'instruction ne sont que la répétition des articles 80 et 88 de la loi de ventose, d'après lesquels, dit-il, la cassation ne pouvait jamais nuire ou profiter aux parties. Il rejette les distinctions adoptées par MM. Carnot et Legraverend ; il faut observer à ce sujet que, « s'il est des cas où l'annulation dont il » s'agit dût nuire ou profiter aux parties intéres- » sées, il n'y aurait aucun motif pour qu'elle ne » leur nuisît ou ne leur profitât pas également » dans tous les cas possibles, et qu'ainsi, ou elle » ne doit jamais leur nuire ni profiter, ou elle doit » leur nuire ou profiter toujours....

» Sans doute l'art. 441 ne violerait aucun prin- » cipe, ajoute-t-il, s'il était rédigé de manière à faire » tourner au profit du condamné l'annulation pro- » voquée par le gouvernement, sans que la partie ci- » vile en souffrît, sans que le condamné qui, remis » en jugement, viendrait ensuite à être absous ou » acquitté, en restât moins débiteur envers la par- » tie civile des dommages-intérêts qu'elle aurait » obtenus contre lui ; mais, ainsi rédigé, l'art. 441

---

(1) V° Ministère public, § 10, t. V, p. 528.

» formerait une loi toute différente de celle qui
» résulte de sa rédaction actuelle. Encore une fois,
» il est conçu en termes trop généraux, trop indé-
» finis, pour qu'il soit susceptible d'une pareille
» scission. Si donc l'on est forcé de convenir que
» l'annulation de l'arrêt de condamnation ne peut
» pas avoir l'effet de remettre en litige les dom-
» mages-intérêts adjugés par cet arrêt à la partie
» civile, il faut bien que l'on convienne aussi qu'il
» ne peut pas avoir l'effet de remettre en litige, au
» profit du condamné, soit le fait de la culpabi-
» lité, soit la légalité de la peine qui lui a été in-
» fligée. Et si, d'après cela, il ne peut exister au-
» cune différence quant à l'effet de l'annulation
» prononcée en vertu de l'art. 441, entre le juge-
» ment qui acquitte ou absout un accusé, et le
» jugement qui le condamne, il ne peut évidem-
» ment en exister davantage entre le jugement dé-
» finitif et le jugement préparatoire, entre le juge-
» ment contre lequel le recours en cassation n'est
» pas encore ouvert et le jugement à l'égard du-
» quel le recours en cassation est fermé par le
» laps de temps, entre le jugement passible par sa
» nature du recours en cassation, et le jugement
» qui par sa nature est affranchi de ce recours. »

Ce que dit M. Merlin est logique, rationnel,
mais laisse entière la question de savoir si l'article 441 n'a pas investi le gouvernement et la cour
de cassation du droit de rendre sans effet, en les
annulant, les actes, jugemens et arrêts qui sont
contraires à la loi, lors même que les parties

où le ministère public ne les ont point régulièrement attaqués.

« M. Merlin dénie ce droit au gouvernement et à la cour de cassation, parce que, dit-il, ce serait les investir d'un pouvoir excessif et inquiétant. Je réponds qu'il ne s'agit pas d'examiner si le pouvoir est tel qu'il l'a qualifié, mais de savoir s'il existe. Or M. Merlin l'a invoqué plus d'une fois; il sait bien d'ailleurs que l'article 441 du Code d'instruction, sans parler de l'article 80 de la loi de ventose, a été décrété sous un gouvernement à qui l'on n'a pas épargné les pouvoirs; il ne faut donc pas conclure de l'exorbitance du droit pour en contester la réalité.

» Qu'importe, dit-il, que l'article 441 ne renouvelle pas la clause *de non-préjudice au droit* *des parties intéressées* qui termine l'article 80 de la loi du 27 ventose an 8? Ne pas la renouveler, ce n'est pas l'abroger; c'est au contraire la maintenir implicitement, d'après la célèbre maxime du droit romain, *posteriores leges ad priores pertinent, nisi contrariæ sint.* (L. 28, ff. de Legibus).

» D'ailleurs quelle raison y aurait-il pour que cette clause, qui se trouve dans l'article 442, ne se rapportât pas à l'article 441? Dans le cas de l'un comme dans le cas de l'autre article, c'est toujours le procureur général qui agit. Or conçoit-on que son action eût plus d'effet sur les intérêts personnels des parties, lorsqu'il l'intente par ordre du gouvernement, que lorsqu'il l'intente d'office? Lorsqu'il agit d'office, il exerce

» un ministère indépendant ; il n'a d'autre moteur
» que l'intérêt de la loi ; son action tout-à-fait im-
» partiale est celle d'un véritable magistrat ; et ce-
» pendant la loi ne veut pas que le résultat de
» cette action puisse réfléchir sur les parties privées.
» Comment donc les parties privées pourraient-
» elles souffrir ou profiter de l'action qu'il intente,
» non en magistrat proprement dit , mais en in-
» strument passif du gouvernemeut? Ne serait-ce
» pas mettre à la discrétion du gouvernement des
» intérêts qui en sont indépendans, par cela seul
» qu'ils ne dépendent que du pouvoir judiciaire ? »
   Cette argumentation est très-faible. Si, comme
M. Merlin voudrait le faire croire, l'article 80 de
la loi de ventose ne permettait la cassation que
dans l'intérêt de la loi, et que l'article 441 eût re-
tranché cette restriction aux effets de la cassation
provoquée par le gouvernement, tandis qu'il la
conservait à la cassation qui interviendrait dans le
cas de l'article 442 ; il n'est personne de bonne foi
qui ne reconnût là une innovation notable dans
la législation ; il n'est personne qui songeât à
appliquer la maxime *posteriores leges* , etc. ; car
qui peut penser encore à appliquer les art. 80
et 88 de la loi de ventose, lorsqu'ils sont formellement abrogés par les articles 441 et 442 du Code
d'instruction ?
   Les conséquences que M. Merlin essaie de tirer
de ce que, dans les cas prévus par ces deux articles, c'est le procureur général près la cour de
cassation qui requiert, sont d'une futilité extrême.

Qui ne voit que la loi a laissé au procureur général toute liberté d'agir quand il ne s'agirait que de
protéger les saines doctrines, mais qu'elles n'a
autorisé son action que sur l'ordre du gouvernement quand il s'agit de protéger l'ordre public,
parce que le gouvernement est le juge unique de
la nécessité, de la convenance de cette action? Et
à quoi bon cette intervention du ministre de la
justice, si la cassation doit se borner aux mêmes
résultats que dans le cas de l'article 442? A quoi
bon même l'article 441, s'il ne dit rien de plus
que l'article 442? Serait-ce parce que l'article 441
exprime que les juges de qui sont émanés les actes
et jugemens cassés pourront être poursuivis,
circonstance dont ne parle pas l'article 442? mais
l'article 474 investit à cet égard la cour de cassation d'un droit général; il porte: « Lorsque, dans
» l'examen d'une demande en prise à partie *ou de*
» *toute autre affaire*, et sans qu'il y ait de dénon-
» ciation directe ni indirecte, l'une des sections
» de la cour de cassation apercevra quelque dé-
» lit de nature à faire poursuivre criminellement
» un tribunal ou un juge de la qualité exprimée en
» l'article 479 (1), elle pourra d'office ordonner
» le renvoi, conformément à l'art. précédent. »

M. Merlin arrive ensuite à la jurisprudence de
la cour de cassation. Ses antécédens se conciliaient
ici difficilement avec ses nouvelles opinions; mais
il s'en débarrasse, 1° en ne disant pas un mot de

_____

(1) On a voulu dire l'article 485.

son réquisitoire et de l'arrêt du 24 messidor an 11 ;
2° en disant que la cour de cassation a eu tort de
casser, au préjudice de l'accusé Mariette, l'ordonnance dont il s'agissait, et qu'il n'avait point demandé dans son réquisitoire cette cassation absolue. Or remarquez qu'au lieu de conclure à la
cassation *dans l'intérêt de la loi*, conformément à
l'article 442, M. Merlin requit la cassation conformément à l'article 441 (1) ; et la cour cassa complétement, conformément à l'art. 441 ; 3° quant
à l'arrêt du 12 février 1813 et à son réquisitoire
du 30 janvier précédent, dont j'ai transcrit une
partie, M. Merlin dit qu'il « s'agissait d'un juge-
» ment qui n'en avait que le nom..., d'un juge-
» ment rendu par un conseil de guerre, en faveur
» de deux accusés justiciables d'une cour spéciale
» ordinaire, qui, enlevés par la force, des prisons
» de cette cour, n'avaient été traduits devant lui
» que par une voie de fait répréhensible ». M. Merlin reconnaît donc que, quand le vice d'un jugement passé en force de chose jugée ne se réduit
pas à la seule incompétence du tribunal qui l'a
rendu ; que quand il est le résultat d'un abus de
pouvoir ou de la violence, il peut être complète-
ment anéanti en vertu de l'article 441. Il fait le
même aveu en parlant d'un arrêt postérieur du 12
octobre 1815, qui *déclare nulles et de nul effet les condamnation et instruction* qui émanaient d'une com-

(1) Quest. de droit, v° Ministère public, § 10, t. V, p. 532.

mission militaire formée par le général en chef
de l'armée de la Loire, qui avait condamné à la
peine de mort un canonnier du 5ᵉ régiment d'artillerie; il en donne pour raison que cette commission militaire n'avait pas d'existence légale,
parce que le général en chef n'avait pas eu le
droit de la créer. Ainsi, selon M. Merlin, la cour
de cassation a le droit d'annuler, non pas seulement dans l'intérêt de la loi, mais encore de rendre sans effet les jugemens des tribunaux illégalement constitués, comme elle le peut à l'égard
des jugemens des tribunaux légalement établis,
quand ils sont infectés de certains vices. Je demande quelle loi a investi de ce pouvoir la cour
de cassation : qu'on cite un autre article que l'article 441. M. Merlin discute donc, en définitive,
sur l'étendue que l'on peut donner à l'application
du principe; mais il est forcé de reconnaître que
le principe existe, et il a cela de commun avec
MM. Carnot Legraverend et Bourguignon.

Ainsi, M. Merlin prétend que ce n'est que depuis la restauration que la cour de cassation a vu,
dans l'article 441, des dispositions différentes que
dans l'article 442. Ce qu'on vient de lire répond
à ce futile reproche.

379. Je vais maintenant retracer les antécédens
de la cour de cassation sur la question que j'examine.

J'ai parlé d'un arrêt du 24 messidor an 11, par
lequel la cour a cassé, en vertu de l'article 80 de
la loi de ventose an 8, le jugement d'un conseil

de révision, et renvoyé les prévenus devant un autre conseil de révision.

Dans l'espèce de l'arrêt du 12 février 1813 (1), qui a donné lieu au réquisitoire de M. Merlin que j'ai transcrit, un arrêt de la cour impériale de Liége avait mis en accusation et renvoyé devant la cour spéciale trois officiers de santé attachés à un hôpital militaire, prévenus d'un crime de rébellion. Le commandant de la division militaire fit enlever nuitamment et de vive force ces individus; il convoqua le premier conseil de guerre de la division, les y fit juger; ce conseil acquitta l'un des prévenus, et condamna les deux autres à un emprisonnement correctionnel. Aucun recours ne fut exercé contre ce jugement; il passa en force de chose jugée. Mais, sur l'ordre du ministre de la justice, le procureur général le déféra à la cour de cassation. L'arrêt intervenu sur le réquisitoire considéra d'abord que le jugement est nul à raison de l'incompétence du tribunal qui l'a rendu, et il continue en ces termes : « Que, sous » le rapport de cette première nullité, la cassa- » tion dudit jugement ne pourrait être prononcée, » sans doute, que dans le seul intérêt de la loi, » sans que le ministère public ni les parties inté- » ressées pussent se prévaloir de cette cassation, » ni prétendre en tirer avantage; mais qu'outre le » vice d'incompétence dont il est frappé, il est » encore infecté d'un vice beaucoup plus grave,

(1) Bull., p. 52; Dalloz, t. III, p. 523.

» et tel qu'on ne peut pas même le considérer
» comme un véritable jugement; qu'il est plutôt
» un acte illégal et arbitraire qui ne tient son exis-
» tence que de l'abus du pouvoir et de la force,
» et qui n'a été que le complément de la voie de
» fait que s'est permise le commandant de la 25ᵉ
» division militaire, en faisant enlever nuitam-
» ment et de vive force, de la maison d'arrêt de
» Munster, les trois prévenus qui y étaient placés
» sous l'égide de la loi et sous la juridiction de la
» cour spéciale; que le prétendu jugement est donc
» dépourvu de tout caractère légal; que néan-
» moins l'article 360 du Code d'instruction, en
» prohibant de poursuivre un individu quelcon-
» que sur le fait à l'égard duquel cet individu a
» été acquitté, subordonne cette prohibition au
» cas où l'acquittement aurait été légalement pro-
» noncé; que la cassation du jugement du 1ᵉʳ
» conseil de guerre permanent doit donc être ab-
» solue; que les nommés Vigneron, Sterne et Vo-
» let, à l'égard desquels ce jugement a été rendu,
» doivent être renvoyés devant la cour spéciale
» pour y subir un débat et un jugement, dans la
» forme établie, sur l'accusation émise contre
» eux par l'arrêt de renvoi de la cour impériale de
» Liége, qui doit recevoir l'exécution que la loi
» lui garantit. »

Dans l'espèce de l'arrêt du 21 mai 1813 (1),
que j'ai également cité, un magistrat remplaçant

_____

(1) Bull., p. 268.

le président de la cour d'assises avait, sur la requête de l'accusé Mariette, rendu une ordonnance
portant autorisation de l'extraire de la maison de
justice, et de le transférer à Paris pour qu'il y fît
la recherche de pièces dont il prétendait avoir
besoin. Sur l'ordre du ministre de la justice, le
procureur général près la cour de cassation présenta un réquisitoire pour demander l'annulation
de cette ordonnance, en vertu de l'article 441.
La cour considère, dans son arrêt, que le président a dépassé les limites de ses attributions et
commis un excès de pouvoir ; « qu'elle a donc été
» rendue en contravention aux règles de la com-
» pétence et des attributions des présidens de cour
» d'assises ; et attendu qu'il rentre essentiellement
» dans la jurisprudence de la cour, *d'anéantir et*
» *de faire réputer comme non avenus* les arrêts, ju-
» gemens ou ordonnances qui arrêtent l'exécution
» des lois ; la cour casse....., et, pour être statué
» de nouveau, conformément à la loi, sur la re-
» quête présentée par Mariette au président de la-
» dite cour d'assises....., le renvoie devant la cour
» d'assises de la Seine».

L'arrêt du 12 octobre 1815 (1), dont j'ai aussi
parlé, porte : « Vu l'article 441, attendu que l'in-
» struction faite devant cette commission mili-
» taire et la condamnation qu'elle a prononcée
» n'ont aucun caractère légal; que la formation de
» cette commission même est une violation des

(1) Bull., p. 117 ; Dalloz, t. III, p. 538.

» articles 62 et 63 de la Charte; d'après ces motifs,
» faisant droit sur le réquisitoire du procureur
» général, déclare nulles et *de nul effet* les susdites
» condamnations et instructions. »

Le 8 août 1816, la cour a rendu un semblable
arrêt (1), dans les mêmes circonstances et par les
mêmes motifs; il s'agissait d'une condamnation à
mort prononcée par une commission militaire
créée à l'île d'Oleron par l'officier qui y comman-
dait.

Gabriel Roussac avait été renvoyé devant une
cour prévôtale comme auteur ou complice d'un
assassinat commis par un attroupement armé.
Les débats changèrent la nature de l'affaire, et il
n'en résulta que la preuve d'un délit qui ne rentrait pas dans la compétence de cette cour. Néanmoins, elle statua sur le délit, et condamna l'accusé à la peine de la réclusion. Celui-ci se pourvut
en cassation; mais, par arrêt du 23 janvier 1818,
il fut déclaré non recevable dans son recours. Le
gouvernement, informé de l'excès de pouvoir
commis par la cour prévôtale, chargea le procureur général de poursuivre l'annulation de l'arrêt,
en vertu de l'article 441 du Code d'instruction.
Celui-ci donna son réquisitoire; et, par arrêt du
5 février 1818 (2), la cour cassa, « sauf au minis-
» tère public, s'il y a lieu, à poursuivre, ainsi
» qu'il avisera et conformément à la loi, sur la

_____

(1) Bull., p. 120; Dalloz, t. III, p. 538.
(2) Bull., p. 47; Dalloz, t. II, p. 324.

» nouvelle prévention élevée à la charge de Rous-
» sac lors des débats qui ont eu lieu devant la
» cour prévôtale ».

Ainsi, ce condamné s'est trouvé affranchi de la
condamnation prononcée contre lui. La cour en
donne pour motif : « Que le fait était évidemment
» autre que celui pour lequel Roussac avait été
» traduit devant la cour prévôtale, et que, sur ce
» fait distinct et nouveau, sa compétence n'avait
» en aucune manière été établie ; qu'elle n'a donc
» pu se permettre de le juger, sans sortir du cer-
» cle de ses attributions et sans excéder ses pou-
» voirs. »

Joseph Combalusier était traduit devant un
conseil de guerre comme prévenu de désertion et
d'avoir emporté des effets qui lui avaient été
fournis par son corps; déclaré coupable de ce
dernier délit, et acquitté sur le fait de désertion ;
il fut condamné à la peine des travaux publics. Le
conseil de guerre avait faussement appliqué la loi
pénale ; mais aucun recours ne fut exercé contre
son jugement. Le procureur général, d'après
l'ordre du gouvernement, le dénonça à la cour de
cassation, et il fut cassé par arrêt du 26 février 1818 (1), rendu d'après l'article 441 ; « et
» faisant droit sur la demande portée dans le ré-
» quisitoire du procureur général, aux fins de
» renvoi dudit Combalusier devant un autre con-
» seil de guerre, ordonne qu'il sera traduit de-

_____

(1) Bull., p. 64 ; Dalloz, t. Ier, p. 66 et 67.

»'vant le premier conseil de guerre permanent de
» la neuvième division militaire *pour y être de nou-*
» *veau instruit et prononcé à son égard*, sur l'incul-
» pation de détournement d'effets d'habillement
» appartenant à l'état, etc. »

. Le 18 août suivant, la cour cassa de la même
manière, en ordonnant le même renvoi, conformément au réquisitoire du procureur général,
trois jugemens de conseils de guerre rendus dans
des circonstances identiques (1).

Le 15 juillet 1819, la cour a rendu un arrêt
qui donne à l'article 441 une interprétation conforme à celle que lui ont donnée tous les arrêts
précédens. M. Merlin (2) présente cet arrêt comme
une innovation à la jurisprudence qui l'a précédé;
mais il se trompe évidemment. On va en juger.
Par ordre du ministre de la justice, et en exécution de l'article 441, le procureur général présente
un réquisitoire par lequel il demande l'annulation
de trois jugemens rendus contre Fabry, par des
conseils de guerre et de révision, en se fondant
1° sur ce qu'un premier jugement d'un conseil de
révision avait renvoyé le prévenu devant le même
conseil de guerre que celui dont était émané le
jugement qu'il venait d'annuler; 2° parce que le
jugement intervenu en vertu de ce renvoi, avait
déclaré le prévenu coupable de dilapidation de
deniers publics, avant que l'autorité compétente
eût préalablement décidé qu'il était reliquataire;

_____

(1) Bull., p. 313. — (2) *Loc. cit.*

3° sur ce que, par un troisième jugement, le conseil de révision avait statué sur le pourvoi du prévenu contre le jugement ci-dessus, bien que ce pourvoi portât qu'il était adressé à la cour de cassation, et non au conseil de révision. Je dois faire remarquer que, dès le 6 juillet, la cour de cassation avait déclaré Fabry non recevable dans le pourvoi en cassation qu'il avait formé contre le jugement du conseil de guerre qui le déclarait coupable de dilapidation; en sorte qu'elle n'était saisie de l'affaire que par le réquisitoire du procureur général. Fabry se rendit alors partie intervenante, et son intervention fut reçue par le motif que voici (1) :

« Statuant en premier lieu sur l'admissibilité de ladite intervention; attendu que, par les ordres du garde-des-sceaux et par le réquisitoire du procureur général, la demande en cassation n'est pas restreinte au seul intérêt de la loi; que, dès lors, l'annulation peut être prononcée par la cour dans l'intérêt du sieur Fabry; que celui-ci a donc intérêt à appuyer la demande du procureur général, et que, dans cette circonstance, il a qualité pour intervenir. »

Mais Fabry ne se bornait pas à appuyer le réquisitoire; il demandait personnellement la cassation d'un autre jugement que le procureur général n'avait pas dénoncé à la cour; l'arrêt répond à cette demande :

----

(1) Bull., p. 244 ; Dalloz, t. II, p. 322.

« Que l'attribution conférée à la cour de cas-
» sation par l'article 441 du Code d'instruction
» est une attribution extraordinaire; qu'elle ne
» peut donc être exercée que dans le sens et sous
» les conditions de cet article; que l'annulation
» qu'il autorise ne peut être étendue au-delà des
» réquisitions du procureur général, et des ordres
» qui lui ont été transmis par le garde-des-sceaux,
» ministre de la justice; que la cour ne peut donc
» entrer dans l'examen de la demande en cassa-
» tion formée par l'intervenant, contre un juge-
» ment du conseil de guerre qui ne lui a pas
» été dénoncé par la réquisition du procureur gé-
» néral. »

La cour a, par son arrêt, cassé les trois jugemens qui lui étaient dénoncés; « et, pour être
» statué de nouveau sur la plainte sur laquelle ont
» été rendus les divers jugemens, et ce, d'après
» les décisions administratives qui ont prononcé
» sur les comptes de Fabry et l'ont déclaré créan-
» cier du trésor public, à raison de ces comptes,
» le renvoie, avec les pièces de la procédure, de-
» vant le premier conseil de guerre permanent de
» la division militaire de Paris ». On voit que la
cour n'a pas autrement procédé dans cette affaire
que dans les précédentes que j'ai citées.

Plusieurs couverts d'argent, marqués de faux
poinçons, avaient été saisis comme pièces de conviction dans une accusation de fausses marques.
Le propriétaire de ces couverts étant tombé en
faillite, ses créanciers présentèrent requête au

président de la cour d'assises pour que ces couverts leur fussent rendus; le président ordonna cette remise. Mais son ordonnance ayant été dénoncée à la cour de cassation en vertu de l'article 441, elle fut cassée par arrêt du 1er juillet 1820 (1), entre autres motifs, parce que le président n'avait pas qualité pour autoriser seul, et par une simple ordonnance, la remise dont il s'agissait; et « renvoie la réclamation des syn- »dics sur laquelle a été rendue ladite ordonnance »devant la cour d'assises du département de la »Seine, *pour y être de nouveau statué* conformé- »ment à la loi ».

Des soldats de l'artillerie de la marine sont traduits devant le tribunal maritime pour avoir volé, avec circonstances aggravantes, des paquets de copeaux dans l'intérieur de l'arsenal; mais le tribunal ne leur applique que des peines légères, telles que celles que la loi prononce contre les ouvriers et autres employés des ports et arsenaux, et entre autres l'expulsion de l'arsenal et du service, ce qui libérait les coupables de tout service militaire. Le ministère public n'exerça aucun recours; mais ce jugement fut dénoncé à la cour de cassation en vertu de l'article 441. Le procureur général ne dissimula point, dans son réquisitoire, que la cassation qu'il sollicitait pourrait exposer les prévenus à des peines plus graves que celles qui leur étaient appliquées. La cour cassa

(1) Bull., p. 274; Dalloz, t. IV, p. 214.

cependant, par arrêt du 31 août 1821 (1); « et
» pour être procédé conformément à la loi à un
» nouveau jugement sur les faits dont ont été pré-
» venus les nommés, etc., les renvoie devant le
» tribunal maritime séant à Lorient ».

Un tribunal de première instance met en prévention du crime de concussion un percepteur
des contributions directes démissionnaire. La
chambre d'accusation pense que les poursuites
auraient dû être autorisées par le préfet; en conséquence, elle surseoit à statuer sur les charges
jusqu'à la représentation de l'autorisation légale.
Le ministère public n'attaque pas cet arrêt; mais
il est dénoncé à la cour de cassation en vertu de
l'article 441; et, le 5 juin 1823 (2), arrêt qui
casse, par le motif que le prévenu n'avait pas
droit à la garantie dont l'arrêt attaqué voulait le
couvrir; « et pour être statué, conformément à la
» loi, en conséquence de l'ordonnance de la
» chambre du conseil du tribunal de première
» instance de Lille, renvoie le prévenu et les piè-
» ces du procès devant la chambre d'accusation
» de la cour royale de Rouen ».

Des transfuges français, pris les armes à la main
sous les murs de Figuières, sont traduits devant
un conseil de guerre. Le conseil se déclare incompétent, et aucun recours en révision n'est exercé
contre ses jugemens. Le procureur général les

(1) Bull., p. 395. — (2) Bull., p. 227; Dalloz, t. VIII, p. 680.

dénonce à la cour de cassation, en exécution de l'article 441; il en requiert la cassation et le renvoi des prévenus devant un autre conseil de guerre. Les prévenus interviennent devant la cour et demandent qu'en cas de cassation, aucun renvoi ne soit prononcé, par la raison que la cour ne peut casser d'office que dans l'intérêt de la loi et sans porter préjudice aux droits des parties. La cour, par arrêt du 5 février 1824 (1), après avoir reconnu que les jugemens dénoncés sont contraires à la loi, les annule, et, «statuant sur la fin » de non-recevoir proposée par les intervenans » contre leur renvoi devant un autre conseil de » guerre, demandé dans le réquisitoire du procu-» reur général;

» Attendu que ce réquisitoire a été présenté à la » cour en vertu de l'article 441 du Code d'instruc-» tion, et sur l'ordre formel de M. le garde-des-» sceaux; que cet article 441 a remplacé, pour » les matières criminelles, l'article 80 de la loi » du 27 ventose an 8, qui n'avait autorisé la cas-» sation que dans l'intérêt de la loi; qu'il n'a pas » maintenu cette restriction; qu'il l'a donc » exclue; que cet article, en modifiant l'article 80 » de la loi du 27 ventose an 8, a formé un droit » nouveau d'ordre public; qu'il doit surtout être » exécuté dans la généralité de sa disposition, » lorsque, comme dans l'espèce, il ne s'agit pas » d'anéantir, au préjudice des parties intéressées,

_____

(1) Bull., p. 53 ; Dalloz, t. III, p. 578.

« un jugement rendu sur le fond, mais de rendre
» à la justice son cours, en fixant la véritable règle
» des juridictions : la cour rejette la fin de non-
» recevoir ; en conséquence, renvoie le procès et
» les intervenans devant le conseil de guerre de...,
» pour y être instruit et procédé contre eux con-
» formément aux lois. »

Je m'arrête pour ne point trop multiplier les
citations, et je renvoie à des arrêts conformes à
ceux que je viens de citer, rendus les 27 janvier 1820 (1); 27 juin 1822 (2); 9 septembre
1824 (3); 21 avril et 11 août 1827 (4); 11 juin
1830 (5).

Telle est l'interprétation que pendant près de
trente années, la cour de cassation a donnée à
l'article 80 de la loi du 27 ventose an 8 et à l'article 441 du Code d'instruction. Il en résulte que
la cour de cassation a reconnu qu'il existe un
pouvoir supérieur qui peut, dans certaines circonstances, anéantir les jugemens contraires aux
lois, que ni le ministère public près des tribunaux qui les ont rendus, ni les parties, ne sont
plus recevables à attaquer; que le pourvoi est
confié non pas au gouvernement, ainsi que l'a
dit ou insinué M. Merlin, mais à la cour de cassation, le gouvernement n'ayant d'autre droit
que de lui soumettre ses réclamations. Jamais on

_____

(1) Bull., p. 37. — (2) Bull., p. 269 ; Dalloz, t. XI, p. 58.
— (3) Bull., p. 339. — (4) Bull., p. 254 et 708 ; Dalloz,
p. 207 et 460. — (5) Dalloz, p. 313.

m'a reproché à la cour de cassation d'avoir manqué d'indépendance dans l'examen qu'elle a fait de ces réclamations; et, depuis tant d'années qu'elle exerçait ce pouvoir dont j'examine la légalité, à peine savait-on qu'elle en fût investie, tant elle a mis de sagesse et de mesure dans l'usage qu'elle en a fait.

Mais, par un arrêt du 2 avril 1831 (1), elle a renoncé à ce pouvoir, en déclarant qu'il ne lui appartenait pas : je vais examiner les motifs sur lesquels repose une si grave détermination.

Après avoir parlé de la cassation autorisée par l'article 442 du Code d'instruction, qui ne peut avoir lieu que dans l'intérêt de la loi, elle dit « que » si l'article 441 confère au ministre de la justice » le pouvoir de donner au procureur général de la » cour de cassation l'ordre de former la demande » en cassation des actes judiciaires, arrêts et juge- » mens contraires à la loi, cet article ne porte pas que » les cassations qui seraient prononcées, change- » raient l'état des parties fixé par lesdits arrêts et ju- » gemens passés en force de chose jugée; que dès lors » elles ne peuvent leur porter aucun préjudice. »

La discussion de ce motif se trouve dans ce que j'ai dit sur les articles 80 et 88 de la loi du 27 ven- tôse an 8 et sur l'opinion de M. Merlin, et dans des arrêts de la cour dont j'ai retracé les considé- rans. Il est vrai que, dans son arrêt du 5 février 1824, la cour a signalé l'article 441 comme in-

---

(1) Dalloz, p. 174.

troductif d'un droit nouveau, tandis que je crois que ce droit était déjà établi par l'article 80 de la loi de ventose; mais peu importe l'antériorité du droit, la cour a reconnu qu'il résultait de l'article 441.

'L'arrêt continue: « que si le législateur avait eu une autre intention, il aurait nécessairement, » par analogie de l'article 205 du même Code, fixé » un délai quelconque pour requérir cette cassa- » tion, après lequel la réquisition ne serait plus » recevable, parce qu'il est impossible de supposer » qu'il eût voulu laisser les parties, pendant un » temps indéterminé, même de plusieurs années, » dans l'incertitude d'une situation toute précaire. »

De ce que l'exercice du droit dont la cour de cassation s'était jusqu'alors reconnue investie n'a pas été suffisamment réglé par le Code d'instruction, on ne peut point en bonne logique conclure que ce droit n'existe pas. Je reconnais que ce droit n'est pas suffisamment défini par la loi; je pense même que la cour de cassation en a quelquefois usé contre des jugemens ou des actes qui n'avaient point apporté à l'ordre public un trouble assez grave, et qu'elle s'est ainsi écartée du véritable esprit de l'article 441; mais elle se méprend bien davantage sur cet esprit lorsqu'elle reproche à cet article de n'avoir pas fait de la voie qu'il ouvre au gouvernement, un recours réglé comme les recours ordinaires.

L'article 441 suppose évidemment que l'action du gouvernement ne doit s'exercer que dans des

cas rares, et qui font suspecter dans les juges
dont les actes sont attaqués, des fautes lourdes
ou des prévarications; car l'article ne sépare point
la cassation de ces actes des poursuites qui peuvent
être dirigées contre les fonctionnaires dont ils sont
émanés. On comprend tout de suite qu'il était
impossible de préciser des délais au gouvernement; car comment déterminer l'époque à laquelle les faits doivent parvenir à sa connaissance,
l'époque à laquelle la gravité de leurs conséquences
lui est révélée? Il semble que, dans le motif que
je discute, la cour ne s'est pas rappelée que le
gouvernement n'a d'autre droit que de lui soumettre la dénonciation; que ce n'est pas lui qui
casse; qu'elle n'est pas obligée de déférer à sa
demande; que c'est elle qui doit apprécier l'ur-
gence des cas et concilier ce qu'exigent l'ordre public et les intérêts des parties; que ses archives renferment de nombreux arrêts qui attestent qu'il est
arrivé souvent qu'elle ne cassait que dans l'intérêt
de la loi, et conformément à l'article 442, des
jugemens, des actes dont le gouvernement avait
demandé la cassation absolue en vertu de l'article 441.

L'arrêt continue : « qu'indépendamment du
» délai il aurait ordonné encore, par analogie de
» l'article 418, la notification de ce pourvoi aux
» individus contre lesquels il serait dirigé, pour
» qu'ils pussent y défendre. »

La jurisprudence de la cour a pourvu au silence
de la loi à cet égard, en recevant, comme on l'a

vu , l'intervention des parties intéressées, ce qui
est reconnaître que , quand elles ne sont pas intervenues , elles peuvent former opposition aux
arrêts qui leur portent préjudice.

L'arrêt ajoute « que la doctrine contraire serait
» subversive des principes si lumineusement éta-
» blis et consacrés par l'avis du conseil d'état du
» 12 novembre 1806. »

Si l'avis du conseil d'état est si positif, si clair,
on peut s'étonner, que, pendant trente ans, la
cour de cassation n'ait point été frappée des lu-
mières qu'il renferme. Si elle ne les a point aperçues , ce n'est pas parce que cet avis est antérieur
au Code d'instruction, et qu'ainsi il devait être
sans autorité sur la question, mais c'est encore
parce qu'il est étranger à cette question. Il décide
que les tribunaux d'appel de police correctionnelle ne peuvent, sur l'appel de la partie civile
toute seule, et dans le silence du ministère public, réformer dans l'intérêt de la vindicte publique, le jugement attaqué ; à la vérité on lit
dans cet avis « le procureur général en la cour
» de cassation peut aussi, pour l'intérêt des règles,
» et pour leur observation à l'avenir, requérir
» l'annulation d'un jugement incompétent ou
» irrégulier ; mais le jugement reste exécutoire
» entre les parties. » Mais ces réflexions ne s'appliquent qu'aux pourvois d'office formés par le procureur général dans l'intérêt des doctrines, et non
à la dénonciation que l'article 80 de la loi de
ventose autorisait le gouvernement à faire à la

cour de cassation par l'organe de son procureur général, pour les réparations qui pouvaient être dues à l'ordre public que des actes judiciaires avaient compromis.

Enfin l'arrêt ajoute « qu'il en serait autrement » si la juridiction compétente n'était pas fixée et » qu'il s'agit de régler, de juger, parce qu'en cas » de conflit, il n'y a aucun errement en dernier » ressort contracté, dont les parties puissent s'ap- » proprier le bénéfice, et qu'il importe à l'ordre » public, comme à l'administration régulière de la » justice, dont la haute surveillance est confiée au » ministre de ce département, que les parties » poursuivies pour crimes ou délits soient jugées et » le soient par des juges compétens. »

Ce motif est étranger à la question. Il ne s'agit pas de savoir ce que la cour de cassation a le droit de faire dans les cas de conflit, et quand elle procède par réglement de juges; il s'agit de la cassation autorisée par l'article 441 du Code d'instruction.

Tel est l'état de la jurisprudence.

380. Il résulte de l'examen auquel je viens de me livrer que la cassation autorisée par l'article 441 du Code d'instruction n'est pas la même, ni dans son but, ni dans ses effets, que celle autorisée par l'article 442, et que la cour de cassation a réellement le droit d'annuler, sur la provoca- tion du gouvernement, et au profit ou au préju- dice des parties, les actes judiciaires, les arrêts ou jugemens contraires à la loi. Mais il en est

de ce droit comme de toutes les attributions
exorbitantes, lorsqu'elles sont mal définies. On
les exerce pendant long-temps, on les étend au-
delà de leurs limites naturelles; ensuite on s'en
inquiète soi-même, on en est embarrassé, et
on les abdique. Cependant la loi est toujours
là, elle réclame, on y revient; et la cour de cassation reviendra sur la nouvelle jurisprudence
que son arrêt du 2 avril 1831 semble vouloir fon-
der. Le droit qu'elle a abdiqué lui appartient
incontestablement. Il y a plus, ce droit est éminemment utile; car dans beaucoup de circonstances, les voies ordinaires établies pour la réformation ou l'annulation des actes judiciaires et
des jugemens sont insuffisantes pour réparer
le tort qu'ils ont causé à l'ordre public. Qu'un
tribunal se laisse corrompre ou qu'il cède à la
violence; que le ministère public ou le prévenu
manquent des moyens ou de la volonté nécessaires
pour se pourvoir régulièrement en cassation, quel
recours restera-t-il à l'innocent condamné ou à la
vindicte publique audacieusement bravée? Les
juges coupables seront condamnés; les auteurs
des actes de violence seront punis; et cependant
les décisions fruits de ces crimes, devront rester
inébranlables et recevoir leur exécution! et, sans
entrer dans des hypothèses de nature à se réaliser
plus ou moins souvent, je demanderai si, lors
des arrêts des 24 messidor an 11, 12 août 1815,
8 août 1816, 5 février 1818, et 15 juillet 1819,
il valait mieux laisser périr ou déshonorer les

accusés condamnés illégalement, que d'avoir institué le pouvoir tutélaire qui a brisé les condamnations prononcées contre eux ; si, lors des
arrêts des 5 juin 1823 et 5 février 1824, il était
préférable de laisser le cours de la justice perpé-
tuellement entravé, plutôt que d'avoir créé une
autorité assez puissante pour le rétablir. Je demanderai enfin si, lors de l'arrêt du 12 février
1815, il fallait laisser les accusés jouir des fruits
d'une absolution qu'ils ne devaient qu'à un crime
auquel la partie publique n'était pas restée étrangère.

Ce pouvoir de porter atteinte à l'autorité de la
chose jugée est extraordinaire ; mais la manière
dont il doit s'exercer présente les plus fortes garanties contre l'abus qu'on en pourrait faire. Le
premier corps judiciaire de l'état en est seul investi ; il ne peut l'exercer que sur la provocation
du gouvernement, à qui seul appartient l'ini-
tiative ; il ne peut l'exercer que contre les actes et
les jugemens qui violent la loi.

Toutefois, tel est le respect que doit imprimer
la chose jugée, ce solide fondement de l'ordre
public et de la paix des familles, qu'il faut s'em-
presser de reconnaître que les cas où la cassation
dont je parle peut être prononcée devraient être
définis et précisés. Les expressions de l'article 80
de la loi de ventose étaient déjà trop vagues : *Les
actes par lesquels les juges auront excédé leurs pouvoirs ;* mais celles de l'article 441 le sont encore
davantage : *Les actes judiciaires, arrêts ou jugemens*

contraires à la loi. Comment circonscrire le sens
de ces mots? Si la pensée du législateur paraît se
révéler par ceux qui suivent immédiatement, et
qui sont relatifs aux poursuites à exercer contre
les juges, cette pensée n'est pas rendue d'une
manière assez explicite. Peut-être la cour de cassation, tout en restant dans les termes de l'article
441, n'a-t-elle pas usé assez sobrement du droit
qu'il lui confère ; et il est permis de douter qu'elle
en ait fait un usage bien opportun lorsque, par
exemple, elle a, par les arrêts des 26 février et
1er août 1818, annulé des jugemens de conseils de
guerre qui avaient fait une fausse application de
la loi pénale au délit de détournement d'effets
militaires fournis par un corps. La cassation dans
l'intérêt de la loi n'est qu'une simple mesure
d'ordre dont il est utile de multiplier l'emploi ;
c'est faire simplement de la doctrine. Mais la cassation qui anéantit la chose jugée et met les parties
dans le même état que si aucun jugement n'était
encore intervenu, est une mesure d'une haute
importance; je ne connais pas, dans l'ordre judiciaire, d'acte plus grave et plus solennel : et au
lieu qu'un tel acte puisse seulement être suivi de
poursuites contre les fonctionnaires de qui émanent les actes ou jugemens annulés, les poursuites
devraient précéder la cassation ; la cassation ne
devrait être que la conséquence de la criminalité
de ceux qui ont fait ou extorqué l'acte ou le jugement.

381. Je reviens aux règles générales concernant

les actes qui peuvent produire l'autorité de la chose jugée, et les effets que la loi attache à chacun d'eux.

Le Code de brumaire contenait sur l'effet des ordonnances et des jugemens qui déchargeaient soit un prévenu, soit un accusé, trois dispositions qu'il faut bien distinguer.

S'agissait-il d'une ordonnance par laquelle un officier de police judiciaire, après quelques actes d'instruction, mettait en liberté un prévenu qu'il jugeait s'être suffisamment disculpé? L'article 67 déclarait que cette ordonnance, n'étant qu'une *décision provisoire de police*, n'empêchait pas que le prévenu ne fût recherché et poursuivi de nouveau pour le même fait.

S'agissait-il de la déclaration d'un jury d'accusation, portant qu'il n'y avait pas lieu à accusation contre le prévenu d'un crime emportant peine afflictive ou infamante? L'article 255 décidait qu'en ce cas le prévenu ne pouvait plus être poursuivi à raison du même fait, à moins que, sur de nouvelles charges, il ne fût présenté un nouvel acte d'accusation.

S'agissait-il enfin de la déclaration d'un jury de jugement qui portait, ou que l'accusé n'était pas convaincu, ou que le fait avait été commis involontairement, sans aucune intention de nuire, ou pour la défense légitime de soi-même ou d'autrui? L'article 426 déclarait que tout individu ains acquitté ne pouvait plus être repris ou accusé à raison de ce même fait.

Ces dispositions se retrouvent dans le Code d'instruction criminelle qui nous régit.

Les actes qui peuvent produire l'autorité de la chose jugée sont :

1° Les ordonnances d'acquittement rendues par les présidens des cours d'assises ; les arrêts et les jugemens des cours et tribunaux en matière criminelle , de police correctionnelle et de simple police ;

2° Les déclarations du jury ;

3° Les ordonnances des chambres du conseil, et les arrêts des chambres d'accusation.

ARTICLE PREMIER.

Des ordonnances d'acquittement rendues par les présidens des cours d'assises ; des arrêts et des jugemens des cours et des tribunaux en matière criminelle , de police correctionnelle et de simple police.

382. Que les ordonnances d'acquittement rendues par les présidens des cours d'assises puissent produire la chose jugée , c'est ce qui résulte des articles 358 et 360 du Code d'instruction. Mais, en rapprochant les articles 358 et 364, on voit que la loi établit une différence entre l'accusé *acquitté* et l'accusé *absous*. Un accusé est acquitté quand le jury l'a déclaré non coupable ; le président doit alors prononcer une ordonnance d'acquittement. Un accusé est absous, quand le fait dont le jury l'a déclaré coupable n'est pas défendu par une loi pénale ; alors la cour d'assises délibère

et rend un arrêt d'absolution. Or l'article 360
du même Code porte que toute personne acquittée
légalement ne pourra plus être reprise ni accusée en raison du même fait. A s'en tenir au sens
littéral de cet article, il semblerait qu'il n'y a que
les *ordonnances d'acquittement* qui mettent les accusés à l'abri de toutes poursuites ultérieures à
raison du même fait; mais il est hors de doute
que l'article 360 s'applique aussi au cas d'absolution prévu par l'article 364; qu'un arrêt qui *absout* l'accusé constitue la chose jugée tout aussi
bien que l'ordonnance qui l'*acquitte* et qu'il faut
entendre l'article 360 comme si le législateur y
avait écrit : *toute personne acquittée ou absoute légalement* ne pourra plus être reprise , etc.

Une autre remarque : l'article 360 est placé
sous le titre *des affaires qui doivent être soumises au
jury*; et textuellement il ne s'applique qu'aux matières criminelles proprement dites ; cependant il
est hors de doute que la règle qu'il pose s'étend
aux arrêts et aux jugemens rendus par les cours
et les tribunaux en matière de police correctionnelle et de simple police.

383. On a douté si les arrêts qui prononcent
sur l'identité des individus condamnés, évadés et
ensuite repris, acquéraient l'autorité de la chose
jugée, et si, conséquemment, une cour d'assises qui
a jugé que l'identité d'une personne avec un condamné évadé n'est pas constante, pouvait ensuite,
et sur de nouvelles preuves , déclarer que cette
identité existe? La cour de cassation a jugé, le 12

août 1825 (1) qu'elle ne le pouvait pas; elle en a
donné pour motif que « les décisions par lesquelles
» les cours d'assises reconnaissent l'identité d'un
» individu condamné, évadé et repris, consti-
» tuent de véritables jugemens et arrêts, qualifiés
» tels par les articles 519 et 520 du Code d'instruc-
» tion; que ces décisions en ont d'ailleurs le ca-
» ractère, puisqu'elles prononcent des peines (ar-
» ticle 518 du Code d'instruction), qu'elles sont
» précédées de débats publics, et qu'intervenues
» en dernier ressort, elles ne peuvent être attaquées
» que par la voie de la cassation».

ARTICLE DEUXIÈME.

De la déclaration du jury.

384. Dans toutes les matières de grand criminel, et dans quelques matières correctionnelles,
les juges du *fait* sont distincts des juges du *droit*.
Des jurés ont la mission de décider si le fait incriminé a été commis et si l'accusé en est l'auteur;
la cour d'assises est chargée d'appliquer la loi pénale aux faits dont l'accusé est déclaré coupable.

Ainsi les déclarations du jury sont de véritables jugemens. Ces jugemens sont définitifs, souverains; car, aux termes de l'article 350 du Code
d'instruction, ils ne sont soumis à aucun recours;
ils constituent conséquemment la chose irrévocablement jugée.

---

(1) Bull., p. 427; Dalloz, p. 438.

Il résulte de là que ces déclarations existent par elles-mêmes et indépendamment des arrêts auxquels elles peuvent donner lieu ; que les arrêts peuvent être cassés, sans que ces déclarations en reçoivent la moindre atteinte, et qu'il ne reste à la nouvelle cour d'assises à laquelle l'affaire est renvoyée, qu'à appliquer la loi aux faits reconnus constans ; qu'enfin ces déclarations ne peuvent être annulées qu'à raison des vices qui leur sont propres.

ARTICLE TROISIÈME.

Des ordonnances des chambres du conseil et des arrêts des chambres d'accusation.

385. Les tribunaux correctionnels et de simple police ne sont pas toujours saisis directement, soit par le ministère public, soit par les parties civiles, du jugement des délits et des contraventions qui sont de leur compétence ; les cours d'assises ne sont jamais saisies directement des *accusations* sur lesquelles elles doivent prononcer. Une instruction écrite précède souvent la mise en jugement des inculpés. La loi exige que cette instruction, dès qu'elle est complète, soit soumise à des juges qu'elle charge d'examiner s'il existe contre les prévenus des indices suffisans de culpabilité pour les soumettre à un jugement public, et de déterminer, d'après le caractère pénal des faits qui résultent de l'instruction, la juridiction compétente pour y statuer. Ces juges rendent

donc des décisions; il s'agit d'en déterminer la nature et les effets.

Ces décisions émanent ou des tribunaux de première instance, ou des chambres de mise en accusation.

Les décisions des tribunaux de première instance se rendent en chambre du conseil; elles ne sont que provisoires, et dévolues de droit à la chambre des mises en accusation, lorsqu'elles déclarent qu'il existe contre le prévenu des indices suffisans d'un délit de la compétence de la cour d'assises. Ces décisions, en toute autre matière, ou lorsqu'elles ordonnent la mise en liberté de l'inculpé, sont simplement susceptibles d'opposition. Cette opposition peut être formée par le procureur du roi ou par la partie civile; elle doit intervenir dans les vingt-quatre heures. L'effet de l'opposition est de soumettre l'affaire à la chambre des mises en accusation.

Les chambres d'accusation, soit qu'elles se trouvent saisies par l'opposition qui a été formée à la décision du tribunal de première instance, soit qu'elles se trouvent saisies nécessairement parce qu'il s'agit de faits de la compétence de la cour d'assises, soit enfin qu'elles se soient saisies elles-mêmes directement de l'instruction, en se l'attribuant, ainsi qu'elles en ont le droit, d'après l'article 325 du Code d'instruction, ont à remplir les mêmes devoirs que les chambres du conseil des tribunaux de première instance; elles ont à décider s'il existe contre les inculpés des indices suffisans de culpabilité, à ordonner leur mise en liberté si ces indices n'existent pas, et, dans le cas contraire, à ordonner le renvoi de l'affaire devant la juridiction compétente pour en connaître. Leurs arrêts sont susceptibles d'être attaqués devant la cour de cassation.

Ce n'est pas ici le lieu d'examiner les effets des ordonnances des chambres du conseil et des arrêts des chambres d'accusation sur la compétence des tribunaux qu'ils ont saisis du jugement de la prévention. Mais quels sont les effets de ces ordonnances et de ces arrêts quand ils déclarent qu'il n'y a pas lieu à continuer les poursuites et qu'ils ordonnent la mise en liberté de l'inculpé? c'est ce qu'il faut rechercher.

386. Le Code d'instruction criminelle porte, article 246 : « Le prévenu à l'égard duquel la cour » royale aura décidé qu'il n'y a pas lieu au renvoi » à la cour d'assises, ne pourra plus y être traduit » à raison du même fait, à moins qu'il ne sur- » vienne de nouvelles charges. » Cet article est fort clair en ce qui concerne les matières qui sont de la compétence des cours d'assises ; les arrêts qui déclarent qu'il n'y a lieu à renvoyer le prévenu à la cour d'assises ont l'autorité de la chose jugée, et ils ne la perdent que par la découverte de charges nouvelles.

En est-il de même des arrêts qui statuent en matière de police correctionnelle ou de simple police? Cela n'est pas douteux, quoique l'art. 246 ne parle que des matières de la compétence des cours d'assises. Il suffit que le Code d'instruction n'ait pas attribué un effet différent aux arrêts qui interviennent sur une poursuite correctionnelle ou de simple police, pour que ces arrêts soient régis par l'article 246. Les doutes que l'on avait conçus à ce sujet, dans les premiers temps de la mise en activité de nos Codes criminels, étaient fondés sur ce que le Code d'instruction paraissait ne point ouvrir la voie d'opposition contre les ordonnances des chambres du conseil qui prononçaient le renvoi du prévenu devant le tribunal correctionnel ou de simple police ; mais dès qu'il a été reconnu et bien établi par la jurisprudence de toutes les cours du royaume, que cette voie était ouverte, on a reconnu aussi, par voie de conséquence, que les arrêts qui interviennent sur ces oppositions ont le même caractère, la même autorité que les arrêts rendus dans les affaires de la compétence des cours d'assises.

387. Les ordonnances des chambres du conseil portant qu'il n'y a lieu à suivre faute de charges suffisantes, ont-elles, lorsqu'elles n'ont pas été attaquées dans le délai légal, la même autorité que les arrêts des chambres d'accusation ?

Cette question a été controversée. M. Legraverend notamment (1) soutient, avec beaucoup de chaleur, qu'elles n'ont pas cette autorité ; que le procureur général peut, nonobstant ces ordonnances, user du droit que lui donne l'article 250

_____

(1) T. Ier, p. 410.

du Code d'instruction, de faire venir les pièces de la procédure, et de soumettre l'affaire à la chambre d'accusation.

Dans une excellente note sur l'article 135 du Code d'instruction, M. Bourguignon présente (1) l'analyse des discussions qui ont eu lieu au conseil d'état sur l'ensemble de cette partie de l'instruction criminelle, et il démontre que, la voie d'opposition ayant été ouverte aux procureurs du roi contre les ordonnances des chambres du conseil, le législateur n'a pas voulu que le procureur général eût en même temps le droit de reprendre les poursuites, lorsque son substitut, qui le représente légalement, n'a pas usé de la voie que la loi lui ouvrait.

M. Merlin, dans un réquisitoire du 27 février 1812 (2), a porté cette vérité au plus haut degré d'évidence, et clairement démontré que si les ordonnances des chambres du conseil n'ont pas l'autorité de la chose irrévocablement jugée puisqu'elles peuvent être neutralisées par une instruction ultérieure dans laquelle de nouvelles charges sont produites contre le prévenu, elles ont l'autorité de la chose jugée tant que les charges restent dans le même état, tant qu'une instruction ultérieure n'y ajoute rien.

M. le président Barris a consigné le même principe dans ses 62ᵉ et 68ᵉ notes.

---

(1) Jurisp. des Codes criminels, t. Iᵉʳ, p. 299. — (2) Rép. de jurisp., vᵒ Opposition à une ordonnance, nᵒ 3, t. XI, p. 793.

Enfin, la jurisprudence a mis la question hors de controverse (1) ; et personne ne doute plus aujourd'hui qu'une ordonnance de la chambre du conseil, non suivie d'opposition, ne produise les mêmes effets qu'un arrêt de chambre d'accusation qui aurait, comme elle, déclaré qu'il n'y a lieu à suivre faute de charge.

388. Mais l'autorité que la loi attache à ces ordonnances et à ces arrêts cesse par la survenance de charges nouvelles. Que doit-on entendre par *charges nouvelles* ? L'article 247 du Code d'instruction répond : « Sont considérés comme charges » nouvelles les déclarations de témoins, pièces et » procès-verbaux qui, n'ayant pu être soumis à » l'examen de la cour royale, sont cependant de » nature soit à fortifier les preuves que la cour au- » rait trouvées trop faibles, soit à donner aux faits » de nouveaux développemens utiles à la manifes- » tation de la vérité. »

Ainsi les *charges nouvelles* ne résultent pas seulement de la découverte de nouveaux faits, elles peuvent également résulter de la découverte de nouvelles circonstances, de nouvelles preuves, de nouveaux indices, qui se rattachent aux faits que la première instruction avait fait connaître. « Les » dispositions de l'art. 247, sur ce que l'on doit » considérer comme charges nouvelles, sont sim-

(1) Arrêts des 13 septembre 1811 ; 27 février, 19 mars, 18 avril, 27 août 1812 et 19 mars 1813, Rép. de jurisp., *loc. cit.*; Dalloz ; t. II, p. 576 et suiv. ; Bull. officiel. * Arrêt du 18 septembre 1834 ; Dalloz, p. 426 ; Bull. officiel.

»plement démonstratives, et l'expression *charges*
»*nouvelles* embrasse, dans sa généralité, toutes
»preuves servant à établir la culpabilité du pré-
»venu (1).» Les charges nouvelles peuvent se puiser
dans des déclarations de témoins, dans des procès-
verbaux, dans des pièces que les magistrats n'ont
pas eues sous les yeux lors de leur premier examen. La loi confie à leur sagesse l'appréciation de
tout ce qui peut constituer une charge nouvelle,
et, dans cette appréciation, ils ne relèvent que
de leur conscience.

389. M. Carnot (2) ne voudrait pas que les
charges nouvelles pussent être provoquées, c'est-
à-dire que le procureur du roi pût requérir et
le juge ordonner de nouvelles informations; il ne
voudrait pas qu'une nouvelle plainte, dans laquelle se trouveraient rappelées des *circonstances*
graves, ignorées lors de la première instruction, lors
même que la preuve en serait offerte, avec indication
de témoins, pût autoriser de nouvelles informations. « Si le législateur, dit-il, a réservé la faculté
» de faire de nouvelles poursuites dans le cas de
» survenance de nouvelles charges, c'est évidem-
» ment dans le cas seulement où il en est survenu de
» nouvelles, sans avoir été directement provoquées.
» Cependant l'usage contraire a prévalu. » Ainsi
M. Carnot ajoute à l'article 247 que la déclaration
des témoins, les pièces, etc., devront, pour con-

---

(1) Arrêt du 21 décembre 1820, non imprimé : Breval
c n e le ministère public. — (2) T. II, p. 292 et 293.

stituer des charges nouvelles, avoir été recueillies
dans une autre affaire, ou être le résultat d'une
cause accidentelle ; qu'il est interdit au procureur
du roi ou au juge d'instruction de vérifier l'exactitude des renseignemens ultérieurs qui peuvent
leur parvenir, d'en faire la matière d'une information. Un pareil système n'est pas soutenable.
Tant qu'il n'existe qu'une décision qui clôt la poursuite à défaut de charges suffisantes, le devoir
des officiers de police judiciaire est de continuer à
veiller. Qui ne sait que les preuves d'un crime ne
se manifestent souvent qu'après les décisions provisoires ; que des témoins, qui avaient gardé le
silence s'expriment avec franchise et abandon
aussitôt qu'ils pensent qu'ils ne seront pas appelés devant le juge ; que les démarches même du
prévenu, après sa mise en liberté, révèlent souvent la vérité ? Et cependant, suivant M. Carnot,
le juge d'instruction et le procureur du roi devraient rester dans l'inaction ; il leur serait défendu de recueillir ces nouvelles preuves ; il faut
qu'elles leur arrivent toutes constatées par des
procès-verbaux et des informations. Mais qui
dressera ces procès-verbaux ? qui formalisera ces
informations, si on l'interdit aux officiers de police judiciaire qui ont agi dans la première procé-
cédure ? Que l'on ne se méprenne pas sur la nature des décisions dont je parle ; elles ne sont
point des arrêts ou des jugemens d'absolution ; la
loi s'est bornée à défendre qu'on pût les rétrac-
ter s'il ne survenait pas de charges nouvelles, afin

que les magistrats ne livrassent point aux tribunaux, sans nouveaux motifs, le prévenu qu'ils
n'avaient pas cru devoir y traduire; mais ces magistrats ne sont point, pour cela, dessaisis de
l'affaire; cela est si vrai qu'il n'y a que la juridiction qui a connu des premières charges qui soit
compétente pour apprécier les nouvelles (1); et,
bien loin de défendre à ces magistrats de rechercher les charges nouvelles, elle les y autorise formellement; en les faisant résulter de déclarations
de témoins et de procès-verbaux; elle autorise à
verbaliser, à informer, à poursuivre enfin.

Une ordonnance de la chambre du conseil avait
déclaré qu'il n'y avait lieu à poursuivre contre le
capitaine d'un navire prévenu d'avoir fait la traite
des noirs. Deux ans après, le rédacteur de la *Bi-
bliothèque ophthalmologique* publia que le chirurgien
de ce navire avait dit qu'il s'y était trouvé trente-
neuf nègres qu'on avait fait jeter à la mer, parce
qu'ils étaient devenus aveugles par suite d'une maladie qui s'était déclarée à bord. Si le fait était
vrai, il en résultait la conséquence que le capitaine s'était livré à la traite. Par la seule indication
contenue dans cet écrit périodique, le procureur
général reprit les poursuites et requit la cour
royale d'évoquer l'instruction. Elle s'y refusa,
non par le motif que les charges nouvelles ne peuvent pas être recherchées ou provoquées; ce sys-

(1) Arrêt du 31 août 1821, Bull., p. 393; Dalloz, t. III,
p. 434.

tème est trop peu raisonnable, mais entre autres motifs, parce que la chambre du conseil avait, en déclarant par son ordonnance qu'il n'existait aucune charge contre le capitaine, exclu le fait dont parlait le procureur général; qu'ainsi ce fait ne constituerait point *une charge nouvelle*, fût-il prouvé. Mais son arrêt a été cassé, dans l'intérêt de la loi (1), parce que ce fait n'avait pas été mentionné dans la première instruction.

390. Mais ce caractère provisoire que la loi attache aux ordonnances des chambres du conseil et aux arrêts des chambres d'accusation disparaît entièrement lorsque ces décisions, au lieu d'être fondées sur l'insuffisance des charges, sont motivées sur l'appréciation *en droit* des faits de la poursuite. On conçoit, en effet, qu'une décision qui adopte une exception péremptoire, indépendante des charges produites et de celles qui pourraient l'être postérieurement; une exception qui anéantit tout droit de poursuite contre le fait incriminé et lui ôte conséquemment tout caractère pénal, est irrévocable lorsqu'elle n'a pas été déférée au tribunal supérieur, ou lorsque celui-ci l'a maintenue.

Il résulte de là que si la chambre du conseil ou la chambre d'accusation avait décidé que l'action publique était éteinte par la prescription, une amnistie, ou la chose jugée, la survenance de

(1) Arrêt du 10 avril 1823, Bull., 148; Dalloz, t. II, p. 613.

charges nouvelles serait impuissante pour autoriser à traduire le prévenu devant les tribunaux.
La cour de cassation l'a ainsi jugé relativement à
l'exception tirée de la prescription (1) par les motifs que voici :

« Attendu... que le jugement avait prononcé
» sur une exception péremptoire, indépendante
» des charges produites et de celles qui pourraient
» l'être postérieurement, sur une exception qui
» anéantissait tout droit de poursuite contre le fait
» de la plainte, et lui ôtait conséquemment la
» qualification de crime; qu'il ne pouvait donc
» y avoir lieu à nouvelles poursuites, sous pré-
» texte de nouvelles charges. » Il devrait en être de
même s'il avait été décidé que le fait, en le supposant vrai, n'est point puni par la loi.

391. Mais que devrait-on décider s'il survenait
des charges nouvelles qui changeassent la nature
des faits sur lesquels est fondée la décision en *droit*
de la chambre du conseil ou de la chambre d'accusation? Je suppose que cette décision porte que
le fait incriminé n'est pas puni par la loi parce
qu'il manque d'un des élémens dont le concours
est nécessaire pour constituer un délit, ou que
l'action publique est éteinte par la prescription
de trois ans, parce que le fait, tel qu'il résulte
de l'instruction, ne constitue qu'un délit, etc.;
et qu'il survienne ensuite des charges nouvelles

(1) Arrêt du 9 mai 1812, Bull., p. 216; Dalloz, t. II,
p. 581.

qui fournissent la preuve que l'élément qui paraissait manquer au fait existe réellement ; que le fait qu'on croyait un simple délit a été commis avec des circonstances qui l'érigent en crime ; les juges auront-ils alors le droit d'apprécier ces charges nouvelles ? et, s'ils les trouvent suffisantes, de renvoyer le prévenu devant les tribunaux ? Je crois qu'ils le pourront, parce que cette première décision ne doit son existence qu'à l'insuffisance des charges existantes quand elle a été rendue ; qu'elle n'est point indépendante des charges produites alors et de celles qui pourraient l'être postérieurement, qu'elle n'a, au contraire, anéanti tout droit de poursuite contre le fait de la plainte, et ne lui a ôté tout caractère pénal, qu'eu égard à l'état des charges telles que l'instruction les présentait.

Mais si cette décision avait déclaré l'action publique prescrite, et que l'on eût découvert postérieurement des actes qui, sans rien changer à la nature du fait, prouveraient que la prescription a été interrompue par des poursuites faites avant son accomplissement, cette découverte n'autoriserait point la reprise et la continuation des poursuites. Ces actes prouveraient seulement que la décision repose sur une erreur de fait, mais erreur qui a été indépendante de ce que les charges pouvaient présenter d'incomplet au moment où elle a été commise, et conséquemment irréparable, comme je l'ai dit dans le numéro précédent. D'ailleurs, ces actes ne constituent point de *char-*

ges nouvelles, puisqu'on ne peut appeler ainsi que les preuves ou les indices qui tendent à établir l'existence du fait et de ses circonstances, ou la culpabilité du prévenu.

M. Legraverend (1) se demande : « Mais lors-
» qu'une affaire qui pourrait offrir le caractère
» d'un crime, d'un meurtre, par exemple, a été
» réglée correctionnellement par la chambre du
» conseil, la prescription de l'action est-elle ac-
» quise à l'expiration du terme fixé pour les pour-
» suites correctionnelles, quoique le ministère pu-
» blic pense que l'affaire a été mal réglée, et qu'il
» soit survenu de nouvelles charges qui peuvent
» donner au fait le caractère de crime?
» Je crois que la question doit être résolue af-
» firmativement; en pareil cas, il ne peut y avoir
» lieu à diriger de nouvelles poursuites contre le
» prévenu. »

Cette hypothèse, comme on le voit, est différente de celles dans lesquelles j'ai raisonné; M. Legraverend suppose qu'il existe une ordonnance
qui renvoie le prévenu en police correctionnelle,
et que le ministère public a, postérieurement,
laissé écouler trois années sans la mettre à exécution, en faisant citer le prévenu. La solution qu'il
donne est bonne, et il la motive, à peu de chose
près, comme elle doit l'être. Quand une chambre
du conseil ou une chambre d'accusation a renvoyé une affaire devant un tribunal, elle en est

_____

(1) T. IV, p. 93.

entièrement dessaisie ; en sorte que les charges, tant anciennes que nouvelles, ne peuvent plus être appréciées que par le tribunal lors des débats qui ont lieu devant lui. Dans l'espèce proposée, le tribunal ne peut ouvrir les débats , puisque la prévention, telle qu'on la lui présente, telle qu'on la lui avait renvoyée, est éteinte par la prescription; il résulte de là que l'erreur commise par la chambre du conseil ne peut être redressée, faute de juges compétens pour la réparer. Dans l'hypothèse où je me suis placé, au contraire, j'ai supposé une ordonnance ou un arrêt qui déclare qu'il n'y a lieu à suivre , et qui , conséquemment, ne dessaisit pas de l'affaire le tribunal ou la cour qui l'a rendue, pour en saisir un autre tribunal.

§ II. Des conditions qui doivent concourir pour constituer la chose jugée.

392. La chose jugée ne peut résulter que d'une décision qui ait le caractère d'un jugement, et qui soit susceptible d'exécution ;

Il faut qu'elle soit devenue irrévocable;

Qu'il y ait identité de parties;

Identité de cause , c'est-à-dire de délit.

ARTICLE PREMIER.

Il faut qu'il existe une décision qui ait le caractère d'un jugement, et qu'elle soit susceptible d'exécution.

393. J'ai indiqué, dans le paragraphe précédent, les actes qui sont de nature à produire la

chose jugée; mais ils ne peuvent la produire qu'autant qu'ils statuent réellement sur ce qui fait l'objet de la poursuite.

Ainsi l'acte d'un tribunal de police qui constaterait simplement que, sur une prévention d'injures, les parties ont comparu devant lui et se sont accordées moyennant une indemnité que l'une a payée à l'autre, ne constituerait pas un jugement, et ne serait pas même susceptible d'être attaqué par la voie de cassation, puisque cette voie n'est ouverte que contre les jugemens et les arrêts (1).

Ainsi, les décisions qui infligent des peines de discipline à un officier ministériel ou à un magistrat n'ont point l'autorité de la chose jugée sur l'action publique intentée à raison des faits qui ont motivé ces mesures de discipline, parce que, dit un arrêt du 12 mai 1827 (2), « l'action en » discipline pouvant s'exercer pour des faits qui » ne sont pas qualifiés par le Code pénal, et étant » d'ailleurs assujettie à des formes spéciales, les » punitions qui en sont la suite ne sont point » de véritables *peines*, et les décisions qui les » prononcent ne sont pas de véritables *jugemens*. »

Et, comme il est impossible de concevoir un jugement sans y attacher la possibilité d'une exécution quelconque, il est clair que la décision d'un tribunal correctionnel ou de police qui se

(1) Arrêt du 31 octobre 1828, Dalloz, p. 434.
(2) Bull., p. 411.

bornerait à déclarer constans les faits incriminés
et renverrait devant un autre tribunal pour l'application de la peine, n'acquerrait jamais l'autorité de la chose jugée, n'eût-elle pas été attaquée
dans les délais de la loi. Elle ne l'acquerrait pas
quant à la déclaration de culpabilité, parce que
cette disposition est inexécutable. « Attendu, porte
» un arrêt de la cour de cassation (1), qu'il serait
» impossible, d'après la législation particulière à
» la police correctionnelle, que cette juridiction
» pût appliquer des peines à des faits qu'elle n'au-
» rait pas approfondis et dont elle n'aurait pas
» examiné et reconnu la culpabilité; ce qui de-
» vrait cependant arriver, si le tribunal correc-
» tionnel était forcé de se soumettre servilement
» à l'arrêt qui a déclaré les faits et la culpabilité
» constans. »

Il en serait de même d'un jugement qui appli-
querait au prévenu un châtiment autre que l'un
de ceux établis par nos lois criminelles et qu'elles
ont admis comme *peines;* car un tel jugement ne
serait, assurément, susceptible d'aucune exécution.

Enfin il faut en dire autant d'un jugement
dont les dispositions seraient incertaines ou contradictoires entre elles. « C'est ainsi, dit M. Mer-
» lin (2), que le défaut de recours en cassation ne
» pourrait pas être opposé à un arrêt qui décla-

(1) Du 16 pluviose an 13, Dalloz, t. II, p. 566.
(2) Rép. de jurisp., v° Chose jugée, § 14, t. II, p. 700.

» rerait à la fois un accusé coupable et innocent,
» qui à la fois le condamnerait à la peine de mort
» et ordonnerait sa mise en liberté. Un pareil arrêt,
» quoique non attaqué dans les trois jours, n'en
» devrait pas moins rester sans exécution, parce
» que l'autorité de la chose jugée, qui n'est qu'une
» fiction de la loi, ne peut pas l'emporter sur
» l'impossibilité physique d'exécuter deux disposi-
» tions qui s'entre-détruisent. »

ARTICLE II.

Il faut que la décision soit devenue irrévocable.

394. Tant que les voies établies par la loi pour
faire réformer ou annuler les ordonnances des
chambres du conseil, les jugemens ou arrêts,
sont ouvertes au ministère public ou aux parties,
ils n'ont point l'autorité de la chose jugée; car ils
ne sont ni fixes ni immuables, et l'action pour la
poursuite subsiste toujours; c'est ce que la raison
indique.

Et parce que ce caractère d'irrévocabilité manque aux arrêts de condamnation rendus par contumace, ils ne constituent pas la chose souverainement jugée. Je dis *les arrêts de condamnation*,
parce que, quand un arrêt rendu par contumace
prononce l'absolution de l'accusé sur tous les
chefs de l'accusation, ou sur une partie d'entre
eux, il ne peut plus, à cet égard, être poursuivi
de nouveau : c'est ce que je vais expliquer.

395. Aux termes de l'article 476 du Code d'in-

struction, si l'accusé condamné par contumace se représente ou s'il est arrêté, le jugement rendu par contumace et les procédures faites *contre lui* sont anéanties de plein droit, et il doit être procédé contre lui dans les formes ordinaires. Ainsi, la loi n'anéantit le jugement que dans la supposition qu'il est rendu *contre lui;* elle le maintient conséquemment s'il l'a absous. D'ailleurs l'article 360, en déclarant que toute personne acquittée légalement ne peut être reprise ni accusée à raison du même fait, n'établit aucune distinction entre les arrêts contradictoires et les arrêts rendus par contumace. Le Code de brumaire contenait des dispositions conformes à celles du Code actuel; sous l'empire du premier, une cour de justice criminelle avait décidé que le jugement d'acquittement était anéanti par la représentation de l'accusé; mais son arrêt fut cassé le 18 ventose an 12 (1).

396. La même décision s'applique au cas où, l'accusation portant sur plusieurs crimes distincts, l'accusé a été acquitté des uns et condamné à raison des autres; l'acquittement lui profite, l'arrêt a, à cet égard, l'autorité de la chose jugée; t lorsqu'il se représente ou qu'il est arrêté, on ne peut procéder contre lui que relativement aux crimes qui ont motivé la condamnation intervenue contre lui. On ne comprendrait pas, en effet, qu'il dût souffrir de ce qu'au lieu d'être jugé

---

(1) Dalloz, t. IV, p. 272.

sur chaque crime séparément, il a été jugé sur tous en même temps. Le 15 novembre 1821, un arrêt de la cour de cassation a consacré cette doc-trine (1).

597. Mais ne confondez pas avec des crimes principaux et distincts les simples circonstances aggravantes d'un fait principal. Un arrêt par con-tumace qui se bornerait à déclarer que telle cir-constance aggravante n'existe pas, ou qu'elle n'est pas de nature à donner au fait le caractère de tel crime, et qui, par là, réduirait le fait à n'être plus qu'un simple délit, qu'un délit diffé-rent de celui qui motivait la mise en accusation, n'aurait point l'autorité de la chose jugée quant à ces circonstances, quant à la nouvelle qualifi-cation qu'il donnerait au fait de l'accusation.

En effet, aux termes de l'article 476 du Code d'instruction, l'arrêt de condamnation se trouve, par la représentation ou l'arrestation du contu-max, anéanti complétement et dans toutes ses parties. L'appréciation qu'il a faite de l'accusation ne subsiste pas plus quant aux circonstances qu'il a écartées, que quant à celles qu'il a reconnues constantes; le fait de l'accusation renaît dans son entier, l'arrêt est réputé n'avoir jamais existé. Cela doit être ainsi, non seulement parce que l'article 476 ne permet pas de diviser l'arrêt de condamnation de manière à lui conserver une partie de ses effets; que, loin de là, il déclare

---

(1) Bull., p. 497 ; Dalloz, t. IV, p. 273.

formellement qu'il est anéanti de plein droit ; mais encore, parce qu'il serait insolite de remettre le délit en question, sans y remettre en même temps toutes les circonstances qui s'y rattachent d'après l'arrêt de la chambre d'accusation. Voici comment s'exprime à ce sujet M. Merlin (1) : « Le » Code d'instruction criminelle, qui a consacré la » règle *non bis in idem*, par son article 360, pour » les accusés acquittés contradictoirement et d'une » manière bien absolue, a bien pu la modifier par » son article 476 pour les accusés qui ne seraient » acquittés, par contumace, que des circonstan- » ces aggravantes; et non seulement il est impos- » sible de nier qu'il l'ait modifiée en effet à l'égard » de ceux-ci ; mais il a eu de très-bonnes raisons » pour motiver cette modification. Il a dû consi- » dérer qu'à l'égard de l'acquittement des circon- » stances aggravantes, l'arrêt est indivisiblement » lié à la disposition par laquelle il déclare l'accusé » coupable d'un délit; il a dû considérer qu'il se- » rait impossible, après la représentation de l'ac- » cusé, de remettre le délit en question, sans y » remettre en même temps toutes les circonstan- » ces qui s'y rattachent; il a dû considérer que » les témoins qui, dans le débat contradictoire, » déposeraient sur l'un, déposeraient nécessaire- » ment aussi et ne pourraient pas, sans mentir à » leur conscience, se dispenser de déposer simul- » tanément sur les autres; il a dû considérer enfin

(1) Rép. de jurisp., v° Contumax, § 3, t. III, p. 761.

» que le jury ne pourrait pas scinder les déposi-
» tions de ces témoins, et qu'il se trouverait, par
» conséquent, dans l'inévitable nécessité de don-
» ner sa déclaration sur toutes les circonstances
» que les dépositions de ces témoins lui auraient
» retracées. »

La cour de cassation a appliqué ce principe
dans une espèce fort remarquable.

La femme Grosbois était accusée d'une tentative
de vol à l'aide d'effraction et d'escalade. La cour
d'assises, procédant par contumace, déclara constans les faits d'effraction et d'escalade, mais décida que ces faits ne constituaient pas un com-
mencement d'exécution d'un vol, qu'ils n'étaient
qu'un simple délit de destruction de clôture ; en
conséquence, elle ne condamna l'accusée qu'aux
peines correctionnelles prononcées par l'article 456 du Code pénal. La femme Grosbois, ayant
été arrêtée, fut jugée contradictoirement; elle
prétendit qu'ayant été acquittée de l'accusation
de tentative de vol, et cet acquittement étant irrévocable, le jury n'avait plus à s'occuper que du
délit de destruction de clôture. La cour d'assises
adopta cette exception tirée de la chose jugée;
elle se borna à soumettre au jury la question ré-
clamée par l'accusée, et comme elle fut résolue
négativement, le président prononça une ordonnance d'acquittement. Cette ordonnance ayant
été déférée à la cour de cassation, elle fut cassée
par arrêt du 1er juillet 1820 (1), par des motifs

(1) Bull., p. 270 ; Dalloz, t. IV, p. 272.

qui sont reproduits en partie dans la discussion qu'on vient de lire. C'est par des motifs semblables que la cour a également jugé, le 27 août 1819 (1), que la représentation d'un individu condamné par contumace à de simples peines correctionnelles, ne le rendait pas justiciable de la police correctionnelle; que l'accusation, reprenant toute son autorité, restait dans le domaine de la cour d'assises.

398. Que devrait-on décider cependant si l'individu condamné par contumace à de simples peines correctionnelles déclarait acquiescer à l'arrêt rendu contre lui, et préférait subir la peine qu'il lui inflige plutôt que de courir les chances d'un nouveau jugement? M. Merlin (2) traite cette question avec beaucoup de soin; il estime que, l'arrêt de contumace étant anéanti par la force de la loi, la volonté de l'accusé est impuissante pour lui conserver ses effets; voici l'analyse de la discussion à laquelle il s'est livré.

C'est dans nos anciennes ordonnances criminelles, et notamment dans celle de 1670 qui portait, article 18, titre 17 : « Si le contumax est »arrêté prisonnier, ou s'il se représente..., les dé-»fauts et contumaces seront mis à néant en vertu »de notre présente ordonnance » ; que le Code de brumaire et le Code d'instruction ont puisé le principe que la représentation du condamné ou

---

(1) Bull., p. 295; Dalloz, t. IV, p. 272.
(2) Rép. de jurisp., v° Contumace, § 3, n° 6, t. III, p. 753.

son arrestation anéantissent les arrêts rendus contre lui par contumace. Ces ordonnances n'admettaient point qu'un accusé pût être condamné irrévocablement avant d'avoir été entendu; elles ne permettaient pas qu'on pût priver les accusés, dit le préambule de l'ordonnance de 1703, du *droit naturel qu'ils ont de se défendre par leur bouche, ni ôter aux juges les moyens qu'ils ont de s'éclairer, par ces voies, des circonstances des actions qui se poursuivent extraordinairement.* M. Merlin démontre jusqu'à l'évidence que l'accusé poursuivi au grand criminel qui n'avait été condamné qu'à une amende ou à un emprisonnement, ne pouvait pas, s'il était arrêté ou s'il se représentait, acquiescer à l'arrêt rendu contre lui, et éviter, par cet acquiescement, qu'on le jugeât de nouveau. Si tel était le véritable sens de l'article 18, tit. 17 de l'ordonnance de 1670, copié, pour ainsi dire, dans le Code de brumaire et dans le Code actuel, cet article a dû y conserver son sens originel; il a dû l'y conserver, si ces Codes ne contiennent rien qui tende à l'altérer. Or, d'après eux, la représentation du condamné anéantit de plein droit l'arrêt qui était intervenu; il doit être interrogé par le président de la cour d'assises; il a le droit de se pourvoir en cassation contre l'arrêt de mise en accusation; ainsi la condamnation n'existe plus, la loi l'a détruite; et une condamnation qui n'existe plus, qui est censée n'avoir jamais existé, n'est pas susceptible d'acquiescement. Dans cette position, le condamné n'est

plus qu'un accusé à qui il n'est pas plus permis
d'accepter la peine correctionnelle prononcée
contre lui, qu'il ne le serait à tout autre accusé
de se racheter de l'accusation dont il est l'objet,
en se soumettant à une peine correctionnelle.
Enfin non seulement l'article 476 du Code d'instruction est absolu, mais il est encore d'ordre
public; il a autant pour objet l'intérêt de la société, que l'intérêt de l'accusé; celui-ci ne peut
pas, par sa fuite, priver la vindicte publique des
preuves qui peuvent résulter de ses interrogatoires et d'un débat contradictoire; et, si le ministère
public n'a pas le droit de lui imposer la condamnation correctionnelle qui est intervenue et de le
frustrer ainsi des chances d'un nouveau jugement,
il ne peut pas non plus empêcher le ministère public de faire juger de nouveau toute l'accusation.
Chacun reprend ses droits, chacun se retrouve
dans la position où il était avant l'arrêt, la condamnation est anéantie au préjudice, comme à
l'avantage de l'accusé.

Ces motifs sont décisifs. La doctrine de M. Merlin a été adoptée par la cour de cassation par deux
arrêts, l'un rendu sous l'empire du Code de brumaire (1), l'autre, sous l'empire du Code actuel (2); M. le président Barris l'a consignée dans
sa 180e note.

---

(1) Arrêt du 13 ventose an 11, Dalloz, t. IV, p. 272.
(2) Arrêt du 29 juillet 1813, Bull., p. 398.

ARTICLE III.

De l'identité des parties.

399. Ainsi que M. Dalloz (1) en fait l'observation judicieuse, «l'identité des parties, pour qu'il » y ait chose jugée en matière criminelle, ne » donne pas lieu, comme en matière civile, à de » graves et fréquentes contestations. Le ministère » public, qui représente la société, a seul le droit » de poursuivre l'action publique. Le crime, le » délit, la contravention, une fois jugés contradic- » toirement avec lui, le sont à l'égard de tous. » Vainement un second plaignant succéderait-il » au premier, il ne pourrait faire revivre aucune » action éteinte ».

Ces principes étaient reçus dans l'ancien droit criminel.

« Lorsqu'un accusé, disent les continuateurs » de Denisart (2), a été absous par un jugement » régulier en dernier ressort, à la diligence du » ministère public, quiconque voudrait renouveler » la même accusation, en se rendant partie civile, » y serait déclaré non recevable, en vertu de la » règle *non bis in idem,* quoiqu'il n'y ait point » identité entre lui et les officiers qui ont agi au- » paravant. »

Ainsi une partie civile ne peut saisir de sa de- mande le tribunal correctionnel ou le tribunal de

_____

(1) T. II, p. 582. — (2) T. Ier, p. 111.

simple police, lorsque les faits de la plainte ont
déjà été jugés, qu'il y ait eu acquittement du
prévenu, ou qu'il ait subi une condamnation,
ou même qu'il ne soit intervenu qu'une simple
ordonnance de la chambre du conseil portant
qu'il n'y a lieu à suivre, quand même cette partie
civile n'aurait pas figuré dans la poursuite. L'action publique étant éteinte, aucun tribunal de
répression ne peut connaître des actions civiles.

Mais quelle influence doivent exercer sur l'action civile, quand elle est portée devant les tribunaux civils, les jugemens intervenus sur l'action
publique? C'est ce que j'examinerai dans le paragraphe suivant.

400. C'est un principe dont la vérité ne peut
être contestée, que les jugemens et les arrêts n'ont
l'autorité de la chose jugée que relativement aux
prévenus qui y ont été parties.

On tenait cependant pour constant, dans l'ancien droit criminel, que, quand l'accusé était
absous, le ministère public était non recevable à
poursuivre les complices, que ceux-ci se trouvaient à l'abri de toute recherche ultérieure. C'est
ce qu'enseignent les continuateurs de Denisart (1);
c'est ce que Jousse exprime dans les termes suivans (2) : «La septième exception (à la règle *non*
» *bis in idem*), est quand ce n'est pas le même
» accusé qu'on poursuit, quoique pour raison du

---

(1) T. Ier, p. 111. — (2) T. III, p. 21.

» même, crime, v. g. si l'on agit contre des com-
» plices.

   » Mais il faut observer que, dans ce cas, si le
» premier et principal accusé avait, sur la pour-
» suite, obtenu un jugement d'absolution, cette
» absolution profiterait au complice : car, quoi-
» qu'une chose passée entre certaines personnes,
» ne puisse en général profiter à d'autres, cela n'a
» lieu néanmoins que dans les cas où les droits
» de ces personnes différentes sont distincts et sé-
» parés; mais non quand ces droits tirent leur
» origine d'un seul et même fait, et que les dé-
» fenses que les accusés peuvent y opposer sont
» les mêmes.

   » Cette septième exception doit avoir lieu, à
» plus forte raison, si, le crime ayant été commis
» par un seul, et après avoir intenté l'accusation
» contre une personne qui en était innocente, on
» vient ensuite à agir contre le vrai coupable.
» Ainsi, après une condamnation exécutée contre le
» faux meurtrier, les héritiers peuvent intenter
» de nouveau l'accusation contre le véritable meur-
» trier. »

   Cette opinion, en ce qu'elle a de relatif aux
complices, doit-elle être suivie aujourd'hui? elle
ne doit pas l'être assurément, si l'acquittement de
l'auteur principal a été motivé sur des exceptions
qui lui étaient personnelles, telles que sa bonne foi,
ou parce qu'il y aurait eu insuffisance de preuves;
car cette insuffisance de preuves n'exclut pas
l'existence d'un autre auteur principal, et la

bonne foi de ce dernier ne suppose pas nécessairement celle des co-auteurs ou des complices ;
c'est même avec ces restrictions que l'opinion de
Jousse doit être entendue.

Mais je suppose qu'un jugement passé en force
de chose jugée ait déclaré formellement que le
délit *n'a point existé* ; je demande si cette décision
rend le ministère public non recevable à poursuivre soit un auteur principal, soit un complice.

M. Merlin (1) parle de cette question à l'occasion de l'influence que la chose jugée peut exercer
à l'égard des tiers : « Dans le cas où deux procès
» criminels, dit-il, sont intentés successivement
» sur le même fait....., le jugement qui intervient
» sur le premier des deux procès n'a et ne peut
» avoir aucune influence sur le jugement du se-
» cond, parce que celui-ci n'a pas dû nécessaire-
» ment être précédé par celui-là, ou en d'autres
» termes, parce que celui-là n'est point préjudiciel
» à celui-ci : et c'est ce qui explique pourquoi le
» jugement qui, sur l'accusation portée contre
» Pierre d'avoir empoisonné Jean, déclare qu'il
» n'y a point eu d'empoisonnement, ne fait nul
» obstacle à ce que Paul soit ensuite recherché,
» accusé et condamné comme coupable du même
» crime ; c'est ce qui explique pourquoi, quand
» même Pierre aurait été condamné comme cou-
» pable d'avoir empoisonné Jean , Paul pourrait

_____

(1) Quest. de droit , v° Faux , § 6, t. IV, p. 166.

» être ensuite condamné comme coupable et seul
» coupable de cet empoisonnement. »

Je crois que M. Merlin a raison dans l'hypothèse
où il se place, et qu'il en doit être ainsi dans
tous les cas où il s'agit d'un délit qui peut avoir
pour auteur tel ou tel individu indifféremment,
comme un vol, un meurtre, un incendie, etc.
L'article 443 du Code d'instruction vient à l'appui
de cette opinion ; car cet article, en autorisant
les demandes en révision dans le cas où deux
individus sont condamnés séparément pour un
même crime, et que les deux arrêts ne pouvant se
concilier sont la preuve de l'innocence de l'un ou
de l'autre condamné, suppose nécessairement
que deux accusations contradictoires entre elles
peuvent se succéder ; que le jugement intervenu
sur l'un ne met point obstacle à la poursuite de
l'autre ; en deux mots, que le ministère public
peut, après avoir fait condamner Pierre comme
auteur d'un crime, faire condamner Paul comme
en étant, au contraire, l'auteur véritable.

Mais en est-il de même quand le délit est tellement inhérent à la personne qui en a été accusée,
qu'elle seule pouvait s'en rendre coupable? S'il
s'agit, par exemple, des crimes de banqueroute,
de bigamie, de faux commis par un officier public
dans l'exercice de ses fonctions, et qu'il soit jugé
qu'il n'y a pas eu banqueroute, qu'il n'y a pas
bigamie, que l'acte rédigé par l'officier public est
l'expression fidèle de la volonté des parties,
pourra-t-on encore poursuivre, comme complices

de ces crimes, des individus qui n'ont pas figuré dans la première procédure ; pourra-t-on leur objecter que les arrêts qui sont intervenus sont à leur égard, *res inter alios judicata ?*

Je ne le pense pas.

La question de savoir si les crimes ont existé avait un véritable caractère préjudiciel, non pas seulement parce que la culpabilité suppose toujours l'existence d'un crime et d'un auteur principal connu ou non connu , car c'est là une vérité commune à tous les délits ; mais parce que, cette question une fois décidée négativement, il n'est plus possible de la remettre en litige et de la faire juger avec d'autres accusés ; la raison en est que les crimes de banqueroute , de bigamie, de faux, ne peuvent avoir été commis que par ceux qui en ont été acquittés , et qu'il est impossible de les imputer à d'autres auteurs. On ne peut pas davantage faire juger la question avec des accusés de complicité ; car on ne peut demander au jury si les accusés se sont rendus complices de la banqueroute, de la bigamie ou du faux commis par tels individus, quand il a été jugé, avec ces derniers , que ces crimes n'ont pas existé ; il ne peut y avoir complicité là où il n'y a plus de crime à punir.

La question s'est présentée devant la cour de cassation. Les nommés Blondel et Galenge font faillite ; un contrat d'union est consenti ; mais quelques uns des créanciers opposans portent plainte en banqueroute contre Blondel. Un arrêt

du parlement de Rouen le décharge de cette
plainte et décide qu'il n'y a pas banqueroute
frauduleuse. En l'an 2, d'autres créanciers portent une nouvelle plainte et la dirigent contre
Calenge comme s'étant rendu complice de la banqueroute de Blondel son associé. Jugement qui
déclare la banqueroute constante et que Calenge
en est complice. Pourvoi en cassation, arrêt qui
casse : « Attendu que du moment qu'il était jugé
» que Blondel n'était pas banqueroutier fraudu-
» leux, il l'était aussi qu'il n'avait ni fauteurs ni
» complices; que cette vérité judiciaire était de-
» venue une vérité inattaquable, tant à son égard
» qu'à l'égard de Calenge et de tous autres ; qu'en
» accueillant la nouvelle plainte, les tribunaux de
» première instance et d'appel ont méconnu l'au-
» torité de la chose souverainement et irrévoca-
» blement jugée. » Mais les parties civiles ayant
formé opposition, la cour de cassation a rendu,
le 15 prairial an 12, un arrêt tout opposé(1):
« Attendu que les jugemens n'ont l'autorité de la
» chose jugée qu'à l'égard de ceux qui y ont été
» parties; que la maxime *non bis in idem* n'est ap-
» plicable non plus qu'à ceux contre lesquels ont
» été dirigées les accusations et poursuites qui ont
» servi de base au jugement qui les a acquittés ;
» que Calenge n'a point été partie dans l'arrêt du
» ci-devant parlement de Rouen du 21 avril 1781;

---

(1) Dalloz, t. II, p. 584.

» qu'il n'avait point été nommé dans la plainte, et
» qu'il n'était point intervenu de décret contre
» lui, qu'il ne peut donc se prévaloir de ce juge-
» ment, et que le tribunal d'appel de Rouen a pu,
» sans violer la maxime *non bis in idem*, le déclarer
» complice d'une banqueroute à raison de laquelle
» il n'avait rien été préjugé avec lui. »

Lequel de ces deux arrêts est le plus conforme
aux principes? Je n'hésite pas à penser que c'est
le premier. Quand il est jugé préjudiciellement
avec le ministère public qu'un crime n'a pas été
commis, il est jugé qu'aucune réparation n'est
due à la société. Qu'importe qu'il ait eu pour
contradicteur tel accusé, plutôt que tel autre,
lorsque le jugement ne repose pas sur des motifs
qui soient plutôt personnels à celui-là qu'à celui-
ci, et qu'il décide pour tous que le crime n'a pas
existé?

Si l'on objecte que le ministère public peut
avoir découvert de nouvelles preuves, je répondrai que la force de la chose jugée, sur une question préjudicielle, est telle qu'elle peut faire violence à la vérité même et la soumettre à son
autorité; la chose jugée est une présomption
légale qui exclut toute preuve contraire, lorsque,
sur son fondement, la loi dénie l'action en justice (1); ainsi le veut l'intérêt public.

La cour de cassation me paraît être revenue

_____

(1) Code civil, art. 1351 et 1352.

aux vrais principes dans deux arrêts qu'elle a
rendus les 22 janvier 1830 (1) et 17 mars 1831 (2).
Voici l'espèce du premier : deux individus sont
mis en accusation, l'un comme s'étant rendu
coupable du crime de banqueroute frauduleuse,
en détournant, au préjudice de ses créanciers,
des effets et marchandises faisant partie de son
actif ; l'autre comme complice, pour s'être entendu avec l'auteur principal afin de soustraire une
partie de ces marchandises. Le jury déclare le
premier, le négociant failli, non coupable, et décide par conséquent qu'il n'a pas commis le crime
de banqueroute ; mais il déclare le second coupable de complicité pour s'être entendu avec le
failli pour soustraire une partie des marchandises
de son actif. Arrêt qui le condamne à la peine
des travaux forcés ; il se pourvoit en cassation, et
arrêt qui casse :

« Attendu que si, de deux accusés traduits en
» jugement, l'un comme auteur du crime, et
» l'autre comme complice, le premier est déclaré
» non coupable, et le deuxième coupable de com-
» plicité, ces déclarations peuvent être concor-
» dantes, lorsqu'il existe un corps de délit auquel
» la complicité puisse se rattacher avec l'auteur
» quelconque de ce délit, qui n'est pas connu ou
» mis en jugement ; mais qu'il n'en peut être ainsi
» lorsqu'il résulte de la déclaration du jury qu'il

(1) Dalloz, p. 88. — (2) *Ib.*, p. 122.

» n'y a ni corps de délit ni auteur de ce prétendu
» délit; que, dans ce dernier cas, la complicité
» ne se rattache à aucun fait, ni à aucun auteur
» de ce fait, et qu'elle est purement chimérique;
» que si l'article 597 du Code de commerce déclare,
» d'une manière générale, que seront déclarés
» complices de banqueroute frauduleuse, et con-
» damnés aux mêmes peines que l'accusé, les in-
» dividus qui seront convaincus de *s'être entendus*
» *avec le banqueroutier*, pour recéler ou soustraire
» tout ou partie de ses biens, meubles et immeu-
» bles, il suit de la combinaison de ces dispositions,
» que le fait seul de recélé ou détournement des
» biens meubles ou immeubles, ne constitue point
» la complicité; qu'il faut que le recélé ou détour-
» nement, s'ils ont eu lieu, aient été l'effet, le
» résultat d'un concert frauduleux entre l'auteur
» du fait principal et son complice, pour con-
» stituer la complicité criminelle en banqueroute
» frauduleuse; qu'il est d'une contradiction ma-
» nifeste de déclarer que le commerçant failli
» accusé de banqueroute frauduleuse n'a point dé-
» tourné au préjudice de ses créanciers des mar-
» chandises et effets mobiliers faisant partie de
» son actif, qu'il n'y a, par conséquent, sous ce
» rapport, ni banqueroute frauduleuse, ni auteur
» de cette banqueroute, et que cependant il y a
» un coupable de complicité, pour s'être entendu
» avec ce dernier, et avoir soustrait partie de ses
» marchandises. »

Il évident que, dans l'espèce de cet arrêt, le

condamné pouvait fort bien s'être rendu coupable de vol au préjudice de la masse ; mais qu'il n'était point complice d'une banqueroute qui n'avait pas existé (1).

401. Si le délit qui donne lieu aux poursuites devait avoir pour élément nécessaire un délit antérieur, et qu'il fût jugé que ce délit n'a pas existé, ce jugement, par une conséquence nécessaire des principes que je viens d'exposer, aurait autorité sur la seconde poursuite, encore bien que le prévenu n'eût pas été partie dans la première. Ainsi un individu ne peut être condamné comme coupable d'avoir recélé un déserteur, si le conseil de guerre a jugé que l'individu recélé n'était point en état de désertion (2).

ARTICLE IV.

De l'identité des délits.

402. Aux termes de l'article 360 du Code d'instruction, l'acquittement de l'accusé ne le met à l'abri de nouvelles poursuites, qu'autant qu'elles auraient pour objet le *même fait* que celui dont il vient d'être acquitté. Ces expressions paraissent simples et claires ; il est cependant peu d'articles du Code d'instruction qui aient donné lieu à

---

(1) * Sur la complicité, v. arrêt du 22 janvier 1835, Dalloz, p. 421 ; l'arrêt de la cour d'assises de la Seine, du 26 mars 1834, Dalloz, 2e partie, p. 182.

(2) Arrêt du 7 mars 1806, Dalloz, t. II, p. 583.

autant de difficultés, et sur lesquels la jurisprudence paraisse offrir plus de confusion. Pour bien
entendre cet article, il est nécessaire de se rappeler quelques principes.

Le premier est que tout délit donne ouverture
à l'action publique pour l'application des peines
que la loi y a attachées.

Le second est que les lois criminelles ne consi-
dèrent les actions des hommes que dans leurs rapports avec la loi pénale ; qu'elles n'en ordonnent la
poursuite qu'autant qu'elles paraissent constituer
des délits ; que le fait de l'accusation n'est autre
chose pour elles que le délit qui peut résulter de
ce fait.

De là deux conséquences : la première, qu'un
individu ne peut se soustraire à l'action publique
intentée contre lui, à raison d'un délit, qu'autant
qu'il a déjà été jugé sur le délit même qui motive
les poursuites ; la seconde, que quand la loi parle
du *fait* sur lequel un individu a déjà été jugé, elle
n'a en vue que le délit que ce fait paraissait constituer.

Cela posé, j'établis trois hypothèses dans lesquelles, ce me semble, tous les cas particuliers
viennent se ranger :

1° Le fait qui donne lieu aux nouvelles poursuites est *distinct* et *séparé* de celui qui motivait la
première accusation ;

2° Le fait qui donne lieu aux nouvelles poursuites était *connexe* à celui de la première accusation ;

3°. Le fait de la première accusation a engendré plusieurs délits, et les nouvelles poursuites sont motivées sur l'un de ces délits.

PREMIÈRE HYPOTHÈSE.

403. Lorsque les nouvelles poursuites ont pour objet un fait distinct et séparé de celui qui a été jugé, il est évident que le jugement intervenu sur celui-ci n'exerce sur elles aucune influence. Or, des faits postérieurs à l'acquittement sont nécessairement distincts et séparés de celui de la première accusation, fussent-ils même de la même nature.

Ainsi un individu acquitté de l'accusation de complicité de vol par recélé, peut être poursuivi à raison de nouveaux faits de recélé qu'il a commis postérieurement à son acquittement, quoique ces faits se rattachent au même vol. La raison en est que le recélé est un fait matériel, caractérisé par l'intention, qui peut exister et se reproduire par différens actes (1).

Ainsi, l'individu acquitté d'une accusation de meurtre suivi de vol peut être poursuivi pour avoir postérieurement à son acquittement, recélé des effets provenus du meurtre et du vol (2).

Chapey avait dénoncé Goutorbe, en lui imputant le vol de plusieurs outils commis à son pré-

---

(1) Arrêt du 29 décembre 1814, Bull., p. 107; Dalloz, t. II, p. 601. — (2) Arrêt du 5 février 1829, Bull., p. 75; Dalloz, p. 139.

judice. Goutorbe fut traduit à la police correctionnelle ; Chapey y déposa comme témoin et
réitéra, en cette qualité, les imputations et déclarations contenues dans sa plainte. Le prévenu,
ayant été acquitté, poursuivit Chapey en dénonciation calomnieuse ; ce dernier fut, à raison de
ce délit, condamné à un emprisonnement ; et le
tribunal le renvoya, en même temps, devant le
juge d'instruction à raison du faux témoignage
qu'il paraissait avoir porté, lors de son audition
comme témoin. Cette nouvelle affaire s'instruisit ;
Chapey fut mis en accusation et condamné, par
la cour d'assises, comme faux témoin. Il se pourvut en cassation et prétendit que la condamnation
violait la maxime *non bis in idem* ; mais son pourvoi fut rejeté le 31 juillet 1823, au rapport de
M. Aumont (1), par les motifs suivans : « Attendu
» que Chapey a dénoncé au maire de Charmoy un
» vol qu'il a prétendu lui avoir été fait d'outils de
» sa profession ; que le nommé Goutorbe, chez
» lequel ont été trouvés deux outils que Chapey a
» dit lui appartenir, a été traduit à la police cor-
» rectionnelle par le ministère public, comme pré-
» venu du vol dénoncé par Chapey ; que c'est dans
» l'instance pendante au tribunal correctionnel pour
» cette prévention que ce dernier, entendu comme
» témoin, a fait une déposition dans laquelle il a
» répété ce qu'il avait dit dans la dénonciation au

_____

(1) Arrêt non imprimé.

» maire de Charmoy; que si le prétendu vol sur
» lequel a porté la déposition de Chapey est le même
» que celui qui avait été l'objet de la dénonciation,
» cette dénonciation reçue le 9 octobre sans presta-
» tion préalable de serment, dans le secret du cabi-
» net du maire, ne saurait être réputée le même fait
» qu'une déposition reçue le 25 du même mois à
» l'audience publique sous la religion du serment;
» que la dénonciation calomnieuse n'est qu'un dé-
» lit et que le faux témoignage est un crime; que
» la peine prononcée à raison du délit par le tribu-
» nal correctionnel, et que le coupable a subie, n'a
» point été un obstacle à sa condamnation par la
» cour d'assises à raison du crime; que cette cour
» n'étant saisie que de l'accusation de faux témoi-
» gnage, et non de la prévention de dénonciation
» calomnieuse qui avait été jugée par le tribunal
» correctionnel, il ne pouvait y avoir lieu à l'ap-
» plication de l'article 365, § 2, du Code d'instruc-
» tion; qu'en prononçant la condamnation de
» l'accusé à la peine de la réclusion, elle n'a pas
» violé la maxime *non bis in idem.* »

Il résulte du même principe que l'individu acquitté des poursuites dirigées contre lui pour
avoir exploité un établissement insalubre qu'il
n'avait pas été autorisé à former, peut être
poursuivi pour des faits d'exploitation postérieurs
à cet acquittement, parce que la contravention
consiste, non dans la formation de l'établissement, mais dans sa mise en activité, et que cha-

que fait particulier d'exploitation est un fait nouveau qui compromet la salubrité publique (1).

Peu importe que le fait qui motive les nouvelles poursuites ait existé au moment des premières
poursuites; il suffit qu'il soit différent de celui
qui les avait motivées.

Ainsi un individu acquitté de différens délits
d'escroquerie commis relativement à la conscription de 1806, a pu être poursuivi sur d'autres
faits d'escroquerie relatifs à la même conscription (2).

Ainsi l'acquittement du crime de banqueroute
frauduleuse ne met point obstacle à la poursuite
du délit de banqueroute simple qui résulte de
faits différens (3).

Et, réciproquement, l'acquittement du délit
de banqueroute simple n'empêcherait pas la
poursuite du crime de banqueroute frauduleuse,
si elle était fondée sur d'autres faits que ceux qui
ont été jugés (4).

A plus forte raison, l'individu acquitté d'une
accusation de banqueroute frauduleuse, peut-il

---

(1) Arrêt du 28 janvier 1832, Dalloz, p. 177. — V. arrêts
des 14 décembre 1833, Dalloz, 1834, p. 66; et 21 novembre 1835, Dalloz, 1836, p. 66. — (2) Arrêt du 5 octobre
1810, Dalloz, t. II, p. 599. — (3) Arrêt du 13 août 1825,
Bull., p. 431; Dalloz, p. 438. — (4) Rép. de jurisp., v° *Non
bis in idem*, n° 12, t. XI, p. 550.

être poursuivi à raison d'un délit d'habitude d'u-
sure (1).

Peu importe que le prévenu ait été condamné
à raison des faits qui ont motivé les premières
poursuites, qu'il ait même subi la peine qui lui
avait été infligée; si les faits nouveaux et distincts sont de nature à entraîner une peine grave,
l'action publique est ouverte pour en faire prononcer la répression. On a vu que la cour de cassation l'avait jugé ainsi dans l'affaire Chapey, dont
je viens de parler.

404. Toutefois il ne faut pas prendre pour
faits distincts de celui qui a été jugé, des faits particuliers qui n'étaient que des circonstances in-
hérentes à celui-ci.

Ainsi un individu absous d'une accusation de
vol dans une maison pourrait bien subir autant
de jugemens qu'il a commis de vols au préjudice
des personnes différentes qui habitaient cette
maison; mais il ne pourrait pas être poursuivi à
raison de chaque objet qu'il a pu voler au préjudice d'une de ces personnes, à moins que la soustraction frauduleuse qu'il a commise n'eût eu
lieu en différens temps. Le vol est un délit indivisible dans sa poursuite, quel que soit le nombre
des objets sur lesquels il a porté; la soustraction
de chacun de ces objets, faite dans un même
temps, n'est qu'un élément particulier de ce
délit.

(1) Arrêt du 27 janvier 1831, Dalloz, p. 117.

405. Toutes les fois qu'un délit ne peut résulter que de la réunion de plusieurs faits particuliers, tel que le délit de favoriser habituellement la débauche, prévu par l'article 334 du Code pénal, tel que le délit d'habitude d'usure, prévu par la loi du 3 septembre 1807, le jugement qui intervient juge non seulement tous les faits particuliers qui servaient de base à la poursuite, mais encore tous les faits antérieurs qui n'ont pas été connus alors. Je ne crois pas que l'on puisse renouveler les poursuites, sous prétexte que les faits découverts sont en nombre suffisant pour constituer l'*habitude*, car ces faits ne sont eux-mêmes que des élémens du délit qui a été jugé. Dans le droit civil l'*identité de cause* est une des conditions substantielles de la chose jugée ; mais on n'y confond pas la diversité des *causes* avec la diversité des *moyens* ; un moyen nouveau n'est point une cause nouvelle ; et celui, par exemple, qui a succombé dans sa demande en nullité d'un testament fondée sur ce que l'un des témoins était mineur, n'est pas recevable à reproduire la même demande en se fondant sur ce qu'un autre des témoins n'était pas régulicole (1) ; car la demande est toujours la même ; elle attaque toujours la forme du testament, seulement elle tend à lui reprocher un autre vice. Or, poursuivre de nouveau un individu pour un délit, sous prétexte qu'on a découvert des faits qui n'étaient pas connus lors des premières pour-

---

(1) Arrêt du 3 février 1818, Dalloz, t. II, p. 512.

uites , qu'est-ce autre chose que renouveler la même accusation , en se fondant sur de nouveaux moyens ? quand le ministère public poursuit, par exemple , une prévention de favoriser habituellement la débauche, quel raisonnement fait-il? il dit : le prévenu est coupable parce qu'il a commis tels et tels faits ; il est évident que la *cause* de la poursuite, la *cause prochaine*, pour parler la langue des jurisconsultes, c'est le délit d'habitude de favoriser la débauche ; les faits allégués ne sont que des moyens de le prouver ; quand un jugement a prononcé sur ce délit et qu'ensuite on reproduit l'accusation , les deux actions ont une cause commune; il n'y a que les moyens de prouver qui sont différens.

Aussi me paraît-il permis de ne point adopter la doctrine émise par la cour de cassation dans un arrêt du 5 août 1826 (1), qui juge que les faits d'usure, antérieurs à une première condamnation dans laquelle ils n'ont pas été compris, peuvent devenir les élémens d'une nouvelle poursuite, quand des faits d'usure postérieurs à cette condamnation ont été commis. Je crois que la condamnation pour délit d'habitude d'usure, ou l'acquittement, a nécessairement l'autorité de la chose jugée sur tous les faits particuliers dont la réunion constitue le délit. A quel titre rappellerait-on les faits antérieurs? est-ce parce que l'amende devant être calculée d'après le montant

(1) Bull., p. 431 ; Dalloz, 1827, p. 336.

des sommes prêtées à usure, la première condamnation a été trop faible? Mais il est de principe qu'on ne peut porter atteinte à la chose jugée, sous prétexte que le prévenu n'a pas été
condamné à toutes les peines que la loi ordon-
nait de lui infliger. Est-ce parce que des faits nouveaux sont survenus? Mais si le premier jugement a effacé les faits anciens, qu'importe la
survenance de faits nouveaux? Ces derniers peuvent motiver une nouvelle poursuite, mais ils
ne peuvent faire revivre les faits anciens. On ne
contestera pas sans doute que la poursuite du
délit d'usure est indivisible, comme l'est la poursuite de tout autre délit; qu'il n'est pas permis
au ministère public de former autant d'accusations qu'il y a de faits différens, en nombre suffisant pour constituer l'habitude d'usure; qu'i
ne pourrait pas, si le prévenu avait commis vingt
faits d'usure, en faire d'abord juger dix, et ensuite poursuivre pour les dix autres. Au surplus,
l'opinion que j'émets n'est pas nouvelle; elle est
écrite dans Jousse (1), qui l'a prise dans Airault (2)
« Si un particulier avait été accusé en même temps
» de plusieurs concussions ou *usures* (crimes qui
» se commettent par plusieurs actes différens), e
» que cette accusation eût été suivie de jugement,
» la partie plaignante ne serait pas reçue à agir de
» nouveau contre le même accusé, sous prétexte

_____

(1) T. III, p. 20. — (2) Inst. judiciaire, p. 401.

» qu'elle rapporterait la preuve d'autres *usures* ou
» concussions que les premières ; quand même
» cette accusation serait poursuivie sous le nom
» de la partie publique; surtout si l'accusé avait
» été puni, quoique d'une peine moindre, sur la
» première accusation, et qu'il s'agît de faits com-
» mis avant la première accusation que la partie
» publique aurait dû prouver, et non de faits
» commis depuis cette première accusation. »

L'opinion de Jousse, quant au crime de *concussion*, ne peut être suivie aujourd'hui, parce
que ce crime n'exige pas le concours de plusieurs
faits de même nature, et que chaque fait particulier constitue par lui-même le crime de concussion et peut être poursuivi par le ministère public; mais il en est autrement du délit d'habitude
d'usure ; chaque fait particulier n'est qu'un élément de ce délit.

A plus forte raison, l'individu acquitté de la
prévention de violation de dépôt, violation qu'on
faisait résulter de ce qu'il avait *dénaturé* les choses
déposées, et altéré leur valeur à son profit, ne
peut-il plus être poursuivi, sous prétexte qu'on a
découvert des faits qui prouvent qu'il a *retenu en
nature* une partie des choses déposées; car, ainsi
que l'a fait observer la cour de cassation (1), la
seconde poursuite serait fondée *sur la même cause*
que la première, savoir la violation du dépôt.

406. J'applique ces principes à la complicité

---

(1) Arrêt du 10 messidor an 12, Dalloz, t. II, p. 589.

des crimes et des délits. Je pense qu'un individu jugé sur une accusation de complicité fondée sur un ou plusieurs des faits énoncés dans le Code pénal, ne peut plus être poursuivi, à raison d'autres faits de complicité qui n'auraient point été connus lors du premier jugement.

La complicité est un fait indivisible dans la poursuite ; les différentes circonstances dont ce fait peut résulter, n'en sont que les élémens. Reproduire une pareille accusation sous prétexte qu'elle est fondée sur d'autres circonstances que la première, ce n'est autre chose que de donner à juger la même accusation en s'appuyant sur d'autres moyens. Ce serait aller contre l'esprit de la maxime *non bis in idem*, que d'admettre qu'un individu acquitté d'une accusation de complicité par dons et promesses, pût être repris, à raison de la même accusation fondée sur l'aide et l'assistance qu'il aurait donnée sciemment à l'auteur principal. Il pourrait l'être, sans doute, à raison d'une nouvelle accusation de complicité par recélé ; mais c'est parce que le recélé est un fait principal qui se renouvelle par chaque acte qui tend à s'approprier ou à cacher les choses détournées ou obtenues à l'aide d'un crime ou d'un délit.

DEUXIÈME HYPOTHÈSE.

407. Les délits sont connexes, dit l'article 227 du Code d'instruction, lorsque les uns ont été commis pour se procurer les moyens de commet-

tre les autres, pour en faciliter, en consommer l'exécution, ou pour en assurer l'impunité. Il s'agit de savoir si le jugement qui intervient sur l'un de ces délits connexes a autorité sur les autres délits qui s'y rattachent?

Il a certainement autorité, lorsqu'il exclut l'existence des autres délits, et qu'on ne pourrait les déclarer constans, sans se mettre en contradiction manifeste avec lui.

Ainsi, un individu prévenu d'avoir commis une escroquerie à l'aide d'un faux, ne pourrait plus être poursuivi à raison de ce dernier crime, s'il existait un jugement souverain qui le déclarât non coupable du délit d'escroquerie. La raison en est que le faux n'étant un crime qu'autant qu'il a été commis dans une intention frauduleuse, dès que le délit d'escroquerie a disparu, les juges ne peuvent plus déclarer que le faux a été commis dans un but criminel. C'est pour cela qu'il a été jugé (1) qu'un individu accusé d'un crime de faux pour parvenir à commettre des concussions, et reconnu non coupable de ce faux pour avoir agi *sans dessein de nuire, plutôt par ignorance que par malice*, ne pouvait plus être poursuivi à raison des concussions dont le faux avait été le moyen, puisque les jurés avaient déclaré que le but de ce faux n'était pas criminel.

408. Mais hors les cas où il y a une indivisibilité réelle entre le fait jugé et le fait connexe sur

---

(1) Arrêt du 23 frimaire an 13, Dalloz, t. II, p. 593.

lequel le jugement n'a pas porté, ce fait connexe peut servir de base à de nouvelles poursuites. Qu'importe que deux faits aient co-existé au moment de la mise en jugement sur l'un d'eux, si le jugement n'a porté que sur l'un et non sur l'autre? Le Code de brumaire prescrivait, à la vérité, à peine de nullité, de comprendre dans le même acte d'accusation tous les délits connexes sur lesquels l'information avait porté ; mais, d'une part, cette disposition ne s'appliquait qu'aux *crimes*, et non aux simples *délits*, puisqu'aux termes de l'article 228, il ne pouvait être dressé d'acte d'accusation que pour *délits emportant peine afflictive et infamante ;* d'une autre part, le Code d'instruction criminelle n'attache pas la peine de nullité à l'omission résultant de ce que la chambre d'accusation n'aurait pas, conformément à l'article 226, statué en même temps sur les délits connexes dont les pièces ont été produites devant elle. Enfin la nullité dont parle le Code de brumaire ne s'appliquait qu'à l'acte d'accusation, et l'omission du directeur du jury de comprendre dans son acte un ou plusieurs des crimes connexes n'éteignait pas l'action publique pour la poursuite de ces crimes. Il y a plus ; toute la jurisprudence de cette époque sur la question de savoir si la chose jugée sur un crime avait autorité sur un crime connexe, reposait sur cette distinction : le fait non jugé a-t-il ou non été compris dans le résumé de l'acte d'accusation? S'il y avait été compris, il était réputé avoir été implicitement jugé en même temps que l'autre crime ; s'il n'y avait pas été compris, l'action pour la poursuite restait entière (1).

Ainsi, la cour de cassation a jugé sous l'empire du Code de brumaire, 1° qu'un individu prévenu de banqueroute frauduleuse et de faits d'escroquerie qui s'y rattachaient, pouvait, après avoir été acquitté du crime de banqueroute, être mis en jugement à raison des faits d'escroquerie, s'ils n'avaient pas été compris dans le résumé de l'acte d'accusation (2) ; 2° qu'un orfévre acquitté de l'accusation de complicité, par recélé, d'un vol de bijoux, pouvait, pour n'avoir point inscrit sur son registre, conformément à la loi, l'acquisition qu'il prétendait avoir faite de ces bijoux, être poursuivi correctionnellement, encore bien que l'omission de cette inscription eût été présentée dans les débats comme le moyen employé par cet orfévre, pour cacher le recélé dont il était accusé (3).

Ces principes sont plus évidens encore sous l'empire du Code d'instruction actuel, qui, ainsi qu'on le verra dans un moment (4), n'exige pas, comme la loi de brumaire, que le jury soit mis en situation de prononcer tout à la fois sur le fait principal et sur les faits qui peuvent s'y rattacher

(1) V. Questions de droit, v° Délit, § 2, t. III, p. 71.
(2) Arrêt du 26 ventose an 11, Dalloz, t. II, p. 588.
(3) Arrêt du 27 octobre 1809, Dalloz, ib., p. 590.
(4) Infrà, n° 409.

Ainsi il a été jugé, sous l'empire de ce code, qu'un notaire acquitté de l'accusation de faux commis dans l'exercice de ses fonctions, pour parvenir à se *rendre* personnellement adjudicataire d'un immeuble qu'il était chargé de vendre, pouvait encore être poursuivi et condamné sur la prévention de s'être en effet rendu adjudicataire à l'aide d'une personne interposée, délit prévu par l'article 175 du Code pénal (1). En effet, l'adjudication était le but assigné au faux, et le faux était présenté comme en ayant été le moyen; le moyen pouvait n'avoir pas été employé; mais cela n'excluait pas le fait de s'être rendu adjudicataire.

C'est par la même raison que la cour a jugé, à mon rapport, le 28 février 1828 (2), que des individus poursuivis tout à la fois pour violation des réglemens concernant les épizooties, et pour un crime de faux, commis afin de dissimuler cette violation, pouvaient, après avoir été acquittés de l'accusation de faux, être poursuivis à raison du délit dont il avait été le moyen, lorsque ce délit n'avait fait l'objet d'aucune des questions posées au jury. En effet, l'acquittement prouvait que les prévenus n'avaient point commis un crime de faux pour se soustraire aux réglemens; mais il n'en résultait pas qu'ils n'eussent point violé ces réglemens.

C'est encore sous l'influence de ces principes que la cour a jugé, sur mes conclusions, le 5 fé-

_____

(1) Arrêt du 28 décembre 1816, Dalloz, t. II, p. 597.
(2) Bull., p. 131 ; Dalloz, p. 156.

vrier 1829 (1), qu'un individu acquitté d'une accusation de meurtre suivi de vol, pouvait être poursuivi de nouveau pour avoir recélé tout ou partie des objets provenant du crime, et que la poursuite pouvait embrasser non seulement les faits de recélé postérieurs à l'acquittement, mais encore les faits antérieurs, quoiqu'ils se trouvassent connexes à ceux de l'accusation ; en effet, le recélé est un fait distinct du crime de vol, puisqu'il suppose sa préexistence, que l'auteur de l'un peut n'être pas l'auteur de l'autre.

Enfin, la cour a jugé, le 30 mai 1812 (2), qu'un prévenu poursuivi criminellement pour un fait de viol peut, s'il a été acquitté, être poursuivi correctionnellement pour excès et mauvais traitemens envers la personne qu'il était accusé d'avoir violée.

TROISIÈME HYPOTHÈSE.

409. Un même fait peut engendrer plusieurs délits : ainsi des coups portés à un individu et qui ont occasioné sa mort, peuvent constituer un meurtre ou un simple homicide par imprudence ; des attentats réitérés à la pudeur peuvent constituer le crime de viol ou d'excitation habituelle à la débauche ; un breuvage empoisonné peut n'avoir pas causé la mort, mais avoir occasioné l'avortement d'une femme enceinte, etc. ; on de-

(1) Arrêt cité *suprà*, n° 403.
(2) Bull., p. 256 ; Dalloz, t. II, p. 594.

mande si l'acquittement sur les accusations de
meurtre, d'attentat à la pudeur avec violence,
d'empoisonnement, emporte acquittement des
délits d'homicide par imprudence, d'excitation
habituelle à la débauche, d'avortement.

La question est controversée encore aujour-
d'hui.

Les lois romaines la résolvaient nettement. *Si
tamen ex eodem facto plurima crimina nascuntur, et
de uno crimine in accusationem fuerit deductus, de
altero non prohibetur ab alio deferri* (1). Pour la décider conformément aux principes de notre droit
criminel, il faut rapprocher les dispositions du
Code de brumaire, de celles du Code d'instruction actuel.

D'après les articles 374, 377 et 380 du Code de
brumaire an 4, les jurés de jugement devaient
être interrogés d'abord sur l'existence matérielle
du fait et sur la participation de l'accusé à l'existence de ce fait; ensuite sur la moralité du fait;
enfin, sur le *plus ou le moins de gravité du délit
résultant de l'acte d'accusation, de la défense de l'accusé et du débat.* Il résultait de là que les jurés ne
devaient pas se borner à statuer sur le fait tel que
l'acte d'accusation l'avait qualifié ; mais que, de
plus, ils devaient être mis à portée de l'examiner
sous toutes ses faces, et de l'apprécier dans tous
ses rapports avec les lois pénales ; cela était prescrit à *peine de nullité.* Sous l'empire de cette loi,

_____

(1) L. 9, *Cod. de accusationibus et inscriptionibus.*

l'acquittement ou l'absolution de l'accusé purgeait non seulement l'accusation telle qu'elle avait
été portée devant le tribunal criminel ; mais elle
purgeait encore toutes les accusations, toutes les
préventions auxquelles le fait pouvait donner lieu ;
la raison en est que le juge était réputé les avoir exa-
minées toutes et avoir prononcé sur toutes. Le ministère public ni la partie civile ne pouvaient donc
être reçus à reproduire le même fait sous une autre qualification, et à alléguer que, cette qualification nouvelle n'ayant pas fait l'objet d'une question soumise au jury, celui-ci n'y avait pas statué ;
on était autorisé à lui répondre que, par cela seul
que le jury n'avait point été appelé à prononcer
sur cette qualification, il était légalement présumé
que le fait n'en était pas susceptible.

Le Code d'instruction criminelle a changé le
système de la loi de brumaire, et il a réduit les
jurés à n'examiner le fait que dans ses rapports
avec l'acte d'accusation et les qualifications qu'il
lui donne. Ainsi, au lieu d'être interrogé *sur le plus
ou le moins de gravité du délit*, tel qu'il résulte tout
à la fois de *l'acte d'accusation, de la défense de
l'accusé ou du débat*, l'article 327 veut qu'on lui
pose seulement la question *résultant de l'acte d'accusation*, et qu'on la lui pose en ces termes : « L'ac-
» cusé est-il coupable d'avoir commis tel meurtre,
» tel vol ou tel autre crime, avec toutes les circon-
: stances comprises dans le résumé de l'acte d'ac-
» cusation ? » Le Code n'admet aucune autre question, à moins qu'il ne soit résulté des débats des

circonstances aggravantes non mentionnées dans l'acte d'accusation, ou que l'accusé n'ait proposé pour *excuse* un fait admis comme tel par la loi; dans ces deux cas, les circonstances aggravantes et le fait d'excuse doivent faire la matière de questions spéciales (1).

Je ne prétends pas que le système du Code d'instruction soit préférable à celui du Code de brumaire; je dis simplement qu'il en diffère essentiellement, et que de cette différence résulte la conséquence que l'acquittement ou l'absolution de l'accusé, sous l'empire du Code d'instruction, ne purge que l'accusation sur laquelle le jury a prononcé, et non les autres accusations ou préventions auxquelles le fait peut donner lieu, les jurés n'ayant ni dû ni pu s'en occuper.

Je n'ignore pas que la force des choses a obligé d'étendre au-delà des limites proposées par le Code d'instruction, le cercle des attributions des jurés dans l'examen du fait de l'accusation, et de les mettre en situation d'examiner le fait sous d'autres rapports que celui sous lequel l'acte d'accusation l'a envisagé; on en est venu à reconnaître que le président de la cour d'assises a la *faculté* d'appeler le jury à prononcer sur tous les caractères que le fait peut recevoir de la loi pénale, comme il y était *obligé*, *à peine de nullité*, par le Code de brumaire. Mais lorsqu'il n'aura pas usé de *cette faculté*, lorsqu'il se sera renfermé dans

---

(1) Code d'inst., art. 338 et 339.

une observation rigoureuse et littérale des règles prescrites par le Code sur la manière de poser les questions; lorsqu'enfin le jury n'aura délibéré que sur le résumé de l'acte d'accusation, pourra-t-on dire, comme sous la loi de brumaire, qu'il est jugé que le fait n'est pas susceptible de la nouvelle qualification que veulent lui donner le ministère public ou la partie civile? On ne le pourra certainement pas, parce qu'il n'y a plus *nécessité*, qu'il n'y a plus *obligation à peine de nullité*, d'appeler le jury à prononcer en même temps sur tous les crimes et tous les délits qui peuvent résulter du fait et de ses circonstances; qu'aujourd'hui il n'existe à cet égard qu'une *faculté*, établie par la jurisprudence bien plus que par la loi, faculté dont le président de la cour peut s'abstenir d'user sans porter atteinte aux droits du ministère public et de la partie civile.

Telle est donc la différence qui existe entre l'article 426 du Code de brumaire et l'article 360 du Code d'instruction, portant tous deux que l'accusé acquitté *ne peut être repris ni accusé à raison* DU MÊME FAIT, que, dans le premier, *le même fait* signifie le fait quels que soient les différens crimes ou délits qu'il ait engendrés; tandis que, dans le second, il signifie simplement la *même accusation.* C'est ainsi que l'expliquent également MM. Merlin (1) et Legraverend (2); on verra, dans

(1) Rép. de jurisp., v° *Non bis in idem*, n° 5 *bis*.
(2) T. Ier, p. 446.

un instant, que la jurisprudence de la cour de cassation a adopté cette doctrine.

M. Carnot (1) attaque cette jurisprudence en disant qu'il n'existe aucune différence entre la législation de brumaire et la législation actuelle. On vient de voir que cette différence est immense et très-évidente. Il ajoute qu'il résulterait du système que je viens d'exposer, qu'un individu acquitté d'une accusation d'*assassinat* pourrait être poursuivi à raison du même fait, en le qualifiant de crime de *meurtre;* qu'il y aurait même raison de décider ainsi, et que tout conséquemment deviendrait arbitraire. Je réponds que la supposition que fait M. Carnot ne peut jamais se réaliser; l'assassinat, c'est le meurtre commis avec préméditation (2); il est donc impossible que le jury prononce sur l'assassinat, sans avoir préalablement prononcé sur le meurtre. D'ailleurs un individu acquitté d'une accusation ne peut être poursuivi à raison du même fait considéré comme constituant un autre crime ou un autre délit, lorsque la déclaration du jury ou l'arrêt d'absolution excluent l'existence de cet autre crime ou de cet autre délit. Cela est clairement expliqué par la jurisprudence dont M. Carnot fait la critique. En voici les monumens :

Jean Diffis avait été traduit devant la cour d'assises sur une accusation de meurtre. Le jury, in-

---

(1) T. II, p. 714. — (2) Code pénal, art. 295 et 296.

terrogé sur la question de savoir si l'accusé était coupable du meurtre qui lui était imputé, répondit : *Non, l'accusé n'est pas coupable.* En conséquence, Jean Diffis fut acquitté. Postérieurement, le ministère public le poursuivit correctionnellement à raison du même fait, en le qualifiant d'*homicide par imprudence;* mais la cour royale déclara l'action publique non rcevable, par le motif que la règle *non bis in idem* s'oppose à ce qu'un individu acquitté d'une accusation de meurtre puisse jamais être repris à raison du même fait que l'on convertirait en homicide par imprudence. Pourvoi en cassation, et arrêt du 29 octobre 1812 (1), qui, après avoir retracé les changemens que le Code d'instruction a apportés à la législation de brumaire, ajoute : « Considérant, » dans l'espèce, que Jean Diffis n'avait été accusé, » dans le résumé de l'acte d'accusation dressé à sa » charge, que d'un homicide volontaire qualifié » meurtre par l'article 295, et puni par l'art. 304 » du Code pénal; qu'il n'avait été posé de question » par le président et fait de réponse par le jury, » que sur ce fait ainsi caractérisé; que cette accu-» sation, cette question, cette réponse étaient par » elles-mêmes étrangères à la prévention d'homi-» cide involontaire commis par maladresse, im-» prudence, négligence, etc., caractérisé délit par » l'article 319 du même Code; que dès lors, et

(1) Dalloz, t. Ier, p. 167.

» sans la circonstance particulière avec laquelle
» s'est présentée, dans l'espèce, la déclaration du
» jury rendue en faveur de Diffis , l'ordonnance
» d'acquittement qui a suivi cette déclaration au-
» rait dû être restreinte au fait d'accusation , et
» n'aurait pû conséquemment soustraire ledit Dif-
» fis aux poursuites légales sur le délit à l'égard
» duquel il n'y aurait eu ni accusation , ni instruc-
» tion , ni décision du jury; mais attendu que, sur
» la question à lui proposée, le jury a déclaré que
» Diffis n'est point coupable du meurtre commis
» sur le gendarme Mémet; que cette déclaration,
» d'après la généralité de ses expressions et l'in-
» terprétation qu'exige la faveur de tout accusé,
» doit être censée porter tant sur le fait d'homicide
» en lui-même, ou sa légitimité, que sur l'absence
» de volonté; que dès lors il n'existe plus de base
» à une poursuite quelconque contre l'accusé, à
» raison du fait qui a formé l'objet de son accusa-
» tion ; d'après ces motifs seulement, et sans au-
» cunement approuver ceux de l'arrêt dénoncé,
» rejette. »

Il résulte de cet arrêt, que si le jury, au lieu de
déclarer simplement l'*accusé non coupable*, avait
déclaré qu'il avait commis l'homicide, mais *involontairement,* l'action du ministère public eût été
recevable pour faire juger si cet *homicide involontaire* avait été ou non accompagné de quelqu'une
des circonstances déterminées par l'article 319 du
Code pénal, et si conséquemment il constituait
un délit: c'est ce que la cour avait jugé peu de

jours avant l'arrêt que je viens de citer (1). Il en
eût été de même si le jury avait répondu que l'accusé était coupable de l'homicide, mais non de
l'avoir commis volontairement ; c'est ce que la cour
a jugé depuis (2).

Gauchart avait été mis en accusation pour un
crime de viol commis sur une fille de cinq ou six
ans, et la mère de cet enfant y était mise également pour s'être rendue complice de ce crime.
Le jury les ayant déclarés non coupables, ils furent acquittés. Néanmoins, le ministère public les
traduisit devant le tribunal correctionnel à raison
des mêmes faits, qu'il présenta comme constituant un délit d'attentat aux mœurs, en excitant
et favorisant habituellement la débauche de l'enfant. Les prévenus furent condamnés. Pourvoi
en cassation fondé sur la violation de la règle *non
bis in idem ;* arrêt du 22 novembre 1816 qui rejette
le pourvoi (3). Cet arrêt fait ressortir d'abord les
différences qui existent entre la législation de brumaire et celle actuelle ; il porte ensuite : « Et at-
» tendu que, dans l'espèce, les demandeurs n'a-
» vaient été renvoyés devant la cour d'assises que
» comme prévenus d'un fait punissable de peines
» afflictives et infamantes, et qu'il n'est en effet
» parlé, dans le résumé de l'acte d'accusation, que

---

(1) Arrêt du 23 octobre 1812, Rép. de jurisp., v° *Non
bis in idem*, n° 5 *bis*, t. XI, p. 538. — (2) Arrêt du 21 janvier 1813, Bull., p. 5 ; Dalloz, t. Ier, p. 165 ; mais l'arrêt
n'y est pas en entier. — (3) Dalloz, t. II, p. 595.

» du fait de viol sur un enfant de cinq à six ans,
» crime prévu par l'article 332 du Code pénal;
» qu'il n'a été posé de questions que sur ce fait;
» que le jury, qui ne pouvait répondre et n'a ré-
» pondu qu'à ce qui lui était demandé, n'a dé-
» claré les accusés non coupables que du crime de
» viol; que ce n'est donc que de ce crime qu'ils
» ont été légalement déclarés acquittés par l'or-
» donnance du président de la cour d'assises; que
» l'attentat aux mœurs, objet de l'article 334 du
» Code pénal, qui ne le range que dans la classe
» des délits, est un fait essentiellement différent
» du fait de viol; que les demandeurs poursuivis
» et jugés pour délit d'attentat aux mœurs, de-
» puis leur acquittement du crime de viol, n'ont
» donc pas été poursuivis et jugés à raison du
» même fait; qu'il n'y a donc pas, dans leur con-
» damnation à raison de ce délit, violation de l'ar-
» ticle 360 du Code d'instruction. »

Un huissier avait été poursuivi comme s'étant
rendu coupable d'un crime de faux dans l'exercice de ses fonctions, pour avoir faussement constaté dans un exploit qu'il en avait lui-même remis la copie à la partie assignée. Une ordonnance
de la chambre du conseil reconnut que le fait
matériel d'une fausse mention dans l'exploit,
était constant, mais qu'il ne s'y joignait pas l'intention frauduleuse qui peut seule constituer le
crime de faux; en conséquence, elle déclara qu'il
n'y avait pas lieu à suivre. Le ministère public
acquiesça à cette décision; mais il fit citer l'huis-

sier devant le tribunal correctionnel, et provoqua
contre lui l'application des peines prononcées par
l'article 45 du décret du 14 juin 1813 contre tout
huissier qui ne remet pas lui-même à personne ou
domicile, les exploits qu'il est chargé de signifier.
Le prévenu se prévalut de la règle *non bis in idem*,
et la cour royale adopta cette exception. Mais son
arrêt fut cassé, sur mes conclusions, le 1er mai
1829 (1), parce que la prévention sur laquelle
l'arrêt attaqué avait prononcé, était différente
de celle sur laquelle l'ordonnance de la chambre du
conseil avait statué, et que « l'acquittement de
» l'accusé sur un fait, ne forme point obstacle à ce
» que cet accusé ne puisse, à raison du même fait
» présenté sous un caractère de criminalité entiè-
» rement différent, être de nouveau poursuivi. »

C'est en appliquant le même principe que la
cour a jugé, le 21 octobre 1831 (2), qu'un individu acquitté du crime d'embauchage pour les rebelles, pouvait, à raison des mêmes faits, être poursuivi pour crime de provocation à la désertion.

On voit que la jurisprudence de la cour de cassation sur les effets des acquittemens et des absolutions prononcées sous l'empire du Code d'instruction, est parfaitement établie. Cette jurisprudence était différente quand elle appliquait le
Code de brumaire, parce que la législation n'é-
tait pas la même ; il ne faut pas les confondre ; et

---

(1) Bull., p. 260 ; Dalloz, p. 235. — (2) Dalloz, 1832,
p. 14.

la cour ne jugerait pas aujourd'hui comme elle l'a
fait par un arrêt du 14 pluviose an 12 (1); qu'un
individu acquitté d'une accusation d'empoisonnement ne peut pas être poursuivi à raison d'un
avortement occasioné par le breuvage qu'il était
accusé d'avoir administré.

Il résulte de ce que je viens de dire, que, dans
l'état actuel de la législation et de la jurisprudence de la cour de cassation, toutes les fois que
la déclaration du jury, l'arrêt ou le jugement qui
est intervenu excluent tous les délits qui pouvaient résulter des faits commis par l'accusé ou le
prévenu; que toutes les fois même que ces déclaration du jury, arrêt ou jugement peuvent être
interprétés dans le sens de cette exclusion, le ministère public est non recevable à renouveler sa
poursuite, en donnant aux mêmes faits une autre
qualification. Mais que quand, au contraire, le
jury ou les juges n'ont statué que sur l'un des délits ou des crimes que les faits commis par l'accusé pouvaient constituer; que quand il est certain que ce délit ou ce crime est le seul qui ait été
réellement jugé, l'action publique pour la poursuite des autres crimes ou délits que ces faits ont
pu engendrer, n'est point éteinte, et que la
maxime *non bis in idem* ne peut pas lui être opposée.

410. Après avoir parcouru les trois hypothèses

(1) Dalloz, t. II, p. 592.

que j'ai établies ci-dessus, j'examine une question qui leur est commune, et je demande si, dans les unes ou dans les autres, le ministère public n'est recevable à former une nouvelle poursuite que dans le cas où, lors de la première poursuite, il aura fait des réserves, ou que des réserves lui auront été accordées par le juge. Dans plusieurs des espèces que j'ai rapportées, ces réserves existaient; dans d'autres il n'y en avait point; j'ai négligé de faire connaître, en les citant, ces circonstances particulières, parce que je me proposais de traiter la question en général.

Je crois qu'il n'est pas nécessaire qu'il y ait eu des réserves.

Elles sont inutiles de la part du ministère public, parce qu'il n'a pas le droit de renoncer à l'action que loi lui confie. Il peut sans doute laisser expirer les délais pendant lesquels il lui est permis de l'intenter ou de la poursuivre; mais il ne peut aliéner, au profit de personne, des droits qu'il est réputé n'exercer que dans l'intérêt de la société.

Elles sont inutiles de la part du juge, parce qu'il ne peut créer, au préjudice de l'action publique, des causes d'extinction autres que celles qui sont établies par la loi, pas plus qu'il ne peut rendre l'existence à cette action quand la loi l'a déclarée éteinte. Qu'importe, par exemple, que la cour d'assises ait réservé au ministère public son action à raison d'un fait autre, suivant elles, que celui sur lequel le jury vient de statuer? Les juges de la nouvelle action en seront-ils moins obligés d'examiner si la déclaration du jury porte ou ne porte pas sur ce fait, et le prévenu serait-il privé du droit de discuter cette déclaration, et de démontrer qu'elle embrasse le délit à raison duquel les poursuites sont renouvelées? Qu'importe que la cour d'assises ait refusé au ministère public les réserves qu'il se croyait obligé de lui demander? Les magistrats saisis de sa nouvelle action seront-ils dispensés d'examiner si cette action est différente de celle sur laquelle il a été prononcé? Si le délit que dénonce le ministère public est réellement différent de celui qui a été jugé, les magistrats pourront-ils refuser de se prononcer, en se fondant sur ce que la cour d'assises ne le leur a pas permis? Non, certainement; car la cour d'assises n'était juge que du seul délit qui était porté devant elle, que du délit qui faisait la matière de l'accusation et de la déclaration du jury; et elle ne pouvait point déclarer éteinte une action dont elle n'était pas saisie, et qui même n'était pas encore formée.

Je ne perds pas de vue, dans cette discussion, l'article 361 du Code d'instruction, qui porte: «Lorsque, dans le cours des débats, l'accusé aura »été inculpé sur un autre fait, soit par des pièces, »soit par les dépositions des témoins, le prési- »dent, après avoir prononcé qu'il est acquitté de »l'accusation, ordonnera qu'il soit poursuivi, à rai- »son du nouveau fait; en conséquence, il le ren-

» verra, en état de mandat de comparution ou
» d'amener, suivant les distinctions établies par
» l'article 91, et même en état de mandat d'arrêt,
» s'il y échet, devant le juge d'instruction de l'ar-
» rondissement où siége la cour, pour être pro-
» cédé à une nouvelle instruction.

» Cette disposition ne sera toutefois exécutée
» que dans le cas où, avant la clôture des débats,
» le ministère public aura fait des réserves à fin
de poursuite. » Je reconnais que cet article doit
s'entendre, tout à la fois, des faits nouveaux qui
résultent de l'instruction écrite, comme des faits
qui ne résultent que des débats.

Mais cet article se rattache à l'article 358, qui
prescrit que l'accusé acquitté soit mis en liberté ;
il règle ce qui doit être fait lorsque le ministère
public veut le retenir en état d'arrestation, nonobstant l'ordonnance d'acquittement. C'est pour
ce cas seulement que le ministère public est obligé
faire des réserves avant la clôture des débats. Il
est même à remarquer que l'action publique appartient tellement au ministère public seul, que
cet article 361 n'autorise pas le président de la
cour d'assises à retenir d'office l'accusé acquitté
et à le placer sous tel ou tel mandat ; il ne le peut
que quand il y a eu, à cet effet, des réquisitions
du parquet. Comment admettre alors que le président, qui ne peut s'ingérer dans l'exercice de
l'action publique, même pour en faciliter le cours,
ait le droit de l'anéantir? L'article 361 n'autorise
même ni la cour d'assises, ni le président à

refuser au ministère public acte de ses réserves ;
il ne les investit point du droit d'accorder d'office
des réserves ; cet article se borne à constituer le
président juge de l'opportunité de retenir sous
tel ou tel mandat l'accusé acquitté, quand le ministère public a fait des réserves ; mais ce dernier
n'a besoin de l'autorisation de personne pour en
faire, et le greffier est obligé de les inscrire dans
le procès-verbal de la séance.

La cour de cassation a consacré cette doctrine
par deux arrêts. L'un, du 28 février 1828, rendu
à mon rapport (1), porte : « Attendu que la se-
» conde fin de non-recevoir opposée à la poursuite
» que le jugement attaqué a fondée sur ce que la
» chambre d'accusation, ni la cour d'assises n'ont
» point réservé au ministère public le droit de
» poursuivre à raison du délit de violation des ré-
» glemens, ne saurait être admise ; qu'en effet,
» l'action du ministère public ne peut être subor-
» donnée à des réserves de ce genre ; que celles
» même dont parle l'article 361 du Code d'in-
» struction ne sont nécessaires que pour autoriser
» le président de la cour d'assises à décerner des
» mandats contre l'individu acquitté de l'accusa-
» tion, et qui, dans le cours des débats, a été in-
» culpé sur un autre délit ; mais qu'elles ne sont
» nullement exigées pour autoriser le ministère
» public à poursuivre, à raison de ce nouveau dé-

_____

(1) Cité n° 408 *suprà*.

lit. » L'autre, du 2 avril 1829, rendu sur mes conclusions (1), porte : « Attendu que le refus de
» la cour d'assises de donner acte au ministère
» public de ses réserves de poursuivre pour le fait
» d'escroquerie, Boucherat, notaire, n'a pas été
» un excès de pouvoir; et qu'il n'empêcherait pas
» que le ministère public n'exerçât l'action pour
» la poursuite du délit d'escroquerie, si cette ac-
» tion lui était ouverte. Rejette. »

411. Je ne me suis occupé jusqu'à présent que des déclarations du jury, des arrêts et des juge-mens qui sont intervenus à la suite d'un débat public; il me reste à examiner si les règles que j'ai retracées s'appliquent aux ordonnances des chambres du conseil et aux arrêts des chambres d'accusation qui déclarent qu'il n'y a lieu à suivre.

Sous l'empire du Code de brumaire, la rédac-tion de l'acte d'accusation précédait la mise en accusation du prévenu; l'acte d'accusation devait, à peine de nullité, porter sur toutes les branches du délit, et sur tous les délits connexes suscepti-bles d'entraîner peine afflictive ou infamante; et le jury d'accusation était chargé de décider s'il y avait, ou non, lieu à accusation, ou, enfin, s'il y avait lieu à une accusation différente de celle qui lui était soumise. Ainsi le jury d'accusation devait examiner le fait principal et les faits connexes sous toutes leurs faces. C'est pourquoi l'on ju-

_____

(1) Dalloz, 1829, p. 207.

geait, sous l'empire de ce Code, que le prévenu qui avait été renvoyé par le jury d'accusation ne pouvait plus être poursuivi à raison du même fait, non seulement par la voie criminelle, mais même par la voie correctionnelle, en présentant ce fait comme un simple délit (1).

D'après le Code d'instruction, les chambres du conseil et les chambres d'accusation doivent aussi examiner sous toutes leurs faces le fait principal et les faits connexes, les caractériser tous, et en livrer les auteurs aux tribunaux compétens pour les juger. Mais comme ces ordonnances et ces arrêts sont motivés, ils présentent rarement de l'incertitude sur ce qu'ils ont réellement voulu décider, surtout quand on les rapproche du réquisitoire du ministère public. Cependant, dit M. Merlin (2), dans le cas où l'arrêt de la chambre d'accusation, portant qu'il n'y a pas lieu à accusation contre le prévenu ne serait pas motivé, et serait passé en force de chose jugée, il produirait les mêmes effets que les déclarations négatives du jury d'accusation sous la loi de brumaire. Je crois aussi que, dans le cas prévu par M. Merlin, la chambre d'accusation devrait être réputée avoir tout jugé, sauf la survenance de charges nouvelles, puisqu'elle est investie du droit de tout examiner.

_____

(1) Arrêt du 21 thermidor an 7, Dalloz, t. II, p. 587.
(2) Rép., v° *Non bis in idem*, § 5 *bis*, t. XI, p. 534.

412. Je terminerai ce paragraphe en faisant remarquer que les jugemens et les arrêts qui interviennent sur l'action publique n'apportent aucun obstacle, soit qu'ils absolvent, soit qu'ils condamnent, à l'exercice de l'action disciplinaire qui appartient à un corps sur ceux de ses membres qui ont violé les devoirs de leur état et compromis leur considération personnelle, ou qui appartient à un tribunal sur les officiers ministériels de son ressort. La jurisprudence a consacré si souvent ce principe, que je ne crois pas nécessaire de le développer.

§ III. De l'influence qu'exerce sur l'action publique la chose jugée au civil; et réciproquement de l'influence qu'exerce sur l'action civile la chose jugée au criminel.

413. On porte souvent devant les tribunaux civils des actions qui ont pour objet, soit d'obtenir la réparation du dommage causé par un délit, soit de faire décider certaines questions préjudicielles dont la loi leur a attribué le jugement à l'exclusion des tribunaux criminels; il s'agit de savoir si les jugemens qui interviennent sur les actions civiles exercent sur l'action publique l'autorité de la chose jugée, de manière que le juge criminel soit obligé de tenir pour constant tout ce que le juge civil a décidé.

Il arrive souvent aussi que le jugement d'un délit précède le jugement des actions civiles auxquelles il donne lieu; il s'agit de savoir si le jugement rendu au criminel lie le tribunal civil, de manière qu'il ne lui soit pas permis de remettre en question les faits décidés par ce jugement, et qu'il soit obligé de tenir ces faits pour constans.

Ces questions, nées surtout de notre nouvel ordre judiciaire, qui attribue à des tribunaux différens le jugement des affaires civiles et des affaires criminelles, ont peu attiré l'attention des anciens criminalistes. Parmi les jurisconsultes modernes, MM. Merlin et Toullier en ont fait une étude spéciale; mais ils ont embrassé des systèmes opposés. M. Toullier (1) s'est attaché à réfuter les doctrines exposées par M. Merlin dans plusieurs de ses réquisitoires. M. Merlin (2) a répondu à M. Toullier; il a expliqué ou rectifié quelques unes des doctrines qu'il avait précédemment émises. M. Dalloz (3) a analysé les discussions de ces jurisconsultes, et les a appréciées avec beaucoup de sagacité.

M. Toullier nie que la chose jugée au criminel puisse exercer aucune influence sur l'action civile, à moins que la partie lésée ne soit intervenue dans la poursuite. Quant à l'autorité de la chose jugée au civil sur l'action criminelle, il ne la reconnaît que quand il s'est agi d'une question d'état.

M. Merlin soutient, au contraire, qu'il y a influence réciproque toutes les fois que le jugement,

---

(1) T. VIII, p. 37, et t. X, p. 364.
(2) Questions de droit, v° Faux, § 6.
(3) T. II, p. 616 et suiv.

soit civil, soit criminel, décide une question préjudicielle à l'action qui n'est pas encore jugée.
Ainsi, suivant lui, il n'est pas plus permis au tribunal civil de remettre en question ce qui a été
formellement jugé par le tribunal criminel, qu'il
n'est permis à ce dernier de remettre en question
ce qui a été décidé par l'autre sur les questions
préjudicielles dont le jugement lui était dévolu,
quelles que soient ces questions.

L'argumentation principale de M. Toullier, à
l'appui de son système, est celle-ci : Aux termes
de l'article 1351 du Code civil, l'autorité de la
chose jugée n'a lieu qu'à l'égard de ce qui a fait
l'objet du jugement; il faut que la chose demandée soit la même, et que la demande soit formée
entre les mêmes parties. Or l'action civile et l'action publique ont des objets différens : par l'une
on réclame des dommages-intérêts, par l'autre
on requiert l'application d'une peine; le principe
de l'une est l'intérêt privé; le principe de l'autre
est la vindicte publique. Les parties ne sont point
les mêmes, lorsque la partie civile n'a pas figuré
dans l'instance criminelle; donc le jugement qui
est intervenu manque de deux des conditions
exigées par le Code civil pour constituer la chose
jugée.

M. Merlin répond qu'il y a suffisamment identité
d'objets dans deux procès dont l'un dépend de
l'autre; que ce lien de dépendance existe toutes
les fois que l'un des deux a pour objet une question préjudicielle à l'autre. Il ajoute qu'il y a iden-

tité de parties, parce que, dans les actions publiques, le ministère public agit, au nom de la société, aux risques, périls et avantages de tous les intéressés.

On voit, par cet exposé, que la matière est importante et difficile. Il faut donc l'examiner dans tous ses détails. J'exposerai d'abord les principes; j'en ferai ensuite l'application aux jugemens qui interviennent tant sur les actions civiles préjudicielles que sur les actions criminelles.

414. Il est incontestable qu'aux termes de l'article 1351 du Code civil, la chose jugée n'a lieu qu'à l'égard de ce qui a fait l'objet du jugement, et qu'il faut que la chose demandée soit la même. Mais est-il vrai, comme le prétend M. Toullier, que, quand un fait donne lieu à deux actions, l'une civile et l'autre criminelle, les deux actions n'aient pas un objet identique? Non, dit-il, car par l'une on réclame des dommages-intérêts, et, par l'autre, on réclame l'application d'une peine; Dans l'un, l'intérêt privé agit seul; dans l'autre, c'est la vindicte publique. Cela est vrai; mais cette demande en dommages-intérêts, cette poursuite pour l'application d'une peine, ont une base qui leur est commune, savoir un fait, un fait unique, d'où l'on fait dériver, d'une part un dommage civil, d'autre part une infraction à la loi pénale. Si ces actions diffèrent dans les conséquences qu'elles déduisent de ce fait, elles se réunissent dans une base commune, savoir : que le fait existe et qu'il a été commis par l'individu

qui est l'objet des deux poursuites. Or personne n'a jamais prétendu que l'influence de la chose jugée, soit au civil, soit au criminel, doive s'étendre au-delà de ce qui est commun aux deux procès. Ainsi on soutient simplement que quand un jugement civil a décidé, par exemple, qu'un individu n'a point été frustré de son état, que le prévenu est propriétaire du terrain sur lequel on lui impute d'avoir commis un délit, le tribunal criminel ne peut plus mettre en question ni l'état ni la propriété; on soutient également que, quand un jugement criminel a décidé qu'un individu est coupable d'un délit, ou qu'il n'a point commis de délit, le tribunal civil ne peut plus mettre en question si l'individu qui a été accusé, est ou n'est pas l'auteur du délit; sauf au tribunal civil et au tribunal criminel à déduire et à appliquer aux parties, chacun dans le cercle de ses attributions, et relativement à l'action qui lui est soumise, les conséquences qui résultent du fait qui a été ainsi jugé. L'autorité du jugement intervenu sur la question préjudicielle étant ainsi limitée à ce que ce jugement a de commun avec l'instance qui reste à juger, l'identité d'objet exigée par l'article 1351 du Code civil existe véritablement.

Quand on supposerait, avec M. Toullier, que l'action publique et l'action civile ont des objets différens, qu'en résulterait-il? que le jugement rendu sur l'un est sans autorité sur l'autre? Non; cette conséquence n'est pas invincible; car la loi a pu créer des cas exceptionnels, dans lesquels la chose jugée existerait indépendament de quelques uns des élémens exigés par le Code civil. La chose jugée ne tient son autorité que de la loi civile, c'est elle qui en règle les conditions et les effets; M. Toullier l'a très-bien démontré (1); ces conditions et ces effets peuvent être modifiés par elle, sans que le droit naturel en soit blessé, et il n'y aurait rien de bien surprenant qu'en considération de l'étroite dépendance qui lie deux procès, par exemple si les deux procès naissaient d'un seul et même fait, la loi eût donné autorité sur l'une des instances au jugement intervenu dans l'autre. Or M. Toullier enseigne lui-même, que cette exception existe. En effet, il reconnaît (2) qu'en matière de question d'état, la chose jugée a autorité partout, contre ceux même qui n'ont point été parties au jugement; il reconnaît conséquemment que le jugement intervenu sur la question d'état influe nécessairement sur la poursuite criminelle qui lui était subordonnée. Cependant l'action civile sur laquelle ce jugement a été rendu avait un objet différent de celui que se propose l'action publique. Ainsi, dans le système de M. Toullier lui-même, l'article 1351 du Code civil est soumis à des exceptions.

415. D'où naissent ces exceptions ? Elles nais-

(1) T. X, n°ˢ 73 et 76, p. 117 et 121.
(2) T. X, p. 311.

sent du *caractère préjudiciel* attaché à la question résolue par le jugement auquel la loi attribue l'influence de la chose jugée sur l'action qui lui était subordonnée. Or ce caractère préjudiciel appartient non seulement aux questions d'état et de propriété qui sont exclusivement placées dans le domaine de la juridiction civile; mais il appartient aussi aux actions publiques qui ont pour objet l'application de la loi pénale aux délits qui ont été commis.

La loi veut que le jugement du fait, considéré comme délit, précède le jugement du fait considéré comme ayant causé un dommage civil. Si les questions d'état et de propriété immobilière tiennent en suspens l'action criminelle, la poursuite des délits tient aussi en suspens les actions civiles qui en résultent; c'est ce que dit expressément l'article 3 du Code d'instruction. La question de l'existence du délit et de la culpabilité de celui à qui on l'impute, est donc *préjudicielle* à l'instance en dommages-intérêts; M. Toullier en convient. Si elle lui est préjudicielle, pourquoi le jugement qui la décide n'aurait-il pas sur l'action civile la même influence qu'a, sur l'action criminelle, le jugement rendu sur une question préjudicielle dévolue aux tribunaux civils? Il n'y a aucun motif, même plausible, pour attribuer cette influence à l'un et la refuser à l'autre. Ces réflexions me conduisent à ce principe, qui domine toute la matière : *la chose jugée sur la question préjudicielle a autorité sur l'action qui lui était subordonnée.*

J'ai parlé de questions préjudicielles (1) ; on a
vu qu'une question est préjudicielle toutes les
fois que la loi a voulu qu'il y fût statué avant de
procéder au jugement d'une instance qui en dépend. Ainsi, par exemple, aux termes de l'article 327 du Code civil, l'action criminelle contre
un délit de suppression d'état ne peut commencer
qu'après le jugement définitif sur la question
d'état ; ainsi, aux termes de l'article 3 du Code
d'instruction, l'exercice de l'action civile résultant d'un délit est suspendu, tant qu'il n'a pas été
prononcé définitivement sur l'action publique
intentée avant ou pendant la poursuite de l'action
civile. Peu importe que l'action civile n'ait été
intentée qu'après le jugement de l'action publique ; le caractère préjudiciel de celle-ci ne
résulte pas de ce qu'il a été *de fait* sursis au jugement de l'autre, mais de ce qu'on aurait dû y
surseoir, si elle eût été formée auparavant. De-
mandons-nous maintenant pourquoi la loi, par
des dispositions exceptionnelles aux règles générales qui régissent les actions civiles et l'action
publique, subordonne, dans des cas déterminés,
l'exercice ou le jugement de l'une au jugement
des autres, et réciproquement. Il n'y a personne
qui ne réponde que c'est par la raison que la loi
a voulu que le jugement qui interviendra dans
l'instance préjudicielle influe sur celle qui est

_____

(1) V. *suprà*, n° 167 et suiv.

restée en suspens. Si la loi n'avait pas eu ce but, elle aurait laissé aux deux actions qui naissent d'un délit un libre cours; le ministère public et la partie lésée eussent poursuivi, chacun de son côté, et chaque tribunal aurait décidé dans les limites de ses attributions, d'après la loi et les preuves produites devant lui. Au lieu de cela, la loi prescrit que l'une des actions tienne l'autre en état. Et voulant que le jugement qui interviendra sur l'action préjudicielle décide irrévocablement tout ce qu'elle peut avoir de commun avec l'autre action, elle attribue le jugement de cette action préjudicielle à la juridiction qui est le plus spécialement chargée de connaître du genre de la contestation, à la juridiction qui procède par des règles spécialement applicables à la matière, et qui n'admet que des preuves d'une certaine nature. Ainsi les questions d'état et de propriété sont dévolues aux tribunaux civils; ainsi le jugement sur l'existence du délit et la culpabilité de l'individu auquel on l'impute, est dévolu aux tribunaux criminels.

S'il restait encore quelques doutes sur la vérité du principe que la chose jugée sur la question préjudicielle a autorité sur l'action qui est subordonnée, ils seraient levés par l'article 235 du Code civil. Cet article porte : « Si quelques uns des faits » allégués par l'époux demandeur donnent lieu à » une poursuite criminelle de la part du ministère » public, l'action en divorce restera suspendue » jusqu'après l'arrêt de la cour d'assises ; alors

» elle pourra être reprise, sans qu'il soit permis
» d'inférer de l'arrêt aucune fin de non-recevoir
» ou exception préjudicielle contre l'époux deman-
» deur. » Cet article n'a été admis dans le Code civil
qu'après une assez longue discussion. Quelques
membres du conseil d'état ne voulaient pas que
le jugement criminel précédât le jugement civil,
et ils en donnaient pour raison que « les faits sont
» indivisibles, la vérité est une, et la vérité de la
» chose jugée est considérée comme une vérité
» morale; donc si le tribunal condamne l'accusé,
» il juge la demande en divorce; si au contraire
» les jurés déclarent que le fait n'est pas constant,
» il n'est plus possible au juge civil d'admettre la
» demande.... Aussi les jurés, qui ne sont que
» juges du fait et non du droit, se trouveraient
» appelés à décider une question d'état ». C'est
pourquoi ils demandaient que la procédure civile
eût la priorité sur la procédure criminelle.

On répondit : « En général il serait difficile de
» faire juger deux fois le même fait, et de se placer
» dans une situation telle qu'un tribunal déclare
» que le fait existe, et qu'un autre déclare que le
» fait n'existe pas. »

M. Portalis fit une proposition tendant à concilier les deux systèmes; celle de décider que « le
» jugement criminel ne serait point préjudiciel ».
Cette proposition fut admise, mais non dans
toute son étendue. « L'article 235, dit M. Locré(1),

(1) Esprit du Code Napoléon, t. IV, p. 254 et suiv.

» conserve au jugement criminel, lorsqu'il con-
» damne, la force de préjuger la question de fait;
» et alors l'office du juge se réduit à examiner si
» le fait dont l'existence ne peut être contestée est
» une cause suffisante de divorce. Mais lorsque le
» jugement criminel absout l'accusé, il cesse d'être
» préjudiciel. » Le ministre de la justice en a donné
la raison au conseil d'état; c'est « qu'il peut y
» avoir assez de faits pour prononcer le divorce,
» sans qu'il y en ait eu assez pour prononcer une
» peine ».

Ainsi il est clair que l'article 235 suppose un
principe préexistant, une règle générale à laquelle
il veut faire exception, lorsque l'époux défendeur
a été acquitté; mais cette exception ne fait que
confirmer le principe lui-même; et ce principe,
reconnu lors de la discussion de l'article au conseil d'état, n'est autre que celui qui veut que la
chose jugée dans une instance criminelle, ait autorité sur l'instance civile qui lui est subordonnée.

416. Mais, objecte M. Toullier, comment donner
au jugement l'autorité de la chose jugée sur une
demande, dans une instance où figurent d'autres
parties? Bien certainement la partie lésée qui ne
s'est pas constituée partie civile, lors de la poursuite
criminelle, ne figure pas dans le jugement auquel
elle a donné lieu; il est donc pour elle *res inter
alios judicata.*

Je réponds que M. Toullier reconnaît lui-même
cette autorité aux jugemens civils rendus sur les
questions d'état; car le ministère public n'y figure

pas en la même qualité que dans les instances criminelles ; il n'y est point comme partie principale exerçant l'action publique ; il n'y est que comme partie jointe. Il y a donc des cas dans lesquels la loi attribue à un jugement l'autorité de la chose jugée contre ceux mêmes qui n'y ont point été parties, et le cas reconnu par M. Toullier est celui où le jugement décide une question préjudicielle.

Mais il y a une réponse plus directe à faire à l'objection.

Est-il vrai que les parties lésées par un délit, qui ne se sont point constituées parties civiles dans la poursuite, demeurent étrangères à cette poursuite? N'est-il pas vrai plutôt, comme l'enseigne M. Merlin (1), que, *quand le ministère public poursuit la répression des crimes, des délits et des contraventions, il agit aux risques et périls de tous les intéressés ; que, par lui, ils sont réellement parties dans l'instance et dans le jugement qui intervient?* Je le crois, et c'est le second principe que j'ai à démontrer.

Dans le gouvernement où l'action publique est laissée aux mains de tous les citoyens, ou de tous ceux qui se prétendent lésés par le délit, on peut soutenir que l'accusateur n'agit que par lui-même ; que les jugemens qui interviennent avec lui ne peuvent ni nuire, ni profiter aux tiers qui n'y ont pas été parties. Et cependant, chez les

---

(1) *Loc. cit.*

Romains où l'action publique était populaire, ou, comme telle, elle appartenait à chaque citoyen, celui qui intentait une action était censé l'intenter non seulement pour lui-même, comme membre de la société, mais encore pour la société entière, et le jugement qui intervenait dans le procès, était censé rendu avec elle (1). Mais ce principe peut-il être douteux dans notre droit criminel? L'action publique, pour la poursuite des crimes, des délits et des contraventions, n'a point été abandonnée aux parties lésées ; la loi a institué un ordre de magistrats qu'elle a constitué l'organe de tous ceux qui ont été blessés par quelque infraction aux lois pénales ; cet ordre de magistrats s'appelle le MINISTÈRE PUBLIC; il agit pour tous; il représente tous les intérêts.

M. Toullier (2) conteste cette dernière vérité : « Le ministère public, dit-il, ne peut avoir aucun » mandat pour agir *dans le nom* de la partie lésée » par un délit; il ne peut exercer ses droits ou des » droits semblables; il n'a aucun intérêt dans la » demande d'une somme d'argent pour réparations » du dommage particulier causé par un délit.

» D'un autre côté, la partie lésée n'a pas d'in- » térêt dans l'application de la peine requise par » le ministère public, pour la punition du délit. » La loi lui défend de demander l'application de » cette peine, comme elle défend au ministère

(1) V. Questions de droit, v° Faux, § 6, t. IV, p. 159.
(2) T. X, p. 377.

»public de requérir la réparation du dommage
» souffert par un particulier.

» Ainsi le ministère public n'agissant et ne
» pouvant agir pour la personne lésée par un dé-
» lit, ni dans l'action publique, ni dans l'action
» privée, il est évident qu'il ne peut le représenter
» dans le procès criminel. Étrange représentant
» que celui qui n'a point, et qui ne peut pas
» même recevoir le mandat du représenté, ni
» prendre de conclusions pour lui ! »

M. Toullier se retranche dans une équivoque.
Non, le ministère public n'est point le mandataire de la partie civile pour requérir la réparation du dommage qu'elle a souffert; mais il est
son mandataire, comme il l'est de toute la société, pour faire juger si le fait dommageable a
existé; et comme on ne peut concevoir une demande en réparation d'un délit, sans admettre
l'existence du délit, il est déraisonnable de nier
que le magistrat qui a le droit de faire juger que
le délit a été commis, et dont l'action est préjudicielle à celle de la partie lésée, soit le représentant légal de cette partie. Il est donc vrai que les
individus dont les intérêts ont souffert par suite
d'un fait punissable, sont représentés devant le
tribunal de répression; qu'ils sont parties dans
l'instance par le ministère du magistrat chargé de
la vindicte publique, et que le jugement qui intervient est rendu avec eux.

« Dans nos mœurs, dit M. Merlin (1), l'action

(1) *Loc. cit.*, p. 159.

» publique qui résulte des délits, est encore *popu-*
» *laire*, en ce sens qu'elle est encore exercée dans
» l'intérêt de la société; la société, il est vrai,
» n'est plus représentée à cet égard par le premier
» venu ; elle ne l'est plus, elle ne peut plus l'être
» que par le ministère public; mais le ministère
» public n'en est pas moins , parmi nous, le
» mandataire de tous, comme l'était, chez les
» Romains, le particulier qui se constituait accu-
» sateur. Et dès lors il faut bien que tous soient
» censés avoir été parties, par l'organe du minis-
» tère public, dans le procès criminel qu'a subi
» un accusé. Il faut bien, par conséquent, que le
» jugement qui statue sur le procès, soit en con-
» damnant, soit en acquittant l'accusé, soit ré-
» puté contradictoire avec tous...

» Et n'est-ce pas, continue M. Merlin (1), parce
» qu'il a toujours été dans l'esprit des lois institu-
» tives du ministère public de faire réputer con-
» tradictoire avec tous le jugement criminel qui,
» sur la réquisition du ministère public, manda-
» taire de tous, déclare un délit constant et en
» condamne l'auteur, que l'article 59 du titre 1er
» de l'ordonnance de 1757, et l'article 430 du Code
» du 3 brumaire an 4, voulaient, comme le pres-
» crit encore l'article 463 du Code d'instruction,
» que lorsque l'accusé d'un crime de faux était dé-
» claré coupable, même sans l'intervention d'au-
» cune partie civile, les pièces jugées fausses, en

(1) *Loc. cit.*, p. 163.

» tout ou en partie, fussent *supprimées*, *lacérées*
» *ou rayées ?* Le législateur pouvait-il annoncer
» d'une manière plus positive que, par cela seul
» que le faux était jugé constant avec le ministère
» public, il était censé jugé tel avec tous ceux à
» qui il importait que les actes qui en étaient in-
» fectés ne fussent plus reproduits en justice par
» l'accusé? Mettre l'accusé hors d'état d'en faire
» désormais aucun usage envers qui que ce fût,
» n'était-ce pas dire nettement qu'il ne serait plus
» désormais recevable à soutenir envers qui que
» ce fût, qu'il ne s'était point rendu coupable de
» faux? »

417. Enfin, M. Toullier fait une troisième objection: il dit que, quand le jugement criminel
déclare que le fait n'*est pas constant* ou que l'accusé n'*est pas coupable*, il n'en résulte point que
le fait n'existe pas ou que l'accusé ne l'a point
commis; qu'ainsi les juges doivent avoir toute latitude pour décider, dans l'intérêt de la partie
civile, l'existence de ce fait et la participation que
le prévenu a pu y prendre.

Je suis, sur ce point, tout-à-fait d'accord avec
M. Toullier; car c'est un principe aussi incontestable que les deux précédens, que *l'autorité de
la chose jugée sur la question préjudicielle est limitée
à ce qui a été formellement décidé par le jugement.*

Il suffit même d'énoncer le principe; il comporte avec lui sa démonstration. L'autorité de la
chose jugée n'est qu'une présomption légale de
vérité ; cette présomption ne doit pas être étendue

au-delà des limites que lui assigne la décision dont elle résulte. La chose jugée ne constitue qu'une exception, et c'est à celui qui s'en prévaut à prouver qu'elle a toute la portée qu'il veut lui donner.

Toutes les fois donc que le jugement intervenu sur la question préjudicielle *n'offre rien de positif*, les juges de l'action restée en suspens, ont toute latitude pour apprécier et juger le fait dans ses rapports avec la demande qui leur est soumise : il suffit que le jugement qu'ils ont à rendre ne soit pas en contradiction avec la décision qui est intervenue.

Ce principe est fécond en conséquences ; il concilie beaucoup d'arrêts qui semblent, au premier aperçu, offrir entre eux des contradictions.

Ainsi je réduis toutes les règles qui régissent la matière dont je m'occupe à ces trois principes :

1° La chose jugée sur la question préjudicielle a autorité sur l'action qui lui est subordonnée ;

2° Quand le ministère public poursuit la répression des crimes, des délits et des contraventions, il agit aux risques et périls de tous les intéressés ; par lui, ces derniers sont réellement parties dans l'instance et dans le jugement qui intervient ;

3° L'autorité de la chose jugée sur la question préjudicielle est limitée à ce qui a été formellement décidé par le jugement.

Ces principes posés, je vais examiner : 1° quelle est l'influence sur l'action publique, de la chose jugée au civil ; 2° quelle est l'influence sur l'action civile, de la chose jugée au criminel ; 3° si les ordonnances des chambres du conseil et les arrêts des chambres d'accusation, portant qu'il n'y a lieu à suivre, produisent, sur l'action civile, les mêmes effets que les arrêts et les jugemens définitifs.

ARTICLE PREMIER.

De l'influence, sur l'action publique, de la chose jugée au civil.

418. La question jugée par le tribunal civil était préjudicielle à l'action publique, ou elle ne l'était pas.

Si elle était préjudicielle, pas de doute que le jugement qui la décide n'influe sur l'action publique, et qu'il ne soit plus permis de remettre en question, devant le tribunal de répression, ce qui a été jugé par la juridiction civile : cette vérité n'est contestée par personne.

J'ai fait connaître quelles questions sont de la compétence exclusive des tribunaux civils (1).

Ainsi, lorsqu'il est jugé au civil que l'enfant dont l'état était litigieux jouit de celui qui lui appartient véritablement, et qu'il n'a pas été frustré d'un autre, le ministère public est non recevable à poursuivre le crime de supression d'état, ou

_____

(1) V. *suprà*, chap. 3, sect. 1re, § 3.

tout autre crime qui aurait eu pour objet cette suppression.

Ainsi, quand il est jugé au civil que le prévenu d'un délit rural ou forestier est propriétaire du terrain sur lequel il a commis le fait qui donne lieu aux poursuites, le tribunal correctionnel ne peut pas le déclarer coupable du délit, et juger que le terrain ne lui appartient pas.

Réciproquement, si le juge civil a décidé qu'un enfant a usurpé un état qui n'était pas le sien, ou qu'il a été frustré de celui qui lui appartenait, s'il décide que le prévenu qui s'était prévalu de l'exception de propriété n'est pas propriétaire, le juge criminel est obligé de tenir tous les faits pour constans; le ministère public, les plaignans, les prévenus sont désormais non recevables à les contester.

419. Il peut arriver qu'une suppression d'état ait été commise à l'aide d'un faux; le tribunal civil, obligé de prononcer sur la sincérité des actes dont on se prévaut devant lui, peut avoir décidé qu'un individu a été frustré de son état ou qu'il en a usurpé un qui n'était pas le sien, en fabriquant ou altérant des actes de l'état civil; il peut avoir ordonné la suppression, la lacération, la radiation de ces actes, en tout ou en partie, conformément à l'article 241 du Code de procédure civile et 463 du Code d'instruction : je demande si son jugement a, en cette partie, autorité sur l'action criminelle; s'il est souverainement jugé par le ministère public, et contre le prévenu,

qu'un crime de faux a été commis? M. Locré (1.)
répond : « Le jugement civil ne préjuge rien sur
» le crime ; car il prononce seulement que l'état
» réclamé par l'enfant lui appartient. La question
» de savoir comment il l'a perdu, si c'est par acci-
» dent, si c'est par des manœuvres coupables,
» n'est pas l'objet de la contestation civile : elle
» demeure entière pour être décidée par le tribu-
» nal criminel. »

M. Locré a parfaitement raison. Le jugement
n'a autorité que sur ce qui fait la matière de la
question préjudicielle, et l'état qui a été perdu
ou envahi est l'objet unique de cette question ; les
questions accessoires quelque intime que soit leur
liaison avec celle-ci, n'ont aucun caractère préjudiciel ; et bien que l'existence reconnue du faux
serve de base au jugement qui a statué sur l'état,
et que l'état ne puisse plus être l'objet d'une contestation, le juge criminel a cependant le droit,
et est même dans l'obligation d'examiner et de
décider si le faux existe ou n'existe pas, comme
si aucun jugement n'avait encore statué sur ce
point.

Il y a encore une autre raison pour qu'il en soit
ainsi ; elle résulte de l'impossibilité de diviser un
débat et un jugement criminel, de manière que
le jury soit obligé de tenir pour constante l'existence des crimes qu'on lui défère, et qu'il soit ré-

(1) Esprit du Code Napoléon , t. V, p. 179.

duit à décider simplement si l'accusé s'en est ou non rendu coupable.

420. Si l'instance civile n'était pas préjudicielle à l'action publique, le jugement intervenu est sans influence sur cette action ; il manque alors de plusieurs des conditions constitutives de la chose jugée : il n'y a point identité d'objet entre l'action civile et l'action publique, et ce défaut d'identité n'est pas remplacé par ces liens de dépendance que la loi y substitue quand il s'agit d'une question préjudicielle. Il n'y a pas identité de parties ; car le ministère public n'est que *partie jointe* dans les instances civiles dont il prend communication ; il n'y a pas là *voie d'action*.

Ce principe était reçu dans notre ancien droit criminel ; la raison qu'en donne Jousse (1) est que « par le jugement rendu sur une action civile, » on ne satisfait point à la réparation publique, » mais seulement à la réparation privée, ce qui fait » que la partie publique est alors en droit d'agir » pour l'intérêt public ».

En même temps, tous les criminalistes s'accordaient à reconnaître que les preuves acquises dans les procès civils, les jugemens auxquels ils avaient donné lieu, ne pouvaient être opposés à l'accusé ; qu'on ne pouvait même pas se prévaloir contre lui de son aveu (2).

Toutes les fois donc que le jugement civil a

---

(1) T. III, p. 21.
(2) Julius Clarus, lib. 5 ; Quest., 54.

précédé la poursuite criminelle, ce qui arrive
quand le ministère public n'intente son action
que postérieurement, ce jugement est sans influence, et le juge criminel doit prononcer sur
l'existence des faits imputés au prévenu et sur
la culpabilité de celui-ci, avec la même liberté et
la même étendue de pouvoirs que si le tribunal civil n'avait rien statué ni sur l'une, ni sur l'autre.

Ainsi, peu importe qu'un tribunal civil ait jugé
qu'un arrêté de compte est réellement faux; le
tribunal saisi ensuite de l'action publique ne peut
admettre comme vérité judiciaire l'existence du
faux, et se borner à vérifier si l'accusé en est l'auteur; il doit, au contraire, instruire sur l'existence du faux et juger si réellement il a été commis (1).

Peu importe que le tribunal civil ait rejeté
une inscription de faux incident formée contre un
testament; le jugement n'influe pas sur l'action
publique pour la poursuite du même faux et ne
peut en arrêter le cours (2).

Peu importe même qu'il ait formellement décidé qu'une pièce produite dans une instance
n'est point fausse; ce jugement n'a pas l'autorité
de la chose jugée contre la partie publique, qui
poursuit le même faux par la voie criminelle (3).

---

(1) Arrêt du 6 floréal an 12, Dalloz, t. II, p. 615.
(2) Arrêt du 28 avril 1809, Dalloz, ib., p. 615 et 616.
(3) Arrêt du 8 juillet 1813, Dictionn. des arrêts modernes,
p. 167.

Ainsi l'homologation du concordat et la déclaration que le failli est excusable ne sont point des obstacles à l'exercice de l'action publique contre le failli, sur la prévention de banqueroute simple, ou de banqueroute frauduleuse (1).

Et réciproquement, le jugement civil qui déclare un individu en faillite ne fait pas obstacle à ce que sa qualité de commerçant soit de nouveau mise en question devant la chambre d'accusation. Un arrêt du 23 novembre 1827, rendu à mon rapport, dit en effet (2) « que la qualité de commerçant ne forme point une de ces questions préjudicielles dont le jugement est exclusivement dévolu aux tribunaux civils; que les tribunaux de répression sont au contraire compétens pour examiner et juger, quant à l'action publique, non seulement les faits constitutifs du crime de banqueroute, mais encore la qualité de celui à qui on les oppose; que les jugemens rendus sur l'action civile des créanciers demeurent sans influence sur l'action criminelle; que le prévenu ne peut pas plus s'en prévaloir qu'on ne peut les lui opposer ».

Ainsi la décision d'un tribunal civil portant qu'un contrat à réméré ne déguise point un prêt usuraire, n'a pas l'autorité de la chose jugée sur la poursuite en délit d'habitude d'usure, et n'em-

---

(1) Arrêts des 9 mars 1811 , Bull., p. 60 ; Dalloz, t. VIII, p. 293.; 19 février 1813 , Dict. des arrêts modernes; p. 5.

(2) Bull., p. 882 ; Dalloz, 1828 , p. 31.

pêche pas que le tribunal de répression ne puisse
rechercher si le contrat n'est pas réellement entaché d'usure (1).

ARTICLE DEUXIÈME.

De l'influence, sur l'action civile, de la chose jugée au criminel.

421. Il n'y a pas de difficulté quand la partie
qui prétend avoir souffert du délit est intervenue
dans le procès criminel, et qu'il a été jugé avec
elle. M. Toullier (2) convient qu'alors « le juge-
» ment d'absolution ou de condamnation qui in-
» tervient, étant contradictoire avec elle, doit pro-
» duire en sa faveur ou contre elle l'exception de la
» chose jugée».

M. Merlin (3) professe le même principe, et il
cite à l'appui un arrêt du 1er brumaire an 13 qui
décide que la partie civile qui a figuré dans une
instance correctionnelle en escroquerie, poursuivie sur sa plainte et dans laquelle elle a succombé, ne peut pas reproduire sa demande devant le tribunal civil. Un autre arrêt du 30 avril
1807 (4) a aussi décidé que la femme Bourdin,
se disant veuve Douhault, n'était pas recevable à

_____

(1) Arrêt du 25 juillet 1823, Bull., p. 301.
(2) T. X, p. 367, n° 243.
(3) Rép. de jurisp., v° Chose jugée, § 15, t. II, p. 711.
(4) Dalloz, t. II, p. 635.

soutenir devant la juridiction civile qu'un acte de décès était faux et simulé, lorsqu'il existait un jugement du tribunal criminel, dans lequel elle avait figuré comme partie civile, qui jugeait que cet acte n'était entaché d'aucun faux.

422. En est-il de même quand la partie lésée ne s'est pas portée partie civile, et n'a figuré nominativement ni dans la poursuite ni dans le jugement? J'ai établi l'affirmative.

Pour suivre avec ordre les conséquences des principes que j'ai posés, il convient d'établir trois hypothèses : ou le jugement criminel déclare que le fait est constant et que l'accusé en est coupable; ou le jugement déclare que le fait n'existe pas, ou bien que l'accusé ne l'a pas commis; ou enfin il déclare simplement que le fait n'est pas constant, ou bien que l'accusé n'est pas coupable. Je vais parcourir ces trois hypothèses.

1ᵉ HYPOTHÈSE.

Le jugement déclare le fait constant et que l'accusé est coupable.

423. Le condamné est-il encore admis à soutenir, sur l'action civile, que le fait n'a pas existé ou qu'il ne l'a pas commis, et qu'ainsi il ne doit aucune réparation civile? S'il s'agit d'un meurtre, par exemple, est-il recevable à prétendre qu'il n'en est pas l'auteur? Non, décide un arrêt du 5 mai 1818(1) : « Attendu que, lorsqu'un tribunal

(1) Dalloz, t. VI, p. 236.

» criminel a jugé affirmativement un fait de cul-
» pabilité contre un prévenu, ce jugement, devenu
» inattaquable, sert également de base aux de-
» mandes civiles qui en sont les accessoires. »

Et pourquoi ce jugement sert-il de base aux
demandes civiles? C'est parce que la question de
culpabilité qu'il décide est préjudicielle à l'action
en réparation civile, et que cette action lui était
subordonnée; c'est parce que les parties lésées
ont été partie au jugement par le ministère
public. «Quand l'accusé est condamné, disait
» M. Mourre, à l'audience de la cour de cassa-
» tion du 19 mars 1817, dans l'affaire Régnier (1),
» personne n'a plus le droit de parler de son in-
» nocence : tout le monde a été accusateur en la
» personne de l'officier public. Un jugement rendu
» au criminel n'est pas un acte ordinaire de l'au-
» torité publique, n'embrassant, comme la plu-
» part des jugemens civils, que quelques intérêts
» privés, et ne se rapportant qu'à quelques indi-
» vidus. C'est un monument élevé dans le sein de
» la société, qui doit fixer tous les regards et en-
» chaîner toutes les pensées; c'est un monument
» sur lequel s'imprime une vérité publique.
» Quelle épouvantable théorie que de faire juger
» au civil une question déjà jugée au criminel!
» Ainsi, sous prétexte que l'action publique et
» l'intérêt privé ne sont pas la même chose, on
» ferait dire au civil qu'un homme n'est pas

_____

(1) Quest. de droit, tit. 4, p. 163, v° Faux.

» coupable, lorsqu'il aurait péri sur l'échafaud,
» ou que son crime est certain, lorsqu'il a été ab-
» sous au criminel, et replacé dans la société par
» la loi elle-même qui a proclamé son innocence!

   » Si un tribunal civil, à raison de la matière,
» et par une distinction quelconque, pouvait revoir
» le même fait et juger la même question, quelles
» contradictions ne pourrait-il pas en résulter?
» quel trouble, quel scandale dans la société! »

   S'il s'agit d'un faux, le condamné sera-t-il encore recevable à soutenir que l'acte est vrai? Mais
que deviendra alors l'article 463 du Code d'instruction, qui porte : « Lorsque des actes authen-
» tiques auront été déclarés faux en tout ou en
» partie, la cour ou le tribunal qui aura connu des
» faux ordonnera qu'ils soient rétablis, rayés ou
» réformés; et du tout il sera dressé procès-ver-
» bal. » Comment le condamné pourra-t-il être admis à se prévaloir devant le tribunal civil, d'un
acte ainsi rayé, réformé, anéanti en totalité, ou
dans celles de ses parties dont il veut se prévaloir?

   M. Toullier objecte qu'il est possible que, depuis sa condamnation, le prévenu ait découvert
des preuves de son innocence, et qu'on ne doit
pas l'empêcher de s'en prévaloir dans l'instance
civile. Cet argument, pour trop prouver, ne
prouve rien; car il en résulte que le jugement
criminel lui-même ne devrait jamais avoir l'autorité de la chose jugée, quant à l'action publique,
puisqu'on peut toujours alléguer qu'il est possible

que, depuis sa condamnation, le prévenu ait découvert des preuves de son innocence.

Il faut donc reconnaître que, dans la première hypothèse que je viens de poser, l'existence du fait et la culpabilité de l'accusé sont jugées contre lui au profit de tous les tiers intéressés; que ces points ne peuvent être remis en question.

2ᵉ HYPOTHÈSE.

Le jugement criminel déclare que le fait n'existe pas,
ou que l'accusé ne l'a pas commis.

424. Dans l'un et l'autre cas, l'innocence de l'accusé est proclamée; il est formellement jugé qu'aucun délit n'a été commis, ou s'il en existe un, qu'il l'a été par une autre personne. Il n'est pas permis à une partie civile de remettre en question ces vérités judiciaires.

« Si l'accusé est absous, dit M. Merlin (1), la
» partie privée ne pourra, en le traduisant devant
» les juges civils, le faire condamner à des dom-
» mages-intérêts pour un crime ou un délit dont
» il a été jugé non coupable contradictoirement
» avec le ministère public : car il faut bien qu'à cet
» égard il y ait pleine réciprocité. La partie privée
» ne peut pas méconnaître l'autorité d'un juge-
» ment, sous le prétexte qu'il est favorable au pré-

_____

(1) Rép. de jurisp., vᵒ *Non bis in idem*, nᵒ 15, t. XI,
p. 566.

» venu, tandis que s'il lui eût été contraire, il au-
» rait formé pour elle un titre irréfragable ; et si le
» prévenu, par cela seul qu'il est déclaré coupa-
» ble envers le ministère public, est déclaré cou-
» pable envers la partie privée, il faut bien aussi
» que le prévenu, par cela seul qu'il est déclaré
» innocent envers le ministère public, soit à cou-
» vert de toutes les actions que la partie privée
» pourrait intenter contre lui à l'effet de le faire
» déclarer coupable. »

Charret avait signé, au profit de *Tourangin*,
une obligation, pour argent prêté, et un écrit par
lequel il reconnaissait que cette obligation avait
pour cause véritable des vols dont il s'était rendu
coupable à son préjudice. Postérieurement le ministère public dirigea des poursuites contre Charret, à raison de ces vols ; Tourangin ne se rendit pas partie civile. Le prévenu se défendit en
soutenant que l'obligation, ainsi que l'écrit qui
l'accompagnait, lui avaient été extorqués par violence. Il fut acquitté, et l'arrêt en donna pour
motif que les vols n'étaient pas prouvés, qu'au
contraire il était prouvé *qu'ils n'avaient pas eu lieu*,
et que l'écrit dans lequel le prévenu en avait fait
l'aveu lui avait été surpris par de mauvaises voies.
A la faveur de cet arrêt, Charret poursuivit, devant les tribunaux civils, la nullité des deux actes par lesquels il s'était reconnu débiteur, comme
étant sans cause, puisque la cause unique qu'ils
indiquaient, celle du vol, avait été jugée fausse.
Tourangin répondit qu'il n'avait pas été partie

dans l'arrêt, que rien n'était jugé avec lui, que, par conséquent, il était recevable à soutenir, à prouver que la cause exprimée dans les obligations dont il était porteur était vraie. La cour royale annula les deux obligations, par le motif que l'arrêt correctionnel avait jugé que *les vols n'avaient pas eu lieu.* Pourvoi en cassation, et arrêt de rejet (1) ainsi motivé : « Considérant, sur le moyen » que le demandeur fait résulter de ce qu'il n'a » pas été partie dans l'arrêt de la chambre correctionnelle qui a renvoyé Charret de la plainte en vols, et que, dès-lors, cet arrêt ne pouvait lui être opposé; que le ministère public 'est seul » partie capable pour poursuivre les crimes et les » délits, et qu'il les poursuit aux risques, périls » et fortune de tous ceux qui y sont intéressés, » lorsqu'ils ne se rendent pas parties civiles, et » que le jugement qui intervient avec lui ne peut » jamais être attaqué par les parties privées; que » cela résulte nécessairement de l'article 3 du Code » d'instruction, portant que l'exercice de l'action » civile intentée avant ou pendant la poursuite de » l'action publique, est suspendu jusqu'à ce que » l'action publique ait été définitivement jugée; » que, d'après cette disposition, l'action publique » est évidemment préjudicielle à l'action civile, et » que, dès lors, le jugement qui intervient sur » l'une, même en l'absence de la partie privée, ne » peut pas ne point avoir l'autorité de la chose ju-

_____

(1) Du 17 mars 1813, Dalloz, t. II, p. 638.

» gée sur l'autre ; qu'ainsi, dans l'espèce, un ar-
» rêt de la chambre correctionnelle de la cour de
» Bourges ayant jugé, sur la poursuite du minis-
» tère public, que le sieur Charret n'avait commis
» ni vols ni escroqueries chez le sieur Tourangin,
» cet arrêt a acquis, vis-à-vis de ce dernier, l'au-
» torité de la chose jugée, et que la chambre civile
» a dû le prendre pour guide de sa décision......,
» et que la cour royale n'eût pu décider le con-
» traire, sans contrevenir à l'autorité de la chose
» jugée. »

Voilà les vrais principes sur l'influence qu'exerce,
sur l'action civile, la chose jugée au criminel.

425. Le ministère public poursuit une accusation de faux, et il est jugé, en faveur du prévenu,
que l'acte argué *n'est pas faux* ; est-il permis de
remettre en question, devant le tribunal civil,
la vérité de cet acte, et de diriger ou de continuer à suivre contre lui une procédure en *faux
incident ?*

Si le prévenu acquitté est partie dans l'instance
civile, la voie de faux incident contre l'acte est
fermée; parce qu'aux termes de l'article 214 du
Code de procédure, elle ne peut être prise contre
une pièce qui a été vérifiée avec le défendeur ou
le demandeur, sur une poursuite en faux principal. Or l'acte argué a été vérifié avec le prévenu,
défendeur à l'inscription de faux incident, puisqu'il est intervenu au jugement criminel qui déclare que cet acte est véritable.

426. Mais il peut arriver que le prévenu ac-

quitté, ne soit point partie dans l'instance civile,
par, exemple, si un notaire avait été accusé d'a-
voir commis un faux dans un acte de son ministère, soit en simulant l'accomplissement de certaines formalités qui n'ont pas été remplies, soit
en y insérant d'autres conventions que celles qui
lui avaient été dictées par les parties, et qu'il eût
été acquitté sur une déclaration du jury portant
expressément que l'acte *n'est point faux*, les tiers
intéressés à ce que l'acte soit déclaré faux, pourront-ils encore prendre contre lui la voie du faux
incident, et faire juger faux cet acte que le jury a
déclaré être vrai ?

Je crois qu'ils ne le pourront point.

D'abord ils ne pourront pas opposer qu'ils n'ont
pas été partie dans l'instance criminelle, parce
qu'on leur répondra que le ministère public
poursuit ses actions aux risques, périls et avantages de tous les intéressés ; que, par lui, ils sont
partie dans le procès et dans le jugement qui en
est la suite ; qu'ainsi la pièce a été vérifiée avec
eux.

S'ils objectent que l'instance criminelle n'était
pas préjudicielle à l'instance civile en faux incident, parce que celle-ci n'a été intentée que postérieurement, on leur répondra que le caractère
préjudiciel de l'instance criminelle ne provient
pas de ce qu'en fait, elle a tenu en état l'instance civile ; que ce n'est pas le jugement de
sursis aux poursuites civiles qui rend préjudicielle l'instance criminelle ; qu'elle est préjudi-

cielle de sa nature et par la volonté de la loi; que, comme telle, elle préjuge les actions civiles nées et à naître qui ont le même principe qu'elles, c'est-à-dire qui dérivent du fait même qui lui donne naissance.

Ces principes sont tellement dans la loi; elle les reconnaît si expressément, qu'elle-même en fait l'application, en ordonnant que toute pièce déclarée fausse soit supprimée (1). Ainsi il y a un obstacle physique à ce que des tiers puissent jamais se servir de la pièce, si elle a été matériellement détruite; il y a un obstacle légal, si elle ne l'a pas été. Et si tel est l'effet, contre les tiers, d'un jugement souverain qui déclare qu'une pièce est fausse, un jugement souverain qui déclare qu'une pièce est vraie doit produire aussi contre les tiers des effets opposés, c'est-à-dire les rendre non recevables à contester à l'avenir la sincérité de la pièce.

M. Merlin, dans sa troisième édition des Questions de droit, avait émis l'opinion que le jugement intervenu sur la question préjudicielle n'avait autorité, dans l'instance civile, qu'autant que les parties entre lesquelles cette instance existait étaient les mêmes que celles qui avaient figuré dans le procès criminel; et il enseignait que, quand le notaire instrumentaire de l'acte avait été seul poursuivi, l'ordonnance d'acquittement

(1) Code de procédure civile, art. 241 ; Code d'instruct., art. 463.

comme l'arrêt de condamnation étaient sans influence sur les procès civils auxquels l'acte argué
pouvait donner lieu. Ainsi M. Merlin méconnais-
sait le principe que le ministère public poursuit
ses actions aux risques, périls et avantages de tous
les intéressés; que, par lui, ces derniers sont
partie dans la poursuite, principe que la cour
de cassation a, sur ses réquisitions, consacré
dans l'affaire Tourangin (1). Mais dans sa quatrième édition, il a abandonné cette opinion, et
professé celle que je viens d'émettre (2) : « S'il
» était vrai, dit-il, que, pour déterminer le sens
» dans lequel une action devient préjudicielle à
» une autre par l'effet de l'état de sursis dans le-
» quel celle-ci doit rester jusqu'après le jugement
» de celle-là, il fallût distinguer entre le cas où
» les deux actions sont entre des parties réellement
» identiques, et le cas où elles sont entre des
» parties réellement différentes....., comment ex-
» pliquerait-on l'effet préjudiciel que l'action civile
» exerce sur l'action publique dans les cas prévus
» par les articles 182 et 189 du Code forestier, par
» l'article 327 du Code civil et par l'article 88 de
» la loi du 5 ventose an 12 ?
   « Bien sûrement, dans ces cas, le ministère pu-
» blic n'est pas, et ne peut pas être réellement
» partie dans l'action civile; et cependant l'action
» civile est préjudicielle à l'action publique, en ce

<hr/>

(1) V. suprà, n° 424. — (2) T. IV, p. 172.

»sens que le fait décidé positivement par le juge-
» ment de l'une, ne peut plus être nié ni débattu
» lorsqu'il s'agit de statuer sur l'autre.

   » Il n'est donc pas vrai que, pour qu'une action
» soit préjudicielle à une autre, en ce sens que le
» jugement de celle-ci soit dicté à l'avance par le
» jugement de celle-là, lorsqu'il décide positive-
» ment le fait dont elles dépendent toutes deux,
» il soit nécessaire que les deux actions aient lieu
» entre des parties identiquement les mêmes. Il
» suffit donc, pour concilier l'effet préjudiciel
» que l'une exerce sur l'autre avec la grande règle
» qui restreint l'autorité de la chose jugée entre les
» parties qui ont figuré dans le jugement dont elle
» découle, que la loi puisse identifier et identifie
» effectivement les parties qui figurent dans une
» action, avec celles qui ont figuré dans une autre.

   » Aussi l'article 3 du Code d'instruction crimi-
» nelle, de la disposition duquel il faut bien recon-
» naître qu'il résulte nécessairement la conséquence
» que l'action criminelle est préjudicielle à l'action
» civile dans le sens dont il s'agit, ne distingue pas,
» comme je l'avais pensé d'abord, entre le cas où
» ces deux actions sont entre des parties qui sont
» identiquement les mêmes, et le cas où elles sont
» entre des parties réellement différentes. Il veut
» généralement, et sans distinction, que *l'action*
» *en réparation du dommage causé par un crime, par*
» *un délit ou par une contravention*, qui, lorsqu'elle
» est exercée civilement, ne se trouve pas définiti-
» vement jugée avant l'action publique, soit sus-

» pendue jusqu'après le jugement définitif de
» celle-ci.

« » Or, en quoi consiste, de la part de celui au
» préjudice duquel a été commis un crime de faux
» en écriture publique, l'action civile qu'il a pour
» faire réparer le dommage que ce crime lui a
» causé? elle consiste certainement à s'inscrire inci-
» demment en faux contre l'acte qui nuit à ses
» droits; et cette action, il ne la dirige pas, il ne
» peut pas même la diriger contre l'officier public
» à qui il impute le faux; il ne la dirige, et il ne
» peut la diriger que contre la partie qui se pré-
» vaut contre lui de l'acte, et qui peut être de
» bonne foi. Cependant, si son inscription de faux
» est admise, elle reste suspendue jusqu'à ce que
» l'action criminelle qui est par suite intentée con-
» tre l'officier public soit irrévocablement jugée ;
» et pourquoi reste-t-elle suspendue? Ce n'est pas
» seulement parce que telle est la disposition ex-
» presse des articles 239 et 240 du Code de procé-
» dure civile, c'est encore parce que, quand même
» cette disposition n'existerait pas, elle serait rem-
» placée dans le Code d'instruction criminelle par
» l'art. 3, dont elle serait la conséquence nécessaire.

« » Si donc on est forcé de convenir que, du sur-
» sis ordonné par l'article 3 du Code d'instruction
» il résulte que, lorsqu'il y a identité réelle de par-
» ties entre l'action civile et l'action criminelle, le
» jugement de la seconde emporte le jugement de
» la première sur le fait qu'il décide positivement,
» il faut bien que l'on convienne aussi qu'il en ré-

» sulte la même conséquence dans le cas où les
» parties ne sont pas réellement les mêmes. »

Sans être bien positive, la jurisprudence paraît
cependant confirmer cette opinion.

Un arrêt du 24 avril 1780 avait déclaré faux un
acte de célébration de mariage et condamné le
faussaire aux galères à perpétuité. Un autre arrêt
du 24 août 1780 avait dévolu au domaine, à titre
de déshérence, la succession de l'individu auquel
l'acte de mariage paraissait s'appliquer. Une demoiselle Chevrin réclama cette succession, et se
prévalut de l'acte de mariage dont il s'agit, en soutenant qu'on ne pouvait lui opposer l'arrêt du
24 avril, puisqu'il avait été rendu avec d'autres
parties et sur des intérêts différens des siens. Un
jugement du tribunal d'appel de Paris, du 13 fructidor an 10, rejeta la prétention de la demoiselle
Chevrin : « Considérant qu'on a lieu de s'étonner
» qu'après une décision si éclatante (celle du
» 24 avril 1780), qui a proscrit l'acte comme faux,
» entre les mains de Jean-Benoît de Monthuel, une
» autre personne ose s'en servir, et le remettre sous
» les yeux de la justice (1). »

Des prévenus d'un délit de contrebande s'é-
taient inscrits incidemment en faux contre un

_____

(1) Dalloz, t. II, p. 661. M. Merlin, qui avait fait la critique de cet arrêt dans la 3ᵉ édition de ses Questions de droit,
s'attache, au contraire, à le justifier dans sa 4ᵉ édition, v°
Faux, § 6, t. IV, p. 164, par des considérations rappelées
en partie dans le passage que je viens de citer.

procès-verbal dressé par des préposés de l'administration des douanes. Ces derniers furent traduits devant le jury d'accusation, qui déclara qu'il
n'y avait lieu à accusation. Alors les prévenus de
contrebande continuèrent la poursuite de leur inscription de faux incident, et un arrêt déclara nul
le procès-verbal. Mais cet arrêt fut cassé le 19 messidor an 7 (1), par les motifs que la déclaration
du jury avait l'autorité de la chose jugée; et par là
la cour de cassation a décidé implicitement que la
chose jugée au criminel profite à ceux qui n'ont
pas été partie dans le jugement; car l'administration des douanes était réellement un tiers relativement aux poursuites dirigées contre les employés, comme ses employés ne sont que des tiers
relativement aux poursuites que l'administration
dirige, dans l'intérêt du trésor, en vertu de leurs
procès-verbaux.

Dans un procès élevé entre des légataires et un
héritier, ce dernier s'inscrit en faux contre le testament. Les légataires mettent en cause le notaire
rédacteur, pour le rendre responsable du préjudice qu'ils éprouveront si le testament vient à être
déclaré nul. Bientôt, le ministère public dirige
contre celui-ci une poursuite criminelle en faux
principal, et il est traduit devant la cour d'assises.
Le jury, interrogé sur la question de savoir s'il est
coupable d'*avoir dénaturé frauduleusement les circonstances de la rédaction du testament*, répond sim-

---

(1) Dalloz, t. II, p. 630.

plement : *Non, l'accusé n'est pas coupable*. En conséquence, il est acquitté. Alors l'héritier veut
reprendre sa procédure en faux incident; mais
les légataires lui opposent la déclaration du jury
et l'ordonnance d'acquittement, et soutiennent
qu'il résulte de ces décisions que le testament est
vrai. Arrêt qui repousse cette fin de non-recevoir;
pourvoi en cassation, et arrêt du 12 juillet 1825,
qui rejette (1), par le motif « que cette déclara-
» tion du jury, *non, l'accusé n'est pas coupable*, ne
» prononçant rien expressément sur le point de
» savoir si les énonciations du testament dont il
» s'agit étaient ou non fausses, il en résulte que ce
» testament *n'a pas été vérifié* par l'arrêt de la cour
» d'assises qui a prononcé l'acquittement du no-
» taire »; ce qui est bien décider implicitement que
l'inscription de faux incident aurait été jugée en
même temps que celle principale, si le jury avait
prononcé sur la pièce et déclaré expressément
qu'elle était fausse, ou qu'elle ne l'était pas; et
cependant ni l'héritier ni les légataires n'avaient
été partie dans le procès criminel.

Ainsi, on remarque dans la jurisprudence
une tendance à consacrer l'opinion émise en dernier lieu par M. Merlin et celle que j'ai exposée
dans le cours de ce numéro. Cette tendance ne me
paraît pas contrariée par un arrêt du 8 avril 1812,
dont voici l'espèce (2).

Antoine Casse avait institué pour ses héritiers

---

(1) Dalloz, p. 358. — (2) *Id.*, t. II, p. 661.

deux de ses petits-neveux nommés Raymond. Un
sieur Guillaume Ducasse prétendit que le testament était faussement attribué à Antoine Casse,
et qu'il ne devait son existence qu'à des manœuvres
frauduleuses employées par une veuve Raymond
et un sieur Valette; il porta plainte contre eux;
un procès criminel fut instruit; enfin un arrêt définitif du 29 décembre 1788 débouta Guillaume
Ducasse de ses demandes et maintint les frères
Raymond dans la propriété de la succession d'Antoine Casse. Cependant, en l'an 2 de la république, à la faveur des désordres de cette époque, et
en dissimulant l'existence de l'arrêt du 29 décembre 1788, Guillaume Ducasse parvint à obtenir
contre la veuve Raymond et Valette un jugement
criminel qui déclara faux le testament dont il s'a-
git, les condamna à la peine des fers, et lui attri-
bua la propriété des biens de la succession d'Antoine Casse. Il poursuivit alors les frères Raymond,
détenteurs des biens; et, après beaucoup de procédures, il s'est agi de savoir si le jugement criminel rendu en l'an 2 avait pu anéantir, au détriment
des détenteurs, l'arrêt de 1788; question, comme
on le voit, toute différente de celle que je discute,
et que la cour de cassation a décidée négativement.
A l'occasion de cette affaire, M. Merlin soutient
la doctrine que les tiers ne pouvaient ni souffrir,
ni profiter de la chose jugée criminelle; mais,
comme je l'ai dit, il l'a abandonnée depuis, et il
reconnaît lui-même que l'arrêt ne s'applique pas
à la question.

3ᵉ HYPOTHÈSE.

Le jugement déclare simplement que le fait n'est pas constant ou que l'accusé n'est pas coupable.

427. Entre une déclaration portant que le *fait n'est pas vrai,* et une déclaration portant que le *fait n'est pas constant,* c'est-à-dire qu'il *n'est pas prouvé,* la distance est immense; car cette dernière n'exclut nullement l'existence du fait; elle le laisse incertain, en proclamant que les preuves produites pour l'établir ont été trouvées insuffisantes.

La déclaration, *non, l'accusé n'est pas coupable,* est bien moins positive encore sur l'existence du fait ou la participation de l'accusé au délit, parce que, la question intentionnelle étant le plus ordinairement renfermée dans la question qui doit être soumise au jury, aux termes de l'article 337 du Code d'instruction, la réponse de celui-ci, *non, l'accusé n'est pas coupable,* réponse conçue dans les termes que l'article 345 l'oblige d'employer, ne fait pas connaître s'il s'est décidé par l'insuffisance des preuves, ou par l'absence de toute intention criminelle de la part de l'accusé.

Dans le droit criminel, le doute si l'accusé est coupable doit lui tenir lieu d'innocence; dès qu'il n'est pas suffisamment convaincu, le juge doit l'absoudre. Mais le droit civil procède par d'autres règles. Les jugemens criminels n'ont d'autorité sur les actions civiles, qu'autant qu'ils prononcent formellement sur le fait qui sert de base à ces actions. S'il est défendu aux juges civils de se mettre en contradiction avec ce qui a été décidé par les juges criminels, il ne leur est certainement pas défendu de se livrer à la recherche de la vérité quand ces derniers l'ont laissée incertaine, et d'en appliquer les conséquences aux actions qui leur sont soumises. La jurisprudence a pleinement consacré ce principe.

Rolland avait été mis en accusation, à raison d'un crime de détention arbitraire; le jury le déclara *non coupable*, et il fut acquitté. Cependant une demande en dommages-intérêts, fondée sur le fait de la détention arbitraire, fut portée devant le tribunal civil, et un arrêt condamna Rolland en 6,000 francs de dommages-intérêts. Il se pourvut en cassation; mais son recours fut rejeté par arrêt du 5 novembre 1818 (1) : « Attendu que, » si la déclaration du jury, rendue conformément » à la formule des articles 337 et 345 du Code, » d'instruction exclut le crime de l'accusation, elle » ne décide pas nécessairement en faveur de l'ac- » cusé les faits ou les circonstances qui peuvent le » soumettre à des réparations civiles; qu'ainsi, à » l'occasion de l'action en réparation civile, les » tribunaux civils peuvent examiner ces faits et cir- » constances, y trouver un quasi-délit, et fixer les » dommages-intérêts qui en ont pu résulter au pré- » judice de la partie civile. »

_____

(1) Dalloz, t. II, p. 657.

Le jury avait déclaré qu'il *ne lui paraissait pas constant* qu'Antoine Gros eût détourné, *dans l'intention de se les approprier*, des effets qui lui avaient été confiés à charge de les vendre; en conséquence, il fut acquitté. Traduit devant le tribunal civil par le propriétaire de ces effets, Antoine Gros y fut condamné en 10,000 francs de dommages-intérêts, pour tenir lieu de la restitution de ces effets. Pourvoi en cassation et arrêt de rejet du 17 nivose an 13 (1).

La veuve Chantereau est mise en prévention pour avoir spolié une succession d'une somme de 20,000 francs, en bons sur la ville de Paris. Jugement correctionnel qui l'acquitte, attendu *qu'il n'est pas suffisamment prouvé* qu'elle ait détourné ces objets. La veuve Chantereau est alors traduite devant le tribunal civil, et elle y est condamnée à restituer ces bons, ou à en payer la valeur. Elle se pourvoit en cassation, mais son pourvoi est rejeté par arrêt du 25 juin 1822 (2).

Louis Godier avait été traduit devant le tribunal criminel sur l'accusation d'avoir fabriqué, à son profit, un billet de 26,000 francs, signé du nom du nommé Terray. Le jury déclara qu'*il n'était pas constant que le billet de 26,000 francs fût faux;* Godier fut acquitté. Il s'adressa ensuite aux héritiers Terray pour obtenir le paiement de ce billet. Ceux-ci déclarèrent n'en pas reconnaître l'écriture, et conclurent à ce qu'elle fût vérifiée.

(1) Dalloz, t. II ,p. 655. — (2) *Id.*, p. 659.

Godier s'y opposa, en se fondant sur le jugement qui l'avaît acquitté de l'accusation de faux. Suivant lui, ce jugement avait souverainement décidé que le billet émanait de Terray. Le tribunal rejeta cette fin de non-recevoir, et ordonna la vérification. Godier se pourvut en cassation, mais son recours fut rejeté par arrêt du 21 messidor an 9 (1).

M. Merlin, qui portait la parole dans l'affaire, y développa les principes qui servent de base à l'arrêt; il fit remarquer qu'il ne s'agissait pas de soumettre le demandeur à une nouvelle instruction criminelle pour les faits dont il avait été acquitté; que, s'il suffit, en matière criminelle, que le délit ne soit pas constant pour que l'accusé soit absous, il faut, en matière civile, que le titre soit incontestablement reconnu être l'ouvrage de celui à qui il est opposé, pour en exiger le paiement; or, déclarer qu'il *n'est pas constant* qu'un billet soit faux, ce n'est pas juger qu'il est vrai.

428. Cependant M. Merlin, dans quelques uns de ses réquisitoires, paraît vouloir, en matière de faux, établir, pour les effets de la chose jugée au criminel, une distinction entre les actes authentiques et les actes sous seing privé. Pas de doute; quant à ces derniers, qu'ils ne puissent être l'objet d'une demande en vérification d'écriture après qu'un jugement criminel a déclaré simplement que le faux *n'était pas constant* ou que l'accusé *n'était pas coupable*. Mais s'il s'agit d'un acte

---

(1) Dalloz, t. II; p. 634.

authentique, « le jugement », dit-il (1), « qui dé-
» clare le faux *non prouvé*, entraîne nécessairement
» la condamnation civile du signataire de la pièce,
» parce que la pièce fait foi par elle-même, et que,
» d'après l'article 214 du Code de procédure ci-
» vile, elle ne peut plus être attaquée ni par plainte
» en faux principal, ni par plainte en faux inci-
» dent ».

M. Merlin avait professé la même doctrine dans
l'affaire de la prétendue veuve Douhault (2).
Après avoir fait remarquer que, dans l'espèce de
l'arrêt du 21 messidor an 9, que je viens de citer,
il s'agissait d'un acte sous seing privé, il dit :
« Dans notre espèce, au contraire, il s'agit d'un
» acte authentique, d'un acte qui fait foi de son
» contenu jusqu'à inscription de faux, d'un acte
» qui doit être tenu pour vrai, tant qu'il n'est pas
» prouvé faux, soit d'après une plainte en faux
» principal, soit d'après une inscription de faux,
» et par conséquent d'un acte dont le prétendu
» faux ne peut plus être prouvé par aucun moyen,
» alors que, même sur un procès en faux principal,
» il a été rendu un jugement dont le seul résultat
» est qu'*il n'est pas constant que cet acte soit faux.* »
M. Dalloz (3) n'admet pas cette distinction. « Que
» porte en effet », dit-il, « l'article 214 du Code
» de procédure civile sur lequel on se fonde? Il

---

(1) Rép. de jurisp., v° *Non bis in idem*, n° 16, t. XI, p. 576.
(2) *Ib.*, v° Chose jugée, § 15, t. II, p. 713.
(3) V° Chose jugée, t. II, p. 627.

» dispose qu'une pièce *vérifiée* dans une précédente
» instruction en faux ne peut plus être l'objet d'une
» inscription de faux incident civil ; et, à cet égard,
» il ne fait aucune différence entre l'acte sous seing
» privé et l'acte authentique. Mais une pièce n'est
» pas vérifiée par cela qu'elle a été l'objet d'une
» inscription de faux, et que l'accusé a été déclaré
» non coupable ; cette vérification ne peut exister
» qu'autant qu'une décision expresse est intervenue
» sur le mérite de la pièce en elle-même ; qu'autant
» qu'il a été jugé que la pièce était vraie ou fausse.
» Tel est le véritable sens, et, disons mieux, telle
» est l'unique interprétation raisonnable qu'on
» puisse donner à l'article 214. Ne serait-il pas
» étrange, en effet, qu'un arrêt d'acquittement qui
» pourrait n'avoir été déterminé que par des con-
» sidérations étrangères à l'acte argué, et qui
» même exprimerait qu'il n'absout l'accusé que
» par le motif de l'absence d'intention criminelle ,
» eût la puissance de faire obstacle à l'inscription
» de faux incident que la partie intéressée forme-
» rait plus tard contre ce même acte? »

On a vu que, par son arrêt du 12 juillet 1825 (1),
la cour de cassation a consacré l'opinion de
M. Dalloz, en décidant que la voie d'inscription
de faux incident restait ouverte à l'héritier contre
un testament authentique, après l'acquittement
du notaire instrumentaire , intervenu sur une
déclaration du jury portant : *Non, l'accusé n'est pas*

_____

(1) Cité *suprà*, n° 426.

coupable d'avoir frauduleusement dénaturé la substance ou les circonstances de ce testament. Le premier motif de l'arrêt porte « que l'article 214 du
» Code de procédure civile autorise l'inscription
» de faux contre une pièce signifiée ou produite,
» lorsqu'elle n'a pas été vérifiée avec les deman-
» deurs ou les défendeurs en faux dans une pour-
» suite en faux principal ou incident; que cette
» vérification ne peut résulter que d'un jugement
» ou d'un arrêt qui prononce expressément sur la
» vérité ou la fausseté de la pièce ». J'ai transcrit le
second motif.

Il faut, en cette matière, faire attention à la différence qui existe entre l'inscription de faux incident civil et l'inscription de faux principal criminel.

Dans l'instance civile, le procès est fait à la pièce et n'est fait qu'à elle; quelle que soit la décision qui est intervenue, la pièce est nécessairement jugée.

Dans l'inscription de faux principal criminel, le procès est fait tout à la fois à la pièce et à la personne; si le jury déclare formellement que la pièce *n'est pas fausse,* ou s'il déclare que *l'accusé est coupable,* la pièce est jugée : elle l'est expressément dans le premier cas; elle l'est implicitement dans le second; car l'accusé ne peut être coupable qu'autant que la pièce est reconnue fausse.

Mais quand le jury se borne à déclarer, *non, l'accusé n'est pas coupable,* l'homme seul est jugé, mais rien n'est décidé sur la pièce; elle reste ce

qu'elle était avant l'accusation, et l'action en faux
incident civil demeure entière. Poursuivre ce faux
incident, ce n'est nullement remettre en question
ce qui a été jugé au criminel; et il n'y a aucune
analogie entre une déclaration du jury portant
que l'accusé n'est pas coupable de faux, et un jugement civil qui écarte, à défaut de preuves suffisantes, une inscription de faux incident: l'un statue uniquement sur le procès fait à la personne,
l'autre statue sur le procès fait à la pièce(1).

Ces principes s'appliquent non seulement aux
tiers qui n'ont pas figuré de fait dans le procès
criminel, mais encore à ceux qui ont été partie
dans ce procès. Ils s'appliquent à ces derniers,
parce qu'il est de règle que l'autorité de la chose
jugée sur la question préjudicielle est limitée à ce
qui a été formellement décidé par le jugement intervenu sur cette question; ils s'y appliquent,
parce que la chose jugée au criminel n'a d'autorité sur les tiers que par la raison qu'ils sont réputés avoir été représentés par le ministère public, et que l'on ne voit pas pourquoi des principes qui sont applicables à des personnes qui n'ont
que fictivement figuré dans une instance, ne le
seraient pas à celles qui y ont figuré réellement.

429. C'est sur les distinctions que j'ai posées
dans les trois hypothèses que je viens d'examiner,

_____

(1) V. *infrà*, n° 438, l'arrêt du 24 novembre 1824, qui
consacre cette doctrine.

c'est sur le principe que l'autorité de la chose jugée au criminel est limitée à ce qui a été formellement décidé par la déclaration du jury, que reposent entièrement les articles 358, 359 et 366 du
Code d'instruction, qui autorisent la cour d'assises
à condamner l'accusé *acquitté* en des dommages-
intérêts envers la partie civile, à les refuser à
celle-ci quand même l'accusé est déclaré coupable, et lui laissent la faculté d'accorder ou de
refuser à l'accusé absous, des réparations civiles
contre son dénonciateur.

Je dis que les dispositions de ces articles donnent toute cette latitude à la cour d'assises ; pour
s'en convaincre, il suffit de les lire. L'article 358
porte : « *L'accusé acquitté* POURRA *aussi obtenir des
» dommages-intérêts contre ses dénonciateurs, pour
» fait de calomnie.* » L'article 359 est ainsi conçu :
« Les demandes en dommages-intérêts formées
» soit par l'accusé contre ses dénonciateurs ou la
» partie civile, soit par la partie civile contre l'*ac-
» cusé ou le condamné*, seront portées à la cour d'as-
» sises. » L'article 366 étend au cas d'absolution les dispositions ci-dessus, et ajoute : « La
» cour ordonne aussi que les effets pris seront res-
» titués au propriétaire. Néanmoins, *s'il y a une
» condamnation*, cette restitution ne sera faite qu'en
» justifiant, par le propriétaire, que le condamné
» a laissé passer le délai sans se pourvoir en cas-
» sation..... »

430. Et pourquoi la cour d'assises n'est-elle pas
obligée, dans tous les cas, d'accorder à l'accusé

déchargé de l'accusation des dommages-intérêts
contre son dénonciateur? c'est parce que l'acquittement ou l'absolution n'attachent pas nécessairement le caractère de la calomnie à la dénonciation; c'est parce que la déclaration du jury, quelque favorable qu'elle soit à l'accusé, n'exclut pas
absolument toute bonne foi dans la dénonciation.

Sur la dénonciation du sieur Michel, les sieurs
Régnier et Boissière avaient été traduits devant la
cour d'assises sur une accusation de faux. Déclarés non coupables par le jury et acquittés, ils conclurent à des dommages-intérêts contre Michel;
la cour d'assises refusa d'en accorder par le motif
« qu'une déclaration du jury favorable aux accu-
» sés, lors surtout qu'elle n'est rendue qu'à une
» simple majorité, ne démontre pas nécessairement
» que la plainte soit calomnieuse ». Pourvoi en cassation et rejet du 30 décembre 1813 (1). « Attendu...
» que la cour d'assises n'a pu violer aucune loi, en
» prenant pour une des bases de sa décision le
» fait que la déclaration de non-culpabilité rendue
» par le jury n'avait pas été unanime; que d'ail-
» leurs, si l'appréciation des faits appartient aux
» jurés, relativement à l'action publique, elle ap-
» partient à la cour d'assises relativement à l'ac-
» tion civile; que tout ce qui se rattache au juge-
» ment d'une condamnation demandée par une
» partie civile rentre essentiellement dans les at-

_____

(1) Dalloz, t. V, p. 24.

» tributions de la cour d'assises ; que l'arrêt attaqué
» ne peut pas avoir violé l'article 358 du Code d'in-
» struction, en refusant de prononcer des dom-
» mages-intérêts en faveur des accusés acquittés,
» puisque cet article n'ordonne point cette con-
» damnation, et que seulement il l'autorise, d'a-
» près les circonstances, dont l'appréciation appar-
» tient aux cours d'assises. »

Desjardins, sa femme et son fils, dénoncés par
le sieur Châteauneuf, sont traduits devant la cour
d'assises, sur une accusation de vol ; le jury les
déclare non coupables. La cour d'assises, en se
fondant uniquement sur cette déclaration, condamne Châteauneuf à leur payer 10,000 francs de
dommages-intérêts. Celui-ci se pourvoit en cassation. Le 23 mars, arrêt qui casse (1): « Attendu...
» que, dans son premier considérant, l'arrêt atta-
» qué dit que *la dénonciation de la dame Château-*
» *neuf et la lettre de son mari du 20 février 1819,*
» *portent inculpation contre la famille Desjardins;*
» que de cette déclaration en fait... il s'ensuit bien
» que les Châteauneuf, qui ont dénoncé le vol,
» sont aussi réputés avoir désigné les Desjardins
» comme les auteurs de ce vol ; mais qu'en décla-
» rant ainsi le fait matériel de la dénonciation, la
» cour d'assises n'en a pas apprécié la moralité;
» Que le second considérant de l'arrêt ne con-
» tient que cette phrase : *Attendu que de la décla-*

---

(1) Bull., p. 115 ; Dalloz, t. V, p. 26.

» ration du jury, il résulte que cette inculpation était
» calomnieuse ; qu'il n'est pas douteux que, d'après
» cette déclaration de non-culpabilité donnée en
» faveur des accusés par le jury, l'inculpation qui
» les présentait comme auteurs du vol est réputée
» fausse ; mais que le jury appelé à juger si les ac-
» cusés étaient ou n'étaient pas coupables, ne pou-
» vait pas l'être et ne l'était pas à apprécier la dé-
» nonciation, à juger dans quelle intention elle avait
» été faite ; que la déclaration du jury, portant
» uniquement sur l'accusation intentée par le mi-
» nistère public contre les Desjardins, n'a donc
» pas été un motif suffisant et légitime du juge-
» ment de l'action en dommages-intérêts formée
» par ceux-ci contre Châteauneuf ; que la cour
» d'assises, qui ne s'est déterminée que sur cette
» déclaration, à laquelle elle était étrangère, au
» lieu d'apprécier la dénonciation et d'en déclarer
» la nature et les caractères d'après son intime
» conviction puisée dans les circonstances de l'af-
» faire et dans les débats qui avaient eu lieu de-
» vant elle, n'a pas donné une base légale à la con-
» damnation qu'elle a prononcée contre les récla-
» mans. »

431. Pourquoi la cour d'assises est-elle autorisée à condamner l'accusé acquitté ou absous en
des dommages-intérêts ? C'est parce que la déclaration du jury peut n'avoir ôté au fait de l'accusation que son caractère de délit, et lui avoir
laissé celui de fait dommageable ; c'est parce que
cette déclaration n'exclut pas toujours nécessai-

rement l'existence du fait et la participation de l'accusé à ce fait.

Louis Sauvegrain, accusé d'avoir porté des coups et fait des blessures à Pierre Morin, avait été déclaré non coupable et acquitté. Cependant la cour d'assises le condamna à payer à Morin 1,000 francs de dommages-intérêts. Il se pourvut en cassation ; mais son pourvoi fut rejeté le 22 juillet 1813 (1) : « Attendu que, dans l'espèce,
» Louis Sauvegrain avait été acquitté par une or-
» donnance rendue sur une déclaration du jury
» qui, conçue dans la forme ordonnée par les ar-
» ticles 337 et 345 du Code d'instruction, avait
» prononcé qu'il était non coupable ; que cette
» déclaration laissait incertain si le jury s'était
» décidé d'après la moralité ou d'après la maté-
» rialité du fait de l'accusation ; qu'il n'en résul-
» tait pas conséquemment que Sauvegrain ne fût
» pas l'auteur des violences qui avaient blessé
» Pierre Morin ; que la cour d'assises, autorisée
» par la loi à prononcer sur les dommages-inté-
» rêts demandés par cette partie civile, était donc
» aussi autorisée à juger, d'après la conviction que
» lui avaient laissée les débats, que Sauvegrain
» avait commis les violences qui avaient constitué
» le fait matériel de l'accusation portée contre lui ;
» qu'en jugeant ce fait, et en condamnant par
» suite ledit Sauvegrain à 1,000 francs de dom-

_____

(1) Dalloz, t. III, p. 494.

» mages-intérêts envers Morin, cette cour s'était
» conformée aux attributions que lui donnait la
» loi. »

Ainsi des individus déclarés non coupables
d'homicide volontaire et acquittés, peuvent être
condamnés par la cour d'assises en des dommages-intérêts, sur le fondement que la mort de
l'homicidé est due à leur conduite imprudente(1).

Quand le jury a déclaré que l'accusé n'a commis un meurtre qu'*involontairement et sans imprudence*, la cour d'assises est encore autorisée à
condamner cet accusé en des dommages-intérêts,
parce que cette déclaration n'est pas exclusive de
toute espèce de faute entraînant des réparations
civiles, et qu'aux termes de l'article 1382 du Code
civil, *tout fait quelconque* de l'homme qui cause à
autrui un dommage, oblige celui par la faute duquel il est arrivé à le réparer (2).

Le jury avait déclaré Lelorain non coupable
d'avoir, dans un duel, porté volontairement un
coup de fleuret au nommé Gardel, dont celui-ci
était mort immédiatement ; il fut acquitté. Mais
la cour d'assises le condamna en 6,000 francs de
dommages-intérêts envers les parties civiles. Pourvoi en cassation et arrêt de rejet du 29 juin
1827 (3) : « Attendu qu'il ne résultait pas de la
» déclaration du jury que le fait d'homicide n'é-

---

(1) Arrêt du 11 octobre 1817, Bull., p. 250 ; Dalloz, t. III,
p. 495. — (2) Arrêt du 26 mars 1818, *ib.*; Dalloz, p. 496.
— (3) Bull., p. 538 ; Dalloz, p. 286.

» tait pas constant ; que dès-lors, la cour d'assises
» pouvait et devait en apprécier les conséquences,
» sous le rapport des réparations civiles deman-
» dées, lors même qu'elle ne jugeait pas qu'il fût
» susceptible d'une disposition pénale ; que si, du
» silence de la loi pénale, on doit induire que le
» duel, tout contraire qu'il soit à la religion, à la
» morale et à la paix publique, n'est passible d'au-
» cune peine, on ne saurait en conclure que l'ho-
» micide commis à son occasion, cesse d'être dom-
» mageable parce qu'il demeure impuni, et que
» celui qui cause à une épouse et à des enfans le
» plus grand des dommages en les privant d'un
» époux et d'un père, cesse d'être responsable ci-
» vilement d'un fait qui n'est pas seulement arrivé
» par sa négligence ou par son imprudence, mais
» par sa volonté préméditée. »

Brumaud, commis de Bosquillon, fut traduit
devant la cour d'assises, sur l'accusation d'avoir
détourné des marchandises et des sommes d'argent
au préjudice de son maître. Le jury le déclara non
coupable, il fut acquitté ; mais la cour d'assises,
« considérant qu'il est établi que Brumaud a, par
» les fautes et irrégularités de sa gestion, porté
» préjudice à Bosquillon, et qu'il lui en doit la ré-
» paration, arbitrant d'office ledit préjudice, con-
» damne, même par corps, Brumaud à 3,000 fr.
» de dommages-intérêts ». Le pourvoi dirigé contre
cet arrêt a été rejeté le 25 novembre 1831 (1).

_____

(1) Dalloz, 1832, p. 57.* L'arrêt du 27 février 1835, Dal-

432. Enfin, pourquoi la cour d'assises n'est-elle
pas forcée d'accorder toujours des dommages-intérêts à la partie civile contre l'accusé condamné?
c'est parce que la culpabilité de celui-ci ne suppose pas nécessairement un dommage civil dont
la réparation soit due. « Attendu, porte un arrêt
» de la cour de cassation du 13 octobre 1815 (1),
» que, s'il est de principe que la partie lésée par
» un crime, par un délit ou par une contraven-
» tion, a droit à une réparation, et si les cours et
» tribunaux devant lesquels la poursuite a eu lieu
» sont autorisés à statuer en même temps sur les
» dommages-intérêts demandés par la partie ci-
» vile, cette disposition de la loi suppose évidem-
» ment qu'il est résulté en effet de ces crimes ou
» délits un préjudice quelconque; mais que c'est
» exclusivement à ces cours ou tribunaux qu'est
» laissé le droit de juger, dans leur conscience et
» d'après l'ensemble des circonstances, s'il est ou
» non dû des dommages-intérêts, comme aussi
» d'en apprécier la quotité; qu'ainsi, dans l'un
» comme dans l'autre cas, c'est-à-dire soit que
» les juges n'aient pas cru devoir accorder des
» dommages-intérêts, soit qu'ils les aient fixés à

loz, p. 422, applique ces principes à un prévenu de diffamation par la voie de la presse, acquitté par le jury et condamné
par la cour d'assises à des dommages-intérêts envers la partie
civile.

(1) Non imprimé, rejet; M. Rataud, rapporteur, Porche-
ron contre Vizard.

» une somme prétendue insuffisante, il ne peut
» résulter de cette application des faits et circon-
» stances, une ouverture à cassation. »

Dans l'espèce de cet arrêt, la demanderesse en
cassation se plaignait qu'un arrêt de cour royale
lui eût refusé des dommages-intérêts, tout en reconnaissant que le prévenu s'était rendu coupable
d'injures envers elle, et en le condamnant même
à 50 francs d'amende.

Piétri avait été condamné à six mois d'emprisonnement pour coups et blessures ; mais la cour
n'avait accordé à la partie civile aucuns dommages-intérêts, par le motif que sa demande était
non fondée. Pourvoi et rejet, par arrêt du 20 juin
1816 (1) rendu au rapport de M. Bussehop : « Con-
» sidérant que la condamnation de l'accusé, dans
» l'intérêt de la vindicte publique, n'entraîne pas
» nécessairement la condamnation à des domma-
» ges-intérêts envers la partie civile ; que cette
» condamnation est purement facultative et laissée
» à l'arbitrage et à la conscience des juges. »

433. Mais, quelque étendus que soient les droits
de la cour d'assises pour apprécier les faits de
l'accusation sous le rapport de l'action civile,
lorsque la déclaration du jury n'est point formelle sur l'existence de ces faits ou la participation de l'accusé, ces droits ne vont point jusqu'à
se mettre en contradiction avec cette déclaration.

---

(1) Non imprimé, Bartholomei contre Piétri.

Ainsi, la cour d'assises n'est pas autorisée à
convertir en une faute passible de dommages-intérêts un fait qui, d'après la déclaration du jury
et les dispositions de la loi, ne constitue qu'un
acte légitime. Le jury avait déclaré Joseph Chamanier auteur des coups et blessures qui motivaient l'accusation portée contre lui, mais en ajoutant qu'il avait agi pour sa légitime défense. Il fut
absous, et cependant la cour d'assises le condamna en 4,000 francs de dommages-intérêts envers la partie civile. Sur son pourvoi, l'arrêt fut
cassé : « Attendu qu'il est de principe général que,
» pour qu'il y ait lieu à dommages-intérêts, il faut
» qu'il y ait faute ; que la loi ne répute pas en faute
» celui qui fait ce qu'il a droit de faire, à moins
» qu'il ne le fasse pour nuire à autrui, et sans in-
» térêt pour lui-même ; que la défense de soi-même
» est de droit naturel ; qu'aux termes de l'art. 328
» du Code pénal elle exclut tout crime et délit ;
» qu'étant autorisée par la loi positive comme par
» la loi naturelle, elle exclut également toute faute ;
» qu'il ne peut donc en résulter une action en
» dommages-intérêts en faveur de celui qui l'a
» rendue nécessaire par son agression ; et attendu
» que le jury a déclaré que les coups portés et les
» blessures faites à Court par Chamanier fils l'a-
» vaient été dans la nécessité de la légitime défense
» de soi ou d'autrui ; que cette déclaration pré-
» cise et absolue était, pour la cour d'assises, une
» règle dont elle ne pouvait s'écarter dans le juge-
» ment qu'elle avait à rendre, conformément à

» l'article 366 du Code d'instruction sur les dom-
» mages-intérêts dont la demande avait été formée
» devant elle; que, d'après cette déclaration, cette
» demande devait être rejetée..... casse (1). »

Il résulte de ce principe que, si la cour d'assises, s'écartant de la forme dans laquelle la loi
veut que la question soit posée au jury, avait fait
délibérer les jurés, d'abord sur le fait matériel,
ensuite sur le fait moral, elle serait liée dans son
jugement sur la demande en dommages-intérêts,
par la déclaration des jurés, et elle ne pourrait
plus délibérer sur l'existence matérielle de ce fait,
après que ceux-ci l'auraient déclaré constant ou
non constant : j'emprunte cette réflexion à M. le
président Barris, qui l'a consignée dans sa 178ᵉ
note.

434. M. Merlin avait émis l'opinion, dans la
troisième édition des Questions de droit et dans le
Répertoire de jurisprudence (2), que quand la
partie lésée, au lieu de joindre son action à celle
du ministère public, l'avait portée devant le tribunal civil, ce tribunal n'avait pas, pour apprécier la déclaration du jury, la même latitude que
la cour d'assises; de manière que, par cela seul
que le jury avait déclaré ou que le fait n'était pas
constant, ou que l'accusé n'était pas coupable, la

(1) Arrêt du 19 décembre 1817, Bull., p. 329; Dalloz,
t. X, p. 784.
(2) Vᵒ Réparation civile, § 7, nᵒ 2, t. XV, p. 35. Réquisitoire du 22 juin 1813.

partie lésée était non recevable dans son action; que, quant à la juridiction civile, une pareille déclaration avait tout préjugé. Une telle opinion ne pouvait pas être défendue; il est bien clair que les tribunaux civils ont, d'après les articles 3 et 369 du Code d'instruction, les mêmes pouvoirs que les cours d'assises pour le jugement des demandes en réparation civile qui leur sont dévolues, et qu'ils doivent procéder par les mêmes règles. M. Merlin a, dans la quatrième édition des questions de droit, abandonné cette opinion; il avoue qu'il s'était *complétement trompé* (1); dès lors il devient inutile de la discuter.

435. Les tribunaux de police correctionnelle et de simple police ne sont pas investis, pour le jugement des demandes en réparation civile, de droits aussi étendus que les cours d'assises; celles-ci, comme on l'a vu, peuvent, nonobstant l'acquittement ou l'absolution de l'accusé, prononcer sur ces demandes. Mais il est de principe que ceux-là ne peuvent jamais y statuer qu'accessoirement à la condamnation du prévenu; leur compétence cesse à cet égard, dès qu'ils rendent un jugement d'absolution. Les jugemens de ces tribunaux, devant être motivés, à peine de nullité, doivent bien rarement laisser de l'incertitude sur l'existence du fait, sa moralité et la participation de l'accusé; mais, dans la supposition où cette

(1) T. VII, p. 134.

incertitude existerait, la partie civile serait-elle
recevable à porter devant les tribunaux civils son
action en réparation civile ? Ceux-ci auraient-ils le
droit de remettre en question les faits et les circonstances sur lesquels le tribunal correctionnel
ou de police n'aurait pas formellement prononcé,
si ces tribunaux n'avaient pas expressément réservé à la partie lésée son action civile ? Deux arrêts de la cour de cassation, section des requêtes,
du 17 nivose an 13 et 6 octobre 1806 (1), antérieurs conséquemment au Code d'instruction criminelle, ont décidé que quand, après l'absolution des prévenus, les juges criminels ont réservé
les droits de la partie civile, celle-ci est recevable
à former devant les tribunaux civils sa demande
en dommages-intérêts; et l'on pourrait conclure
de là qu'elle y est non recevable quand cette réserve ne lui a pas été faite.

Je me suis déjà expliqué sur l'inutilité des réserves pour autoriser le ministère public à exercer son action (2); et ce que j'ai dit s'applique
naturellement à l'action civile des parties lésées.
Je rappellerai aussi l'arrêt de la cour de cassation
du 25 juin 1822 (3) rendu dans l'affaire de la
veuve Chantereau, qui renvoyée par un arrêt de
la chambre des appels correctionnels d'une plainte
en détournement de bons sur la ville de Paris,
parce que ce détournement n'était pas *suffisam-*

(1) Dalloz, t. II, p. 655 et 656. — (2) V. *suprà*, n° 410.
(3) Cité *suprà*, n° 427.

ment prouvé, n'en avait pas moins été condamnée, quoique l'arrêt n'eût prononcé aucune réserve, à restituer ces billets ou à en payer la valeur. M. Dalloz (1), qui a examiné la question, fait d'abord remarquer que, si autrefois des réserves pouvaient être nécessaires, c'est que les tribunaux criminels, étant investis du droit de statuer à la fois sur l'action publique et sur l'action civile alors même qu'ils prononçaient l'acquittement du prévenu, pouvaient être réputés avoir rejeté cette dernière, par cela seul qu'ils n'en parlaient pas, mais qu'aujourd'hui les tribunaux correctionnels et de police n'ont plus ce droit ; puis il ajoute : « Quel peut dès-lors être l'objet des réserves qu'ils » inséreraient dans leurs jugemens , ou plutôt » quelle induction peut-on tirer de l'absence de » ces réserves? évidemment aucune. Il faut donc » revenir toujours à l'examen du jugement pour » démêler l'influence qu'il peut avoir sur l'action » civile , et rejeter cette influence, toutes les fois » qu'il n'y a pas incompatibilité absolue entre le » dispositif de ce jugement et l'admission de l'ac- » tion civile. Le seul cas où les réserves exprimées » par le tribunal correctionnel pourraient avoir » quelque utilité, serait celui où le jugement por- » terait que le fait n'existe pas ; alors on verrait que » l'inexistence du fait n'aurait pas été la cause dé- » terminante de l'acquittement , et les réserves

---

(1) T. II, p. 627.

» s'opposeraient à l'influence qu'on voudrait lui
» attribuer sur l'action civile. »

436. L'absolution d'un accusé, fondée sur son
état de démence, oblige-t-elle le tribunal civil de
prononcer son interdiction? Non, car cette absolution n'est que la preuve légale de la démence de
l'accusé *au temps de l'action* (1), et non de la démence *habituelle* exigée par l'article 489 du Code
civil pour autoriser l'interdiction d'un individu.
Or, les effets, sur l'action civile, de la chose jugée
au criminel, ne peuvent s'étendre au-delà de ce
qui a été formellement décidé.

C'est par une conséquence du même principe
que la cour de cassation a jugé, le 15 septembre 1825 (2), que l'autorité municipale pouvait
contraindre un individu à opérer, dans un délai
plus court que celui qui lui avait été fixé par le
jugement du tribunal de police, la démolition
d'une construction indûment élevée sur la voie
publique. En effet, ce jugement n'avait pu statuer
sur le cas où la sûreté publique exigerait que cette
démolition se fît plus tôt qu'il ne l'avait présumé
nécessaire.

437. Quelque formelle que soit la déclaration
du jury ou le jugement sur la vérité ou la validité
de l'acte qui a donné lieu aux poursuites, ils ne
peuvent empêcher que l'acte ne soit de nouveau
attaqué devant les tribunaux civils et annulé par

---

(1) Code pénal, art. 64. — (2) Dalloz, 1826, p. 35.

eux , pour d'autres vices que ceux qui ont motivé l'accusation. Cette proposition n'est que la conséquence du principe qui restreint les effets de la chose jugée à ce qui est formellement décidé par le jugement qui est intervenu.

Capereau avait été traduit devant la cour d'assise, sur l'accusation d'avoir fabriqué ou fait fabriquer une fausse obligation sous seing privé, datée du 25 décembre 1791, et attribuée à un sieur Roux. Le jury ayant déclaré formellement que cette obligation n'était ni fausse, ni faussement fabriquée, Capereau fut acquitté, et il poursuivit devant les tribunaux l'exécution de l'acte. Les héritiers Roux prétendirent, 1° que le jugement criminel ne pouvait leur être opposé, parce qu'ils ne s'étaient pas rendus parties civiles dans l'instance criminelle; que conséquemment l'ordonnance d'acquittement intervenue en faveur du demandeur était pour eux *res inter alios judicata*; qu'ils étaient recevables à méconnaître la signature apposée au bas de l'acte du 25 décembre 1791, et à faire juger qu'elle n'était pas vraie; 2° qu'en supposant cette signature véritable, l'acte était nul, comme entaché de dol et de fraude, et comme n'ayant pas été fait double. Il est à remarquer qu'au moment où les poursuites criminelles furent entamées, il existait, entre les parties, une instance civile dans laquelle la signature Roux avait été soumise à une vérification d'experts qui l'avaient déclarée fausse. La cour royale adopta pleinement le système de défense présenté par les

héritiers Roux ; elle déclara que la signature de celui-ci était fausse, et que d'ailleurs l'acte était nul comme entaché de dol et de fraude et n'ayant pas été fait double. Sur le recours en cassation formé contre l'arrêt, M. Merlin s'éleva avec force contre la première disposition de l'arrêt, et il prouva qu'elle violait les principes relatifs à l'influence du criminel sur le civil (1). Mais il reconnut que la seconde disposition était motivée sur des causes entièrement étrangères à ce qui avait fait la matière de la poursuite criminelle. Ses conclusions ont été suivies et la cour a rejeté le pourvoi par arrêt du 8 septembre 1813 (2) : « Attendu que la cour de Toulouse, en envisa-
» geant le susdit acte comme synallagmatique et
» par conséquent comme ayant dû être fait dou-
» ble, n'a fait autre chose qu'en interpréter les
» clauses et lui appliquer les principes qui étaient
» déjà reçus en France lors du contrat ; que la
» même cour, en appréciant comme elle l'a fait
» les circonstances d'où, suivant elle, résultaient
» le dol et la fraude, n'a violé aucune loi ; que ces
» observations suffisant pour mettre l'arrêt dé-
» noncé à l'abri de la cassation, il est inutile de
» s'occuper des moyens présentés par le deman-
» deur à l'appui de sa requête. »

Michel avait porté une plainte en faux contre Régnier et Boissière pour fabrication d'un marché

_____

(1) V. supra, n° 426. — (2) Dalloz, t. II, p. 644.

en date du 20 janvier 1806, et s'était constitué
partie civile. Le jury ayant déclaré que les accusés
n'étaient pas coupables, ils furent acquittés. Ils
poursuivirent ensuite contre Michel l'exécution
de ce marché. Celui-ci persista à méconnaître sa
signature et à opposer les présomptions qui pouvaient en démontrer la fausseté; il soutint ensuite que ce marché, en le supposant vrai, était
entaché de dol et de fraude. A ces moyens les demandeurs opposèrent l'autorité de la chose jugée
qui résultait de l'ordonnance d'acquittement rendue en leur faveur. La cour royale de Paris décida
que cette ordonnance n'avait rien prononcé sur
la pièce arguée; qu'ainsi toutes les exceptions de
fait et de droit pouvaient lui être opposées; et,
prenant en considération l'état matériel de cette
pièce ainsi que la réunion des faits et circonstances
de la cause, elle décida que le marché du 20 janvier 1806 était l'œuvre du dol et de la fraude, et
confirma le jugement qui l'avait annulé. Sur le
pourvoi en cassation formé contre cet arrêt, on
agita les questions auxquelles donne lieu l'influence
du criminel sur le civil; mais la cour ne crut pas
devoir prononcer sur ces questions; elle rejeta le
pourvoi par arrêt du 19 mars 1817 (1); par le
motif « qu'il résulte de l'arrêt...., qu'en supposant
» que le traité ne soit pas faux, il est au moins in-
» fecté d'un vice essentiel qui en opère la nullité;
» qu'il est l'œuvre du dol et de la fraude. »

_____

(1) Dalloz, t. II, p. 646.

Dans l'affaire Tourangin (1), Charret avait
porté contre celui-ci une plainte en extorsion par
force et violence des obligations qu'il avait sou-
scrites à son profit, et il s'était rendu partie civile.
Le jury déclara formellement que les obligations
n'avaient pas été extorquées ; en sorte que, quand
Charret en demanda l'annulation par le motif
qu'elles étaient sans cause, Tourangin opposa la
déclaration du jury rendue en sa faveur, et soutint qu'il y avait chose jugée sur la validité de ces
actes. Ils furent néanmoins annulés, comme étant
sans cause ; et la cour de cassation rejeta le moyen
tiré de la violation de la chose jugée, en disant
« que, dans l'espèce, le sieur Charret avait bien,
» par sa plainte du 30 août 1810, demandé la nul-
» lité de l'obligation du 9 juillet 1810, comme
» étant le résultat de la violence, et au surplus
» sans cause ; mais que l'acte d'accusation et la dé-
» claration du jury de jugement n'ont porté et ne
» pouvaient porter que sur le fait de la violence ;
» que le moyen tiré de ce qu'abstraction faite de
» la violence, l'obligation était encore sans cause,
» ne pouvait pas être de la compétence de la cour
» d'assises, et qu'en statuant exclusivement sur le
» fait de la violence, cette cour a laissé entière la
» question de savoir si l'obligation avait une cause;
» que dès lors l'arrêt attaqué a pu juger cette ques-
» tion sans contrevenir à l'autorité de la chose
» jugée. »

_____

(1) Rappelée *suprà*, n° 424.

Morel, négociant failli, et Colson sont mis en accusation pour crime et complicité de crime de banqueroute frauduleuse, résultant de ce que Morel, pour détourner une partie de son actif, avait reconnu, par un acte du 31 décembre, avoir livré à Colson des marchandises en à-compte d'une créance que ce dernier avait sur lui. Les accusés sont acquittés. Alors les syndics de la faillite demandent devant les tribunaux civils la nullité de l'acte du 31 décembre, en se fondant sur ce qu'il a été souscrit dans les dix jours de la faillite. Cette nullité est prononcée. Pourvoi en cassation, et rejet par arrêt du 26 mai 1829 (1) : « Attendu..... que le chef de la poursuite dont » l'accusé avait été acquitté était la complicité » dans une banqueroute frauduleuse pour recel et » soustraction des dettes actives et marchandises » du failli; mais que, dans l'action civile, il ne » s'agissait plus que de prononcer sur une question » de validité de contrat fait dans les dix jours de » l'ouverture d'une faillite, question qui se com- » posait d'autres élémens, se référait à d'autres » causes, et devait être résolue par l'appréciation » d'autres faits. »

(1) Dalloz, p. 254.

ARTICLE TROISIÈME.

De l'influence qu'exercent sur l'action civile les or-
donnances de la chambre du conseil et les arrêts de
la chambre d'accusation portant qu'il n'y a lieu
à suivre.

438. Quelques effets que l'on veuille attribuer
aux ordonnances des chambres du conseil et aux
arrêts des chambres d'accusation portant qu'il
n'y a lieu à suivre, ces effets ne peuvent assurément être plus étendus que ceux des arrêts et
des jugemens définitifs ; ils doivent conséquemment être limités à ce qui a été *formellement décidé;*
et tout ce que j'ai dit en raisonnant dans la troisième hypothèse que j'ai posée ci-dessus, s'applique ici.

La jurisprudence confirme cette proposition.

Un individu avait été inculpé d'avoir, par suite
de mauvais traitemens, occasioné une maladie
grave à un enfant. Une ordonnance de la chambre
du conseil, confirmée par la cour royale, déclara
que, dans l'état des charges, il n'y avait lieu à
suivre. Les père et mère de l'enfant formèrent
alors contre cet individu une demande en dommages-intérêts. Il y opposa l'ordonnance de la
chambre du conseil ; mais cette fin de non-recevoir fut écartée. Pourvoi en cassation, et arrêt de
rejet, du 10 avril 1822 (1) : « Attendu que l'ar-

_____

(1) Dalloz, t. II, p. 629 et 630.

» rêt attaqué n'a porté aucune atteinte à l'autorité
» de la chose jugée par l'arrêt de la chambre d'ac-
» cusation, parce que, d'une part, ledit arrêt,
» rendu sans partie civile, n'a statué que sur un
» fait portant les caractères de crime et de délit;
» que, d'autre part, l'action intentée contre le de-
» mandeur porte uniquement sur un quasi-délit
» de la nature de ceux indiqués par les articles 1383
» et 1384 du Code civil; qu'ainsi tous les caractères
» de la chose jugée échappaient dans l'espèce. »

Un héritier, dépouillé par un testament mysti-
que de la succession que la loi l'appelait à recueillir, porta plainte en faux contre le notaire
instrumentaire et se constitua partie civile. La
chambre du conseil déclara qu'il n'y avait lieu à
suivre. Sur l'opposition de cette partie intervint
un arrêt confirmatif de l'ordonnance, fondé sur
ce que, « en admettant que l'acte de suscription
» n'énonçât pas très-exactement les faits tels qu'ils
» se sont passés, il n'en résulterait pas un faux pu-
» nissable, si d'ailleurs il était prouvé que l'officier
» public n'a pas agi frauduleusement; que les cir-
» constances dont l'affaire est environnée, et les
» précautions employées par le notaire pour s'as-
» surer des intentions du testateur, repoussent
» toute idée de culpabilité ».

Nonobstant cet arrêt, l'héritier voulut prendre,
contre l'acte de suscription, la voix du faux incident civil; mais on lui opposa l'arrêt de la chambre d'accusation et la maxime *non bis in idem,* cette
fin de non-recevoir n'ayant pas été admise, les

légataires se pourvurent en cassation ; le pourvoi
fut rejeté le 24 novembre 1824. (1) : « Attendu que
» la cour royale de Paris a constaté en fait, que la
» pièce dont il s'agit n'avait pas été *vérifiée* lors
» de la poursuite en faux principal; qu'en effet
» l'arrêt de la chambre des mises en accusation,
» loin de vérifier la pièce dont il s'agit, n'a con-
» firmé l'ordonnance des premiers juges portant
» *qu'il n'y avait pas lieu à suivre*, que par la raison
» qu'en admettant que l'acte de suscription n'é-
» nonçât pas très-exactement les faits tels qu'ils
» s'étaient passés, il n'en résultait pas un faux pu-
» nissable d'après les dispositions des lois pénales,
» étant d'ailleurs prouvé que l'officier public n'a-
» vait pas agi frauduleusement. En effet, point de
» peine sans crime, et point de crime sans fraude;
» qu'ainsi, dans l'espèce particulière, c'est l'homme,
» et l'homme seul, qui a été jugé au criminel, tan-
» dis que c'est la pièce, et la pièce seule, qui doit
» être jugée au civil, et que, par conséquent, le
» sujet de la poursuite criminelle étant tout-à-fait
» distinct de celui de la poursuite civile, le principe
» *non bis in idem*, conservateur de la chose jugée,
» était ainsi tout-à-fait inapplicable à l'espèce ;
» que, dans ces circonstances, en recevant la veuve
» Fourmentin à s'inscrire en faux incident contre
» la pièce dont il s'agit, l'arrêt attaqué, loin de
» violer la disposition de l'article 214 du Code de
» procédure civile, en a fait une juste application. »

(1) Dalloz , t. II , p. 632.

439. Je supposerai maintenant que l'ordonnance de la chambre du conseil ou l'arrêt de la chambre d'accusation statue positivement sur le fait de la prévention, et décide soit que le fait n'existe pas, soit que le prévenu ne l'a pas commis; quelle influence cette décision devra-t-elle exercer sur l'action civile (1)?

---

(1) *Arrêt du 12 août 1834, Dalloz, pag. 436. Dans l'espèce, les héritiers s'étaient inscrits en faux contre un testament authentique, et la chambre d'accusation avait décidé « que le » testament avait été écrit conformément à la volonté de la » testatrice, qui avait été sainement manifestée, et qu'il ne » résultait aucun élément qui pût faire considérer que le no- » taire instrumentaire eût dénaturé ou cherché à dénaturer la » volonté de la testatrice pour la disposition de ses biens ». La cause revenue devant le tribunal civil, les héritiers n'en soutinrent pas moins que le testament n'avait pas été *dicté* par la testatrice, dans le sens légal de ce mot; et la nullité fut prononcée par ce motif. Pourvoi en cassation, et rejet du moyen tiré de la chose jugée : « Attendu que, dans le procès extraor- » dinaire sur la plainte en faux principal par le ministère public » contre le notaire Frémont, il ne s'agissait que de la culpabilité » de cet officier ministériel; tandis que, dans l'instance jugée » par l'arrêt attaqué, il s'agissait d'une inscription de faux » incident contre la pièce produite dans un procès civil; qu'ainsi, » dans le premier procès, c'était la personne qui était compro- » mise, tandis que, dans le second, il s'agissait de la fausseté » de la pièce; d'où il suit que le renvoi de l'accusation, pro- » noncé en faveur du notaire, ne faisait aucunement obstacle, » à ce qu'après ce renvoi il fût statué sur la vérité ou fausseté » matérielle des énonciations contenues dans le testament, » pour en prononcer la nullité ou le maintien, par suite de » l'inscription de faux incident, suivant qu'elle serait ou non » justifiée..... »

J'ai dit (1) que l'un des caractères constitutifs de la chose jugée est *l'irrévocabilité* de la décision intervenue; or, ce caractère manque aux ordonnances et arrêts portant qu'il n'y a lieu à suivre à défaut de charges; car ces décisions tombent dès qu'il survient des charges nouvelles; elles ne jugent rien définitivement; elles ne prononcent qu'eu égard à l'état où se trouve l'instruction; quelque expresses qu'elles soient sur la non-existence du fait, sur sa fausseté même, ou sur l'innocence du prévenu, elles n'en sont pas moins provisoires; telle est leur nature; tout ce que les juges peuvent y avoir inséré ne saurait la changer. Comment donc pourrait-on les opposer à l'action civile des parties lésées? que l'on examine les articles 235, 327 du Code civil, et 182 du Code forestier, l'on se convaincra que ces articles n'ont en vue que des jugemens définitifs; que ce n'est qu'à eux qu'ils attribuent l'effet de préjuger les actions subordonnées aux questions préjudicielles. Que sont, aux yeux de la loi, des décisions portant qu'il n'y a lieu à suivre faute de charges? une déclaration de l'impuissance actuelle de la justice de constater l'existence du délit dénoncé ou d'en désigner l'auteur aux tribunaux; mais ces actes ne *jugent pas* qu'il n'existe point de délit; *ils ne jugent pas* que l'individu poursuivi comme auteur ne l'est pas réellement, ils forment sans doute un obstacle à ce

___

(1) *Suprà*, n° 394.

I'.
29

que le prévenu soit livré aux tribunaux, à moins
qu'il ne survienne des charges nouvelles, parce
qu'on n'a pas dû permettre que des juges qui ont
décidé hier que les charges étaient insuffisantes,
rétractent aujourd'hui cette déclaration, sans y
être déterminés par des changemens survenus
dans l'état de la procédure; mais ces actes ne sont
pas, pour cela, des jugemens, prononçant définitivement sur l'existence du fait ou sur la culpabilité
du prévenu.

Il me semble donc hors de doute que, nonobstant une ordonnance de la chambre du conseil,
ou un arrêt de la chambre d'accusation portant
qu'il n'y a lieu à suivre dans l'état des charges,
l'action des parties qui se prétendent lésées reste
entière, et qu'elles peuvent en saisir le tribunal
civil. Il a été jugé, à la vérité, que, dans ce cas,
les parties lésées ne peuvent point porter leur action devant le tribunal correctionnel; mais ces décisions tiennent à des motifs d'un ordre étranger
à la matière que j'examine. Ces motifs sont que
l'action civile ne peut être portée devant un tribunal de répression qu'accessoirement à l'action
publique, et que l'action publique ne peut être
intentée en présence d'un arrêt ou d'une ordonnance portant qu'il n'y a lieu à suivre.

Il existe cependant trois arrêts qui contrarient
la doctrine que je viens d'exposer; je vais les faire
connaître. Des préposés des douanes constatent
par un procès-verbal l'importation de marchandises anglaises. Les prévenus, poursuivis par l'ad-

ministration, déclarent s'inscrire en faux. Une procédure est formalisée contre les employés; ils sont traduits devant le jury d'accusation, qui déclare qu'il n'y a lieu à accusation contre eux. Après cette décision, les prévenus reprennent leur inscription de faux incident, et un arrêt déclare nul le procès-verbal. L'administration se pourvoit en cassation, et la cour casse, par arrêt du 19 messidor an 7 (1): « Attendu que, dans l'espèce, le jury » ayant déclaré qu'il n'y avait lieu à accusation » sur la plainte en faux contre les signataires du » procès-verbal de saisie, cette déclaration légale » anéantissait toute idée de faux, et qu'il n'appar-» tenait plus au tribunal de la faire revivre dans le » jugement qu'il avait à rendre; que c'est néan-» moins au mépris de cette décision irréfragable » que le tribunal criminel s'est constitué juge du » même faux, qu'il en a jugé l'existence, et qu'il » a fait revivre un délit sur lequel le jury avait » prononcé par une déclaration négative. »

Anglade avait porté une plainte en faux contre Deshoulières au sujet d'un bail. La cour spéciale déclara qu'il n'y avait lieu à suivre faute de charges. On sait que ces arrêts n'empêchaient pas la reprise des poursuites, s'il survenait des charges nouvelles. Postérieurement Deshoulières ayant fait usage du bail devant le tribunal civil, Anglade dirigea contre cet acte une inscription de faux inci-

---

(1) Dalloz, t. II, p. 630.

dent. La cour royale, se fondant sur l'arrêt de la cour spéciale, déclara l'inscription de faux non recevable. Pourvoi en cassation, et arrêt de rejet, à la date du 4 mars 1817 (1) : « Attendu que l'arrêt » attaqué fait mention , et qu'il n'est pas contesté, » que les pièces qui ont fait l'objet de la demande » en faux incident dont la cour de Riom a été » saisie, avaient été vérifiées avec Anglade sur la » plainte en faux principal rendue par lui anté- » rieurement contre les mêmes pièces et actes ; » qu'ainsi il ne pouvait y avoir ouverture au faux » incident d'après l'article 214 du Code de pro- » cédure.... »

Glassin obtient un jugement qui condamne Roux à lui payer une somme de 1500 francs, montant d'une lettre de change souscrite par ce dernier. Il prend une inscription et se présente dans un ordre ouvert contre son débiteur. Alors un des créanciers prétend que la lettre de change est fausse. Une procédure criminelle s'instruit, mais la chambre d'accusation déclare qu'il n'y a lieu à suivre dans l'état des charges. L'instance civile est alors reprise, et la cour royale, considé- rant qu'en effet la lettre de change est fausse, an- nule la collocation provisoire de Glassin et l'é- carte de l'ordre. Il se pourvoit en cassation, et la cour casse le 21 avril 1819 (2), par le motif, d'a- bord que le demandeur s'était présenté à l'ordre

---

(1) Dalloz, t. II, p. 631. — (2) *Ibid.*

en vertu d'un jugement qui avait acquis l'autorité de la chose jugée, et ne pouvait conséquemment être remis en discussion ; ensuite par le motif « que » d'ailleurs l'accusation de faux dirigée contre » Glassin , à l'occasion de la lettre de change qu'il » présente comme le titre de sa créance, a été re- » jetée par arrêt de la chambre des mises en accu- » sation ».

Ces trois arrêts sont en opposition formelle avec ceux des 21 messidor an 9 (1), 12 juillet 1825 (2) et surtout avec celui du 24 novembre 1824 (3) ; ces arrêts décident qu'en matière de faux, la dé-claration du jury portant que le faux n'est pas constant, ou que l'accusé n'est pas coupable, et l'arrêt de la chambre d'accusation portant que le faux n'est pas criminel, ne jugent que l'homme et non la pièce; qu'ils ne forment donc aucun obstacle à ce que cette pièce soit ensuite l'objet d'un faux incident. Sous ce premier rapport, ces trois arrêts violent les principes de la matière, ils les violent sous un autre rapport, en faisant produire à des décisions provisoires les effets de la chose jugée sur l'action des parties lésées; mais ils ne donnent à cet égard aucun motif et ne traitent pas la principale question que les pourvois faisaient naître; il semble qu'elle n'ait pas été aperçue.

440. Mais pour que les ordonnances des cham-bres du conseil ou les arrêts des chambres d'ac-

---

(1) Cité n° 427. — (2) Cité n° 426. — (3) Cité n° 438.

cusation portant qu'il n'y a lieu à suivre parce que le fait n'existe pas, ou que le prévenu ne l'a pas commis, soient sans influence sur l'action civile, est-il nécessaire que la partie lésée ne se soit pas constituée partie civile, et qu'ainsi elle n'ait pas figuré dans la décision qui est intervenue?

M. Merlin avait d'abord émis l'opinion que quand la partie lésée s'était constituée partie civile dans la poursuite, la décision portant qu'il n'y avait lieu à suivre, pouvait lui être opposée; non parce que les décisions ont l'autorité de la chose jugée, c'est un caractère qu'il ne leur a jamais reconnu; mais, disait-il, parce que, la partie lésée ayant pris la voie criminelle pour obtenir des dommages-intérêts, la voie civile doit lui être fermée. M. Merlin a, depuis, abandonné cette opinion, par deux raisons : la première, parce que la décision de la chambre du conseil ou de la chambre d'accusation, en laissant incertain le fait qui sert de base à l'action civile, n'a certainement pas pu éteindre cette action; la seconde, parce que la décision portant que le fait n'existe pas, ou que l'accusé n'en est pas l'auteur, lève nécessairement le sursis dont l'article 3 du Code d'instruction frappe l'action civile. (1).

Ces raisons sont concluantes; cependant j'en ajouterai d'autres. Autant il faut distinguer dans les décisions qui interviennent sur l'action publique

---

(1) Quest. de droit, 4e édit., v° Réparation civile, § 3.

celles qui sont irrévocables de celles qui ne le sont pas, celles qui prononcent formellement sur le fait, de celles qui le laissent incertain, autant on ne doit pas se préoccuper du fait de savoir si la partie lésée a figuré comme partie civile dans la poursuite, ou si elle n'y est pas intervenue. Cette circonstance est tout-à-fait indifférente, d'après le principe que le ministère public agit aux risques, périls et avantages de tous les intéressés; que, par lui, ils sont partie dans les décisions qui interviennent sur les poursuites. Si les ordonnances des chambres du conseil ou les arrêts des chambres d'accusation avaient le caractère définitif et d'irrévocabilité que la loi attache aux jugemens et aux arrêts qui interviennent à l'audience publique et après un débat, ces ordonnances et ces arrêts de chambre d'accusation auraient, comme ceux-ci, autorité sur l'action civile, que la partie lésée y fût intervenue ou non; s'ils n'ont pas cette influence c'est uniquement parce qu'ils ne sont que provisoires.

Il y a une autre considération non moins décisive. Ni les chambres du conseil ni les chambres d'accusation ne sont compétentes pour prononcer sur l'action civile résultant des crimes et des délits. Quand une partie lésée se constitue partie civile devant elles; quand elle use même du droit d'opposition que lui donne l'article 135 du Code d'instruction, ce n'est pas pour que les chambres statuent sur ses demandes en réparations civiles; c'est pour que les chambres renvoient le prévenu devant un tribunal de répression, et que, par là, cette demande puisse y être portée. Quand les chambres décident qu'il n'y a lieu à suivre, en résulte-t-il que l'action civile est jugée mal fondée? Non, il est simplement décidé, par voie de conséquence, que l'action civile de la partie lésée ne peut être soumise à un tribunal de répression, le fait qui sert de base à cette action ne pouvant être renvoyé à ce tribunal. Voilà tout ce qui est décidé.

L'objection qui avait d'abord arrêté M. Merlin, tirée de ce que la partie lésée ayant pris la voie criminelle, ne peut plus prendre la voie civile, n'a pas le moindre fondement; parce que, si la loi défend à cette partie de revenir sur l'option qu'elle a faite entre les deux voies, c'est qu'elle a entendu que celle-ci trouverait dans la juridiction criminelle un juge compétent pour statuer sur cette action. Mais s'il intervient une décision portant que les tribunaux criminels ne peuvent en connaître, et c'est à cela, comme je viens de le dire, que se réduit, quant à la partie civile, une ordonnance ou un arrêt de *non-lieu*, cette partie ne peut pas être privée du droit de porter son action ailleurs. On opposerait inutilement que cette partie pourra reprendre son action, si le ministère public reprend la sienne par la survenance de charges nouvelles. La partie civile est sans qualité pour rechercher les charges, elle est sans droit pour contraindre le ministère public à reprendre les poursuites, si elle vient à en découvrir; son action resterait donc indéfiniment suspendue jusqu'à ce que la prescription vînt l'éteindre ? Cela n'est pas soutenable.

Si l'on objecte que, tant que le ministère public peut reprendre sa poursuite, son action subsiste, que conséquemment l'action de la partie civile subsiste aussi ; qu'elles existent donc toutes deux devant le tribunal qui a rendu l'ordonnance de *non-lieu* ; et que porter l'action civile devant le tribunal civil, c'est saisir, en même temps, de la même demande deux juridictions ; je demanderai ce qui arrive lorsque, dans le cas prévu par l'article 3 du Code d'instruction, le sursis au jugement de l'action civile a été suivi d'une ordonnance portant qu'il n'y a lieu à suivre. Est-ce que cette ordonnance ne rend pas à l'action civile son libre cours, et peut-on opposer qu'elle n'est pas définitive ? Non, sans doute ; chacun reconnaît, et la cour de cassation a jugé, que, par ces mots *prononcé définitivement*, la loi a eu en vue toute décision qui statue au fond, et qui n'est plus susceptible d'être attaquée par les voies d'opposition ou de pourvoi en cassation. Il doit en être de même lorsque ces ordonnances interviennent sur les poursuites du ministère public, auquel la partie lésée s'est réunie. La déclaration qu'elles contiennent est, dans un cas comme dans l'autre, *définitive* dans le sens de la loi ; dans ce cas, comme dans l'autre, l'action civile ne doit pas demeurer indéfiniment suspendue.

441. Il est cependant des cas où les ordonnances des chambres du conseil et les arrêts des

chambres d'accusation exercent sur l'action civile l'autorité de la chose jugée ; c'est lorsque ces décisions , au lieu de n'être que provisoires et révocables par la survenance de charges nouvelles, ont , au contraire, un caractère définitif. J'ai expliqué dans quels cas elles ont ce caractère (1). Alors elles produisent tous les effets que la loi attache à l'autorité de la chose jugée, peu importe que les parties lésées y aient ou non figuré ; elles produisent ces effets à l'égal des arrêts des cours d'assises et des jugemens définitifs en matière correctionnelle ; elles les produisent dans les mêmes limites , c'est-à-dire qu'ils sont restreints à ce qui a fait l'objet du litige, et à ce qui a été formellement décidé. Et il résulte de là que, quand même ces décisions déclareraient qu'il n'y a pas lieu à suivre, parce que le fait, en le supposant constant, ne constitue ni crime, ni délit, ni contravention , l'action civile ne serait pas préjugée, puisque le fait, pour être dépouillé de tout caractère pénal, ne perd rien du caractère dommageable qu'il peut comporter, et peut encore dégénérer en un quasi-délit, dont les effets sont réglés par l'article 1382 du Code civil. Il en résulte que, quand même ces décisions déclareraient l'action publique éteinte par la prescription, la chose jugée, l'amnistie, etc. , l'action civile pourrait encore subsister, puisque la pres-

---

(1) V. *suprà*, n°° 390 et 391.

cription de l'action publique n'entraîne pas nécessairement celle de l'action civile (1) ; que l'action publique peut avoir été jugée définitivement,
et l'action civile être restée entière ; que l'amnistie, en principe général, ne porte aucune atteinte
aux actions civiles résultant des infractions qu'elle
a couvertes (2).

SECTION IV.

De l'amnistie.

442. On appelle AMNISTIE « l'acte par lequel le
» prince défend de faire ou de continuer aucunes
» poursuites, ou bien d'exécuter des condamna-
» tions contre plusieurs personnes coupables, dé-
» signées seulement par le genre de délit qu'elles
» ont commis ».

J'emprunte cette définition aux auteurs du
Nouveau Denisart (3), parce qu'elle est plus
exacte, plus complète que celle qu'en ont donnée
quelques criminalistes modernes.

443. Que le droit d'accorder des amnisties soit
constitutionnel quand le prince en use en faveur
d'individus condamnés pour un certain genre de
délit, c'est ce qui ne peut faire la matière d'un
doute, puisqu'il n'est alors que l'exercice du
droit de grâce et de commutation qui lui appartient. Mais ce droit s'étend-il jusqu'à défendre de

---

(1) V. suprà, n° 363 et suiv. — (2) V. infrà, n° 446. —
(3) V° Amnistie, t. Ier, p. 557.

faire ou de continuer des poursuites, et conséquemment jusqu'à éteindre l'action publique?
Cette question mérite assurément un examen ap-
profondi.

Le droit de faire grâce et de commuer les peines ne peut s'entendre que de la remise que le
roi fait au coupable de la totalité ou d'une partie
de la peine qui lui a été infligée. Heureux et in-
dispensable complément de la justice, il ne lui
impose pas silence, car il ne s'exerce qu'après
qu'elle a rempli sa mission; il ne se manifeste
que quand la loi offensée, la société troublée ont
reçu des tribunaux la satisfaction qui leur était
due. L'abus de ce droit n'est pas à craindre : la
clémence du prince peut difficilement être sur-
prise; car le crime et toutes ses circonstances
sont notoires; l'opinion publique, éclairée par
les débats, impose aux ministres la nécessité d'apporter de la mesure et du discernement dans les
propositions qu'ils soumettent au roi.

Mais interdire l'exercice de l'action publique,
commander le silence aux tribunaux, c'est suspendre l'effet des lois pénales. Par un tel acte, le
prince retire à l'autorité judiciaire la délégation
du droit de rendre la justice qu'elle tenait irrévocablement de la loi. A la vérité il ne la lui retire que pour absoudre, et des intérêts individuels
n'en sont pas blessés; mais l'ordre public, mais la
constitution même peuvent en recevoir de graves
altérations. S'il existait un état dans lequel le
souverain pût, suivant son bon plaisir, sans être

astreint à aucune règle, sans rencontrer aucune limite, soustraire les prévenus à l'action du ministère public, on verrait bientôt se former et grossir une classe de coupables privilégiés; déjà le respect pour les lois serait détruit; des citoyens, privés de la protection des tribunaux, seraient réduits à se considérer comme étrangers dans leur propre patrie; tandis que le souverain, trompé, abusé, croirait encore n'avoir été que clément et juste!

Quelque étendu, quelque immense que fût le pouvoir monarchique avant la première révolution, le droit de pardonner les crimes n'allait pas aussi loin.

Les lettres de rémission s'accordaient pour les homicides involontaires, ou pour ceux qui avaient été commis dans la nécessité d'une légitime défense de la vie (1).

Les lettres de pardon s'accordaient pour les cas où *il n'échéait pas peine de mort, et qui néanmoins ne pouvaient être excusés* (2). Mais ces termes ne doivent pas être pris dans leur sens absolu; car les lettres de pardon ne s'octroyaient qu'à ceux qui, ayant été témoins d'un homicide, n'avaient pas fait tout ce qui était en eux pour l'empêcher.

Aussi ces deux espèces de lettres étaient-elles appelées *lettres de justice;* et M. Daguesseau (3) disait d'elles, qu'elles étaient «des restitutions

___
(1) Ordonnance de 1670, art. 2, tit. 16. — (2) *Ib.*, art. 3. — (3) 57ᵉ plaidoyer, t. V, p. 144 de l'édit. in-4.

» accordées par la loi même à celui qui vient se
» justifier devant la justice ; des absolutions plutôt
» que des restitutions ; des preuves de l'innocence
» sujet, et non pas de l'indulgence du souve-
» rain ».

On connaissait, il est vrai, *les lettres d'absolution particulière ;* mais l'ordonnance de 1670 (1)
déclarait qu'il n'en serait point donné pour les
duels, les assassinats prémédités, le rapt, les
violences contre les magistrats et les agens de la
force publique. Ces lettres étaient toujours précédées de l'information, et les ordonnances (2)
n'obligeaient les parlemens à les entériner que
quand leur exposé était conforme aux charges,
et qu'il ne changeait pas la qualité de l'action.

On connaissait enfin les *lettres d'abolition générale ;* elles n'étaient autre chose que l'amnistie ;
on a vu la définition qu'en donnent les anciens
criminalistes.

Il est donc aisé d'apercevoir toute la distance
qui sépare le droit de faire grâce que la Charte
reconnaît au roi, du droit de défendre la poursuite et la condamnation des prévenus de crimes
et de délits ; et que ce dernier droit n'est pas du
tout la conséquence de l'autre.

444. Mais faut-il conclure de là que le souverain n'a pas le droit de publier des amnisties ?
Non sans doute. Ce qu'il ne peut pas faire pour

---

(1) Art. 4. — (2) 1670 et 22 novembre 1783.

favoriser des intérêts privés, il le peut dans l'intérêt de l'état.

Lorsque, bien loin d'assurer le maintien de l'ordre, des poursuites criminelles l'exposeraient à des perturbations ; lorsqu'au lieu d'affermir la confiance dans le gouvernement, de ranimer la sécurité dans les âmes, des poursuites criminelles entretiendraient, propageraient des inquiétudes ; lorsqu'enfin, après quelque commotion, et lorsque les traces en sont effacées, des poursuites criminelles seraient sans but, et n'auraient pour résultat que de raviver des souvenirs qu'il importe d'éteindre, le chef suprême de l'état, le dépositaire de l'accusation publique a, sans contredit, le droit de couvrir du voile d'un éternel oubli ces méfaits qu'une sage politique interdit de punir. Ce droit est inhérent au droit de souveraineté ; il est une des conditions essentielles d'un gouvernement monarchique ; dans tous les temps il a été exercé ; il est légitime ; il est nécessaire.

Mais ce n'est point pour les individus qu'il s'exerce, c'est pour l'avantage de l'état ; les coupables profitent du pardon, mais ce n'est pas à eux nominativement qu'il est accordé ; c'est au délit lui-même ; c'est le délit qui est effacé, soit parce qu'on veut en prévenir le retour, soit parce que ce retour n'est plus à craindre. S'il faut reconnaître que l'état peut avoir, dans quelques circonstances, un intérêt positif à ce que des délits d'une certaine nature ou qui doivent leur ori-

gine à des circonstances particulières ne soient
point poursuivis, on ne doit pas admettre qu'il
puisse jamais lui importer que tels ou tels citoyens ne soient point.livrés aux tribunaux, ét
qu'il existe dans l'état quelques uns de ses membres devant lesquels les lois doivent se taire, et la
force publique abaisser ses faisceaux.

Ainsi les auteurs du Nouveau Denisart ont parfaitement défini et caractérisé l'amnistie, en disant qu'elle s'accorde à des personnes coupables
désignées seulement par le genre de délit qu'elles ont
commis.

L'amnistie peut aussi être motivée sur des causes différentes de celles que je viens d'exposer.

Les rois de France ont toujours été en possession du droit de signaler par des actes de clémence les époques heureuses de leur règne, et de
les rendre plus nationales encore en y rattachant
le souvenir des infortunés qui leur ont dû d'é-
chapper à la sévérité de la justice. En usant de ce
droit, ils ne satisfaisaient pas seulement un besoin de leur cœur; ils faisaient aussi le bien de l'é-
tat, car ils resserraient par là les liens qui unis-
saient les sujets à leur roi. Du moins c'était ainsi
autrefois.

L'amnistie accordée par le prince à certains délits est donc un acte légal.

445. « Les amnisties, continuent les auteurs du
» Nouveau Denisart, sont générales ou limitées,
» absolues ou conditionnelles.

» L'amnistie est générale quand elle s'étend à

» tous ceux qui ont commis le même genre de dé-
» lit. Elle est limitée lorsqu'il y a quelques cou-
» pables auxquels le prince ne pardonne pas.

» L'amnistie est absolue quand le prince n'exige
» rien de son sujet pour l'en faire jouir ; elle est con-
» ditionnelle, quand il faut, pour en profiter, rem-
» plir certaines conditions qui y sont marquées. »

On ne peut pas contester au souverain le droit
de mettre aux amnisties qu'il accorde les restrictions qu'il croit être dans l'intérêt de l'état et de la
justice. Il peut donc en excepter ceux des coupables qui se trouvent dans certaines catégories, et
ceux qui ne rempliront pas, dans un délai fixé,
telles ou telles conditions.

Mais ce serait ôter à l'amnistie le caractère d'u-
niversalité qui est dans son essence, ce serait la
faire dégénérer en ces *abolitions particulières* que
notre législation repousse, que de n'étendre l'amnistie qu'à certaines personnes *dénoncées*, afin d'en
exclure d'autres personnes qui se trouvent dans la
même position. Ainsi une amnistie peut exclure de
son bienfait les individus qui sont actuellement
l'objet de poursuites régulièrement intentées (1) ;
les individus qui ont déjà été repris de justice (2) ;
ceux qui se sont rendus coupables avec certaines
circonstances aggravantes qui sont déterminées (3) ; mais je ne puis reconnaître une véri-

---

(1) Amnistie du 12 janvier 1816.
(2) *Ib.* du 13 août 1817.
(3) *Ib.* du 23 avril 1814.

II.   30

table amnistie, ni un acte légal, dans une ordonnance qui fait un choix parmi des individus
coupables d'un même délit, les soustrait nominativement à l'action des lois et y abandonne les
autres.

446. M. Legraverend enseigne (1) que l'amnistie du prince éteint en général, non seulement
l'action publique, mais encore les actes civils résultant des faits qu'elle a couverts. « Un arrêt du
» parlement de Paris, dit-il, l'a jugé ainsi le 8 mars
» 1659. La loi du 12 août 1793 abolissait textuelle-
» ment toutes actions civiles et privées, et les juge-
» mens qui en avaient été la suite. C'est d'après ce
» principe qu'ont été exécutées les diverses amnis-
» ties proclamées à l'occasion des événemens de la
» révolution; et si cette règle forme une exception
» qui paraît blesser les droits particuliers; si, en
» général, les grâces du souverain ne doivent pas
» plus influer sur les intérêts des parties que les
» transactions n'ont d'influence sur les poursuites
» du ministère public, on ne peut se dissimuler
» que les inconvéniens qui naîtraient quelquefois
» des actions privées pour des faits couverts du
» voile de l'amnistie, seraient aussi graves que
» nombreux; que ces actions perpétueraient des
» souvenirs, entretiendraient des haines, et renou-
» velleraient peut-être des troubles que le souve-
» rain a voulu éteindre; et qu'enfin, l'avantage de
» la société tout entière se trouvant alors en op-

_____

(1) T. II, p. 761.

»position avec celui de quelques individus, le
»premier doit l'emporter, lorsque le législateur
»ou le prince n'a pas cru devoir réserver aux
»particuliers l'exercice de leurs actions person-
»nelles. »

Je crois que M. Legraverend va beaucoup trop
loin. Sans contredit, une loi d'amnistie peut prononcer l'extinction, tout à la fois, de l'action publique et des actions civiles, parce que le domaine
de la loi n'a pas de bornes (1). Mais le droit du
prince n'est pas aussi étendu. Il ne peut pas, par
des actes de clémence, nuire à des tiers; il n'est
jamais réputé l'avoir voulu, suivant cette maxime,
enseignée par les anciens criminalistes. *Princeps
rescripta sua concedendo, non præsumitur nocere cui-
quam velle; nec aliena commoda lædere, cùm ad
communem utilitatem sit genitus.* Je suis peu frappé
de la considération que fait valoir M. Legraverend,
que des actions privées pourraient perpétuer des
souvenirs ou des troubles que le souverain a voulu
éteindre. Il n'y a que les poursuites dans l'intérêt
de la vindicte publique qui soient de nature à faire
naître un pareil danger; et, si, en définitive, le
gouvernement a des motifs de croire que le danger est attaché à l'exercice des actions simplement
civiles, il doit soumettre aux chambres une proposition de loi pour faire interdire l'exercice de
ces actions.

---

(1) * N'en a-t-il pas dans le principe salutaire proclamé
par l'article 2 du Code civil !

La jurisprudence de la cour de cassation confirme l'opinion que je viens d'émettre. Un arrêt
du 21 octobre 1830 (1) porte ce qui suit : « Vu
» l'ordonnance du 26 septembre dernier, portant
» amnistie pour toutes les contraventions en ma-
» tière de simple police, commises antérieurement
» au 27 juillet dernier ; attendu que si, d'après
» les dispositions des articles 1 et 2 de cette ordon-
» nance, le prévenu ne peut plus être condamné à
» l'amende encourue pour sa contravention, l'am-
» nistie ne peut, dans aucun cas, porter aucun
» préjudice aux particuliers, communes et éta-
» blissemens publics relativement aux dommages-
» intérêts et dépens qui pourraient leur être alloués
» par les tribunaux. »

C'est par le même principe qu'après avoir décidé, par un arrêt du 8 février 1817 (2), qu'un
meurtre commis dans une émeute était couvert
par l'amnistie du 12 janvier 1816, elle ajoute :
« Que s'il était résulté un préjudice vis-à-vis des
» particuliers, ce préjudice n'aurait point modifié
» ce caractère (de délit politique), et n'aurait pro-
» duit d'autre effet que de donner ouverture à des
» réparations civiles. »

Je ne connais point d'acte d'amnistie émané
du prince, qui ait interdit l'exercice des actions
civiles ; et même, en général, ces actes contiennent

---

(1) Dalloz, 1831, p. 14.
(2) Dalloz, t. Ier, p. 420.

des dispositions qui réservent expressément ces actions (1). Mais n'en contiendraient-ils point, les tribunaux ne pourraient pas en induire que ces actions sont abolies.

447. L'amnistie est un acte de la puissance souveraine. Il résulte de là :

1° Que l'amnistie proclamée par un souverain dans le pays dont il s'est emparé par droit de conquête, cesse de plein droit par la retraite de ses armées, et par la rentrée de ce pays sous la puissance de ses véritables souverains (2) ;

2° Qu'il en est de même, après le retour du souverain légitime, des amnisties publiées par un usurpateur ;

3° Que les ministres n'ont pas le droit d'accorder des amnisties, et que leurs décisions, à cet égard, ne sont pas obligatoires pour les tribunaux. Un ministre de la guerre avait publié, par la voie du Moniteur, que les individus détenteurs d'effets militaires devaient, dans un délai déterminé, en faire la déclaration aux commissaires ordonnateurs de la division, ou aux commissaires des guerres de la place la plus voisine de leur résidence, faute de quoi ils seraient poursuivis correctionnellement, conformément à l'article 23,

---

(1) Amnisties des 25 mars 1810 ; 23 avril et 26 avril 1814 ; 20 octobre 1820, etc. *V. l'arrêt du 19 septembre 1832 , Dalloz, 1833, p. 70.

(2) Arrêt du 30 avril 1812, Bull., p. 194 ; Dalloz, t. II , p. 312.

titre II de la loi du 22 juillet 1791. Un individu, poursuivi pour achat d'armes de guerre, s'était prévalu de cette décision, et, parce qu'il se trouvait encore dans le délai pour faire la déclaration qu'elle prescrivait, il soutenait n'être passif d'aucune peine. Une cour royale admit cette exception. Mais son arrêt fut cassé le 28 juillet 1814 (1), par le motif que le droit d'anéantir ou de suspendre l'effet des lois pénales n'appartient qu'au roi ou au pouvoir législatif (2).

448. L'amnistie est un acte irévocable. Le souverain qui la publie s'interdit le droit de la rapporter, soit entièrement, soit à l'égard de quelques uns des individus qui ont été appelés à en jouir. On ne peut donc donner son approbation à un arrêt de la cour de cassation du 8 mars 1811 (3), qui décide que l'amnistie est un acte de grâce qui peut être restreint suivant la volonté du souverain, et que conséquemment celle accordée par le décret du 25 mars 1810 à tous les coupables de délits forestiers, sans exception, ne

---

(1) Bull., p. 79; Dalloz, t. IX, p. 815.

(2) * V. cependant l'arrêt du 5 juillet 1853, Dalloz, p. 293, qui décide qu'un général revêtu des pouvoirs extraordinaires de l'état de siége, a pu promettre une amnistie aux insurgés qui feraient leur soumission, et annuler en conséquence les poursuites exercées et la condamnation prononcée contre un individu qui s'était rendu sur la foi de cette amnistie.

(3) Bull., p. 17; Dalloz, t. Ier, p. 414.

devait pas profiter à un maire, parce qu'un décret postérieur ayant autorisé sa mise en jugement, avait décidé implicitement que l'amnistie ne lui serait pas applicable.

Un prévenu ne peut pas être privé du bénéfice d'une amnistie, sous prétexte *qu'il a l'habitude* de commettre des délits de la nature de celui qui est amnistié, quand même l'acte d'amnistie aurait exclu les individus qui sont en état de récidive ; car la récidive ne peut résulter que d'un jugement (1).

Un fait couvert par un acte d'amnistie ne peut devenir la matière d'une accusation, sur le fondement que, depuis cet acte, l'auteur du fait amnistié s'en est rendu indigne, en se rendant coupable de nouveaux faits de la même nature. Charles II, roi d'Angleterre, défendit au ministère public de comprendre dans son accusation contre le marquis d'Argyle, les faits de conspiration antérieurs à 1651, parce que deux actes d'amnistie les avaient couverts ; et la condamnation ne fut motivée que sur des faits nouveaux postérieurs à cette époque (2).

449. C'est aux tribunaux qu'il appartient de décider si l'amnistie est ou non applicable aux individus qui l'invoquent. Si l'on trouve un avis

---

(1) Arrêt du 27 février 1818, Dalloz, t. Ier, p. 421.
(2) Peut-on renoncer au bénéfice de l'amnistie et demander d'être jugé, comme si elle n'était pas intervenue ? Jugé qu'on ne le peut pas. Arrêt du 10 juin 1831, Dalloz, 1833, p. 40.

du conseil d'état du 25 juin 1810 destiné à expliquer le décret d'amnistie du 25 mars précédent et à resteindre ses effets, il faut l'attribuer aux abus d'autorité que se permettait le gouvernement d'alors ; c'est là un précédent qu'un gouvernement constitutionnel ne doit pas suivre, et que l'autorité judiciaire ne saurait reconnaître.

Les ministres concourent, il est vrai, à l'exécution des actes d'amnistie : ainsi ils peuvent prescrire aux officiers du ministère public de ne pas poursuivre les individus auxquels ces actes s'appliquent, et faire relâcher les condamnés qui y sont compris. Mais si des poursuites sont commencées au moment de la publication de l'amnistie, ou si le ministre en a laissé intenter depuis, les tribunaux sont seuls compétens pour décider si l'action est ou non éteinte à l'égard des individus qui sont l'objet de ces poursuites. Également si un condamné soutenait, contre la décision du ministre, que l'amnistie lui est applicable, il aurait le droit de présenter requête au tribunal qui a rendu le jugement, de lui demander sa mise en liberté ; et ce tribunal aurait toute compétence pour statuer sur cette réclamation, sauf les recours de droit contre sa décision. J'ai emprunté à M. Legraverend (1) ces dernières réflexions. Elles sont fort justes ; car l'exécution des actes d'amnistie appartient à l'autorité judiciaire, puisqu'ils

_____

(1) T. II, p. 763.

influent soit sur les décisions qu'elle a rendues, soit sur celles qu'elle est appelée à rendre.

450. L'application des actes d'amnistie donne quelquefois lieu à des difficultés. Il est bon de rappeler quelques uns des principes qui doivent servir à les résoudre : 1° L'amnistie doit s'exécuter non seulement d'après la teneur, mais encore d'après l'intention qui l'a dictée ; comme mesure de grâce et d'indulgence, elle doit être interprétée en faveur de ceux qui en réclament les effets ; 2° Si l'on doit éviter de remettre au jour des faits qu'elle a voulu voiler, il ne faut cependant pas l'étendre à des actes qui, pour se rattacher aux délits qui sont amnistiés, sont néanmoins d'une nature différente, et, par cela même, exclus de l'amnistie.

Cela posé, je demande :

451. 1° Si l'amnistie doit profiter aux complices des faits amnistiés ?

Il n'est pas douteux qu'en général les complices d'un fait dont la poursuite est interdite, doivent jouir du même pardon que les auteurs principaux. C'est ce que la cour de cassation reconnaissait dans un arrêt du 6 janvier 1809 (1) en disant : « Attendu que, le crime en lui-même » ayant été amnistié et ne restant conséquemment » plus crime aux yeux de la loi, il ne peut plus » y avoir de complices de ce crime à poursuivre » et à punir. »

____

(1) Dalloz, t. Ier, p. 424.

M. Carnot se trompe quand il dit (1) que, d'après la jurisprudence de la cour de cassation, les complices sont exclus de l'amnistie, toutes les fois qu'ils n'y ont pas été compris expressément; il confond, en leur donnant la même portée, des décisions qui s'expliquent et se concilient par une distinction : lorsqu'il s'agit d'une complicité directe, qui résulte de faits qui ne peuvent avoir le caractère de délits qu'autant que le fait principal auquel ils se rattachent est lui-même punissable, la cour a jugé que l'amnistie doit profiter aux complices. Ainsi, et dans l'espèce de l'arrêt du 6 janvier 1809 que je viens de citer, elle a décidé que la loi d'amnistie du 24 floréal an 10, pour désertion à l'intérieur, s'appliquait à celui qui s'était rendu complice de ce crime en faisant des faux pour en faciliter l'exécution. Mais lorsque la complicité résulte de faits qui, pris isolément, et abstraction faite du délit amnistié, constituent par eux-mêmes des délits ou des crimes, la cour de cassation a jugé que ces faits ne sont pas couverts pas l'amnistie. En décidant ainsi, la cour est assurément restée dans les vrais principes ; c'est ce que je vais démontrer en examinant la seconde question.

452. Je demande 2° si l'amnistie couvre les délits accessoires au délit amnistié? La cour de cassation a répondu à cette question par la distinction que je viens de rappeler, savoir : si le fait ac-

_____

(1) T. Ier, p. 6 et 25.

cessoire ne recevait son caractère de délit que des
faits amnistiés, ou s'il constituait un délit indépendamment de ces faits.

Un arrêt du 10 mai 1811 (1) a posé cette distinction, et en a fait l'application dans l'espèce
suivante : l'article 1er de la loi du 24 brumaire
an 6 obligeait les fonctionnaires publics et les
gendarmes à exécuter ponctuellement, sous peine
de deux années d'emprisonnement, les lois relatives aux déserteurs. Des gendarmes prévenus
d'avoir commis différens faits de négligence, en
ne dressant pas procès-verbal contre les complices et recéleurs, s'étaient prévalus d'un décret
du 25 mars 1810 qui accordait une amnistie aux
déserteurs ; mais la cour de cassation n'adopta
pas cette exception, par les motifs que voici : « Vu
» l'article 1er de la loi du 24 brumaire an 6 ; attendu
» que, d'après cette loi, le fait imputé aux gen-
» darmes Juré, Leblanc, etc., n'est pas un délit
» accessoire de celui d'un déserteur ou une sim-
» ple complicité de la désobéissance aux lois de la
» conscription ; mais bien un délit principal qui
» existait par lui-même, indépendamment de tout
» fait des individus soumis aux lois de la conscrip-
» tion ; attendu que le décret du 25 mars 1810
» n'accorde amnistie qu'aux déserteurs et aux ré-
» fractaires ; que si cette amnistie peut être éten-
» due aux faits de complicité, ce n'est que lorsque
» ces faits ne prennent de caractère criminel que

(1) Bull., p. 144 ; Dalloz, t. Ier, p. 424.

» par la criminalité du fait principal qu'ils tendent
» à favoriser; que, dans ce cas, en effet, le fait
» principal perdant son caractère de criminalité
» par le bénéfice de l'amnistie, les faits accessoi-
» res se trouvent dégagés du même caractère. »

La cour a jugé que des amnisties publiées en
faveur des déserteurs et réfractaires couvraient
les faux qui avaient été commis par des particuliers dans le but de soustraire un conscrit au
service militaire (1); mais elle a décidé, en même
temps, que le faux commis dans le même but,
par un officier de l'état civil, sur les registres de
l'état civil, n'était pas couvert. La raison de cette
différence est que, dans le premier cas, la criminalité du faux ne provenait que de la criminalité
de la désertion; mais dans le second cas, « ce
» faux, dit l'arrêt du 4 mai 1810, de la part d'un
» fonctionnaire public, dans un acte relatif à ses
» fonctions, criminel en lui-même, l'est aussi *par*
» *le préjudice qu'il pouvait porter à des tiers*, par un
» usage autre que celui qu'en a fait Benoît Che-
» vron (le déserteur). »

La cour a décidé aussi que les faits de complicité de la désertion commis par des fonctionnaires publics n'étaient pas couverts par l'amnistie (2); elle en a donné pour raison qu'il s'agissait

(1) Arrêts des 4 mai, 19 juillet 1810 et 10 octobre 1822,
Dalloz, t. Ier, p. 422.
(2) Arrêts des 19 juillet 1810, 29 février 1812, Bull., p·
85; Dalloz, *ib.*

de délits commis dans l'exercice de leurs fonctions, et par là elle a introduit dans les actes
d'amnistie une exception qui n'y était pas écrite ;
elle a ajouté que le gouvernement ayant autorisé
la poursuite, il en résultait que le souverain n'a-
vait pas eu l'intention de les comprendre dans
l'amnistie ; je me suis déjà expliqué sur la valeur
de ce motif (1).

La cour a encore jugé (2) qu'une amnistie accordée à des déserteurs n'était pas applicable aux
auteurs et complices d'une escroquerie commise
en matière de conscription. En effet, dès qu'il y
avait eu emploi de manœuvres frauduleuses pour
extorquer tout ou partie de la fortune d'autrui,
le délit existait et devait être puni.

Toutefois la distinction que je viens de rappeler ne doit servir de guide qu'autant que l'acte
d'amnistie ne contient aucune disposition qui en
étende ou en restreigne l'application.

Ainsi la cour de cassation a décidé que l'amnistie du 23 janvier 1814, accordée *à tous les faits
et délits relatifs à la conscription*, couvrait un crime
de meurtre commis sur un agent de la force publique, agissant pour l'exécution des lois relatives à la conscription militaire (3). Mais elle n'aurait pas rendu cet arrêt, si l'amnistie n'avait été

---

(1) V. *suprà*, nᵒˢ 448 et 449.
(2) Arrêt du 6 mars 1812, Dalloz, t. Iᵉʳ, p. 423 ; Bull., p. 49.
(3) Arrêt du 10 août 1815, Bull., p. 87 ; Dalloz, *ib.*, p.
432.

publiée qu'en faveur de la désertion seule. A la
vérité, elle a jugé (1) qu'une amnistie ainsi limitée était applicable à un fait de résistance, avec
violence, commis par un déserteur et d'autres
individus, contre la gendarmerie; « attendu que
» la résistance opposée à la gendarmerie par Com-
» bet (le déserteur) a été le moyen dont il a fait
» usage pour ne point rejoindre ses drapeaux ;
» que, le délit principal ayant été remis par le dé-
» cret du 25 mars 1810, le délit accessoire, con-
» sistant dans la résistance à la gendarmerie, a été
» complétement compris dans la rémission entière
» et absolue accordée par le décret ». Mais la résistance n'avait été accompagnée ni de coups ni
de blessures. La doctrine de cet arrêt doit être
restreinte à l'espèce pour laquelle il a été rendu;
car il n'est pas exact de dire que, quand le délit
principal est amnistié, tous les faits qui ont servi
à le commettre sont amnistiés aussi, lorsqu'ils
contiennent par eux-mêmes un délit, tel que la
résistance avec violence à la force publique, agissant pour l'exécution des lois.

La cour a aussi décidé, par arrêt du 8 février
1817 (2), que l'article 1er de l'amnistie du 12 janvier 1816 (3) était applicable à des tentatives de
meurtre commises dans un mouvement popu-

---

(1) Arrêt du 26 juillet 1811, Dalloz, t. Ier, p. 423.

(2) Bull., p. 24; Dalloz, ib., p. 420.

(3) Art. 1er. « Amnistie pleine et entière est accordée à tous
» ceux qui, directement ou indirectement, ont pris part à la

laire qui se rattachait à l'usurpation de Napoléon Bonaparte; mais elle a contaté, dans son arrêt, « que les questions soumises au jury ont porté sur » deux faits de coups de fusil, mais que les coups » de fusil avaient été tirés dans une lutte, dans un » choc de partis; que l'opposition violente des bo- » napartistes aux acclamations des royalistes et au » rétablissement, dans la ville de l'Argentière, des » signes du gouvernement légitime, avait évidem- » ment pour objet de maintenir l'usurpation de » Bonaparte; qu'elle était une participation directe » à cette usurpation; et qu'ayant eu lieu avant » que le roi eût repris les rênes du gouvernement, » elle rentrait dans l'amnistie prononcée par l'ar- » ticle 1er de la loi du 12 janvier 1816; que les » coups de fusil tirés par Sabatier et par Serre n'é- » taient qu'un accident de cette opposition, un » des faits particuliers dont elle se constituait; » qu'ils avaient le même caractère, le même but, » qu'ils rentraient donc, avec elle, dans l'applica- » tion de l'article 1er de la loi d'amnistie... »

Il est évident, au surplus, que l'amnistie ac- cordée à des délits politiques, ne s'applique pas à des délits qui n'ont été que l'effet de haines et de vengeances particulières; pas plus que l'amnistie des délits politiques commis par la voie de la presse ne s'applique à une diffamation privée (1).

» rébellion et l'usurpation de *Napoléon Bonaparte*, sauf les » exceptions ci-après. »

(1) Arrêt du 10 septembre 1830, Dalloz, p. 388. * L'am-

453. Les actes d'amnistie, en matière de délits forestiers, excluent ordinairement de leur bénéfice les adjudicataires coupables de malversations et d'abus dans l'exploitation de leurs coupes. La cour de cassation a jugé que, dans le silence de ces actes, on ne devait pas en étendre les effets aux délits forestiers qui résultaient de la violation d'un contrat (1), elle a aussi jugé (2) que le fait d'un adjudicataire de n'avoir pas vidé la coupe dans le délai fixé, constituait un abus qui était exclu de l'amnistie.

454. On a demandé si l'amnistie profitait aux individus condamnés à raison du délit amnistié, lorsque l'acte d'amnistie ne le disait point expressément? qu'elle profite au condamné par contumace, c'est ce qui n'est pas douteux, puisqu'en se représentant il anéantit l'arrêt rendu contre lui, et qu'il devient un simple accusé. Il en est de même du prévenu condamné par défaut par la police correctionnelle, s'il se trouve encore dans

---

nistie ne s'applique qu'aux délits commis au moment même où elle est donnée, sans avoir égard aux formalités et délais prescrits pour la publication des autres lois et ordonnances, à l'effet de les rendre exécutoires. Arrêt du 20 avril 1833, Dalloz, p. 213.

Un délit de défrichement commencé avant l'amnistie, mais continué après, n'est pas couvert par cette amnistie. Arrêt du 20 octobre 1832, Dalloz, 1833, p. 183.

(1) Arrêts des 13-14 décembre 1810 et 13 mars 1811, Dalloz, t. Ier, p. 413 et 414. * Arrêt du 31 mars 1832, Dalloz, p. 261 et 262.

(2) Arrêt du 4 août 1827, Bull., p. 680; Dalloz, p. 452.

le délai de l'opposition, ou s'il n'a pas été statué sur son opposition au moment de la publication de l'amnistie, puisque l'effet de l'opposition est de faire considérer comme non avenue la condamnation prononcée contre lui (1). La question est plus difficile, lorsqu'il s'agit d'individus condamnés définitivement. Elle ne peut se résoudre que par la teneur de l'acte d'amnistie et l'appréciation des motifs qui y ont donné lieu. Cependant un principe doit servir de guide dans cette interprétation ; c'est que l'amnistie doit être expliquée dans le sens le plus favorable à ceux qui l'invoquent ; que les doutes doivent se résoudre en leur faveur, et qu'il faut rechercher, non s'ils y sont compris, mais s'ils en sont exclus.

SECTION V.

De la condamnation des prévenus à une peine plus forte que celle que lui feraient encourir les délits antérieurs à cette condamnation.

455. Considérés en général et dans leurs rapports avec une bonne législation pénale, le système de l'accumulation et celui de l'unité des peines, peuvent donner lieu à de graves discussions ; mais ce n'est pas ici le lieu de s'en occuper ; il ne s'agit que de constater quel est, à cet égard, l'état de notre législation.

Le droit criminel en vigueur avant la révolution

___
(1) Code d'instruct., art. 187. *Elle est aussi applicable au condamné qui s'est régulièrement pourvu en cassation. Arrêt du 27 juillet 1832, Dalloz, p. 409.

de 1789, admettait les principes du droit romain, d'après lequel un accusé convaincu de plusieurs crimes, devait être puni d'autant de peines qu'il avait commis de crimes. Cette règle était suivie, non seulement à l'égard des délits de différentes espèces commis après un intervalle, mais encore pour les délits de différentes natures commis en même temps. Il n'y avait d'exception 1° qu'en faveur des délits de même nature qui provenaient d'un fait unique, comme s'il s'agissait de blessures occasionées par un seul et même coup; 2° lorsque les peines attachées aux différens délits dont l'accusé était convaincu ne pouvaient se réitérer ou étaient incompatibles entre elles, telles que le blâme et l'admonition, parce que, dans ce dernier cas, la peine la plus grave absorbait la plus faible. A l'égard des peines pécuniaires, elles étaient toujours compatibles avec les peines corporelles ou infamantes infligées au coupable (1).

L'Assemblée constituante modifia implicitement cette législation. Par la loi du 16-29 septembre 1791, titre VII, art. 40, elle décréta que si l'accusé était inculpé, dans les débats, à raison d'un autre fait, il pourrait être poursuivi, pour raison de ce nouveau fait; « mais s'il est déclaré » convaincu du nouveau délit, il n'en subira la » peine qu'autant qu'elle serait plus forte que celle » du premier; auquel cas, il sera sursis à l'exécu- » tion du jugement. »

_____

(1) Jousse, Traité de la justice criminelle, t. II, p. 643.

Le Code du 3 brumaire an 4, art. 446, conserva cette disposition ; il l'étendit même en ne permettant pas que le condamné fût livré à des poursuites, si les faits découverts dans les débats n'entraînaient pas une peine plus forte après celle qui venait de lui être infligée.

456. Le Code d'intruction criminelle s'est également prononcé contre le système de l'accumulation des peines ; il porte, article 365 : « En cas » de conviction de plusieurs crimes ou délits, la » peine la plus forte sera seule prononcée.

» Art. 379. Lorsque, pendant le cours des dé- » bats qui auront précédé l'arrêt de condamna- » tion, l'accusé aura été inculpé, soit par des piè- » ces, soit par des dépositions de témoins, sur » d'autres crimes que ceux dont il était accusé ; si » les crimes nouvellement manifestés méritent une » peine plus grave que la première, ou si l'accusé » a des complices en état d'arrestation, la cour or- » donnera qu'il soit poursuivi à raison de ces nou- » veaux faits, suivant les formes prescrites par le » présent Code. »

L'orateur du gouvernement a dit au corps légis- latif, sur ces articles : « Le projet se décide for- » mellement contre la cumulation des peines, de » sorte que si l'accusé est déclaré coupable de plu- » sieurs crimes ou délits, la cour ne pourra pro- » noncer contre lui que la peine la plus forte. Jus- » qu'ici les cours de justice criminelle se sont in- » terdit cette cumulation, plutôt d'après une ju- » risprudence que d'après un texte formel ; mais

» en telle matière, tout doit être réglé par la loi. »

Ainsi le Code d'instruction criminelle décide formellement 1° que l'accusé, convaincu simultanément de plusieurs crimes et délits, ne doit subir que la peine la plus forte; 2° que si, dans le cours des débats, il est inculpé sur d'autres crimes que ceux qui sont la matière de l'accusation, la cour ne peut ordonner qu'il sera poursuivi à raison de ces nouveaux crimes, qu'autant qu'ils mériteraient une peine plus grave que celle qui vient de lui être infligée. La restriction apportée à cette disposition résultant de ce que l'*accusé a des complices en état d'arrestation*, n'a pour but que de le faire figurer dans les nouveaux débats qui doivent s'ouvrir avec ces complices, et de rendre par là plus facile la découverte de la vérité et non de le soumettre à la peine attachée à ces faits moins graves. De ces dispositions résulte la conséquence que, par sa condamnation à la peine la plus forte, un coupable expie tous les crimes et tous les délits moins graves qu'il a commis antérieurement à cette condamnation.

457. A la vérité, les articles 365 et 379 ne prévoient que deux cas : 1° celui où l'accusé est, dans un même débat, simultanément convaincu de plusieurs crimes ou délits; 2° celui où les nouveaux crimes sont découverts dans le cours du débat auquel il est soumis; mais ces articles renferment nécessairement un principe général, que l'orateur du gouvernement a exprimé en disant que le Code d'instruction criminelle *se dé-*

cide formellement contre la cumulation des peines.

L'application de ce principe général ne doit pas être bornée aux deux cas spécifiés par le Code, elle doit être étendue à tous les cas où un individu, précédemment condamné pour un crime, pour un délit, se trouve poursuivi à raison de faits nouveaux, antérieurs à sa condamnation et qui n'ont pas fait l'objet du jugement rendu contre lui.

Ainsi, quand même un individu serait soumis à des débats séparés à raison de chacun des crimes et des délits dont il s'est rendu coupable ; quand même les nouveaux faits pour lesquels il est poursuivi, auraient été découverts autrement que par l'instruction et les débats d'une précédente accusation portée contre lui ; si en définitive il n'était convaincu que d'un fait moins grave que celui qui a motivé une première condamnation portée contre lui, aucune peine ne devrait lui être infligée.

Il faut bien que cela soit ainsi, à moins d'introduire dans notre législation criminelle le système des peines qu'elle a rejeté ; de rendre le ministère public maître de faire subir au coupable, en divisant les poursuites, des peines plus considérables que s'il eût réuni dans une même procédure tous les faits qui étaient à sa charge ; ou de vouloir que la situation des coupables soit aggravée parce que les fait nouveaux n'ont été découverts que postérieurement à sa condamnation ; circonstance tout-à-fait étrangère à la nature de ces faits et indépen-

dante de sa volonté. Un tel système ne serait pas
soutenable. Aussi la jurisprudence est-elle bien
affermie sur le principe que, par sa condamnation
à la peine la plus forte, un coupable expie tous
les faits antérieurs d'une nature moins grave qu'il
a pu commettre, quelles que soient l'époque de
ces faits et les circonstances dans lesquelles la
justice est parvenue à les connaître, et quel que
soit le temps de la mise en jugement du condamné
qui en est prévenu ; ce principe est aujourd'hui
hors de toute controverse (1).

458. Or, s'il est vrai que, par sa condamnation
à la peine la plus forte, un individu expie tous
les crimes, tous les délits dont il a pu se rendre
coupable, il en résulte nécessairement que l'action
publique ne peut plus s'exercer contre ces crimes
ou ces délits ; que, conséquemment, elle est éteinte.
En effet, l'action publique n'a pour objet que
l'application des peines ; ainsi toutes les fois que
l'auteur d'un fait défendu par la loi cesse d'être
punissable, l'action publique n'a plus d'objet,
elle ne peut plus être intentée, elle n'existe plus.

Cette vérité est d'une telle évidence, qu'il suffit
de l'énoncer. Cependant un arrêt du 26 mai
1826 (2) contient des motifs qui tendent à l'obs-

---

(1) V. les arrêts des 19 mars 1818, Bull., p. 100 ; Dalloz,
t. IV, p. 267 ; 8 juin 1827, Dalloz, p. 266, et tous ceux
qui sont indiqués dans cette section. * 16 janvier 1835, Dalloz, 1836, p. 269.

(2) Dalloz, p. 364.

curcir : c'est ce qui m'oblige d'insister sur ce
point. Dans l'espèce de cet arrêt, un individu
coupable de vol avait été condamné à la peine
des travaux forcés et s'était pourvu en cassation.
Pendant l'existence de ce pourvoi, avant qu'il y
eût été statué, la cour royale le mit en accusation
à raison d'un autre vol qui entraînait une peine
moins grave. Il se pourvut aussi en cassation
contre ce nouvel arrêt, en se fondant sur les articles 365 et 379 du Code d'instruction. La cour
rejeta ce dernier pourvoi par ce motif, qui n'admet aucune réplique, « qu'à l'époque où l'arrêt a
» été rendu, l'exécution du premier arrêt était
» suspendue par l'effet du pourvoi en cassation;
» et que la cassation de cet arrêt pouvait amener
» la nécessité d'un nouveau jugement, et consé-
» quemment celle de purger la nouvelle accusation
» contre le demandeur » (1).

Mais cet arrêt ne s'est pas borné à donner ce
motif; il en contient un premier qui porte « que
» si le vol qui a motivé ce dernier arrêt (celui de
» mise en accusation) n'aurait emporté, en cas de
» condamnation, que l'application d'une peine
» inférieure à celle que subissait déjà le deman-
» deur; si, par cette raison, il n'y aurait pas même
» eu lieu à l'application de cette peine, il ne s'en-
» suit nullement que la chambre d'accusation,
» chargée de l'appréciation des faits qui ont servi

(1) V. un arrêt, dans le même sens, du 17 juin 1831, Dalloz, p. 241.

» de base à la prévention, et non de l'application
» des peines, dût s'abstenir de prononcer le renvoi
» à la cour d'assises; qu'elle n'aurait pu le faire
» sans méconnaître ses devoirs, l'objet de son
» institution, et sans excéder les bornes de sa com-
» pétence ».

Si la doctrine exprimée dans cet arrêt est vraie,
si conséquemment les chambres d'accusation
sont obligées de renvoyer devant les tribunaux
compétens le jugement des délits susceptibles
d'une peine moins grave que celle infligée au
prévenu par une précédente condamnation, il
en résulte que cette condamnation antérieure n'a
pas éteint l'action publique. En effet, quand l'action publique est éteinte, les tribunaux ne peuvent plus être appelés à la juger.

Or, je demande si l'on peut concilier l'existence
d'une action avec la défense d'accorder jamais
ce que cette action a pour objet d'obtenir; si l'on
peut concevoir l'obligation de livrer un individu
à des débats judiciaires, avec l'interdiction absolue de lui infliger des peines, à raison du fait
qui y donne lieu? Si l'action publique n'est pas
éteinte par la condamnation du prévenu à la
peine la plus forte, pourquoi la cour de cassation
a-t-elle décidé, par plusieurs arrêts(1), que le prévenu mis en jugement à raison de plusieurs crimes

_____

(1) Notamment des 21 août 1817, Simmonet contre le ministère public, rejet du tribunal de Châteauroux, M. Aumont
rapporteur ; 14 sept. 1827, Bull., p. 776; Dalloz, p. 496.

et délits n'était pas recevable à se plaindre de n'avoir été jugé que sur ceux qui entraînaient les peines les plus fortes, parce que « les faits sur » lesquels il a été jugé...... ont entraîné une peine » plus grave que celle que la loi attache au pre- » mier fait; que ce fait se trouve ainsi couvert par » la condamnation qui est intervenue; qu'il ne » peut plus, d'après l'article 365 du Code d'in- » struction, donner lieu à des poursuites? Si l'ac- tion publique n'est point éteinte, pourquoi la cour de cassation, lorsqu'elle casse les arrêts ou les jugemens qui ont violé les articles 365 et 379 du Code d'instruction, en appliquant de nouvelles peines aux condamnés à des peines plus fortes, ne prononce-t-elle aucun renvoi, en se fondant sur la disposition de l'article 429 portant : « Lorsque » l'arrêt sera annulé, parce que le fait qui aura » donné lieu à une condamnation se trouve n'être » pas un délit qualifié par la loi.... aucun renvoi » ne sera prononcé (1) »? Dans tous ces arrêts et dans bien d'autres, la cour de cassation a posé en principe que toutes les fois qu'un fait cessait d'être punissable, n'importe par quelle cause, il cessait d'être un délit qualifié par la loi et ne pouvait donner lieu à l'action publique.

Si le motif que j'examine a eu seulement pour

(1) Arrêts des 19 mars 1818, cité dans le numéro précé- dent; 27 février 1824, Bull., p. 102; Dalloz, t. XI, p. 171; 25 novembre 1830, Dalloz, 1831, p. 68, et plusieurs autres arrêts.

objet de dénier aux chambres d'accusation le droit soit de prononcer sur les circonstances qui ôtent au fait qui leur est soumis tout caractère de criminalité, soit de déclarer que l'action publique est éteinte, il est évident que ce motif serait encore erroné.

459. Après avoir établi le principe que la condamnation d'un individu à la plus forte peine éteint l'action publique pour la poursuite des délits d'une moindre gravité qu'il a commis antérieurement à cette condamnation, je dois rechercher ce qu'entendent les articles 365 et 379 du Code d'instruction par ces mots : *la peine la plus forte, une peine plus grave.*

La gravité des peines est déterminée d'abord par leur *nature.* Il y a des peines de quatre natures : les peines *afflictives et infamantes ;* les peines seulement *infamantes ;* les peines *correctionnelles* et les peines de *police* (1) ; il est évident que les premières sont plus graves que les secondes ; les secondes que les troisièmes, et celles-ci que les dernières.

Le plus ou moins de gravité entre les peines de la même nature est déterminé par *leur espèce.* Les peines *afflictives* et *infamantes* sont : 1° la mort ; 2° les travaux forcés à perpétuité ; 3° la déportation ; 4° les travaux forcés à temps ; 5° la détention ; 6° la réclusion (2).

_____

(1) Code pénal, art. 6, 7, 8, 9, 464. — (2) *Ib.*, art. 7.

Les peines *infamantes* sont : 1° le bannissement ;
2° la dégradation civique (1).

Les peines *correctionnelles* sont : 1° l'emprisonnement dans un lieu de correction ; 2° l'interdiction à temps de certains droits civiques, civils ou
de famille ; 3° l'amende (2).

Les peines de *police* sont : 1° l'emprisonnement ;
2° l'amende ; 3° la confiscation de certains objets
saisis (3).

Il est évident que la gravité de la peine dépend
de la place qu'elle occupe dans l'échelle des peines, telle que la loi l'a établie, et il résulte de là
que si une peine afflictive et infamante est plus
grave qu'une peine seulement infamante, il faut
également tenir pour constant que, parmi les
peines afflictives et infamantes, la mort est une
peine plus grave que les travaux forcés à perpétuité ; ceux-ci que la déportation ; la déportation
que les travaux forcés à temps, et ainsi de suite ;
que parmi les peines correctionnelles, l'emprisonnement dans un lieu de correction est une peine
plus forte que l'interdiction à temps de certains
droits, et celle-ci une peine plus forte que l'a-
mende. Ainsi l'individu condamné à la peine de
cinq années de travaux forcés subit une peine plus
grave que s'il était condamné à dix années de réclusion ; celui qui est condamné à cinq ans de

(1) Code pénal, art. 81. — (2) *Ib.*, art. 9. — (3) *Ib.*, art.
464.

détention est frappé d'une peine plus forte que s'il était condamné à dix ans de réclusion.

Ces diverses propositions ne sont susceptibles d'aucune contradiction.

460. Mais la gravité des peines ne doit-elle pas se calculer aussi d'après *leur durée*, quand elles sont de la même nature et de la même espèce ? on sait que les peines temporaires sont susceptibles d'être étendues d'un *minimum* à un *maximum*. Si l'on est d'accord sur l'application des principes que la condamnation à la peine la plus forte éteint l'action publique pour la poursuite des délits qui entraînent une peine moins grave par sa nature et son espèce, on ne l'est pas autant quand la peine attachée à ces nouveaux délits est de la même nature, de la même espèce, et que c'est seulement *par sa durée* qu'elle peut différer de celle qui a été infligée au prévenu par une précédente condamnation. Ainsi on ne conteste pas qu'un individu condamné précédemment à la peine de la réclusion, par exemple, ne puisse être poursuivi pour des faits antérieurs qui entraînent la peine des travaux forcés à temps ; mais on conteste qu'il puisse l'être si ces faits antérieurs n'entraînent également que la peine de la réclusion ; on le conteste quand même le prévenu n'aurait été condamné antérieurement qu'en cinq ans de réclusion, par exemple, tandis qu'à raison des nouveaux faits la cour d'assises aurait la faculté de le condamner à six et même jusqu'à dix années de la même peine ; et l'on dit que,

par ces mots, *la peine la plus forte sera seule prononcée,* et par ceux-ci, *si ces crimes méritent une peine plus grave que les premiers,* les articles 365 et 379 du Code d'instruction n'ont en vue que les peines les *plus graves,* les *plus fortes,* eu égard à la place qu'elles occupent dans l'échelle des peines, et non des peines égales par leur nature, leur espèce, et qui ne diffèrent que par le plus ou le moins de durée qu'il est loisible aux juges de leur donner.

Cette question mérite d'être approfondie.

La cour de cassation l'a décidée, en distinguant le cas où le *maximum* de la peine a été appliqué par le premier jugement, de celui où le *maximum* n'a pas été épuisé. Elle a jugé que, dans le premier cas, les poursuites n'auraient plus d'objet; qu'ainsi il n'y a pas lieu de les intenter; que, dans l'autre, la peine prononcée n'est pas la plus forte, puisqu'elle n'a pas atteint le *maximum* légal; qu'elle peut donc être aggravée, et qu'ainsi il y a lieu de poursuivre le prévenu, de le condamner de nouveau, et qu'il suffit que ce *maximum* ne soit pas dépassé. Cette jurisprudence repose sur de nombreux arrêts (1).

(1) Notamment, arrêts des 27 février, 6 août et 8 octobre 1824, Bull., p. 102, 305 et 406 ; les deux premiers, Dalloz, t. XI, p. 171 ; le troisième, Dalloz, 1825, p. 32 ; 27 avril 1827, Bull., p. 280; Dalloz, p. 414; 15 mars 1828, Bull., p. 197 ; 28 mars 1829, Bull., p. 185 ; Dalloz, p. 202 ; 28 avril 1831, Dalloz, p. 184. * 2 août 1833, Dalloz, p. 318.

Ainsi la cour a jugé : 1° qu'un individu condamné en 1816 à la peine de huit ans de travaux
forcés, à la marque et à l'exposition, avait été légalement condamné, en 1823, à cinq autres années de la même peine, à raison d'un autre faux
antérieur à cette première condamnation, parce
que les deux peines réunies n'excédaient pas vingt
années, *maximum* de la durée de la peine des travaux forcés à temps. Mais elle a cassé le second arrêt
dans sa disposition qui infligeait une seconde fois
au condamné l'exposition et la marque qu'il avait
déjà subies, parce qu'elle a vu là une accumulation de peines (1). Elle n'eût pas cassé cette disposition, sans cette circonstance; car elle a jugé (2)
que la flétrissure pouvait être infligée par le second arrêt de condamnation, quand elle ne l'a-
vait pas été par le premier.

2° Qu'un individu condamné, pour vol simple,
à la peine de quinze mois d'emprisonnement,
avait pu être poursuivi pour d'autres vols simples
antérieurs à cette condamnation, puisqu'il s'en
fallait de trois ans et neuf mois que le premier
jugement eût épuisé les cinq ans qui forment le
maximum de la peine de l'emprisonnement correctionnel (3). Les motifs de la jurisprudence de
la cour sont exposés dans ce dernier arrêt, que
voici : « Attendu qu'il résulte de cet article (365)

---

(1) Arrêt du 27 février 1824 ci-dessus.
(2) Arrêt du 28 avril 1831 ci-dessus.
(3) Arrêt du 8 octobre 1824 ci-dessus.

» et du 379e du même Code, qu'en matière cri-
» minelle et correctionnelle, les peines ne peuvent
» être cumulées, et qu'un individu mis en ju-
» gement expie tous les crimes ou délits qu'il a pu
» commettre, par la plus forte des peines applica-
» bles à ces crimes ou à ces délits ; mais qu'il en
» résulte également, et même textuellement du
» mot *conviction* employé dans l'article 365, qu'il
» faut que le crime ou délit ait été connu, qu'il ait
» été l'objet d'un débat, pour que la peine puisse
» être appliquée, et que le juge ait pu l'arbitrer
» d'après la gravité et le nombre desdits crimes
» et délits ;

» Attendu que les peines doivent être considé-
» rées quant à leur nature et à leur durée, d'après
» les circonstances aggravantes ou atténuantes qui
» ont accompagné le crime ou le délit, ou d'après
» le nombre de ces crimes ou délits qui caractéri-
» sent la perversité plus ou moins opiniâtre de
» l'individu qui s'en serait rendu coupable ; parce
» que toutefois, et dans aucun cas, la durée de
» la peine ne peut excéder le *maximum* de la plus
» forte décernée par la loi au crime ou délit le plus
» grave ;

» Qu'il suit de ces principes que, pour les cri-
» mes ou délits qui n'ont été l'objet d'aucun dé-
» bat, et qui sont restés ignorés quant à la per-
» sonnalité de l'individu, par l'effet d'une cause
» quelconque, la position de l'accusé ou du pré-
» venu, s'il est reconnu ou poursuivi postérieure-
» ment à une précédente condamnation, n'est point

».aggravée, pourvu qu'il lui soit tenu compte, en cas
» de conviction, sur le *maximum* de la peine, de
» celle qu'il a déjà subie, tellement qu'il n'y ait
» pas cumulation. »

Cette jurisprudence est-elle conforme au texte
et à l'esprit des articles 365 et 379 du Code d'instruction criminelle? Je le crois.

Le système qui rejette l'accumulation des peines
blesserait l'équité, en plaçant sur la même ligne
l'individu coupable de plusieurs délits de la même
nature, et celui qui n'en a commis qu'un seul; il
encouragerait la perversité en empêchant de sé-
vir avec plus de vigueur contre l'individu qui a
l'habitude du crime que contre celui qui n'a cédé
qu'à un moment de faiblesse; il serait en désac-
cord avec les principes qui doivent régir une bonne
législation pénale, s'il ne se liait pas, dans le Code
d'instruction criminelle, à un système de pénalité qui tend, sinon à faire disparaître, du moins
à atténuer les inconvéniens que je viens d'indiquer. Le système de pénalité consiste à laisser aux
tribunaux une grande latitude pour la fixation de
la durée de la peine qu'un coupable a encourue;
et même, depuis la publication de la loi du 28 avril
1832, pour la fixation de la nature et de l'espèce
de la peine, lorsque le jury a reconnu qu'il existe
en faveur du coupable des circonstances atténuantes (1). Il est très-remarquable, en effet, que

_____

(1) Loi du 28 avril 1832, art. 94, formant le nouvel art.
463 du Code pénal.

la seule disposition du Code d'instruction qui interdise expressément d'accumuler les peines, se trouve dans l'article même qui charge les cours d'assises d'appliquer aux faits déclarés constans les peines établies par la loi : « Si le fait est défendu, » porte l'article 365, la cour prononcera la peine » établie par la loi, même dans le cas où, d'après » les débats, il se trouverait n'être plus de la com- » pétence de la cour d'assises. En cas de conviction » de plusieurs crimes ou délits, la peine la plus forte » sera seule prononcée. »

Ainsi, l'article suppose que les juges statuent, par un seul et même arrêt, sur tous les délits dont l'accusé a pu se rendre coupable, et qu'ainsi ils sont en position de graduer la peine applicable d'après le nombre de ces délits, et conséquemment de les punir tous en appliquant le *maximum* de la peine encourue.

Il ne résulte pas de là que le principe qui s'oppose à l'accumulation des peines ne doit recevoir son exécution que dans le seul cas que prévoit l'article 365 (1); mais il n'en résulte pas non plus que quand, par une circonstance quelconque, l'instruction n'a pas porté à la fois sur tous les crimes et tous les délits dont un individu a pu se rendre coupable, on ne puisse pas poursuivre ceux de ces crimes ou de ces délits qui n'ont pas été jugés, et faire, en cas de conviction, ce que le premier aurait pu faire, s'ils eussent été soumis

---

(1) V. *suprà*, n° 457.

au même débat, c'est-à-dire, augmenter la durée de la peine prononcée par cet arrêt, sauf à ne point dépasser le *maximum*. Telle est évidemment l'intention de la loi.

C'est pour cela, sans doute, quoique les arrêts ne le disent pas expressément, que la cour de cassation a toujours considéré que le tribunal saisi du jugement des nouveaux faits, était, quant à l'application de la peine, substitué au tribunal qui avait rendu le premier jugement ; tellement substitué qu'il pouvait, en condamnant, par exemple, à la peine des travaux forcés, pour douze ans, un individu précédemment condamné pour un fait de la même nature, à huit années de la même peine, ordonner que les huit années entreraient dans la computation des douze années ; de sorte qu'en définitive, la nouvelle condamnation n'aggraverait que de quatre années la condamnation précédente (1). La cour a été plus loin ; elle a jugé à mon rapport (2) que la cour d'assises saisie du jugement des nouveaux faits, avait la faculté, quoiqu'ils fussent reconnus constans, de ne leur infliger aucune peine, et de déclarer qu'ils étaient suffisamment expiés par la peine appliquée à l'accusé par l'arrêt précédent. Dans l'espèce, le sieur Aubry avait été condamné, au mois de juillet 1828, à la peine de huit années de travaux forcés, pour

_____

(1) Arrêts des 6 août 1824, 27 avril 1827 et 15 mars 1828, cités ci-dessus.

(2) Arrêt du 28 mars 1829, *ib.*

crime de faux en écriture de commerce. Traduit devant une autre cour d'assises, au mois de février suivant, à raison d'un autre faux du même genre, il en fut déclaré coupable. La cour ne lui infligea aucune peine; elle fit remarquer dans les motifs de son arrêt, que, lors des débats de la première, il avait été parlé de ce dernier faux, et que la connaissance qu'on en avait eue avait pu influer sur la durée de la peine appliquée à l'accusé; en conséquence elle déclara que les huit années de travaux forcés prononcées contre lui, suffisaient pour l'expiation du premier et du second crime de faux dont il s'était rendu coupable. Le ministère public se pourvut contre cet arrêt, mais son pourvoi fut rejeté : « Attendu que si, aux termes de l'article 365 » du Code d'instruction, la cour d'assises de la » Meurthe était tenue d'appliquer au nouveau fait » dont Aubry est reconnu coupable la peine pro» noncée par la loi, cette obligation se trouvait mo» difiée par le second alinéa du même article, qui » porte, en *cas de conviction de plusieurs crimes ou* » *délits, la peine la plus forte sera seule prononcée;* » qu'il résulte de cette disposition, qu'en subissant » la peine la plus forte, le coupable expie tous les » crimes passibles d'une peine de même nature et » d'une moindre gravité que celle qui lui est ap» pliquée; d'où il suit que si Charles Aubry avait » été jugé par la cour d'assises du département de » la Moselle, à raison de la fausse lettre de change » dont il s'agit, en même temps qu'il le fut pour » les autres crimes de même nature, cette cour

» n'aurait pas pu prononcer contre lui une con-
» damnation particulière, mais que la répression
» de cet autre crime se serait confondue dans la
» condamnation aux travaux forcés, à l'exposition
» et à la marque qu'elle a appliquée audit Aubry;
» que seulement la cour d'assises aurait eu la *fa-*
» *culté* d'aggraver, à raison de ce même faux, la
» *durée* de la peine qu'elle prononçait;

  » Attendu que cette *faculté* a été dévolue à la
» cour d'assises du département de la Meurthe;
» qu'il a été au pouvoir de cette cour d'ajouter à la
» durée de la condamnation précédemment pro-
» noncée, un nombre d'années qui n'avaient de li-
» mites que le *maximum* même de la peine; mais
» que l'exercice de ce droit était purement *faculta-*
» *tif;* qu'en effet la circonstance que l'accusé était
» jugé par une autre cour d'assises que la première,
» n'a pu aggraver sa position; que cette circons-
» tance, indépendante de sa volonté, totalement
» étrangère d'ailleurs à la nature des faits qui lui
» étaient imputés, ne pouvait rien ajouter à leur
» gravité, ni conséquemment l'exposer à des peines
» plus rigoureuses que s'il eût été jugé simultané-
» ment sur tous les crimes dont il était accusé; que
» si la cour d'assises du département de la Moselle
» avait pu décider que tous les crimes de faux
» commis par Aubry étaient suffisamment expiés
» par huit années de travaux forcés, la cour d'as-
» sises du département de la Meurthe a pu le dé-
» cider également (1). »

---

(1) * V. l'arrêt du 8 mars 1833, Dalloz, 1834, p. 439.

La jurisprudence de la cour de cassation est donc conforme au véritable esprit du Code d'instruction criminelle ; aucune objection sérieuse ne peut être faite contre l'interprétation qu'elle a donnée aux articles 365 et 379 du Code. Les intérêts légitimes de l'accusé n'en éprouvent aucun préjudice ; car le second jugement qu'il subit ne peut amener d'autres résultats que ceux qu'aurait pu produire le premier, s'il avait eu à statuer sur les faits qui motivent les nouvelles poursuites ; le *maximum* de la peine reste toujours la limite que les deux tribunaux doivent respecter. On ne prétendra pas, sans doute, que la circonstance que les poursuites ont été divisées engendre un droit quelconque en faveur de l'accusé ; car tout ce qu'on pourrait dire de spécieux pour l'établir, se tournerait à l'instant contre lui, et aboutirait à cette conséquence, spécieuse aussi, que l'article 365, n'ayant défendu l'accumulation des peines que dans le cas unique qu'il prévoit, il en résulte que, hors ce cas, cette accumulation est permise (1).

---

(1)* Lorsqu'un individu poursuivi pour un vol qualifié *crime* et déclaré coupable de ce vol, n'a cependant été condamné qu'à une peine correctionnelle à raison des circonstances atténuantes reconnues par le jury, il peut être jugé de nouveau pour un simple *délit* de vol antérieur à sa condamnation, et sa peine peut être aggravée, par le tribunal correctionnel, si la cour d'assises ne lui a pas appliqué le *maximum*. Arrêt du 4 juin 1836, Dalloz, p. 360. En cette matière, ce n'est pas la

461. Le principe qui prohibe l'accumulation des peines est applicable à tous les crimes et à tous les délits, sauf les exceptions que la loi et la jurisprudence ont établies et que je vais indiquer.

1° Lorsque des prisonniers, prévenus ou accusés, se rendent coupables de rébellion, la peine attachée à ce délit doit être subie par eux cumulativement avec celle à laquelle ils sont condamnés pour les faits qui ont motivé leur arrestation, à moins que cette dernière ne soit une peine capitale ou perpétuelle (1).

2° Il en est de même des peines prononcées contre les détenus qui se sont évadés, ou qui ont tenté de s'évader par bris de prison ou par violence (2).

3° La peine prononcée contre le délit de chasse, par la loi du 30 avril 1790, et celle prononcée contre le délit de port d'armes sans permis, par le décret du 4 mai 1812, doivent être subies cumulativement (3). La cour de cassation en a donné pour raison « que le décret du 4 mai 1812, » après avoir, par ses articles 1, 2 et 3, prononcé

---

qualification du fait qu'il faut considérer, mais la *peine* prononcée.

(1) Code pénal, art. 220.

(2) *Ib.*, art. 245 ; arrêts des 13 octobre 1815, Dalloz, t. VII, p. 573 ; 17 juin 1831, Dalloz, p. 241.

(3) Arrêts des 4 décembre 1812, Bull., p. 527 ; Dalloz, t. II, p. 454 ; 28 novembre 1828, Bull., p. 908 ; Dalloz, 1829 ; p. 41.

bre 1827 (1), par les motifs que voici : « Consi-
» dérant que l'article 365 du Code d'instruction
» n'est point applicable aux amendes et peines pé-
» cuniaires portées par les lois relatives aux ma-
» tières qui n'ont pas été réglées par le Code pénal ;
» que du nombre de ces lois est celle du 15 ven-
» tose an 13 relative à l'indemnité à payer aux
» maîtres de postes ; que les amendes que cette loi
» prononce doivent donc être cumulées sur la tête
» de l'individu qui les a encourues ; que l'entre-
» preneur d'une voiture publique , marchant à
» grande journée, se constitue en contravention à
» ladite loi toutes les fois qu'il refuse de payer
» l'indemnité de 25 centimes au maître de poste
» dont il n'emploie pas les chevaux ; que le nombre
» des amendes à prononcer contre lui doit être
» égal au nombre de refus qu'il a faits de payer
» l'indemnité quand elle était due..... »

462. On a remarqué, sans doute, que les arrêts
que je viens de transcrire ne sont pas seulement
motivés sur des principes particuliers aux matières de douanes, de contributions indirectes,
de contraventions aux droits des maîtres de postes ; mais qu'ils reposent aussi sur un principe
plus général ; savoir : *que l'article 365 du Code d'instruction n'est point applicable aux amendes et peines pécuniaires portées par des lois relatives aux matières qui n'ont pas été réglées par le Code pénal ; que
cet article ne concerne que les crimes et délits ordi-*

---

(1) Bull., p. 830 ; Dalloz, p. 510.

naires. Si cette proposition est vraie, elle doit s'appliquer non seulement aux matières dans lesquelles ces arrêts sont intervenus, mais encore à toutes les matières qui n'ont pas été réglées par le Code pénal; il est donc nécessaire de l'examiner et de s'assurer de son exactitude.

J'ai dit que l'article 365 du Code d'instruction renfermait un principe général que l'orateur du gouvernement avait exprimé en disant : Le Code d'instruction se *décide formellement contre la cumulation des peines ;* et comme le Code trace aux tribunaux des règles de conduite qui embrassent dans leur généralité tous les crimes et tous les délits qui leur sont déférés, quelle que soit la loi qui détermine la mesure de la peine, on est porté d'abord à douter de l'exactitude de la doctrine de la cour de cassation.

Cependant, en y réfléchissant, on remarque que l'article 365 ne renferme pas *une règle de procédure,* applicable conséquemment à tous les jugemens que les tribunaux sont appelés à rendre, quel que soit le délit qui y donne lieu; mais qu'il contient un principe général sur la *pénalité.* Le Code d'instruction et le Code pénal ne forment qu'un seul corps de droit criminel (1) dont les dispositions s'expliquent, se modifient les unes par les autres ; or, l'article 484 du Code pénal porte : «Dans toutes les matières qui n'ont pas été réglées »par le présent Code, et qui sont réglées par des lois

_____

(1) Décret du 23 juillet 1810.

» des peines contre ceux qui seraient trouvés chas-
» sant sans permis de port d'armes, déclare, par
» son article 4, que les dispositions de la loi du
» 30 avril 1790, concernant la chasse, seront, au
» surplus, exécutées; que, dès lors que la loi de
» 1790 et le décret du 4 mai 1812 doivent recevoir
» respectivement leur application, les peines por-
» tées par ces deux lois doivent être prononcées
» toutes les fois que les délits qu'elles prévoient
» se rencontrent; qu'aucune distinction n'est éta-
» blie entre les cas où ces délits sont séparément
» ou simultanément poursuivis; d'ailleurs qu'il
» s'agit moins, dans l'espèce, d'une peine à ajou-
» ter à une autre peine, que de l'aggravation d'une
» même peine pécuniaire, prononcée par la loi,
» par suite de l'aggravation de criminalité d'un
» même fait ».

4° Lorsque plusieurs contraventions sont commises en matière de douanes ou de contributions
indirectes, les tribunaux ne doivent pas se borner
à appliquer la peine attachée à la contravention
la plus grave; mais chaque contravention doit
recevoir la répression qui lui est propre. C'est ce
que la cour de cassation a jugé, en matière de
douanes, par arrêt du 21 décembre 1821 (1), et en
matière de contributions indirectes, par un arrêt
du 26 mars 1825 (2). Ce dernier arrêt en donne
pour motif : « Attendu, en droit, que ladite cour,

_____

(1) Bull., p. 553.
(2) Bull., p. 172; Dalloz, p. 294.

» après avoir reconnu l'existence de deux contra-
» ventions, pour chacune desquelles il avait été
» prononcé une amende de 5o francs, a néan-
» moins décidé que Lefèvre ne subirait, pour les
» deux contraventions, que la seule peine d'une
» amende de 5o francs; qu'elle a fondé cette déci-
» sion sur l'article 365 du Code d'instruction. —
» Attendu que la perception des contributions
» indirectes est régie par des lois et réglemens spé-
» ciaux et particuliers que les cours et tribunaux
» sont chargés de faire observer; que les contra-
» ventions à ces lois et réglemens, expressément
» maintenus par l'article 484 du Code pénal, n'ont
» absolument rien de commun avec les dispositions
» de l'article 365 du Code d'instruction, qui ne
» concerne que les crimes et délits ordinaires; que
» chaque contravention, en matière de contribu-
» tions indirectes, est passible des peines particu-
» lières qui lui sont spécialement attachées; qu'il
» est défendu aux juges de les modifier, et qu'au-
» cune loi n'autorise à les réduire à une seule,
» dans le cas de plusieurs contraventions. »

5° L'amende de 5oo francs, prononcée par la
loi du 15 ventose an 13 contre les entrepreneurs
de voitures publiques qui refusent d'acquitter aux
maîtres de postes les droits qui leur sont dus,
laquelle amende est applicable, d'après l'article 2
de cette loi, moitié au profit des maîtres de postes et moitié à l'administration des relais, doit
être prononcée contre chacune de ces contraventions; c'est ce que décide un arrêt du 11 octo-

» et réglemens particuliers , les cours et tribunaux
» continueront de les observer. » Ainsi la publication du nouveau Code criminel n'a apporté aucun changement à la répression des délits prévus par des lois particulières, et si le principe
adopté par l'article 365 du Code d'instruction
ne s'y trouve pas, les tribunaux ne sont pas autorisés à l'y introduire, et à modifier la pénalité
qu'elles ont établie. Que ce principe ne s'y trouve
pas, c'est une vérité que l'on ne peut méconnaître :
il ne s'y trouve pas explicitement; il ne s'y trouve
pas non plus implicitement, puisque ni la loi du
16-29 septembre 1791, ni le Code du 3 brumaire
an 4 ne contiennent aucune disposition générale
qui équivaille à l'article 365 du Code d'instruction; ce qui a fait dire à l'orateur du gouvernement :
« Jusqu'ici les cours de justice criminelle se sont
» interdit cette cumulation, plutôt d'après une
» jurisprudence que d'après un texte formel. » Et
cette jurisprudence ne s'est jamais étendue aux
délits prévus par des lois spéciales.

Ainsi, je crois qu'il est exact de dire, avec la
cour de cassation, que l'article 365 du Code d'instruction ne concerne pas les crimes et délits prévus par les lois particulières en vigueur au moment de sa mise à exécution.

Mais cet article est-il applicable aux crimes et
aux délits prévus par des lois spéciales postérieures à sa publication? Oui, si les lois ne renferment
pas de disposition contraire. L'art. 365 pose un
principe général et de droit commun , et les lois

particulières sont toujours réputées s'être confor-
mées aux règles du droit commun, lorsqu'elles
n'y dérogent pas expressément (1).

463. Par ses arrêts des 15 juin 1821 (2) et 21
juillet 1826 (3), la cour de cassation a jugé : 1° que
l'amende émise par la loi du 3 septembre 1807
contre le délit d'habitude d'usure, pouvait être
prononcée cumulativement avec la peine d'emprisonnement portée par l'article 411 du Code pénal
contre celui qui tient, sans autorisation, une maison de prêt sur gage ; 2° qu'il en était de même de
l'amende prononcée par les articles 35 et 36 de la
loi du 19 ventose an 11 contre l'exercice illégal de
la médecine, et de la peine d'emprisonnement
émise par l'article 405 du Code pénal contre les
coupables du délit d'escroquerie ; en conséquence,
elle a rejeté les pourvois des individus qui avaient
été condamnés cumulativement à ces diverses peines. La cour n'a fait en cela que se conformer à
l'exception que j'ai discutée dans le numéro précédent.

Mais les motifs de ses arrêts reposent sur un autre principe qu'il importe d'examiner. Elle dit,
dans le premier : « Attendu que les peines pécu-

---

(1) * Jugé en conséquence que l'article 365 est applicable
aux délits et contraventions de la garde nationale. Arrêts des
9 mai et 4 juillet 1835 , Dalloz, p. 292 et 382.

(2) Bull., p. 342 ; Dalloz, t. XII , p. 828.

(3) Non imprimé. M. Brière rapporteur, Dufatre contre le
ministère public.

» niaires sont distinctes des peines personnelles ;
» que de l'article 365 du Code d'instruction, il ne
» résulte nullement que, dans le cas de conviction
» de plusieurs délits, dont l'un n'emporte que la
» peine d'amende, cette amende ne puisse être cu-
» mulée avec la peine d'emprisonnement encourue
» pour les autres délits. »

Elle a dit, dans le second : «Attendu... attendu
» que d'ailleurs les peines pécuniaires sont dis-
» tinctes des peines personnelles... »

Ainsi, d'après la cour de cassation, les peines
qui ne consistent que dans des amendes peuvent
être cumulées avec les peines corporelles, et à
plus forte raison, elles peuvent être cumulées entre elles. Il est à regretter que la cour se soit bornée à énoncer cette doctrine sans en avoir démontré l'exactitude. Toutefois, M. Legraverend, qui
l'a adoptée, essaie de la justifier, en disant (1) :
«La prohibition portée par le Code contre la cu-
» mulation des peines, a fait naître la question de
» savoir si l'auteur de plusieurs délits qui donnent
» lieu à des amendes ou à d'autres réparations ci-
» viles, ne devait également subir que la peine *pé-*
» *cuniaire* la plus forte, applicable à l'un de ces
» délits ; mais il faut tenir la négative pour con-
» stante, et celui qui a commis, avant qu'il soit in-
» tervenu de jugement de condamnation contre
» lui, plusieurs délits de nature à entraîner, soit

(1) T. II, p. 611.

» des condamnations pécuniaires seulement, soit
» des peines de cette espèce concurremment avec
» l'emprisonnement, doit être poursuivi, jugé, et
» condamné, s'il y a lieu, à toutes les peines pécu-
» niaires qu'il a encourues par chacun des délits,
» et tous les jugemens rendus contre lui doivent
» être mis à exécution, en ce qui concerne les
» condamnations pécuniaires, sauf à ne lui faire
» subir que le plus long emprisonnement qu'il
» a encouru, dans le cas où il en aurait été
» prononcé plusieurs, soit par le même tribunal,
» soit par des tribunaux différens. La loi défend
» de cumuler les peines, et son vœu est rempli en
» ne prononçant ou en ne faisant subir que l'em-
» prisonnement le plus long; mais elle veut que les
» délits soient réparés; et ces amendes, comme la
» confiscation des objets du délit, comme les au-
» tres condamnations pécuniaires, ne sont réelle-
» ment que la réparation du délit, prononcée par
» des tribunaux de répression, au lieu de l'être
» par les tribunaux civils. Cette doctrine conforme
» d'ailleurs aux instructions ministérielles et à l'u-
» sage universellement suivi, est encore fondée sur
» la jurisprudence de la cour de cassation. »

Je désirerais que cette doctrine fût vraie, elle
remédierait, en partie, à l'imperfection de notre
législation sur l'accumulation des peines; mais je
doute beaucoup qu'elle soit exacte.

L'article 365 du Code d'instruction embrasse,
dans sa généralité, toutes les peines, sans distinction des peines corporelles et des peines pécu-

niaires; et, en vérité, je n'aperçois point par quel moyen on parviendrait à faire casser un arrêt de cour d'assises qui ne condamnerait qu'à l'amende la plus forte un accusé convaincu, par la déclaration du jury, de plusieurs faits qui ont dégénéré en délits passibles de simples amendes, et ce qu'on répondrait à cet acte si clair : *en cas de conviction de plusieurs..... délits, la peine la plus forte sera seule prononcée.* C'est sans doute cette objection insoluble qui a obligé M. Legraverend à contester que les amendes fussent des *peines;* c'est ce qui lui a fait dire que les amendes ne sont que *la réparation du délit prononcé par les tribunaux de répression, au lieu de l'être par les tribunaux civils.* Mais M. Legraverend se trompe; les amendes sont de véritables *peines*, les articles 9 et 464 du Code pénal le déclarent formellement, et la cour de cassation a toujours jugé qu'elles ne perdent ce caractère que dans les cas particuliers où la loi les réduit à n'être que de simples réparations civiles (1).

Je comprends aisément que quand les amendes ne sont que des réparations civiles, ou quand un caractère civil vient s'y mêler, ou même quand la loi leur donne une destination spéciale au profit des tiers, des hospices par exemple, elles peuvent être cumulées, soit entre elles, soit avec des peines corporelles; mais hors ces cas, la doctrine de la cour de cassation et l'opinion de M. Legraverend

---

(1) V. *suprà*, n° 279.

ne sont pas justifiées par la loi; elles introduisent dans l'article 365 du Code d'instruction, une distinction qu'il ne contient pas, et que rien n'indique avoir été dans la pensée du législateur.

Au surplus, l'usage invoqué par M. Legraverend n'est pas aussi universellement adopté qu'il le prétend; les exemples contraires ne sont pas rares. Quant à la jurisprudence, on a vu que les deux arrêts que j'ai cités n'ont point appliqué directement la doctrine que je discute, puisque, dans les espèces où ils sont intervenus, 'les amendes étaient prononcées par des lois particulières. Il existe même un arrêt du 4 mai 1821 (1), qui y est fort opposé. Il s'agissait d'un individu déclaré convaincu d'avoir chassé, sans permis de port d'armes, dans un bois de l'état. La cour de cassation pensait, à cette époque, que la chasse dans les bois de l'état n'était pas punie par la loi du 30 avril 1790, mais par l'ordonnance des eaux et forêts de 1669 (2), et elle a dit : « Considérant que » le décret du 4 mai 1812, qui établit une peine » correctionnelle (*l'amende*) contre le port d'armes » sans permis, en fait de chasse, n'ordonne la cu- » mulation de cette peine avec celle du délit de » chasse que relativement à ceux des délits qui » sont prévus et punis par la loi du 30 avril 1790; » que cette dérogation à l'article 365 du Code » d'instruction, doit donc demeurer restreinte au

_____

(1) Bulletin de 1822, p. 49 ; Dalloz, t. II, p. 454.
(2) V. *suprà*, nᵒˢ 305 et 306.

» cas pour lequel elle a été faite, et qu'elle ne peut
» conséquemment être étendue aux délits de chasse
» commis dans les forêts de l'état, dont la peine
» (*l'amende*) est déterminée par l'ordonnance des
» eaux et forêts de 1669; que, dans l'espèce, Jean
» Parage a été reconnu coupable d'avoir chassé
» avec des chiens et un fusil, sans permis de port
» d'armes, dans une forêt de l'état; que, dans le
» concours de ces deux délits, la cour royale de
» Rennes, en ne condamnant ledit Parage qu'à
» l'amende de 100 francs pour le délit de chasse,
» qui est une peine plus forte que celle encourue
» pour le délit de port d'armes sans permis, a donc
» fait une juste application dudit article 365 du
» Code d'instruction criminelle. »

On peut, sans doute, reprocher à cet arrêt de
n'avoir point appliqué à l'espèce l'exception résultant de ce que le délit de chasse étant prévu
par une loi spéciale antérieure au Code criminel,
les deux peines pouvaient être cumulées (1); mais
il prouve que quand la cour de cassation ne reconnaît pas l'existence de cette exception, elle voit
dans les amendes de véritables peines; qu'elle
pense que ces peines ne doivent point être cumulées, et que, dans le concours de deux délits
passibles chacun de la peine de l'amende, les tribunaux ne doivent, aux termes de l'article 365,
appliquer que la plus forte (2).

---

(1) V. *suprà*, n° 462. — (2) * Arrêt conforme à cette opinion, du 3 octobre 1835, Dalloz, 1836, p. 123.

464. J'ai déjà eu occasion de dire que le principe qui rejette l'accumulation des peines, n'apporte aucun obstacle à l'exercice de l'action civile pour la réparation du dommage que chaque délit a pu causer. Cela est évident.

Il ne l'est pas moins que ce principe ne s'applique qu'aux délits dont un individu s'est rendu coupable *avant* toute condamnation; car ceux qu'il commet postérieurement, peu importe leur degré de gravité, sont punissables; ils le constituent même en état de récidive et l'exposent à une aggravation de peine. Je me serais dispensé de faire cette dernière observation, si je n'avais sous les yeux deux arrêts (1) par lesquels la cour de cassation a cassé des arrêts de cours d'assises qui avaient méconnu cette vérité.

---

(1) Arrêts des 17 juin 1825, Bull., p. 324; Dalloz, p. 396; 5 mai 1826, Bull., p. 260; Dalloz, p. 359.

FIN.

TABLE ALPHABÉTIQUE.

NOTA. Les chiffres de droite renvoient aux numéros qui, depuis 1 jusqu'à 464, divisent les matières des deux volumes; les chiffres de gauche
fixent l'ordre des diverses questions inscrites sous chaque mot; et quand on
renvoie d'un mot à un autre, dans le cours de la table, on a eu soin de faire
connaître le numéro d'ordre de la question à laquelle le renvoi s'applique.

A

née à la plainte de la partie lésée, les transactions ou le désistement ne peuvent l'arrêter après que la plainte a été portée. (Adultère, 6, 7, 14.)

B

E

F

J

L

M

N

O

P

Q

T

U

V

FIN DE LA TABLE DES MATIÈRES.

ERRATA.

TOME PREMIER.

P. 193. Dernière ligne. — *Reconnaîtrait* ; lisez reconnaissait.

205. A la suite de la note 2 de cette page, ajoutez : La cour de cassation, par arrêt du 9 août 1834, Bulletin, p. 326, a jugé, qu'en l'absence de commissaire de police, de maire et d'adjoint, dans la commune où siége le tribunal de police du juge-de-paix, c'est au procureur général à choisir, parmi les maires ou adjoints du canton, celui ou ceux qui doivent remplir, près de ce tribunal, les fonctions d'officiers du ministère public.

TOME II.

P. 352. 20e ligne, après ces mots : *les dix autres,* ajoutez : *. Et, en note* : * Cette opinion de l'auteur a été consacrée par un arrêt de la cour de cassation, en date du 25 août 1836, qui a jugé, au rapport de M. Rives, « qu'une condamnation pour délit d'habitude d'usure réprime nécessairement tous les faits antérieurs qui pouvaient constituer cette habitude, et, dès-lors, ceux même qui n'auraient pas été compris distinctement dans le jugement qui l'a punie. » — On trouvera cet arrêt à sa date dans le Bulletin officiel.

388. 25e ligne, *au lieu de* n'agit que par, *lisez :* n'agit que pour.

408. 1re ligne, *au lieu de* dans l'instance civile par exemple, *lisez :* dans l'instance civile : par exemple,

470. 5e ligne, *au lieu de* passif, *lisez :* passible.

485. Lignes 22 et 23, *au lieu de* le système des peines, *lisez :* le système d'accumulation des peines.

www.ingramcontent.com/pod-product-compliance
Lightning Source LLC
Chambersburg PA
CBHW031350210326
41599CB00019B/2716

TRAITÉ

DE

GÉOMÉTRIE.

PARIS. — IMPRIMÉ PAR E. THUNOT ET Cᵉ,
rue Racine, 26, près de l'Odéon.

TRAITÉ

DE

GÉOMÉTRIE,

PAR

J. ADHÉMAR.

Deuxième Édition,
Revue et corrigée.

～～～～～～

Ancien Comptoir
DES IMPRIMEURS-UNIS.

PARIS,

Ancienne Maison
L. MATHIAS (Augustin).

Librairie Scientifique-Industrielle et Agricole

DE LACROIX-COMON,
15 Quai Malaquais.

1858

PRÉFACE.

Cette seconde édition de mon *Traité de Géométrie* diffère peu de la première; j'ai transporté la trigonométrie après la géométrie de l'espace et j'ai supprimé le chapitre qui contenait quelques notions de Géométrie descriptive.

J'avais cru devoir traiter ce sujet dans la première édition, pour exercer les élèves sur la théorie du plan ; mais cette partie, trop étendue pour la géométrie élémentaire ne l'était pas assez pour être immédiatement utile, c'est pourquoi j'ai préféré renvoyer ces études au moment où les élèves seront assez avancés pour bien comprendre la géométrie descriptive et ses nombreuses applications.

La première édition contenant depuis longtemps tout ce qui est exigé par les nouveaux programmes , je n'ai pas eu besoin de la modifier.

Enfin, j'ai ajouté une table analogue a celle qui termine les traités d'arithmétique et d'algèbre. Ces résumés ont l'avantage de remettre rapidement sous les yeux du lecteur les principes les plus importants de la science qu'il vient d'étudier.

J'ai un instant hésité si je remplacerais l'atlas par des figures dans le texte. Cette méthode a quelque avantage lorsqu'il s'agit de faire comprendre la forme d'un coquillage, d'une fleur, ou les détails peu composés d'une machine, etc. Mais pour les figures de géométrie, cela est plus incommode qu'utile.

En effet, la figure placée dans le texte occupe une grande partie de la page, et l'espace qui reste n'a plus assez de largeur pour que l'on puisse y placer les formules.

La brièveté des lignes, et par suite le peu de matière contenue dans chaque page, force à tourner souvent le feuillet; de sorte que l'on n'a presque jamais sous les yeux la figure à laquelle se rapporte la démonstration, ce qui devient insupportable lorsqu'il y a beaucoup de lettres auxquelles il faut revenir à chaque instant. Enfin, et je crois cette dernière raison concluante, c'est que *l'on ne doit jamais étudier sur la figure du livre.*

Il faut d'abord faire une figure qui ne contienne que les lignes nommées dans l'énoncé du théorème à démontrer ou du problème à résoudre; et l'on ne doit y ajouter les autres lignes, qu'au moment où chacune d'elles devient nécessaire pour expliquer le raisonnement; or, puisque l'on doit tracer la figure sur le papier ou sur un tableau, il est parfaitement indifférent qu'elle soit placée dans le texte, ou dans un atlas séparé.

TABLE DES MATIÈRES.

GÉOMÉTRIE.

GÉOMÉTRIE PLANE.

LIVRE PREMIER.

POSITION RELATIVE DES LIGNES ET COMPARAISON DES FIGURES.

LIVRE DEUXIÈME.

LIGNES PROPORTIONNELLES ET FIGURES SEMBLABLES.

LIVRE TROISIÈME.

MESURE DE L'ÉTENDUE.

LIVRE QUATRIÈME

APPLICATIONS DE L'ALGÈBRE.

GÉOMÉTRIE DE L'ESPACE.

LIVRE PREMIER.

POSITION RELATIVE DES LIGNES ET DES PLANS.

LIVRE DEUXIÈME.

ESPACES LIMITÉS.

LIVRE TROISIÈME.

TRIGONOMÉTRIE.

FIN DE LA TABLE DES MATIÈRES.

TRAITÉ

DE

GÉOMÉTRIE.

PARIS. — IMPRIMÉ PAR E. THUNOT ET Cᵉ,
rne Racine, 26, près de l'Odéon.

TRAITÉ

DE

GÉOMÉTRIE,

PAR

J. ADHÉMAR.

Deuxième Édition,
Revue et corrigée.

———✦———

PARIS.

LACROIX-COMON, LIBRAIRE,
QUAI MALAQUAIS, 15.

HACHETTE, LIBRAIRE,
RUE PIERRE-SARRAZIN, 14.

DALMONT ET DUNOD, LIBRAIRES,
QUAI DES AUGUSTINS, 49.

MALLET-BACHELIER, LIBRAIRE,
QUAI DES AUGUSTINS, 55.

1858

PRÉFACE.

Cette seconde édition de mon *Traité de Géométrie* diffère peu de la première; j'ai transporté la trigonométrie après la géométrie de l'espace et j'ai supprimé le chapitre qui contenait quelques notions de Géométrie descriptive.

J'avais cru devoir traiter ce sujet dans la première édition, pour exercer les élèves sur la théorie du plan ; mais cette partie, trop étendue pour la géométrie élémentaire ne l'était pas assez pour être immédiatement utile, c'est pourquoi j'ai préféré renvoyer ces études au moment où les élèves seront assez avancés pour bien comprendre la géométrie descriptive et ses nombreuses applications.

La première édition contenant depuis longtemps tout ce qui est exigé par les nouveaux programmes, je n'ai pas eu besoin de la modifier.

Enfin, j'ai ajouté une table analogue a celle qui termine les traités d'arithmétique et d'algèbre. Ces résumés ont l'avantage de remettre rapidement sous les yeux du lecteur les principes les plus importants de la science qu'il vient d'étudier.

J'ai un instant hésité si je remplacerais l'atlas par des figures dans le texte. Cette méthode a quelque avan-

tage lorsqu'il s'agit de faire comprendre la forme d'un
coquillage, d'une fleur, ou les détails peu composés d'une
machine, etc. Mais pour les figures de géométrie, cela
est plus incommode qu'utile.

En effet, la figure placée dans le texte occupe une
grande partie de la page, et l'espace qui reste n'a plus
assez de largeur pour que l'on puisse y placer les formules.

La brièveté des lignes, et par suite le peu de matière
contenue dans chaque page, force à tourner souvent le
feuillet; de sorte que l'on n'a presque jamais sous les
yeux la figure à laquelle se rapporte la démonstration,
ce qui devient insupportable lorsqu'il y a beaucoup de
lettres auxquelles il faut revenir à chaque instant. Enfin,
et je crois cette dernière raison concluante, c'est que
l'on ne doit jamais étudier sur la figure du livre.

Il faut d'abord faire une figure qui ne contienne que
les lignes nommées dans l'énoncé du théorème à démontrer ou du problème à résoudre; et l'on ne doit y ajouter
les autres lignes, qu'au moment où chacune d'elles devient
nécessaire pour expliquer le raisonnement; or, puisque
l'on doit tracer la figure sur le papier ou sur un tableau,
il est parfaitement indifférent qu'elle soit placée dans le
texte, ou dans un atlas séparé.

TABLE DES MATIÈRES.

GÉOMÉTRIE.

GÉOMÉTRIE PLANE.

LIVRE PREMIER.

POSITION RELATIVE DES LIGNES ET COMPARAISON DES FIGURES.

LIVRE DEUXIÈME.

LIGNES PROPORTIONNELLES ET FIGURES SEMBLABLES.

LIVRE TROISIÈME.

MESURE DE L'ÉTENDUE.

LIVRE QUATRIÈME.

APPLICATIONS DE L'ALGÈBRE.

GÉOMÉTRIE DE L'ESPACE.

FIN DE LA TABLE DES MATIÈRES.

GÉOMÉTRIE.

INTRODUCTION.

1. Les objets tels qu'ils existent dans la nature, et ceux qui sont le produit de notre industrie, se nomment des *corps* ou *solides;* ainsi, un morceau de bois, une barre de fer, un arbre, une pierre, sont des corps.

2. L'espace occupé par un corps, est limité de toutes parts ; mais l'espace en général doit être considéré comme *infini*.

3. La partie de l'espace, occupée par un corps, se nomme son *volume*, et la limite de ce volume se nomme *surface*. Ainsi, la surface d'un corps sépare son volume de l'espace qui l'environne.

4. On donne encore le nom de surface à la limite qui, dans notre imagination, sépare deux parties voisines de l'espace, sans qu'il soit nécessaire de supposer ces parties occupées par des corps.

5. La limite qui sépare deux parties voisines d'une surface se nomme une *ligne*.

6. Le lieu de l'espace suivant lequel deux surfaces *se rencontrent*, est une ligne.

7. La direction, suivant laquelle on estime l'étendue, se nomme une *dimension*.

8. Toutes les questions relatives aux propriétés de l'espace, peuvent être résolues en ne considérant que trois directions

1

principales, que l'on nomme *les dimensions de l'étendue*, et que l'on désigne par les mots, *longueur, largeur* et *profondeur*. Cette dernière dimension est quelquefois nommée *hauteur* ou *épaisseur*.

———

9. La GÉOMÉTRIE a principalement pour but la recherche des relations qui existent entre les trois dimensions de l'étendue.

10. Un corps ou solide est étendu suivant trois dimensions, savoir : *longueur, largeur, épaisseur*.

11. Une surface n'a que deux dimensions : *longueur* et *largeur*.

12. Une ligne n'a qu'une dimension, que l'on nomme *longueur*.

13. Dans les corps ou solides, aucune des trois dimensions ne peut exister sans les deux autres, mais il est souvent utile de les considérer *séparément* ; c'est ce qu'on appelle faire des *abstractions*.

Supposons, par exemple, que l'on veut peindre la façade d'une maison, il est évident que pour calculer la quantité de couleur qui doit être employée, il ne sera pas nécessaire de connaître l'*épaisseur* des murs ; on pourra donc *négliger* cette dimension pour ne s'occuper que de l'étendue en *surface*.

Lorsqu'un homme doit entreprendre un voyage, il s'occupe principalement de la *longueur* de la route qu'il doit parcourir, et ne s'inquiète pas de la largeur de cette route ou de l'épaisseur du pavé, il fait donc abstraction de la *largeur* et de l'*épaisseur*.

C'est ainsi que, souvent, l'on néglige quelques-unes des dimensions de l'étendue, pour ne s'occuper que de celles qui se rapportent à la question proposée.

14. Indépendamment de l'*étendue finie* occupée par les corps, il est souvent utile d'étudier les propriétés de l'*étendue infinie* qui les entoure. De nouvelles définitions deviennent nécessaires pour atteindre ce but.

15. Quelque petit que soit un corps, il possède toujours les trois dimensions de l'étendue. Ainsi un grain de sable, un grain de poussière, sont étendus en longueur, largeur et épaisseur.

Si, par la pensée, nous supposons que ce corps diminue de volume, chacune de ses dimensions diminuera.

A mesure que les dimensions diminuent, le volume devient plus petit, et lorsque les trois dimensions sont réduites à zéro, le volume devient nul et le corps est réduit à un point.

16. On peut donc considérer le point comme la *limite* à laquelle parvient le volume d'un corps lorsque ses dimensions deviennent *infiniment petites*.

17. *Le* **point** *n'a donc pas d'étendue.* Le corps le plus petit que l'on puisse concevoir, est toujours *plus grand qu'un point*. C'est une conception géométrique qui ne peut exister que dans notre imagination.

18. Si l'on suppose qu'un point se meut d'une manière quelconque dans l'espace, le chemin qu'il aura parcouru sera une *ligne*.

19. Le point n'ayant pas d'étendue, il s'ensuit que la ligne *ne peut avoir ni largeur ni épaisseur*, elle n'a qu'une dimension nommée *longueur*, qui représente la route parcourue par le point mobile.

20. Si le point générateur se détourne un peu à chaque instant, la ligne engendrée est une *courbe;* dans le cas contraire c'est une ligne droite.

21. On peut considérer la ligne droite comme la trace d'un point qui se meut de manière à se diriger toujours vers un seul et même point; par conséquent *la ligne droite est le plus court chemin d'un point à un autre.*

22. Cette définition comprend le cas où les deux points dont il s'agit seraient *infiniment éloignés.* Alors, la droite qui joint ces points est elle-même *infiniment longue.*

La ligne droite peut donc être considérée de deux manières entièrement différentes :

1° Elle est *finie* lorsqu'elle représente *une distance;*

2° Elle est *infinie* lorsqu'elle exprime une *direction.*

Il est plus exact de dire que *toutes les lignes droites sont infinies*, sauf à ne considérer dans chaque question que la portion de ligne droite dont on aura besoin. Ainsi,

23. *La* **droite** *est une ligne infinie, telle que la partie de cette ligne comprise entre deux quelconques de ses points, est plus courte que toute autre ligne qui joindrait l'un de ces points à l'autre.*

Il résulte de cette définition :

1° Que par deux points donnés on ne peut faire passer qu'une seule ligne droite;

2° Que par conséquent *deux points donnés déterminent la position d'une droite.*

24. Lorsque deux lignes passent par un même point, on dit qu'elles *se rencontrent* ou qu'elles *se coupent*, et le point commun se nomme leur *intersection.*

25. Si deux lignes droites se rencontrent, et que l'on fasse mouvoir une troisième droite de manière qu'elle coupe toujours les deux premières, le lieu de l'espace qui contient toutes les positions de la droite mobile se nomme un *plan*, donc :

26. *Le* **plan** *est le lieu qui contient toutes les positions que peut prendre une droite assujettie à s'appuyer constamment sur deux droites immobiles qui se rencontrent.*

La droite mobile se nomme *génératrice*, et les deux droites sur lesquelles elle s'appuie se nomment *directrices.*

27. Ces deux dernières lignes étant données, il est évident que la position du plan sera connue. C'est pourquoi on dit que *deux lignes qui se coupent déterminent la position du plan.*

Trois points déterminent aussi la position d'un plan, puisqu'en joignant ces points *deux à deux*, par trois droites, on pourrait toujours considérer deux quelconques de ces droites comme directrices du plan dont la troisième droite sera la génératrice.

28. Il résulte encore de la définition précédente, qu'*un plan est une surface sur laquelle une ligne droite peut être appliquée dans tous les sens.*

Par conséquent une ligne droite ne peut être en partie dans un plan et en partie en dehors de ce plan.

29. Les génératrices et les directrices d'un plan étant des droites infinies, il s'ensuit que tous les plans sont essentiellement *infinis*.

30. La ligne droite n'est infinie qu'en *longueur*, tandis que le plan est infini en *longueur* et *largeur*.

31. Toute combinaison de lignes tracées dans un plan est une *figure plane*.

32. Lorsque les quantités que l'on considère sont toutes comprises dans un même plan, on dit que la question appartient à la *géométrie plane ou à deux dimensions*. Dans le cas contraire elle dépend de la *géométrie à trois dimensions ou dans l'espace*.

33. Nous allons commencer par étudier les questions qui dépendent de la géométrie plane. Mais, avant de passer aux démonstrations des principes, je dois donner l'explication de quelques termes employés dans le langage géométrique.

---

34. Axiome est une vérité tellement évidente, qu'elle n'a pas besoin de démonstration.

35. Théorème est une vérité qui ne devient évidente qu'au moyen d'une démonstration.

36. Corollaire est une vérité qui résulte si évidemment d'une autre vérité que l'on vient d'établir, qu'elle n'a pas besoin d'une démonstration particulière.

L'ensemble des axiomes, théorèmes et corollaires, compose ce qu'on appelle la *théorie*.

37. Problème est une question à résoudre, c'est une application de la théorie.

38. Hypothèse est une supposition faite, soit dans l'énoncé d'un théorème, soit dans le courant de la démonstration.

39. Réciproque est l'inverse d'une proposition précédemment énoncée, c'est-à-dire que la conséquence est admise comme *hypothèse*, tandis que l'hypothèse à son tour devient la conséquence.

40. Notation. Les signes employés sont les mêmes que dans l'algèbre, et se prononcent de la même manière.

41. Les lettres majuscules placées sur les figures, représentent des extrémités ou des intersections de lignes, et n'ont par conséquent aucune valeur par elles-mêmes.

Pour désigner la droite qui joint deux points A et B on écrit AB, ce qui par conséquent ne signifie pas, comme dans l'algèbre, le produit de A par B.

Pour exprimer le quarré dont le côté est AB, on écrira $\overline{AB}^2$, et, dans ce cas, la barre qui précède l'exposant 2 ne doit pas être prise pour le signe *moins*.

42. Dans les formules, on emploie les petites lettres pour exprimer les *quantités*. Ainsi, on représentera souvent par une petite lettre la *longueur* de la portion de ligne droite comprise entre deux points.

---

43. Axiomes. *Deux quantités égales à une troisième sont égales entre elles.*

44. *Le tout est plus grand que chacune de ses parties.*

45. *Le tout est égal à la somme de ses parties.*

46. *Deux figures sont égales lorsqu'en plaçant l'une d'elles sur l'autre, elles se confondent dans tous leurs points. On dit alors qu'elles coïncident.*

47. *Lorsqu'une quantité ne peut être ni plus grande ni plus petite qu'une autre quantité, elle lui est nécessairement égale.*

Lorsque la première quantité ne peut être égale à la seconde ni plus grande qu'elle, elle est plus petite.

Enfin, si la première quantité ne peut être égale à la seconde, ni plus petite qu'elle, elle est plus grande.

48. *Une hypothèse est fausse lorsque sa conséquence est absurde.*

GÉOMÉTRIE PLANE.

LIVRE PREMIER.

POSITION RELATIVE DES LIGNES ET COMPARAISON
DES FIGURES.

CHAPITRE PREMIER.

Angles. Perpendiculaires. Obliques.

49. Définitions. Si nous supposons que deux droites AB, AC, *fig.* **1**re, *pl.* **1**, aboutissent à un même point A, et que l'on fasse tourner la droite AB en la faisant successivement passer par toutes les positions AB', AB'', AB''', etc., la quantité plus ou moins grande dont cette droite mobile aura tourné pour s'écarter de l'autre droite sera un *angle*. Le point A est le *sommet* de l'angle, et les deux droites AB''', AC, en sont les *côtés*.

La grandeur d'un angle est indépendante de la longueur des côtés, que l'on doit toujours considérer comme *infinis*.

50. On désigne un angle par la lettre du sommet et par deux autres lettres placées sur les côtés, en ayant le soin de mettre la lettre du sommet entre les deux autres. Ainsi, l'angle

BAC est compris entre les deux lignes BA et AC, tandis que l'angle B'AC est formé par les droites B'A, AC.

Lorsqu'il y a plusieurs lettres sur les côtés de l'angle, il vaut mieux choisir celles qui sont le plus rapprochées du sommet.

Lorsqu'il n'y a point d'autre angle à côté de celui que l'on veut désigner, on se contente quelquefois d'énoncer la lettre du sommet seulement.

Quelquefois aussi on emploie une petite lettre, qui, dans ce cas, doit être placée entre les côtés. Ainsi l'on aurait : angle $m = \text{BAC}$; angle $n = \text{B'AB}$.

51. Les lignes droites, considérées d'une manière générale, étant infinies, il en résulte que toutes les fois que deux droites se coupent, elles forment *quatre angles*, *fig.* **2.**

52. Les deux angles d'un même côté par rapport à l'une quelconque des deux droites, se nomment *angles adjacents.* Ainsi, les angles EAB, BAD, sont des angles adjacents. Il en est de même des angles BAD, DAC.

53. Les angles BAD, EAC, sont des angles *opposés par le sommet*, ainsi que les angles EAB, DAC.

54. Si les angles formés par deux droites qui se coupent, *fig.* **5**, sont égaux, on leur donne le nom d'*angles droits*, et les lignes qui forment les côtés de ces angles, sont dites *perpendiculaires* l'une à l'autre.

Ainsi, AB est perpendiculaire sur CD, et réciproquement CD est perpendiculaire sur AB.

55. Tout angle plus petit qu'un angle droit est un angle *aigu*. Ainsi, l'angle DBC, *fig.* **5**, est un angle aigu.

56. Tout angle plus grand qu'un angle droit est un angle *obtus.* L'angle ABD est un angle obtus.

57. Le *complément* d'un angle est sa différence avec un angle droit ; l'angle EBD est le complément de DBC, et par la même raison, l'angle DBC est le complément de EBD.

58. On nomme ligne *oblique* celle qui fait des angles inégaux avec une autre. Ainsi, chacune des deux droites BC, ED, *fig.* **2**, est oblique par rapport à l'autre.

59. Théorème. *Les angles droits sont tous égaux entre eux.*

Démonstration. Si l'on transporte la figure 3 sur la figure 4, en plaçant la droite CD sur PQ, et faisant coïncider le point E avec F, il est évident que la perpendiculaire AB doit se confondre avec la perpendiculaire MN ; car, supposons, pour un instant, que AB prenne une position telle que VS, on aurait l'angle droit PFV plus grand que l'angle droit VFQ, ce qui serait contraire à la définition du n° 54.

---

60. Théorème. *Fig.* 5. *Lorsqu'une ligne droite* DB *vient aboutir à un point d'une autre droite* AC, *elle fait avec celle-ci deux angles adjacents* ABD, DBC, *dont la somme est égale à deux angles droits.*

Démonstration. Concevons la droite BE perpendiculaire sur AC, on aura :

l'angle obtus ABD $= 1$ *angle droit* $+$ EBD,

l'angle aigu   DBC $= 1$ *angle droit* $-$ EBD.

Ajoutant et réduisant il viendra :

ABD $+$ DBC $= 2$ *angles droits.*

61. Corollaire I. Le *supplément* d'un angle est sa différence avec deux angles droits. Par conséquent l'angle ABD est le supplément de DBC, et l'angle DBC est le supplément de ABD.

Si l'un des deux angles est droit, son supplément le sera pareillement.

62. Cor. II. *Fig.* 6. *Tous les angles consécutifs* ABO, OBH, HBI, etc., *formés au point* B, *et d'un même côté de la droite* AC, *valent ensemble deux angles droits, quel que soit leur nombre ;* car leur somme est égale à celle des deux angles droits ABD, DBC.

63. Cor. III. *Fig.* 7. *Tous les angles formés autour d'un point* A, *valent ensemble quatre angles droits, quel que soit leur nombre ;* car leur somme est égale à celle des quatre angles droits formés par les deux droites BC, DE.

---

64. Théorème. *Fig.* 8. *Si deux angles adjacents* ABC,

CBD, *valent ensemble deux angles droits, les côtés extérieurs* AB, BD, *seront en ligne droite.*

Démonstration. Supposons que BE soit le prolongement de AB, on aurait alors (60) :

$$ABC + CBE = 2 \text{ angles droits.}$$

Mais on a par l'énoncé :

$$2 \text{ angles droits} = ABC + CBD.$$

Ajoutant ces équations et réduisant, on aurait :

$$CBE = CBD,$$

c'est-à-dire que la partie serait égale au tout, ce qui est *absurde* (44). Par conséquent (48) le prolongement de AB ne peut pas être situé *au-dessous* de BD; on démontrerait de la même manière qu'il ne peut pas être *au-dessus;* il faut donc que ce prolongement soit BD.

---

65. Théorème. *Lorsque deux droites se coupent, les angles opposés par le sommet sont égaux.*

Démonstration. *Fig.* **2.** La ligne ED étant droite, on a (60) : $EAB + BAD = 2$ *angles droits.*

La ligne BC étant droite, on a :

$$2 \text{ } angles \text{ } droits = CAD + BAD.$$

Ajoutant et réduisant, on a :

$$EAB = CAD.$$

On démontrerait de même que l'angle $BAD = EAC$.

66. Corollaire. *Si l'un des quatre angles est droit,* fig. **5,** *les trois autres le seront également.*

Parallèles.

67. Définitions. *Fig.* **9.** Si deux droites AB, AC, sont rencontrées par une troisième droite BC, les intersections de ces droites, deux à deux, déterminent *trois points* A, B, C, dont chacun est le sommet commun à quatre angles.

68. Si l'on fait tourner la droite AC, *fig.* **10**, autour du point A, et qu'on lui fasse prendre les positions AC′, AC″, AC‴, le point d'intersection de la droite mobile avec BC, glissera sur cette dernière ligne en s'éloignant du point B.

Par suite de ce mouvement, l'angle CAB passant par tous les états de grandeurs, deviendra successivement C′AB, C″AB, etc., et lorsqu'on aura l'angle C‴AB égal à l'angle C″BF, les deux droites C‴A, C″B, seront *parallèles*. Ainsi :

69. *Deux droites sont* **parallèles** *lorsqu'en les coupant par une troisième droite, à laquelle on donne le nom de* sécante, *elles sont également inclinées et du même côté par rapport à cette dernière ligne.*

70. Les droites AC‴, BC″, étant infinies (23), elles n'ont pas dû cesser de se rencontrer, jusqu'au moment où la droite mobile est arrivée dans la position AC‴. Ainsi, le point d'intersection, s'est éloigné jusqu'à *l'infini*. C'est pourquoi on considère souvent les parallèles comme des droites qui *se rencontrent infiniment loin*. Ce qui, au surplus, revient à dire qu'elles ne *se rencontrent pas*.

71. La droite mobile AC s'appuyant toujours sur les deux droites AB, BC″, il en résulte que ces trois lignes sont dans un même plan (25).

Ce plan peut être engendré par la ligne EF glissant sur les deux droites AC‴, BC″, qui alors seraient *les directrices du plan*.

72. Il résulte de là que *deux parallèles déterminent la position d'un plan.*

73. Si, après le moment où la droite mobile AC est parvenue dans la position AC‴, on continue à la faire tourner dans le même sens, le point d'intersection se reporte sur le prolongement de BC^iv.

74. En général, lorsque deux droites, situées dans un même plan, *ne sont pas parallèles, on peut toujours admettre qu'elles se rencontrent.*

75. La combinaison de deux lignes parallèles coupées par une sécante, établit entre ces trois lignes des relations importantes qu'il faut étudier avec beaucoup d'attention.

Nous remarquerons d'abord que parmi les *huit angles* formés autour des deux points A et B, *fig.* **11,** il y a *quatre angles aigus* et *quatre obtus.*

On est convenu, pour abréger le discours, de donner à ces angles des noms qui rappellent leur *position relative.* Ainsi :

76. Les angles CAB, DBF, se nomment angles *correspondants* ou *internes-externes*, ils doivent être situés :

1° D'un même côté de la sécante ;

2° L'un entre les parallèles, et l'autre en dehors ;

3° Ils ne doivent pas être adjacents (52).

Les angles CAE, DBA, sont internes-externes.

Il en est de même des angles BAG, FBH,
et des angles EAG, ABH.

77. Deux angles, tels que CAB, ABH, se nomment *alternes-internes ;* il faut :

1° Qu'ils soient situés de différents côtés de la sécante ;

2° Qu'ils aient tous deux leurs ouvertures dirigées entre les parallèles ;

3° Qu'ils ne soient pas adjacents.

Les angles GAB, ABD sont alternes-internes.

78. Deux angles tels que EAC, FBH, se nomment *alternes-externes ;* ils doivent être situés :

1° De différents côtés de la sécante ;

2° Tous deux en dehors des parallèles ;

3° Ils ne doivent pas être adjacents.

Les angles DBF, EAG, sont alternes-externes.

----

79. Théorème. *Si l'on compare, deux à deux, les huit angles formés autour des points A et B, fig.* **11,** *on reconnaîtra :*

1° *Que les quatre angles aigus sont égaux entre eux ;*

2° *Que les quatre angles obtus sont égaux entre eux.*

Démonstration. On a :

CAB $=$ DBF, par la définition des parallèles (69),

DBF $=$ ABH, comme opposés par le sommet (65),

ABH $=$ EAG, par la définition des parallèles.

On démontrerait de même l'égalité des angles obtus.

80. Corollaire. On conclura de ce qui précède :

1° *Que deux angles internes-externes sont égaux ;*

2° *Que deux angles alternes-internes sont égaux ;*

3° *Que deux angles alternes-externes sont égaux.*

———————

81. Théorème. *Fig.* **11.** *Lorsque deux lignes sont parallèles, la somme des angles intérieurs d'un même côté de la sécante vaut deux angles droits.*

Démonstration. On a, par la définition des parallèles :
$$CAB = DBF ;$$
mais on sait (60) que
$$ABD + DBF = 2 \text{ } angles \text{ } droits.$$
Ajoutant ces équations et réduisant on aura :
$$CAB + ABD = 2 \text{ } angles \text{ } droits.$$

82. Corollaire. On démontrerait de même que *les angles* EAC $+$ DBF, *valent ensemble deux angles droits.*

———————

83. Théorème. *Fig.* **12.** *Si deux droites AC, BD, sont perpendiculaires à une troisième droite EF, elles seront parallèles.*

Démonstration. Les angles CAB, DBF, sont égaux comme angles droits (59), par conséquent les droites CA, BD, sont parallèles puisqu'elles font des angles égaux avec la sécante EF (69).

84. Corollaire. *Fig.* **13.** *Une perpendiculaire AB et une oblique CD,* n'étant pas également inclinées sur la sécante, ne sont pas parallèles, et doivent par conséquent *se rencontrer.*

———————

85. Théorème. *Fig.* **12.** *Si deux droites AC, BD, sont pa-*

rallèles, *toute ligne* EF *perpendiculaire sur l'une d'elles, doit aussi être perpendiculaire sur l'autre.*

Démonstration. Les angles CAB, DBF, étant égaux, par la définition des parallèles, si l'un de ces angles est droit, il faut que le second le soit aussi.

---

86. Théorème. *Fig.* **14.** *Deux droites* AB, CD, *parallèles à une troisième droite* EF, *sont parallèles entre elles.*

Démonstration. Concevons la sécante GU, les deux droites AB, EF étant parallèles, on a :

l'angle GHB = KLF ;

les droites AB, CD, étant parallèles, on a :

l'angle HKD = GHB.

Ajoutant ces équations et réduisant, on obtient :

HKD = KLF,

donc les droites CD, EF, sont parallèles, puisqu'elles font des angles égaux avec GU.

---

87. Théorème. *Fig.* **15.** *Deux angles* ABO, OEF, *qui ont les côtés parallèles sont égaux.*

Démonstration. On a :

ABO = DOC, comme internes-externes.
DOC = OEF, par la même raison.

Ajoutant et réduisant, on aura : ABO = OEF.

Pour démontrer l'égalité des angles ABO, FEO, *fig.* **16,** on dira :

ABO = BOD, comme alternes-internes,
BOD = FEO, comme internes-externes.

Ajoutant on aura : ABO = FEO.

88. Remarque. Le théorème qui vient d'être démontré n'est vrai que si les deux angles comparés sont aigus tous les deux, ou tous les deux obtus ; mais, *s'il y avait un angle aigu et un angle obtus, leur somme vaudrait deux angles droits.*

Démonstration. *Fig.* **17.** On a :

$$ABC = EOB, \text{ comme internes-externes,}$$
$$EOB = FEO, \text{ comme alternes-internes,}$$
$$FEO + DEF = 2 \text{ } \textit{angles droits.}$$

Ajoutant les trois équations et réduisant, on aura :

$$ABC + DEF = 2 \text{ } \textit{angles droits.}$$

---

89. Théorème. *Deux angles* ABC, DEF, *fig.* **18,** *sont égaux lorsqu'ils ont les côtés perpendiculaires chacun à chacun.*

Démonstration. Concevons l'angle GEH, dont les côtés seraient parallèles à ceux de l'angle ABC, et par conséquent perpendiculaires aux côtés correspondants de l'angle DEF, on aura, par le théorème précédent :

$$ABC = GEH;$$

Mais $GEH + HEF = 1 \text{ } \textit{angle droit.}$

De plus $1 \text{ } \textit{angle droit} = HEF + DEF.$

Ajoutant et réduisant, on aura :

$$ABC = DEF.$$

90. Remarque. Si l'un des angles donnés était aigu, et que l'autre fût obtus, leur somme vaudrait *deux angles droits.*

CHAPITRE II.

Polygones.

---

91. Définitions. Le plan est infini (**29**), mais, souvent, on n'en considère qu'une partie limitée par des lignes.

92. Si la partie de *surface plane* dont il s'agit est entièrement entourée par des lignes droites, on lui donne le nom de *poly-gone*, *fig.* **1**, *pl.* **2**.

93. Les polygones se distinguent par le nombre de leurs côtés. Le plus simple de tous n'a que trois côtés, et se nomme *triangle*, *fig.* **2**.

94. Le polygone de quatre côtés est un *quadrilatère*, *fig.* **3**.

95. Celui de cinq côtés est un *pentagone*, *fig.* **4**.

96. Celui de six un *hexagone*, *fig.* **1**, etc.

97. Lorsqu'un triangle a ses trois côtés inégaux, on le nomme *triangle scalène* ou simplement *triangle*, *fig.* **2**.

98. Le triangle *isocèle*, *fig.* **5**, est celui qui a deux côtés égaux. Le troisième côté se nomme la *base* du triangle, et le point de rencontre des deux côtés égaux est le *sommet* du triangle.

99. On nomme triangle *équilatéral*, *fig.* **6**, celui qui a ses trois côtés égaux.

100. Le triangle *rectangle*, *fig.* **7**, est celui qui a un angle droit A. Le côté BC, opposé à l'angle droit, se nomme *hypoténuse*.

101. Un quadrilatère prend le nom de *trapèze*, *fig.* **8**, lorsqu'il a deux de ses côtés parallèles. Ces deux côtés se nomment les *bases* du trapèze.

102. Le *parallélogramme*, *fig.* **9**, est un quadrilatère dont les côtés opposés sont parallèles.

103. Le *rectangle*, *fig.* **10**, est un quadrilatère dont les angles sont égaux.

104. Le *losange*, *fig.* **11**, est celui dont tous les côtés sont égaux.

105. Le *quarré*, *fig.* **12**, est un quadrilatère qui a les angles égaux et les côtés égaux.

106. On nomme *polygone régulier*, *fig.* **13**, celui qui a ses angles égaux et ses côtés égaux.

Le triangle équilatéral, *fig.* **6**, et le quarré, *fig.* **12**, sont des polygones réguliers.

107. Dans un polygone il y a toujours autant d'*angles* que de *côtés*.

Le nombre des sommets est le même que celui des angles, et par conséquent il y a autant de *sommets* que de *côtés*.

108. La somme des côtés d'un polygone se nomme le *péri-mètre* ou *contour* de ce polygone.

109. Toute droite telle que AB, AC, etc., *fig.* **1**, qui joint deux sommets en traversant le polygone se nomme *diagonale*.

Angles des polygones.

110. **Théorème.** *Si l'on prolonge le côté* AC, *d'un triangle* ABC, *fig.* **14**, *l'angle* BCE, *que l'on aura formé à l'extérieur, sera égal à la somme des deux angles intérieurs* ABC, BAC.

Démonstration. Concevons la droite CD parallèle au côté AB, on aura :

l'angle BCD = ABC, comme alternes-internes,

l'angle DCE = BAC, comme internes-externes.

Faisant la somme de ces deux équations il viendra :

$$BCD + DCE = ABC + BAC,$$

ou $$BCE = ABC + BAC.$$

---

111. **Théorème.** *La somme des trois angles d'un triangle est toujours égale à deux angles droits.*

Démonstration. *Fig.* **14**, nous avons trouvé, par le théorème précédent :

$$BAC + ABC = BCE,$$

si l'on ajoute de part et d'autre l'angle ACB, il est évident que l'on aura :

$$BAC + ABC + ACB = ACB + BCE = 2 \text{ angles droits (62).}$$

112. **Corollaire** I. Si l'on connaît deux angles d'un triangle, ou seulement leur somme, il suffira de retrancher cette somme de deux angles droits pour avoir le troisième angle.

113. **Cor.** II. Si deux angles d'un triangle sont égaux à deux angles d'un autre triangle, le troisième angle du premier triangle sera égal au troisième angle du second.

114. **Cor.** III. Il ne peut y avoir *qu'un seul angle droit* dans un triangle, car s'il y en avait deux, il ne resterait plus rien pour le troisième; à plus forte raison, dans un triangle, il ne peut y avoir qu'un seul angle obtus.

115. Cor. IV. *Dans un triangle rectangle, la somme des deux angles aigus vaut un angle droit;* d'où il résulte que chacun d'eux est le complément de l'autre (57).

---

116. Théorème. *Dans un triangle isocèle, les angles opposés aux côtés égaux sont égaux.*

Démonstration. *Fig.* 5. Soit AB = AC; concevons la droite AD, qui partage l'angle BAC en deux parties égales, on aura l'angle BAD = DAC; par conséquent si l'on plie la figure suivant AD, le côté AB prendra la direction AC; mais puisque AB = AC, le point B tombera en C, et le point D n'ayant pas changé de place, les côtés de l'angle B coïncideront avec ceux de l'angle C. D'où l'on pourra conclure que ces deux angles sont égaux.

117. Corollaire I. Les deux angles ADB, ADC, sont aussi égaux, puisqu'en pliant la figure, ils coïncident; de plus, BD est égal à DC, par la même raison, donc : *la droite qui partage en deux parties égales l'angle au sommet d'un triangle isocèle, est perpendiculaire sur la base* (54) *et passe par le milieu de cette base.*

118. Cor. II. Si l'on connaît l'angle au sommet d'un triangle isocèle, on pourra le retrancher de deux angles droits, et, prenant la moitié du reste, on aura chacun des angles à la base.

119. Cor. III. Si l'on connaît l'un des angles à la base, on le doublera, et, retranchant le résultat de deux angles droits, on aura l'angle du sommet.

120. Cor. IV. *Les angles d'un triangle équilatéral sont égaux, fig.* 6, comme étant opposés à des côtés égaux (116).

121. Cor. V. Les angles d'un triangle équilatéral, *fig.* 6, étant égaux, chacun d'eux vaut *le tiers de deux angles droits; ou les deux tiers d'un angle droit.*

---

122. Théorème. *La somme de tous les angles intérieurs d'un*

polygone est égale à autant de fois deux angles droits qu'il y a
d'unités dans le nombre des côtés moins deux.

Démonstration. *Fig. 4.* Si par un point A , pris à volonté
dans l'intérieur du polygone, on mène des droites à tous les
sommets, le polygone sera partagé en autant de triangles qu'il
y a de côtés, et si l'on exprime le nombre des côtés par *n*, le
nombre des triangles sera également exprimé par *n*.

Or, la somme des angles de chaque triangle étant égale à
deux angles droits (111), on aura $2n$ pour la somme des angles
de tous les triangles qui composent la figure ; mais en retranchant quatre angles droits, qui représentent la somme des angles formés autour du point A (63), il restera $2n - 4$ pour la
somme des angles du polygone.

Si l'on exprime cette somme par la lettre *s*, et que l'on mette
le facteur 2 en évidence, on aura : $s = 2\,(n - 2)$.

123. Corollaire I. Dans un triangle, le nombre des côtés
étant trois, on a $s = 2\,(3 - 2) = 2$. Ce qui vérifie la formule.

Dans un quadrilatère, on a $s = 2\,(4 - 2) = 2 \times 2 = 4$. Ainsi,
la somme des quatre angles d'un quadrilatère vaut toujours
quatre angles droits.

Dans un pentagone on a $s = 2\,(5 - 2) = 2 \times 3 = 6$.

124. Remarque. Pour que le théorème précédent soit applicable au polygone, représenté, *fig. 15*, il faut considérer
l'angle du point B comme étant égal à la somme des angles
ABC, CBH.

L'angle ABH est un angle *rentrant.*

125. Cor. II. Dans un polygone régulier, *fig. 13*, tous les
angles étant égaux entre eux, on obtiendra chacun de ces angles en divisant leur somme par *n*. Ainsi, dans un polygone
régulier de huit côtés, chaque angle sera égal à $\dfrac{2\,(8 - 2)}{8} =$

$\dfrac{2 \times 6}{8} = \dfrac{12}{8} = \dfrac{3}{2} = 1$ angle droit plus $\dfrac{1}{2}$.

126. Dans un polygone de neuf côtés chaque angle est égal
à $\dfrac{2\,(9 - 2)}{9} = \dfrac{14}{9} = 1$ angle droit plus $\dfrac{5}{9}$.

127. Théorème. *Fig.* **16.** *Si l'on prolonge tous les côtés d'un polygone en tournant dans le même sens, la somme des angles extérieurs que l'on aura formés vaudra toujours quatre angles droits, quel que soit le nombre des côtés du polygone.*

Démonstration. Par un point A, pris où l'on voudra, concevons une parallèle à chacun des côtés du polygone. La somme des angles autour du point A vaudra quatre angles droits, mais chacun de ces angles est égal à l'un des angles extérieurs du polygone (87), donc la somme des angles extérieurs du polygone vaut *quatre angles droits.*

128. Corollaire. Si le polygone proposé avait un angle rentrant, *fig.* **17,** il faudrait retrancher le supplément de cet angle au lieu de l'ajouter.

En effet, on a, par le théorème précédent :

$$a + b + c + d + e + h = 4 \ angles \ droits.$$

Mais (111) $m + n + u = 2 \ angles \ droits.$
De plus (60) $2 \ angles \ droits - k = u.$

Ajoutant les trois équations et réduisant, on aura :

$$a + b + c + d + (m + e) + (n + h) - k = 4 \ angles \ droits.$$

Relations entre les angles et les côtés des polygones.

129. Théorème. *Dans un triangle, si deux angles sont égaux, les côtés opposés seront aussi égaux, et le triangle sera isocèle.*

Démonstration. *Fig.* **5.** Soit l'angle B = l'angle C; concevons la droite AD, perpendiculaire sur BC, on aura l'angle ADB = ADC; mais on a par l'énoncé l'angle B = C, donc le troisième angle BAD du triangle ADB sera égal au troisième angle DAC du second triangle (113). Cela étant admis, plions la figure suivant AD, le côté DB prendra la direction DC, et le point B tombera quelque part sur DC; de plus, l'angle BAD étant égal à l'angle DAC, le côté AB prendra la direction de AC et le point B tombera sur AC. Or, le point B devant tomber en même temps sur les deux côtés DC, AC, ne pourra se trouver qu'au point C, suivant lequel ces deux droites se rencontrent, et l'on aura par conséquent AB = AC.

130. Corollaire. Le côté BD étant egal à DC, il s'ensuit que *la perpendiculaire abaissée du sommet d'un triangle isocèle sur la base, doit nécessairement passer par le milieu de cette base.*

---

131. Théorème. *Dans un triangle quelconque, le plus petit côté est toujours opposé au plus petit angle.*

Démonstration. *Fig.* **18.** Soit l'angle ABC < ACB; on pourra toujours concevoir, dans l'intérieur de l'angle ACB, une droite CO, telle que l'angle OCB soit égal à OBC. Le triangle BOC sera isocèle par le théorème précédent, et l'on aura OB = OC.

Mais, la ligne droite étant le plus court chemin pour aller d'un point à un autre, on aura AC < AO + OC.

Remplaçant OC par son égal OB, il viendra AC < AB.

132. Réciproque. *Si* AC *est plus petit que* AB, *on aura l'angle* B *plus petit que l'angle* ACB.

Car, si l'angle B était égal à l'angle ACB, on aurait le côté AC = AB, ce qui n'est pas; donc l'angle B n'est pas égal à l'angle ACB.

Si l'angle B était plus grand que l'angle ACB, on aurait le côté AC plus grand que AB, ce qui n'est pas; donc l'angle B n'est pas plus grand que l'angle C.

Or, l'angle B n'étant pas égal à l'angle C, ni plus grand que lui, il faut nécessairement qu'il soit plus petit.

---

133. Théorème. *Fig.* **19.** *Si l'on diminue l'angle formé par deux côtés* AC, AB, *d'un triangle* CAB, *le côté opposé à cet angle diminuera.*

Démonstration. Supposons que le côté AC prenne la position AD, on aura :

$$BD < BI + ID$$
$$AC < AI + IC$$

Mais $\qquad\qquad$ AI $+$ ID $=$ AD

De plus $\qquad\qquad$ AD $=$ AC.

Ajoutant les inégalités avec les équations, et supprimant les termes qui se détruisent de part et d'autre, il restera :

$$BD < BI + IC;$$

d'où $\qquad\qquad$ BD $<$ BC.

Si le point D tombait dans l'intérieur du triangle, *fig.* **20.**

On aurait : $\qquad\qquad$ BD $<$ BI $+$ DI

Mais $\qquad\qquad$ AD $+$ DI $<$ AC $+$ CI;

De plus $\qquad\qquad$ AC $=$ AD.

Ajoutant et réduisant, il resterait :

$$BD < BI + CI;$$

d'où $\qquad\qquad$ BD $<$ BC.

Enfin, si le point D tombait sur BC, *fig.* **21**, on aurait évidemment $\qquad\qquad$ BD $<$ BC.

154. Corollaire. *Fig.* **20, 21** et **22.** Si deux côtés AB, AD, d'un triangle, sont égaux à deux côtés AB, AC, d'un autre triangle, et si l'angle DAB est plus petit que l'angle CAB, le troisième côté BD du premier triangle sera plus petit que le troisième côté BC du second.

La relation qui vient d'être énoncée est indépendante de la position relative des deux triangles auxquels on n'a supposé un côté commun que pour faciliter la démonstration.

———

155. Théorème. *Par un point on ne peut mener qu'une seule perpendiculaire sur une droite.*

Démonstration. Lorsque le point dont il s'agit appartient à la droite, la proposition est évidente, car si les deux droites AB, AC, *fig.* **1**, *pl.* **5**, étaient toutes les deux perpendiculaires sur DE, on aurait l'*angle droit* DAC plus grand que l'*angle droit* DAB, ce qui ne se peut pas (59).

Si le point A est en dehors de la droite, *fig.* **2**, il est également impossible de concevoir *deux perpendiculaires* AB, AC, car dans le triangle ABC on aurait la somme des trois angles plus grande que deux angles droits (114).

Si AB est perpendiculaire sur HD, la droite AC sera nécessairement *oblique.*

156. Corollaire 1. Si ABC est un angle droit, l'angle ACB sera nécessairement aigu, et la *perpendiculaire* AB opposée à l'angle aigu ACB, sera plus courte que l'*oblique* AC opposée à l'angle droit ABC (131). Par conséquent, *le côté de l'angle droit d'un triangle rectangle est toujours plus court que l'hypoténuse.*

La perpendiculaire AB étant plus courte que l'oblique, elle représentera le plus court chemin ou la *distance* du point A à la droite HD.

157. cor. II. L'angle ACB étant aigu, son supplément ACD sera obtus.

L'angle ACD étant obtus, l'angle ADC est nécessairement aigu (114). Il résulte de là que l'oblique AC, opposée à l'angle aigu ADC, est plus courte que l'oblique AD, opposée à l'angle obtus ACD. Par conséquent,

L'oblique qui s'écarte le plus de la perpendiculaire est la plus longue.

158. cor. III. Les deux obliques AH, AC, qui s'écartent également de la perpendiculaire AB, sont égales, car si l'on plie la figure suivant AB, il est évident qu'elles se confondront.

159. cor. IV. Si les deux obliques AH, AC, sont *égales*, elles s'écartent *également* du pied de la perpendiculaire, car (137) si elles s'en écartaient inégalement, l'une d'elles serait plus longue que l'autre.

---

140. Théorème. *Fig. 5. Si la droite* CD *est perpendiculaire au milieu de* AB, *chaque point de* CD *est égale distance des deux points* A *et* B.

Démonstration. Les obliques AH, HB, sont égales, puisqu'elles s'écartent également de la perpendiculaire HQ.

On a de même   AS = SB,   AI = IB

141. Corollaire I. Tout point tel que U, pris en dehors de la perpendiculaire CD, est inégalement éloigné des deux points

A et B, car si l'on conçoit les droites AU, UB, DB, on aura
(138) :   DB = AD;
Mais   UB < DU + DB.

Ajoutant et réduisant, il restera :

$$UB < AD + DU;$$
d'où   UB < AU.

142. cor. II. Toutes les fois que deux points D, H, seront
à égale distance de deux autres A, B, la droite qui joindra les
premiers points sera perpendiculaire au milieu de celle qui joint
les deux derniers.

---

143. Théorème. *Fig. 4. Deux triangles sont égaux lorsqu'ils ont un angle égal compris entre deux côtés égaux chacun à
chacun.*

Démonstration. Soit AB = DE, AC = DF, et l'angle A = D.
Transportons le côté AB sur son égal DE, l'angle A étant égal
à l'angle D, le côté AC prendra la direction DF, et ces deux
côtés étant égaux, le point C tombera sur le point F. De plus,
BC coïncidera exactement avec EF, puisque d'un point à un
autre on ne peut mener qu'une seule ligne droite. Ainsi, l'angle
B = E, l'angle C = F, et le côté BC = EF.

144. Remarque. En général, lorsqu'on a démontré l'égalité de deux figures on peut en conclure l'égalité de toutes les
parties correspondantes ou *homologues*.

On nomme angles ou côtés **homologues**, les angles ou les
côtés placés de la même manière dans les deux figures; ainsi,
par exemple, les côtés opposés ou adjacents aux angles égaux,
les angles opposés ou adjacents aux côtés égaux.

---

145. Théorème. *Fig. 4. Deux triangles sont égaux lorsqu'ils ont un côté égal adjacent à deux angles égaux chacun à
chacun.*

Démonstration. Soit le côté AB = DE, l'angle A = D, et
l'angle B = E. Transportons le côté AB sur son égal DE; l'angle
A étant égal à l'angle D, le côté AC prendra la direction DF,
et le point C tombera quelque part sur DF; mais, l'angle B

étant égal à l'angle E, le côté BC prendra la direction EF, et le point C tombera sur EF. Or, le point C devant se trouver en même temps sur les deux droites EF et DF, ne pourra tomber qu'au point F suivant lequel ces deux lignes se coupent. Les deux triangles seront donc égaux, par conséquent BC = EF, AC = DF, et l'angle C = F.

146. Théorème. *Fig. 4. Deux triangles sont égaux lorsqu'ils ont les trois côtés égaux chacun à chacun.*

Démonstration. Soit les côtés AB, AC, BC, égaux aux côtés ED, DF, EF ; si l'angle A était plus petit que D, on aurait (133) BC < EF ; ce qui n'est pas, donc l'angle A *n'est pas plus petit que* D. Si l'angle A était plus grand que D, on aurait BC > EF ; ce qui n'est pas, donc l'angle A *n'est pas plus grand que* D. Or, l'angle A n'étant pas plus petit ni plus grand que D, il lui est égal, et les deux triangles sont égaux (143) ; d'où l'on pourra conclure que l'angle B = E, et que l'angle C = F.

147. Théorème. *Fig. 5. Les côtés opposés d'un parallélogramme sont égaux, ainsi que les angles opposés.*

Démonstration. Si l'on conçoit la diagonale AC, les deux triangles ABC, ACD, seront égaux (145), car ils auront le côté commun AC, l'angle BAC=ACD comme *alternes-internes* (102), et l'angle ACB = CAD par la même raison ; donc le côté AD = BC, le côté AB = CD, l'angle ADC = CBA, et l'angle BAD, composé des deux angles BAC + CAD, est égal à l'angle BCD, composé des deux angles BCA + ACD.

Il est d'ailleurs facile de voir que les angles opposés du parallélogramme sont égaux comme ayant les côtés parallèles (87).

148. Corollaire I. *Fig. 5.* Deux parallèles AB, CD, comprises entre deux autres parallèles sont égales.

149. Cor. II. *Fig. 6.* Toutes les perpendiculaires AB, CD, EF, tracées où l'on voudra entre deux parallèles, sont égales. Par conséquent, deux parallèles sont partout à égale *distance* l'une de l'autre ; et lorsqu'on dit que deux parallèles *se rencontrent à l'infini*, cela signifie que leur distance devient infiniment petite, *relativement* à leur immense longueur.

---

150. Théorème. *Fig.* 5. *Lorsque les côtés opposés d'un quadrilatère sont égaux, ils sont parallèles, et la figure est un parallélogramme.*

Démonstration. Si l'on conçoit la diagonale AC, les deux triangles ABC, CDA, seront égaux comme ayant les trois côtés égaux chacun à chacun, donc l'angle

$$DAC = ACB = PCM ;$$

d'où l'on peut conclure que les deux droites AD, BP, sont parallèles, puisqu'elles font des angles égaux avec la sécante AM.

On reconnaîtra de même que le côté AB est parallèle à CD.

---

151. Théorème. *Fig.* 5. *Si deux droites* AD, CD, *sont égales et parallèles, le quadrilatère, que l'on formera en traçant les droites* BA, CD, *sera un parallélogramme.*

Démonstration. Si l'on conçoit la diagonale AC, les deux triangles ABC, CAD, seront égaux comme ayant un angle égal CAD=ACB, compris entre deux côtés égaux chacun à chacun, savoir AD = BC, puis AC commun; donc l'angle ABC = ADC, mais les droites AD, BC, étant parallèles, on a ADC = DCP, comme *alternes-internes*.

Ajoutant les deux équations et réduisant, il restera ABC=DCP, par conséquent les droites AB, DC, sont parallèles puisqu'elles font des angles égaux avec la sécante BP.

---

152. Théorème. *Les deux diagonales d'un parallélogramme se coupent en parties égales.*

Démonstration. *Fig.* **7.** On a AB = CD, comme côtés opposés d'un parallélogramme. De plus, l'angle BAO = OCD comme alternes-internes, et l'angle ABO = ODC par la même

raison; donc les deux triangles ABO, COD, sont égaux (145).
Par conséquent on aura BO = OD et AO = OC.

153. corollaire. *Fig.* 8. Si le quadrilatère est un losange,
c'est-à-dire si les quatre côtés sont égaux, *les diagonales se coupent à angles droits* (142).

---

154. Théorème. *Fig.* **9.** *Dans tout polygone régulier il
existe un point situé à égale distance de tous les sommets : ce
point se nomme le* **centre** *du polygone.*

Démonstration. Les deux droites BO, CO, n'étant pas
parallèles, se rencontrent au point O, et le triangle OBC est
isocèle puisque l'angle OBC, moitié de ABC, est égal à l'angle
BCO, moitié de BCD.

Si actuellement on conçoit la droite OD, le triangle OCD sera
égal au triangle OBC, car ils ont le côté OC commun, le côté
BC = CD, comme côtés d'un polygone régulier, et, de plus,
l'angle BCO = OCD; donc OD sera égal à OB.

On démontrerait de la même manière que les droites OH,
OK, OS, sont égales à OB, d'où il résulte que le point O est à
égale distance de tous les sommets du polygone.

155. corollaire. Tous les angles BOC, COD, DOH, sont
égaux entre eux, par conséquent *chacun d'eux est égal à quatre
angles droits, divisés par le nombre des côtés du polygone.* Ainsi,
par exemple, dans un polygone régulier de 14 côtés, l'angle au
centre vaudrait $\frac{4}{14} = \frac{2}{7}$.

---

156. Théorème. *Si le nombre des côtés d'un polygone régulier est pair, les côtés opposés seront parallèles.*

Démonstration. *Fig.* **9.** La somme des angles formés au
point O, et d'un même côté de la ligne KOB, vaut évidemment
la moitié de quatre angles droits, par conséquent les trois
points K, O, B, sont en ligne droite, mais les angles ABO,
OKH, sont égaux, comme appartenant à des triangles égaux;
donc les droites AB, KH, sont parallèles.

CHAPITRE III.

Circonférence.

———

157. Définitions. *La circonférence du cercle*, fig. **10**, est une courbe dont tous les points sont à égale distance d'un point intérieur que l'on appelle *centre*.

158. Le *cercle* est l'espace contenu dans la circonférence.

159. Les droites OA, OB, OC, menées du centre à la circonférence, se nomment *rayons*.

Tous les rayons sont égaux, puisque chacun d'eux mesure la distance du centre à un point de la circonférence.

160. Une droite telle que KH, qui, en passant par le centre, se termine de part et d'autre à la circonférence, se nomme un *diamètre*.

Tous les diamètres sont égaux, puisque chacun d'eux est composé de deux rayons.

161. Un *arc* est une partie de la circonférence.

162. La partie de la surface de cercle, comprise entre un arc et les deux rayons qui aboutissent à ses extrémités, se nomme un *secteur*. BOCI est un *secteur de cercle*.

163. Toute droite telle que VU, qui joint les deux extrémité d'un arc, se nomme la *corde* ou *sous-tendante* de cet arc.

164. La partie de surface de cercle comprise entre l'arc et la corde se nomme *segment*. VZUM est un segment.

165. Une droite telle que MN, *fig.* **11**, qui coupe la circonférence en deux points A et B, est une *sécante*.

166. Si l'on fait tourner la sécante MN autour du point A, et qu'on lui fasse prendre les positions M'N', M"N", le point B devient successivement B', B", etc., et lorsque les deux points de section sont réunis en un seul, la droite mobile arrive dans la position M‴N‴. On dit alors qu'elle est *tangente* au cercle.

167. Lorsque les deux points de section sont réunis, ils n'occupent pas plus d'espace qu'un seul ; c'est pourquoi l'on dit souvent que *la tangente est une droite qui n'a qu'un point de commun avec la circonférence.*

168. Le point A se nomme alors *point de contact.*

169. On peut encore supposer que la tangente provient d'une sécante VU, que l'on aurait fait mouvoir parallèlement à elle-même jusqu'à ce que les deux points de section C, C', soient réunis en C″.

On dit qu'une droite se meut *parallèlement à elle-même,* lorsque toutes ses positions sont parallèles entre elles, ainsi par exemple, si la droite VU devient successivement V'U', V″U″, elle se meut parallèlement à elle-même.

170. Un *angle inscrit* ABC, *fig.* **12,** est celui qui a son sommet sur la circonférence.

171. Un *polygone* ABCD *est inscrit,* lorsque tous ses sommets sont situés sur la circonférence.

172. Un polygone PQMNS, *fig.* **13,** est *circonscrit,* lorsque tous ses côtés sont tangents à la circonférence.

173. Lorsque deux cercles ont le même centre, *fig.* **13,** leurs circonférences sont partout à égale distance, et l'on dit alors qu'ils sont *concentriques.*

---

174. Théorème. *Tout diamètre partage le cercle et la circonférence en deux parties égales.*

Démonstration. *Fig.* **10.** Si l'on conçoit la figure pliée suivant le diamètre HK, il est évident que les deux parties coïncideront, car, sans cela, il y aurait des points de la circonférence qui seraient inégalement éloignés du centre.

---

175. Théorème. *Si deux arcs AB, CD, fig.* **14,** *sont égaux, leurs cordes sont égales.*

Démonstration. Concevons la figure pliée suivant le diamètre VU, qui aboutit au milieu de AC; il est évident que l'arc AB doit coïncider avec son égal CD, et les deux cordes coïncideront également, puisque d'un point à un autre on ne peut mener qu'une ligne droite (23).

176. Réciproque. Si les cordes AB, CD, sont égales, on pourra plier la figure de manière à faire coïncider le triangle ABO avec son égal COD (146); par conséquent, les deux arcs coïncideront, puisque tous leurs points sont à égale distance du centre.

177. Corollaire. Les deux cordes égales AB, CD, coïncidant, lorsqu'on plie la figure suivant le diamètre VU, il s'ensuit que la perpendiculaire OI, abaissée du centre sur AB, doit coïncider avec la perpendiculaire OS, abaissée du centre sur CD; par conséquent, *deux cordes égales sont également éloignées du centre.*

---

178. Théorème. *Fig. 15. Si l'arc AB est plus petit que l'arc AC, la corde AB sera plus petite que AC.*

Démonstration. Concevons les rayons OA, OB, OC, et la droite OS qui partage l'angle COB en deux parties égales; on aura le triangle COS égal au triangle OSB, puisqu'ils ont le côté OS commun, le rayon OC = OB et l'angle COS = SOB, par conséquent,

$$SB = SC;$$

mais on a $$AB < AS + SB.$$

Ajoutant et réduisant, on aura :

$$AB < AS + SC;$$

d'où $$AB < AC.$$

Si les deux arcs dont il s'agit n'avaient pas d'extrémité commune, on transporterait le plus petit sur le plus grand, et la démonstration serait la même.

179. Remarque. Si chacun des arcs comparés était plus grand qu'une demi-circonférence, ce serait au contraire le plus grand arc qui aurait la plus petite corde.

180. Corollaire I. *Le diamètre est la plus grande corde que l'on puisse tracer dans un cercle.*

181. Cor. II. Si l'on fait tourner une corde AB, *fig.* **11**, autour de l'une de ses extrémités A, elle diminuera d'autant plus qu'elle s'éloignera davantage du centre, parce que l'arc sous-tendu deviendra plus petit.

182. cor. III. La corde AB, *fig.* **11**, n'étant autre chose que la partie de la sécante comprise dans le cercle, il en résulte qu'au moment où les deux points de section se réunissent, la corde se réduit à zéro et devient un *point de contact.* Ainsi le point de contact peut être considéré comme la plus petite corde que l'on peut tracer dans le cercle.

---

183. Théorème. *Fig.* **16.** *La droite* OC, *perpendiculaire au milieu d'une corde* AB, *doit passer par le centre du cercle et par le milieu de l'arc* ACB.

Démonstration. On a OA = OB, comme rayons d'un même cercle, par conséquent le centre O appartient à la perpendiculaire au milieu de AB (140); de plus, le point C appartenant à la perpendiculaire élevé par le milieu AB, on a la corde AC = CB; donc les arcs sous-tendus sont égaux et le point C est le milieu de l'arc ACB.

184. Corollaire I. Les rayons OA, OB, étant égaux, le triangle AOB est isocèle, et la perpendiculaire, abaissée du centre O, doit passer par le point H, milieu de la corde (130).

185. cor. II. *Fig.* **11.** Si l'on fait mouvoir la droite VU *parallèlement à elle-même*, en l'éloignant du centre O, les deux points C, C′, se rapprocheront, et la corde CC′ diminuera de longueur sans cesser d'être perpendiculaire à la droite OC″. Lorsque les deux points de section seront réunis, la droite V″U″ sera une *tangente* (169) et la perpendiculaire OC″ sera un *rayon;* d'où l'on peut conclure que la *tangente est toujours perpendiculaire à l'extrémité du rayon.*

186. cor. III. Toute droite, telle que V″U″, perpendiculaire à l'extrémité du rayon, est une tangente à la circonférence; car toute oblique telle que OH, sera plus longue que la perpendiculaire OC″. Par conséquent, à l'exception de C″, tous les points de la droite V″U″ seront en dehors du cercle.

---

187. Théorème. *Fig. 17. Lorsque deux droites parallèles* AB, CD, *rencontrent une circonférence, les arcs interceptés* AC, BD *sont égaux.*

Démonstration. Concevons le rayon OH perpendiculaire sur AB, et par conséquent sur CD, on aura (183, 184) l'arc
$$AH = BH;$$
mais on a également $\quad$ CH = DH.

Retranchant la seconde équation de la première, on obtient
$$AH - CH = BH - DH;$$
d'où $\quad\quad\quad\quad\quad$ AC = BD.

Si le centre est situé entre les deux parallèles AB, EF, on pourra concevoir un diamètre KS, parallèle aux deux lignes données ; alors on aura EK = FS,
$$KA = SB.$$

Ajoutant les deux équations, on obtient :
$$EK + KA = FS + SB;$$
d'où $\quad\quad\quad\quad\quad$ EA = FB.

Si l'une des droites est tangente au cercle, on concevra le rayon OH, qui aboutit au point de contact, et qui, étant perpendiculaire sur la tangente (185), sera également perpendiculaire sur sa parallèle CD ; alors on en pourra conclure que le point H est le milieu de l'arc CHD.

---

188. Théorème. *Fig. 14. Si deux angles* AOB, COD, *ont leur sommet au centre d'un cercle, et qu'ils comprennent entre leurs côtés deux arcs égaux* AB, CD, *ils sont égaux.*

Démonstration. Les triangles AOB, COD, sont égaux, comme ayant un angle égal compris entre deux côtés égaux chacun à chacun ; donc les cordes AB, CD, sont égales et les arcs sous-tendus sont par conséquent égaux.

189. Réciproque. Si les arcs AB, CD, sont égaux, les

cordes seront égales et les deux triangles AOB, COD, seront égaux, comme ayant les trois côtés égaux, par conséquent les angles AOB, COD, seront égaux.

---

190. Théorème. *Tout angle qui a son sommet sur la circonférence, vaut la moitié de l'angle au centre qui comprendrait le même arc entre ses côtés.*

Démonstration. Soit d'abord, *fig.* **18**, l'angle BAC, formé par une corde AB et par le diamètre AC. Si l'on trace le rayon BO, le triangle AOB sera isocèle, et l'on aura l'angle

$$BAO = ABO;$$

mais on a (110) ABO $+$ BAO $=$ BOC.

Ajoutant et réduisant il restera :

$$2BAO = BOC;$$

d'où
$$BAO = \frac{BOC}{2}.$$

191. Corollaire I. Si l'angle BAC, *fig.* **19**, est formé par les deux cordes BA, AC, on aura, par ce qui précède :

$$BAO = \frac{BOD}{2},$$

$$OAC = \frac{DOC}{2}.$$

Ajoutant les deux équations, on obtient :

$$BAO + OAC = \frac{BOD + DOC}{2} :$$

d'où
$$BAC = \frac{BOC}{2}.$$

192. Cor. II. Si le centre du cercle n'est pas situé entre les côtés de l'angle, *fig.* **20**, on aura (190) :

$$BAO = \frac{BOD}{2},$$

$$CAO = \frac{COD}{2}.$$

Retranchant la seconde équation de la première, on obtient

$$BAO - CAO = \frac{BOD - COD}{2},$$

d'où

$$BAC = \frac{BOC}{2}.$$

195. cor. III. Si l'arc BDC, *fig.* **21**, est une demi-circonférence, les rayons BO, CO, seront en ligne droite et formeront un diamètre, alors on aura

$$BAO = \frac{BOD}{2},$$

$$OAC = \frac{DOC}{2}.$$

Ajoutant et réduisant, on obtient :

$$BAO + OAC = \frac{BOD + DOC}{2};$$

d'où

$$BAC = \frac{BOD + DOC}{2} = 1 \text{ } angle \text{ } droit.$$

Ce qui est conforme à l'énoncé du théorème, puisque l'on peut considérer l'angle formé par les rayons BO, OC, comme étant égal à deux angles droits (49).

194. cor. IV. Si l'arc BDC, *fig.* **22**, est plus grand qu'une demi-circonférence, on aura encore :

l'angle

$$BAO = \frac{BOD}{2};$$

mais

$$OAC = \frac{DOC}{2}.$$

Ajoutant et réduisant : $BAC = \dfrac{BOD + DOC}{2}.$

195. cor. V. Si l'angle BAC, *fig.* **23**, est formé par la corde AC et par la tangente AB, on mènera la droite OI, qui partage l'angle AOC en deux parties égales, et qui par conséquent est perpendiculaire sur AC (117), on aura l'angle

$$AOI = IOC;$$

donc

$$IOC = \frac{AOC}{2},$$

mais on a

$$BAC = AOI,$$

parce qu'ils ont les côtés perpendiculaires chacun à chacun (89).

Ajoutant les trois équations, et réduisant, on obtient :

$$BAC = \frac{AOC}{2}.$$

196. cor. VI. *Fig.* **1**, *pl.* **4.** Tous les angles ACB, ADB, AHB, etc., inscrits dans le segment ACDHB, sont égaux entre eux, puisque chacun d'eux vaut la moitié de l'angle AOB.

Tous les angles inscrits dans le segment ASB, seraient aussi égaux entre eux.

197. cor. VII. *Fig.* **2.** Tous les angles inscrits dans le demi-cercle ABCDH sont *droits*, puisque chacun d'eux vaut la moitié de la somme des deux angles AOK + KOH.

198. cor. VIII. *Fig.* **1.** Tout angle inscrit dans le segment ACDHB, plus grand que la moitié du cercle, est un angle aigu, puisqu'il est égal à la moitié de l'angle AOB, qui est plus petit que deux angles droits.

199. cor. IX. *Fig.* **2.** Tout angle inscrit dans le segment ASB, est le supplément de l'un des angles inscrits dans le segment ACDHB, car on a :

$$ADB = \frac{AOB}{2},$$

$$ASB = \frac{AOK + KOB}{2}.$$

Ajoutant et réduisant on obtient :

$$ADB + ASB = \frac{AOB + AOK + KOB}{2} = \frac{4 \; angles \; droits}{2} =$$

$$= 2 \; angles \; droits.$$

200. cor. X. *Fig.* **1.** Dans un quadrilatère inscrit, la somme des angles opposés vaut toujours deux angles droits, car on aura, par le théorème précédent :

$$ADB + ASB = 2.$$

En traçant la diagonale DS on aurait de même :

$$DAS + DBS = 2.$$

201. Théorème. *Fig. 5. L'angle* BAC, *formé par les deux tangentes* AB, AC, *est le supplément de l'angle* BOC, *formé par les rayons qui aboutissent aux points de tangence.*

Démonstration. La somme des angles du quadrilatère ABOC vaut quatre angles droits; mais on a (185) :

$$ABO + OCA = 2 \text{ droits},$$

par conséquent on aura :

$$BAC + BOC = 2 \text{ droits}.$$

202. Corollaire. Le triangle BOC étant isocèle, les angles OBC, OCB, sont égaux, donc leurs compléments ABC, ACB, sont égaux, et le triangle ABC est isocèle. Ainsi les deux tangentes AB, AC, sont égales.

---

203. Théorème. *Fig. 4. Si les points* A, B, C, D, *partagent la circonférence en parties égales, le polygone inscrit* ABCDH, *etc., sera régulier.*

Démonstration. Les cordes AB, BC, CD, sont égales, puisqu'elles sous-tendent des arcs égaux (175). Les droites AO, BO, CO, sont égales comme rayons d'un même cercle; donc les triangles isocèles AOB, BOC, COD, etc., sont égaux entre eux. Par conséquent, les angles ABC, BCD, CDH, sont égaux, et le polygone, ayant ses angles et ses côtés égaux, on peut en conclure qu'il est régulier.

204. Corollaire. La différence entre le polygone et le cercle se compose de tous les segments compris entre les cordes et les arcs sous-tendus; cette différence sera d'autant plus petite que le nombre des côtés sera plus grand, et deviendrait nulle si le nombre de ces côtés était infini, c'est pourquoi *on peut considérer le cercle, comme un polygone régulier qui aurait un nombre infini de côtés.*

---

205. Théorème. *Fig. 4. Si par chacun des points* A, B, C, *etc., placés à égale distance sur la circonférence d'un cercle, on construit une tangente, le polygone formé par toutes ces droites sera régulier.*

Démonstration. Les triangles ABK, BCH, sont isocèles (202); de plus, ils sont égaux, puisque leurs bases AB, BC, sous-tendent des arcs égaux; donc les angles aux points K, H, V, seront égaux. On aura donc :

$$KB + BH = HC + CV,$$

ou ce qui est la même chose,

$$KH = HV.$$

Par conséquent le polygone KHVM, ayant ses angles et ses côtés égaux, sera régulier.

206. Corollaire I. *Fig.* **5.** Si les côtés du polygone extérieur touchent le cercle au milieu des arcs sous-tendus par les côtés du polygone intérieur, les côtés de ces polygones seront parallèles, car la tangente KH et la corde AB seront toutes deux perpendiculaires sur le rayon qui aboutit au point de tangence P.

207. Cor. II. Les sommets du polygone extérieur sont situés sur les prolongements des rayons qui aboutissent aux sommets du polygone intérieur. En effet, les arcs AB, BC, étant égaux, on aura PB, moitié du premier arc, égal à BQ, moitié du second. Le rayon OB sera donc perpendiculaire sur la corde PQ, et passera, par conséquent par le point H, puisque le triangle PQH est isocèle (202).

———

208. Théorème. *Fig.* **6.** *Étant donné un polygone régulier, il est toujours possible de tracer deux circonférences ayant le même centre que le polygone, et dont l'une passerait par tous les sommets, tandis que la seconde serait tangente à tous les côtés.*

Démonstration. On a vu (154) que tous les sommets d'un polygone régulier sont à égale distance d'un point intérieur O, il est donc évident que ce point sera le centre d'un cercle dont la circonférence passerait par tous les sommets du polygone donné; mais tous les côtés de ce polygone étant égaux, ils seront à égale distance du point O (177), par conséquent la circonférence du cercle, qui aura pour rayon OI, devra passer par les pieds de toutes les perpendiculaires abaissées du point

O sur les côtés, qui seront alors tangents au deuxième cercle, puisque chacun d'eux sera perpendiculaire à l'extrémité d'un rayon.

On dit alors que le premier cercle est *circonscrit* au polygone, et le second cercle est *inscrit*.

---

209. Théorème. *Fig.* **7.** *Lorsque deux cercles se coupent, la droite CO, qui passe par les centres, est perpendiculaire sur la corde AA', qui joint les deux points d'intersection.*

Démonstration. Le point C, comme centre du premier cercle, est à égale distance des points A et A'. Le point O, centre du second cercle, est aussi à égale distance des mêmes points, par conséquent, la droite qui joint les deux points C et O, est perpendiculaire au milieu de la corde AA' (142).

210. Corollaire. Si l'on joint les centres des deux cercles avec l'un des points de section, on aura un triangle ACO ; mais on sait que dans un triangle un côté est toujours plus petit que la somme des deux autres, par conséquent on aura CO < CA + AO, c'est-à-dire que la distance des centres est plus petite que la somme des rayons ; mais on a de plus AC < AO + CO ; d'où l'on tire, en retranchant AO de chaque côté, AC — AO < CO, ou, en renversant l'inégalité, CO > AC — AO ; donc la distance des centres doit être plus grande que la différence des rayons.

Ainsi, en général, *pour que deux cercles se coupent, il faut que la distance des centres soit plus petite que la somme, et plus grande que la différence des rayons.*

---

211. Théorème. *Fig.* **8.** *Deux cercles sont tangents l'un à l'autre lorsqu'ils ont une tangente commune.*

Le point de tangence et les centres sont toujours situés sur une même ligne droite perpendiculaire à la tangente.

Démonstration. La droite MN, est une sécante commune aux deux cercles qui ont leurs centres en C et en O. Si l'on suppose que ce dernier centre prenne successivement les posi-

tions O', O", les points A et A' se rapprocheront, la sécante MN
deviendra successivement M'N', M"N" sans cesser d'être perpendiculaire sur la droite CO, et lorsque les deux points de section seront réunis en A", la droite M"N" sera une tangente
commune aux deux cercles, et les deux cercles eux-mêmes se
toucheront.

On arriverait au même résultat en supposant, par exemple,
que le cercle qui a son centre au point U, tourne autour du
point B. Dans ce mouvement, le centre U, du cercle mobile,
devient successivement U', U", le second point de section B' se
rapproche du premier, la sécante VU tourne autour du point B
sans cesser d'être perpendiculaire sur la ligne des centres, et
lorsque les deux points de section sont réunis, la droite V'U'
est une tangente commune.

212. Corollaire I. Lorsque deux cercles se touchent, *fig.* **8**,
la distance des centres CO" *est égale à la somme des rayons*
CA" + A"O".

213. Cor. II. Si l'un des cercles touchait l'autre intérieure-
ment, *fig.* **9**, on aurait CO = AC — AO, c'est-à-dire qu'alors
la distance des centres serait égale à la différence des rayons.

---

214. Théorème. *L'angle formé par deux arcs de cercle est
le même que l'angle formé au point d'intersection par les tangentes
à ces deux arcs.*

Démonstration. La tangente à un arc de cercle pouvant
être considérée comme le prolongement de la corde infiniment
petite qui se confond avec cet arc, il s'ensuit que l'angle formé
au point S, *fig.* **7**, par les deux tangentes SB', SD', exprime
l'inclinaison suivant laquelle les deux arcs SB, SD, se rencontrent.

215. Corollaire. Si la tangente CK à l'un des deux arcs de
cercle contient le centre de l'autre, on en pourra conclure que
les deux tangentes, et, par conséquent, les deux arcs correspondants se rencontrent à angles droits (185).